五星聚

星象中的天命转移
与王朝盛衰

海麟 著

九州出版社
JIUZHOUPRESS

图书在版编目（CIP）数据

五星聚：星象中的天命转移与王朝盛衰 / 海麟著
. -- 北京：九州出版社, 2023.10（2023.11重印）
ISBN 978-7-5225-1846-6

Ⅰ.①五… Ⅱ.①海… Ⅲ.①占卜—关系—中国历史
Ⅳ.①K20

中国国家版本馆CIP数据核字(2023)第089143号

五星聚：星象中的天命转移与王朝盛衰

作　　者	海　麟　著
责任编辑	王文湛
出版发行	九州出版社
地　　址	北京市西城区阜外大街甲35号（100037）
发行电话	（010）68992190/3/5/6
网　　址	www.jiuzhoupress.com
印　　刷	嘉业印刷（天津）有限公司
开　　本	880毫米×1194毫米　　32开
印　　张	16.5
字　　数	384千字
版　　次	2023年10月第1版
印　　次	2023年11月第2次印刷
书　　号	ISBN 978-7-5225-1846-6
定　　价	98.00元

古史百问（代序）

安史反唐，大燕有命，怎敢贪天？
兵败身死，极致哀荣，何成四圣？
天示异象，帝王易姓，玄宗何应？
二王三恪，颠倒浮沉，所为何来？

中宗复唐，一夕暴毙，有无隐情？
韦后乱政，败则成寇，何以蠢动？
则天顺天，女身称帝，缘何路径？
连番大赦，祥瑞迭出，有何盘算？
庆云五色，千年故事，有何玄机？

秦人尚白，猎获黑龙，何以成瑞？
黑龙为瑞，崇祭白帝，黄蛇何来？
斩蛇起义，杀白帝子，何来白蛇？
秦国秦朝，由金而水，又是为何？
秦与大汉，同为水德，是何缘由？

水土及火，炎汉三德，因何而变？

德运之争，招祸殒命，何以至此？

王莽篡汉，溯及尧舜，是何主张？

黄巾起义，大运降临，为何尚黄？

曹魏代汉，改元黄初，黄从何来？

东吴自立，黄武黄龙，黄又何解？

三国相争，蜀汉称帝，何不随黄？

水淹废丘，还定三秦，有何神奇？

楚汉相争，霸王必败，何以先见？

张耳奔汉，乱世投明，何人指点？

四面楚歌，绝望江边，何谓天亡？

韩信伏首，刘邦天授，只是谀辞？

五帝五色，六帝六方，有何异同？

三皇五帝，秦祭四帝，又是为何？

异姓不王，白马为盟，何以用白？

高祖驾崩，秘不发丧，有何阴谋？

吕后临朝，废立少帝，是何打算？

弥留之际，吕氏掌权，是否不轨？

燕赵多事，诸王横死，有何隐情？

铁血吕后，轵道遇邪，有何心结？

诛吕安刘，血染长安，有无幸免？

文帝登极，合于星占，是否巧合？

靖康之难，康王南渡，何为建炎？

五星数见，滥竽充数，为何造假？

建隆隆兴，乾德乾道，是何道理？

五星聚奎，三代祥瑞，怎做文章？

烛影斧声，金匮之盟，何为真相？

承天门上，天书降临，是何把戏？

真宗真人，应天而生，受命何来？

奎主文章，魁星高照，何为源流？

天命政治，道统文脉，怎敢染指？

大师辈出，各续道统，谁是正传？

杯酒解甲，文治天下，是何逻辑？

大唐后唐，李非其李，天命何来？

金銮殿上，真假天子，是否儿戏？

七七四九，闪烁其词，是何考虑？

编造星象，虚实相间，所为何来？

靖难之变，喋血京师，何以显德？

再次论功，天公作美，纯属巧合？

君臣主奴，洪武征徭，为何作秀？

敬天恤民，堂皇冠冕，何出此言？

兵灾未起，言官备战，所为何来？

九王夺嫡，天降祥瑞，为何遇冷？

陈胜称王，鱼腹丹书，有何渊源？

随王建隋，异象迭见，符命何在？

乡野秀才，反清复明，何以笃信？
国师政变，功败垂成，何以失机？

姬周天命，凤鸣岐山，凤从何来？
文王归周，赶建灵台，灵台何在？
太姒之梦，械柞松柏，何为梓道？
翦商东进，姬周大志，始于何人？
受命于天，姬昌称王，始于何年？
八百诸侯，盟津观兵，是否可信？
劳师远征，天时不利，何不改期？
牧野之战，甲子功成，岁月几何？
武王伐纣，旬月之间，如何行事？
鹿台自焚，梓株斩首，木怎化刀？
生霸死霸，定点四分，何为真相？

天命镳宫，天命何来？镳宫何在？
金刃生水，金刃何来？水在何方？
参商不见，东西永隔，有何仇怨？
乱世称雄，逐鹿天下，鹿在何方？
十年灭夏，十年定鼎，有何讲究？
太乙帝辛，以日为名，是何缘由？
伊尹相汤，贤相善终，抑或被杀？
祝融降临，夏有吉凶，各是何年？
商汤灭夏，夏邑何在？
一战定鼎，鸣条何在？

三朡焦门，各在何方？

桀放南巢，南巢何在？

汤囚夏台，又在何方？

历山如鬲，历山何在？

陑遂如须，又在何方？

尧舜夏禹，三代相续，何为禅让？

登山封禅，千年相传，所为何来？

禹代虞舜，天赐玄圭，玄圭何在？

治水功成，夏禹所居，又在何方？

半圭为璋，璋钺成圭，是何源起？

舜禹天命，如出一辙，真假怎辨？

大禹建夏，横空出世，有何异象？

高阳玄宫，高阳是谁？玄宫何在？

冀州豫州，谁是中原？

冀州之名，有何隐讳？

本是中州，为何成北？

以鸟为北，又是何故？

黄河改道，禹河何在？

九州九方，有何变迁？

吴虞为王，禹虞何关？

南北洛水，有何故事？

太岳何在？中岳何山？

夏都何在？因何选址？

后羿代夏，是否篡位？

寒浞灭夏，为何反目？

大战于潍，又在何方？

千载以降，三代成烟。

夏商相继，各是何年？

五星会聚，星光指引，溯源千年。

古史百问，本书将给你答案。

目　录

上部　汉唐宋

封建王国，井田九宫，始皇帝横扫六合。

丹书鱼腹大泽，芒砀斩白蛇。

废丘起大水，霸王望江叹，尽付蹉跎。

吕后韦后，祥瑞成灾。则天顺天，成败英雄巾帼。

严庄取粟，曾静枭首，上九天，玄机谁破？

汉武开疆黄帝后，巨君措手，尧舜奈何。

燕赵王气几度，说如意，怎渡厄？

朱门喋血，水清有时黄河。

杯酒劝黄袍，文章千古，大道有德。

第一章　命燕革唐：
改朝换代失败背后的秘辛

公元 750 年 9 月 20 日，太阳西斜，月亮已经从东方升起，今天是八月十五中秋。

时为唐玄宗天宝九载。余晖将尽，月朗星稀。

向东望，明月千里，满天繁星隐没不见。回头看，蓦然发现，暮光反照中，有几颗亮星闪烁其间。

在这几颗亮星里，金、木、水、火、土——太阳系五大行星——全都聚齐了。

和太阳一样，五大行星也随着地球自转每天东升西落。此时将落未落，五大行星排列在西方地平线上方，与东方初升的明月遥相呼应。

五大行星在中国古代各有专名，水星为辰星，金星为太白，火星为荧惑，木星为岁星，土星为镇星。当然，除了这些名称以外，还有很多并不常用的别称，如火星荧惑也叫赤星、罚星、执法等。

五大行星和地球一样，围绕着太阳旋转，与太阳的距离则按照水、金、火、木、土的顺序渐次拉远，各自的公转周期也长短

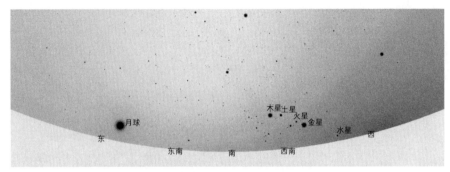

观测地区：陕西西安 / 海拔：416 米
观测时间：750 年 9 月 20 日（八月十五）19：15
日落时间：18：39：57 / 天黑时间：19：04：58

不一。短的如距太阳最近的水星，只要 88 天；长的如距太阳最远的土星，需要 29.5 年——土星上的一年，相当于地球上的近 30 年——古人曾认为其周期为 28 年，正好像每年坐镇二十八宿中的一宿，所以叫镇星[1]。

五大行星在各自的轨道上旋转运行，周期有长有短，同时出现在夜空而且走得越来越近，若即若离地来一场聚会，这样的机会并不常见。因为不常见，所以就会被赋予特别的意涵——这就是占星术的空间。

明月当空，唐玄宗沉浸在广寒宫里的霓裳羽衣舞，眼神在贵妃玉环的婀娜身姿里陷入迷离，然而，负责天文观测的太史监一点也轻松不起来，甚至可以说越来越紧张。

随着时间推移，除了靠近地平线的水星以外，另外四颗星走得越来越近，中秋过后，到九月初一，这四颗星的间距又缩小了一半多。

---

[1]　镇星又名填星，填通镇。

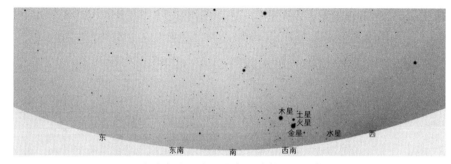

观测地区: 陕西西安 / 海拔: 416 米

观测时间: 750 年 10 月 5 日 (九月初一) 19: 00

日落时间: 18: 19: 37 / 天黑时间: 18: 44: 43

太史监知道, 不论是之前距离稍远的五星并见还是现在这种距离更近的四星会聚, 恐怕都不是好兆头。

(东汉) 郗萌曰: "五星俱见, 兵布野, 期不出三年。"

(东汉刘叡)《荆州占》曰: "四星若合于一舍, 其国当王, 有德者繁昌, 保有宗庙, 无德者丧。五星并聚, 篡弑成。"[1]

"兵布野", 要么外敌入侵, 要么造反起义, 兵锋所指, 舐血乃止。

"篡弑成", 篡位弑君, 不成的如荆轲刺秦, 成的如喋血玄武门。

"其国当王", 大一统的江山, 王天下只有一人, 彼王登基, 此王就得败北。

任一条都能让人胆战心惊。

当然了,《荆州占》说的是 "四星若合于一舍", 一舍就是

---

[1] 均见于唐瞿昙悉达《开元占经·五星占》。

二十八宿的一宿。严格说来，即便到 10 月 13 日九九重阳，这次的四星聚到达距离最近的时候，也只能说聚在东方苍龙七宿的尾宿和箕宿之间，相互间距离并没有近到"合于一舍"。

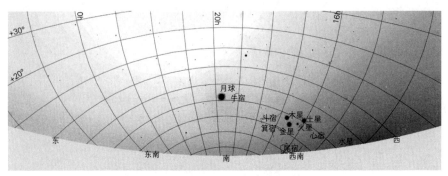

观测地区：陕西西安 / 海拔：416 米

观测时间：750 年 10 月 13 日（九月初九）18：40

日落时间：18：09：33 / 天黑时间：18：34：50

纸上谈兵不可取，照本宣科更要不得，是否严格地"合于一舍"，对于有心谋天下的人来说，根本不是问题。

九天垂象，人皆可见。从来民间有高人，夜观天象的又岂止官方的太史监？

比如沧州的严复。

严家本是外来户。严复的祖父严承构曾任沧州司户参军，因为工作变动从此举家徙居来到沧州。不过，严复和他父亲严亮都不曾入仕，即便书香门第，大概也只是河北地区不得志的许多文人家族中默默无闻的一个。

四星聚的天象出现，严复看到了希望，他告诉儿子严庄不要错过难得的机遇：

此帝王易姓之符，汉祖入关之应，尾为燕分，其下必有王者，天事恒象，尔其志之。[1]

由星象图可知，四星聚在尾、箕之间，严复说的是"四星聚尾"，不过，尾、箕之间也好，聚尾也罢，都不影响结论，因为星占分野中尾宿和箕宿对应的地区都是燕。

尾、箕，燕。[2]

燕地，尾、箕分野也。[3]

当日情势，燕地有谁？

正是后来伤了大唐筋脉的安禄山。

安禄山身兼平卢、范阳、河东三大节度使，封东平郡王，其势力范围在今河北、山西、辽宁西部一带，"既有其土地，又有其人民，又有其甲兵，又有其财赋"[4]，军政大权尽在一人，又颇得唐玄宗赏识和倚重，杨贵妃甚至收其为养子——虽然论年龄，安禄山都能当贵妃他爹了。

"渔阳鼙鼓动地来"，严庄承父命投入安禄山麾下，作为其谋主，将给蠢蠢欲动的安禄山吃下一颗关于天命的定心丸。

昊穹有命，命燕革唐。[5]

兴兵反唐，天意如此，王者易代，安得天下。

750 年中秋前后，五星俱见、四星聚尾，五年后，安禄山反了。

---

[1]　严复墓志铭《大燕赠魏州都督严府君墓志铭并述》。

[2]　《淮南子·天文训》。

[3]　《汉书·地理志》。

[4]　《新唐书·兵志》。

[5]　严复墓志铭《大燕赠魏州都督严府君墓志铭并述》。

755 年 12 月 16 日，天宝十四载冬月初九，安禄山在范阳（今北京）起兵，号称"忧国之危"，"密诏讨杨国忠"[1]。

十五万大军南下，承平日久的大唐被打得措手不及，几无还手之力。兵锋所指，势如破竹，短短一个月，安禄山就攻入东京洛阳。

筹备半个月后，756 年正月初一，安禄山登基称帝，国号燕，又称大燕，改元圣武，自称雄武皇帝，建都洛阳。

四星聚尾，"尾为燕分，其下必有王者"——严复的占星预言看来是应验了。

"货与帝王家"的严庄风头一时无两，俨然成了称帝之后的安禄山的代言人。"既称帝，深居禁中，大将希得见其面，皆因严庄白事"[2]——将领们难得面见雄武皇帝安禄山，有啥事都由严庄代传。

可惜的是，来得快，去得快。雄武皇帝屁股还没坐热呢，757 年正月，严庄与安禄山之子安庆绪合谋篡位，患眼疾成了瞎子的安禄山被砍杀在卧榻之上。之后晋王安庆绪即位，严庄则成为御史大夫，并封冯翊郡王——想当年安禄山也不过就是东平郡王，平步青云，严庄好不得意。新皇帝安庆绪不仅尊严庄为兄，更是"事无大小，皆取决焉"[3]。

759 年，安庆绪又被史思明所杀，史思明自立称帝，建都范阳，国号仍为"燕"（为示区别，安氏为前燕，史氏为后燕）。

761 年，史思明又被其子史朝义所杀。

763 年正月，史朝义被擒，历时七年多的安史之乱被平定。

---

[1] 《新唐书·逆臣传》。

[2] 《资治通鉴》。

[3] 《资治通鉴》。

回头看，大燕朝皇帝轮流做，好似击鼓传花，河东河西不过一两年的工夫。

严复的占星术，终究不过是过眼云烟。

严庄倒是很识时务，早在唐军收复长安和洛阳以后就知道大势已去，于是投降郭子仪，面见唐肃宗，不仅全身而退，还被授予从三品司农卿，负责仓储管理、宫苑屯田等后勤事务。

七年多的安史之乱，属于严庄的战争只不过两年而已。

窥破天机的严复给严庄指了一条乱世功名路，富贵险中求的严庄也算是得了善终，但代价也不小，仕途有惊无险的严庄并没能保住严氏家族基本的生命安全——严庄随大军南下之后，严家仍然留在沧州故地。就在安禄山称帝那一年，其父母严复和王氏、弟弟严希庄夫妇等全家都被景州长史李玮处死。

老实说，我们并不能确知在安禄山兴兵反唐的决策过程中，严庄所说的"四星聚"究竟有多大的分量。事实上，如果不是严复墓志铭的出土，我们甚至无从得知安禄山起兵前以及称帝后都曾经利用"四星聚"的天象引导舆论，宣扬安氏大燕的天命所归。

燕地固然是安禄山起家的地方，但安禄山称帝，国号取名为燕，恐怕不能说与"四星聚尾，尾为燕分"的星占谶语无关。

从史思明杀安庆绪称帝以后仍然沿用大燕国号来看，恐怕他也需要用这套星象天命的意识形态做政治动员并为自己建立合法性，所以他称安氏的大燕为伪燕。言外之意，自己才是承受"昊穹有命，命燕革唐"的天命，应天而生的那个真命天子——星象所预兆的易代革命，大燕代唐是确定无疑的事情，但取代李唐王朝的应该是史氏之燕而并非安氏之燕。

胜利者书写历史，让李唐王朝大伤元气的这场失败的改朝换代，定格在历史记忆中的只是一场战乱，但"命燕革唐"的政治号召告诉我们，所谓安史之乱，对安禄山和史思明来说，远非拥兵造反那么简单。他们对自己的定位和认知，乃是王朝易姓的天命所在；他们所冀望的，甚至是要建立一个像汉高祖刘邦那样的宏图伟业。

四星聚尾，就像严复说的，"此帝王易姓之符，汉祖入关之应"——刘邦先入关中并最终在楚汉争霸中胜出，当时也曾有五星会聚的天象发生。

事实上，安史二氏先后称帝，在河北地区士卒百姓的心目中，或许真就把他们当成了顺天应命、名实俱备的新天子。

763 年，史朝义兵败自杀，曾在安禄山麾下屡有战功的田承嗣投降，还交出史朝义的母亲和妻子，田承嗣转而获封魏博节度使。

安史之乱最终得以平定，诡异的是，为了笼络人心，也在一定意义上继承大燕朝安史政权的影响力乃至政治遗产，田承嗣为安禄山和史思明父子四人立祠祭祀，四人也被称为"安史四圣"。

圣，即圣人，是中国古代对皇帝的尊称[1]，由此不难想见民间对大燕政权和安史二氏的态度。

773 年，田承嗣接受中央意见，毁了"安史四圣"的祠堂。作为交换，他也如愿成为与宰相并称的使相，并获封雁门郡王。第二年，唐代宗还把永乐公主嫁给了他的儿子田华。

不可思议的是，安史之乱平定后过了数十年，所谓"安史四圣"的影响仍然还在，只不过略有萎缩，"四圣"变成了"二圣"。

长庆初年，张弘靖任卢龙节度使。到任后发现，当地人竟然还把安禄山和史思明合称"二圣"，于是"发墓毁棺"，把坟给挖

---

[1]　陈寅恪《唐代政治史述论稿》。

了，没想到还搞出一场群体性事件[1]。

长庆是唐穆宗李恒的年号，从 821 年到 824 年，共四年。

以 821 年为准，从安禄山起兵算起，已过去 66 年；从"安史四圣"祠堂被毁算起，也已经过去 48 年。

半个世纪过去了，当年的大燕朝仍然余韵如斯。

由此不难想见，唐朝后期所面临的藩镇割据，除了表面的军事以外，其间还掺杂着民族融合、文化认同乃至宗教信仰等诸多复杂而棘手的问题，河北地区民众对安史政权的认可与怀念就是明证。

回到 750 年中秋前后，五大行星在暮光中同时现身，专职观天的太史监不可能视而不见，他们上报唐玄宗的是"五星聚于尾、箕"。

> 天宝九载八月，五星聚于尾、箕，荧惑先至而又先去。尾、箕，燕分也。占曰："有德则庆，无德则殃。"[2]

显然，这种说法或有夸张，事实上五星间距远超尾、箕之间。但是，我们有理由相信，定格在史书里的这种说辞并不代表唐玄宗被太史监糊弄，因为他可是见过真正的五星聚，对于五星聚是否一定代表改朝换代也有亲身体会。此是后话，暂且按下不表。

天示异象，唐玄宗是如何应对的呢？

九月初六，民间隐士崔昌向朝廷提交《大唐五行应运历》，引发一场关于意识形态的辩论及动荡。

---

[1] 《新唐书·张弘靖传》："长庆初……充卢龙节度使，始入幽州，老幼夹道观……俗谓禄山、思明为'二圣'，弘靖惩始乱，欲变其俗，乃发墓毁棺，众滋不悦。"

[2] 《新唐书·天文志》。

我们知道，唐朝是唐国公李渊接受隋恭帝杨侑禅位建立的，隋则由当时身为皇太后父亲的杨坚接受北周[1]静帝宇文阐禅位建立。所以，从法统上说，唐继承的是周和隋的国祚。历史发展的脉络，事实如此。

我们也知道，隋朝虽然统一全国，但很短命，李渊称帝事实上就终结了隋。算上洛阳王世充又拥立另一个隋恭帝杨侗给隋朝续命一年，隋朝国祚也只有短短的 38 年。至于北朝宇文氏的周就更是昙花一现，不过 24 年就告亡国，而且，所谓南北朝，那时根本就没能实现统一。

崔昌《大唐五行应运历》提出，大唐不能继承自短命的北周和隋，而应该上承武王伐纣的周和楚汉争霸的汉，大唐国祚当有千年之数。至于周汉至唐之间的北周、隋以及北周之前北朝的魏，都只不过是逢闰年时多出来的那个闰月，他们曾经存在，但根本算不得正统，不过是历史进程中的填缝剂和转场过渡。

唐王朝继承周汉还是周隋，绝不只是口水仗而已，不同选择将直接影响到国家礼制中的"二王三恪"，几个不同家族的命运更是在旦夕之间就判若云泥。

何为"二王三恪"？

中国王朝史有一种传统，新王朝建立后，要给前代王室的后裔分封爵位，赐予封邑，如武王伐纣以后就分封神农、黄帝、尧、舜、禹的后裔，被革命的殷商也得到同等礼遇[2]。各代后裔得以祭祀各自宗庙，并在封国封地之内保留既有文化乃至政治传统，"车

---

[1] 周，是南北朝中北朝的最后一个，所谓北周，是后人所称。

[2] 《史记·周本纪》："封商纣子禄父殷之余民……武王追思先圣王，乃褒封神农之后于焦，黄帝之后于祝，帝尧之后于蓟，帝舜之后于陈，大禹之后于杞。"

骑服色，一依旧章"[1]，给予很大的自治权。当然，承认前朝，不仅是彰显新朝气象，也是为了佐证本朝的正统地位。

礼遇前朝后裔，追认两个朝代，那就是"二王"，追认三个朝代，就称为"三恪"。

"二王三恪"，属于古代礼制中的宾礼。

所谓宾，也就是以前朝为宾，他们与当朝天子的关系视为主与宾，而不是君与臣。恪，本义即是恭敬。

所谓礼遇，本是君臣，但名义上以主宾相待。1912年2月，辛亥革命后中国最后一个皇帝退位，中华民国给予清朝皇室类似优待，其中就包括"尊号仍存不废"，在逊清小朝廷内溥仪还是皇帝，中华民国待之以"各外国君主之礼"[2]。

具体操作上，"二王三恪"可以只封"二王"或"三恪"，也可以"二王三恪"同时存在，如果只有"三恪"，称之为"三王"也没有什么不可以的。

以唐朝为例，李渊建国后，将禅位的隋恭帝杨侑封为酅（xī）国公，又封北周后裔为介国公，这就是"二王"，也称"二王后"。

武则天改唐为周以后，先是以周朝和汉朝后裔为"二王"[3]——没错，其实武则天时代就已经驱逐过隋、北周这些闰余小朝代的正统地位——又封舜、禹、汤也就是虞、夏、商三代的后裔为"三恪"，但过了八九年，又改封隋、唐两朝的后裔为"二王"。

神龙政变后，中宗复唐，武则天的"二王三恪"被废除，恢复唐初旧制，仍然以北周和隋的后裔为"二王"。

---

[1]　唐杜佑《通典》。

[2]　《清室优待条件》（1912年2月12日）。

[3]　《新唐书·李嗣真传》："永昌初，（李嗣真）以右御史中丞知大夫事，请周、汉为二王后，诏可。"

唐玄宗即位以后，天宝七载五月，也就是"五星聚尾"之前两年，在原来"二王"基础上又追封北魏后裔元伯明为韩国公，于是"二王"变成"三恪"。

现在，崔昌《大唐五行应运历》提出法统继承的问题，"请国家承周汉，以周隋为闰"[1]，"请废周隋，不合为二王后"[2]，原来的"二王三恪"是时候变一变了。

唐玄宗让大家讨论。公卿集议后，说确该如此，于是"上以为然，遂行之"[3]，找来商、周、汉三代的王室后裔封为"三恪"。两个月后，还在京城里给周武王和汉高祖立了庙，"唐承汉后"[4]而不是"唐承隋后"就这么定了。

唐承姬周和刘汉，在王朝更替的历史中，隋以及之前的北周、北魏也就失去了正统地位。当然，原来的北魏韩国公、北周介国公和隋的酅国公也就全被废了，其中最悲催的当属北魏韩国公，公爵的名头刚刚到手不过才两年而已。

大唐继承自周汉而不是周隋，这么折腾当然不只是为了操弄几个国公的命运。对唐玄宗来说，谁是王公谁是平民，根本无关紧要。

所为何来呢？崔昌提交的是《大唐五行应运历》，最要紧的其实是这个五行。

五行学说在古代政治中的应用，认为每个朝代都代表一种五行之运，如虞舜是土德，周朝是火德，秦帝国是水德，诸如此类。

西汉以前，用的是邹衍的五行相胜说，即新王朝与旧王朝是

---

[1] 《旧唐书·礼仪志》。
[2] 《旧唐书·玄宗本纪》。
[3] 北宋《册府元龟》。
[4] 《旧唐书·礼仪志》。

五行相克的关系，如秦始皇统一六国终结周天子，就是水克火的胜利。

王莽篡汉以后，五行相胜被刘歆父子发明的五行相生说所取代，即新王朝是旧王朝生出来的，如王莽建立新朝取代汉朝，就是汉朝的火生出新朝的土，王莽自认为虞舜后裔，代表土德。

理论为现实政治服务，相胜说与相生说的历代细节一言难尽不及赘述，总之，到唐朝的时候，公认的意识形态是五行相生说，汉为火德也早成定论。

崔昌《大唐五行应运历》被唐玄宗采信，现在，唐直接继承于汉，汉朝为火德，所以，唐就是土德——特别要强调的是，唐的土是由汉朝之火相生而得。

之所以要强调玄宗时土唐生自火汉，是因为从李渊称帝开始，其实唐朝一直都认为自己是土德。

是的，大唐本来就是土德。

开元十三年（725年），唐玄宗泰山封禅的时候就说过"天启李氏，运兴土德"[1]。之前武则天改唐为周，也是以唐为土德，土生金，所以武周是金德，"盖武氏革命，自以为金德王，其'佛菩萨'者，慈氏金轮之号也"[2]。

汉以后三国两晋南北朝，尤其是南北朝时期，各个政权互相攻讦，北朝骂南朝是岛夷，南朝损北朝是索虏，同时南北朝又都自认为华夏正统，《魏书》里干脆连前朝司马氏的东晋也蔑称为僭晋，否认其正统地位。

百年乱世，究竟谁是正统，当真是剪不断理还乱。

---

[1] 《旧唐书·礼仪志》。

[2] 《新唐书·五行志》。

到唐朝建立，天下复归统一。李唐王室并没有否认从北周到隋再到唐的事实，作为最终胜利者，把他们承认的前朝依次排列，汉、（曹）魏、（司马）晋、北魏、北周、隋、唐，其中汉为火德，五行相生算下来，隋还是火德，火生土，之后的唐自然就是土德。与北周对峙的北齐，是不被承认的伪政权[1]，至于南朝的宋、齐、梁、陈，当然就更没资格列入王朝历史的谱系。

变更五行德运，可别以为只是辩论一下发个文件的事。除了几个公爵的浮沉，朝廷正经八百的还有很多举措。比如第二年变更仪仗颜色："天宝十载五月，改诸卫旗幡队仗，先用绯色，并用赤黄色，以符土德。"[2]再如将其作为国家意识形态在科举选拔中强力灌输："后二岁，礼部试天下，造秀作《土德惟新赋》。"[3]改制次年，诗圣杜甫有赋为证：

> 冬十有一月，天子既纳处士之议，承汉继周，革弊用古，勒崇扬休。[4]

杜甫所说的处士，就是指提交《大唐五行应运历》的崔昌。所谓处士，即没有入仕的平民。

由此可见，唐玄宗大费周章地废立"三恪"，否定隋和北周的历史地位，让李唐直接继承刘汉，但改了半天，其实并没有改变原来的五行属性。

不过，虽然唐还是唐，土还是土，但经过这轮改制以后，

---

[1]　北魏分裂成西魏和东魏，继承西魏的是北周，继承东魏的是北齐，后北周灭亡北齐统一北方，北周之后是隋、唐。

[2]　《旧唐书·舆服志》。

[3]　唐封演《封氏闻见记》。

[4]　唐杜甫《朝献太清宫赋》。

土的内涵变了，王朝更迭的源流变了，唐的所谓天命也就有了改变。

所谓"土德惟新"，也就是"天命惟新"。秉承天象所示的新天命，正是改制的目的——之所以要这么变，背后缘由就是五星聚天文异象。

不可否认的是，史籍中并没有明确说这次改制与五星聚天象有关系，仅从时间先后推论改制是为了禳解异象示警，貌似理由并不充分。但是，请注意，崔昌之说其实并不新鲜，早在他之前就已经有了，甚至可以说他根本就是抄袭。

这个人就是儿时神童又英年早逝的王勃，初唐四杰之一，曾撰有《大唐千岁历》。

诸如"唐德灵长千年"[1]，"唐应继周汉，不可承周隋短祚"[2]，"魏晋至于周隋，咸非正统"[3]等观点，全都写在王勃的《大唐千岁历》。

王勃生卒年并无确考，一般认为去世于676年，到唐玄宗天宝九载（750年）的五星聚和改制事件已经过去了七十多个年头。

说唐玄宗莫名地心血来潮要搞改制，你信吗？

说宰相李林甫没由头地扒拉几十年前的陈年旧说上陈朝廷，你信吗？

说一个所谓民间隐士的意见能直入大内还闹出这么大动静，你信吗？

也许更合理的解释是，所谓处士崔昌上书《大唐五行应运历》，原本就是唐玄宗授意所为——"土德惟新"让大唐"天命惟

---

[1] 《旧唐书·王勃传》。
[2] 《新唐书·文艺传》。
[3] 《旧唐书·王勃传》。

新"，以此承应和化解五星会聚的天象。

事实上，在玄宗时代，崔昌并不是第一个拿李唐德运做文章的人。

早在开元年间，就有人上书说唐朝不是土德而应该是金德[1]，而且玄宗也让大臣们正经讨论过这个问题。

甚至还有把唐朝德运嫁接到南朝政权的。萧颖士是南朝梁郡阳王萧恢的七世孙，开元二十三年（735 年）进士，天宝初年补秘书正字，他就认为唐朝土德应该继承南朝梁的火德，南朝梁后面的陈则被他一笔勾销[2]。

当然，打通南北朝的法统，这个跨度实在太大而且私情昭彰，只不过是个人见解而已，不可能被朝廷承认。但这些例子可以说明，崔昌上书改制成功，之所以能投其所好，时机非常重要。若是没有五星聚的出现，恐怕充其量也就是图谋仕进的又一次空谈罢了。

唐玄宗励精图治三十年，开元之治的盛世气象将大唐王朝推入鼎盛，举国上下一片升平。

> 南诣荆襄，北至太原、范阳（今北京），西至蜀川、凉府（今甘肃武威），皆有店肆，以供商旅，远适数千里，不持寸刃。[3]

面对太平盛世，志得意满且极为自信的唐玄宗不会反对"土

[1] 《旧唐书·裴光庭传》："时有上书请以皇室为金德者，中书令萧嵩奏请集百僚详议。光庭以国家符命久著史策，若有改易，恐贻后学之诮，密奏请依旧为定，乃下诏停百僚集议之事。"
[2] 《新唐书·萧颖士传》："乃黜陈闰隋，以唐土德承梁火德，皆自断，诸儒不与论也。"
[3] 唐杜佑《通典》。

德惟新”的天命加持，但所谓王朝易姓的危险，他并没有看见，也不会相信。

此前安思顺、颜真卿、杨国忠等都曾经说过安禄山必反[1]，但唐玄宗不以为然。即便到最后安禄山真的反了，唐玄宗也还不信，“上犹以为恶禄山者诈为之，未之信也”[2]。

对自己的帝王平衡术过于自信，最终让玄宗灰溜溜地仓皇逃离长安。结果马嵬驿兵变，玄宗不得不缢死自己宠爱的贵妃，连皇位都弄丢了——太子李亨分兵北上，在灵武即位改元，遥尊玄宗为太上皇。

说到底，大唐法统承周继汉也好，“土德惟新”也罢，对唐玄宗来说，都不过是锦上添花的盛世装点，江山稳固如斯，有什么可担心的呢？所以，改制两年后，杨国忠接替李林甫成为宰相，作为杨家人，“自以隋氏之宗”[3]，又说服唐玄宗恢复了隋朝地位。相应地，原来的韩国公、介国公、酅国公也失而复得了。

> （天宝）十二载九月，以魏、周、隋依旧为三王后，封韩公、介、酅公等，仍旧五庙。[4]

翻云覆雨，只在一念间。

悲喜人生，浮浮沉沉两三年。

世事难料，莫测如斯。

从天宝九载到十二载，一场历时三年的大秀落下帷幕，似乎

[1]　《新唐书·哥舒翰传》：“安思顺度禄山必反，尝为帝言，得不坐。”《新唐书·颜真卿传》：“安禄山逆状牙孽，真卿度必反。”《旧唐书·安禄山传》：“杨国忠屡奏禄山必反。”

[2]　《资治通鉴》。

[3]　唐封演《封氏闻见记》。

[4]　《旧唐书·礼仪志》。

一切又都回到原点。

霓裳羽衣舞照跳，盛世天下仍太平。然而，严庄不这么看，安禄山更不会这么想。

"土德惟新"？不，天命革唐。

温暖的华清池，即将变得滚烫。

第二章　女主危机：
从则天到顺天

公元 710 年 7 月 3 日，景龙四年六月初二壬午，小暑将至。

长安城，太极宫。

神龙殿大放悲声，唐中宗李显驾崩，时年 55 岁。

一场至今仍真相难明的悬案与一场关乎王朝命数的危机就此同步发生。

悬案是唐中宗李显突然暴毙，是罹患宿疾还是被阴谋毒害？

危机是此时距离武则天退位还政、中宗复唐，只不过五个年头，难道王朝易姓、女主称帝又要再次重演？

关于中宗之死，史书都一口咬定是被韦皇后等下了毒。

《旧唐书》说是中宗亲生的安乐公主"与后合谋进饻"[1]，"帝遇毒暴崩"[2]，《新唐书》说"韦皇后弑中宗"[3]，《资治通鉴》则给出了下毒的细节，是与韦皇后有染的散骑常侍马秦客、光禄少卿杨

---

[1] 《旧唐书·中宗本纪》。

[2] 《旧唐书·后妃传》。

[3] 《新唐书·睿宗本纪》。

均及安乐公主等与韦皇后合谋，"于饼馅中进毒"[1]。饼馅，也就是馅饼。

不过，有一个基本事实是，李唐王室有遗传性家族病史，如唐太宗自称"朕有气疾"[2]，唐高宗则"多苦风疾"[3]。气疾、风疾，即现在说的心脑血管疾病——后来的唐顺宗在 44 岁继位时已经因为中风说不了话，第二年就驾崩了。

从各个皇帝们的寿命来看，中宗 55 岁其实很正常。

在上下七代人中，除了唐高祖李渊 70 岁（曾祖父），唐玄宗李隆基 78 岁（侄子），其余都是 50 多岁——唐太宗李世民 52 岁（祖父），唐高宗李治 56 岁（父亲），唐睿宗李旦 55 岁（兄弟），唐肃宗李亨 52 岁（侄孙），唐代宗李豫 54 岁（曾侄孙）。

事实上，有唐一代，皇帝活到 70 岁的也就仅有高祖李渊和玄宗李隆基两人，活到 82 岁的武则天[4]更是在中国千年王朝史上也并不多见。很遗憾，长寿的武则天，似乎并没有给李唐王室注入更加健康的基因。

另一方面，韦皇后与唐中宗同过甘也共过苦，患难夫妻，感情很深。

当年已经继承帝位的中宗被母后武则天所废，韦皇后陪着他一起被贬到湖北，在窘迫中生下安乐公主，"备尝艰危，情爱甚笃"[5]。

---

[1] 《资治通鉴》。

[2] 《旧唐书·姚思廉传》。

[3] 《旧唐书·则天皇后本纪》。

[4] 武则天的寿命，《旧唐书》记为 83 岁，《资治通鉴》记为 82 岁，《新唐书》《唐会要》记为 81 岁。

[5] 《资治通鉴》。

在武则天临朝称制并最终改唐为周的过程中，先是琅琊王李冲、越王李贞起兵反对武则天称帝而兵败身死，随后韩王李元嘉、鲁王李灵夔、霍王李元轨、纪王李慎、江都王李绪、黄国公李撰、东莞公李融、常山公李茜、常乐公主等，或被赐死，或被斩首，或死于流放途中，李唐宗室几乎要被杀戮殆尽。

韦皇后所亲生的独子李重润及永泰公主李仙蕙之前也因为私下非议武则天的面首张易之、张昌宗兄弟而被祖母武则天赐死。

眼见着武则天大开杀戒，对于身在湖北的中宗李显来说，既是亲妈也是武周皇帝的武则天简直是噩梦一般的存在，每每听闻武则天派人来都以为是要被赐死而吓得想先行了断。韦皇后的开解劝慰——"祸福倚伏，何常之有？岂失一死，何遽如是也"[1]——不啻让他坚持下去的精神支柱。有这样的患难经历，中宗对韦皇后极为信任，并曾许诺"一朝见天日，誓不相禁忌"[2]。

在狄仁杰劝谏之下，最终想明白侄子亲还是儿子亲之后，武则天召回被废的中宗李显并立为太子。五年后发生神龙政变，武则天禅位，李显再次登基光复大唐。

重见天日的李显，确实给了韦皇后非同寻常的地位。她可以像婆婆武则天一样临朝听政参与政事，"及再为皇后，遂干预朝政，如武后在高宗之世"[3]。

高宗之世如何？

高宗是天皇，武则天是天后。

---

[1] 《旧唐书·后妃传》。
[2] 《旧唐书·后妃传》。《新唐书》记为"一朝见天日，不相制"。《资治通鉴》记为"异时幸复见天日，当惟卿所欲，不相禁御"。
[3] 《资治通鉴》。

上每视朝，天后垂帘于御座后，政事大小皆预闻之，内外
称为"二圣"。[1]

高宗驾崩后，李显登基为中宗，然后废中宗立睿宗，武则天
临朝称制，最后睿宗禅位给母后，武则天改唐为周，成为中国历
史上唯一的女皇帝。

韦皇后有当皇帝的企图吗？看起来答案是肯定的。

中宗李显驾崩以后，首要问题是由谁继位。

韦皇后亲生的嫡长子李重润多年前已经被武则天赐死，中宗
在位时所立太子李重俊因政变失败被倒戈的士兵斩杀，现在，只
剩下谯王李重福和温王李重茂。

在中宗四个儿子中，谯王李重福虽为庶出却是长子，此时已
是而立之年，年富力强正当时。

显而易见的是，面对两个都不是自己亲生的儿子，韦皇后的
最佳选择无疑是年仅 16 岁、更易于控制的温王李重茂。

7 月 3 日，中宗驾崩，韦皇后秘不发丧，主持所有政务。

7 月 4 日，派赵承恩、薛简两位大将军领兵五百前往均州以防
备谯王李重福，立温王李重茂为太子。

7 月 5 日，正式发丧。

7 月 8 日，太子即位，韦皇后为皇太后并临朝称制[2]。

当然，要防的绝不只是谯王李重福，比如中宗的兄弟，曾经
的睿宗李旦就是最大威胁。所以，除了做出一系列人事调整，韦
太后还调集五万府兵戍卫京师，然后才敢发丧。

韦太后要干什么呢？她只是要临朝称制辅佐幼帝吗？恐怕不是。

[1]　《旧唐书·高宗本纪》。

[2]　以上时间线见《旧唐书·中宗本纪》。

时京城恐惧，相传将有革命之事。[1]

在古代语境中，命，是天命；革，是鼎革。革命，指的就是改朝换代。如武则天改唐为周，就是革命；神龙革命后武周复唐，也是革命；后来的安史之乱，打的旗号是"昊穹有命，命燕革唐"，这也是革命。

谯王李重福也好，曾经的睿宗李旦也罢，如果他们搞政变上台了，大唐自然还是姓李，何来革命之说？

不错，临朝称制后，下一步就是学武则天称帝，这才是令"京城恐惧"的"革命之事"。

显然，如此重大的政治抉择，绝不可能是临时起意——其实早在中宗在位之时，已有端倪。

比如上官婉儿就经常怂恿韦皇后效法婆婆武则天，所谓效法，要说只是临朝称制，谁信呢？

> 时昭容上官氏常劝后行则天故事，乃上表请天下士庶为出母服丧三年；又请百姓以年二十三为丁，五十九免役，改易制度，以收时望。制皆许之。[2]

以皇后的名义"改易制度，以收时望"，目的当然是在臣民中刷存在感——在朝廷内显示中宫力量，在社会上收获民心、积累民望。

如丁役制度，唐代"二十有一为丁，六十为老"[3]，也就是二十一岁开始服兵役，六十岁止役，韦皇后改为"二十三岁为丁，

---

[1]　《旧唐书·后妃传》。

[2]　《旧唐书·后妃传》。

[3]　《旧唐书·职官志》。

五十九免役"。兵役减少三年，百姓们当然都要点赞。

这只是韦皇后在向朝廷提合理化建议吗？当然没这么简单。要不然，枕席之间就可以完成的事，何必正经八百地上表呢？

作为参照，武则天就曾上书"建言十二事"[1]。这次建言意义重大，在唐高宗驾崩当天宣布的改元诏令中，就特别提到这件事。

> 又比天后事条，深有益于为政，言近而意远，事少而功多，务令崇用。[2]

武则天临朝称制，其实是唐高宗的意思。

遗诏中虽然让太子李显继位，但明确说"军国大务不决者，兼取天后进止"[3]。遗诏中唐高宗把"军国大务"委托给武则天，与改元诏令中褒奖武则天当年的建言并要求继任者不得废除，可谓相得益彰。

事后看，临朝称制正是武则天改元称帝的前奏，而合法地临朝称制，又与由建言所展示的治国理政才能以及有意塑造的参政形象紧密相关。

韦皇后上表建言，可以说完全就是沿着武则天走过的路亦步亦趋。

武则天突破传统，以女身称帝，在舆论上很是下了一番曲折功夫。在《大云经疏》中引用的谶纬之说就有十八种之多[4]，包括流传至今的《推背图》，本来是大灾难的地震也被解释成预示女皇

---

[1] 《新唐书·后妃传》。

[2] 《唐大诏令集·改元弘道诏》。

[3] 《新唐书·则天皇后本纪》。

[4] 林世田，《武则天称帝与图谶祥瑞——以 S.6502〈大云经疏〉为中心》，《敦煌学辑刊》，2002 年第 2 期。

帝出现的祥瑞。

韦皇后要想成为武则天第二，同样的招数尽可以有样学样。

景龙二年（708 年）二月，韦皇后说自己衣箱里出现五色云，随后中宗还以此为由大赦天下。

> 二年二月辛未，幸左金吾大将军、陈国公陆颂宅。皇后自言衣箱中裙上有五色云起，令画工图之，以示百僚，乃大赦天下……乙酉，帝以后服有庆云之瑞，大赦天下。[1]

庆云，又称景云，唐房玄龄《晋书·天文志》说：

> 瑞气：一曰庆云。若烟非烟，若云非云，郁郁纷纷，萧索轮囷，是谓庆云，亦曰景云。此喜气也，太平之应。

不要小看这个"庆云之瑞"，在古代语境中是有特别指向和意涵的。

在唐代官方认定的各种祥瑞中，有大瑞、上瑞、中瑞、下瑞等四类，大瑞就是特指庆云，出现大瑞，"则百官诣阙奉贺"[2]。

除了彰显盛世太平的祥瑞以外，更为重要的是，所谓庆云往往还意味着真命天子的出现。

远的如传说中的黄帝，"黄帝有景云之应"[3]。

---

[1]　《旧唐书·中宗本纪》。

[2]　《新唐书·百官志》："凡景云、庆云为大瑞，其名物六十有四；白狼、赤兔为上瑞，其名物三十有八；苍乌、硃雁为中瑞，其名物三十有二；嘉禾、芝草、木连理为下瑞，其名物十四。大瑞，则百官诣阙奉贺；余瑞，岁终员外郎以闻，有司告庙。"

[3]　唐杜佑《通典》："黄帝云师云名。黄帝受命有云瑞，故以云纪事。春官为青云，夏官为缙云，秋官为白云，冬官为黑云，中官为黄云也。黄帝有景云之应，因以名师与官也。"

中国王朝史开端的禹夏，大禹继位于舜时就有"庆云兴焉"[1]。三国时期刘备在西蜀称帝，也曾以庆云为祥瑞[2]。

武则天还政于唐，中宗重登九五，当时也有人罗织了八种谶言和祥瑞来证明改周为唐是天命所归，"周唐一统，其符兆有八"，其中就包括"二月庆云五色，天应以和"[3]。

想想看，韦皇后的衣箱出现庆云，仅仅只是为了证明中宗临朝是有为之君吗？

除了祥瑞，还有谶谣。

> 右骁卫将军、知太史事迦叶志忠上表曰："昔高祖未受命时，天下歌《桃李子》；太宗未受命时，天下歌《秦王破阵乐》；高宗未受命时，天下歌《侧堂堂》；天后未受命时，天下歌《武媚娘》。伏惟应天皇帝未受命时，天下歌《英王石州》；顺天皇后未受命时，天下歌《桑条韦》也。"[4]

应天皇帝即中宗李显，顺天皇后即韦皇后，当时中宗与韦皇后各上尊号，中宗是应天，韦皇后是顺天。

吊诡的是，"天下歌《桑条韦》"本来是上述中宗复唐的八种

---

[1]　南朝梁沈约《宋书·符瑞志》："（舜）乃荐禹于天，使行天子事。于时和气普应，庆云兴焉，若烟非烟，若云非云，郁郁纷纷，萧索轮囷，百工相和而歌庆云。帝乃倡之曰：'庆云烂兮，纠缦缦兮。日月光华，旦复旦兮。'"

[2]　《三国志·蜀书》："先是，术士周群言，西南数有黄气，直立数丈，如此积年，每有景云祥风，从璇玑下来应之。建安二十二年中，屡有气如旗，从西竟东，中天而行。图书曰：'必有天子出其方。'太白、荧惑、镇星从岁星，又黄龙见犍为武阳之赤水，九日乃去。关羽在襄阳，男子张嘉、王休献玉玺，备后称帝于蜀。"

[3]　《新唐书·宗楚客传》。

[4]　《旧唐书·后妃传》。

征兆之一，所谓"后妃之德专蚕桑，共宗庙事也"[1]。但别忘了，迦叶志忠上表所列举的是高祖、太宗、高宗、天后（武则天）、应天皇帝（中宗）、顺天皇后（韦皇后），这几个人里只有天后和顺天皇后两个女人，另外几个都是大唐天子，而天后武则天又是登基称帝的武周皇帝。那么，最后这个顺天皇后所谓受命只是"专蚕桑"吗？

显而易见，命乃天命，岂止蚕桑农事而已。

韦皇后受命实为受天命，再结合顺天皇后的尊号，用意实在是昭彰无遗。何以见得？

天后武则天的本名经传不载，已不可考。唐太宗时为才人，赐号"武媚"；唐高宗时先为昭仪，后封皇后，尊号"天后"；临朝称制后自己改名"武曌"，称帝后尊号"圣神皇帝"，此外还曾用过圣母神皇、金轮圣神皇帝、越古金轮圣神皇帝、慈氏越古金轮圣神皇帝、天册金轮圣神皇帝等尊号。请注意，在这许多称呼当中，并没有"则天"二字。

不错，所谓"则天"，实为神龙元年中宗复唐以后才给母后的尊号——"则天大圣皇帝"。武则天去世后遗制去帝号，改称"则天大圣皇后"。

则，本义为法则、遵守法则。则天，即遵守天之法则，也就是遵循天道的意思。

武则天事实上打断了李唐王朝的传承，但说到底，她终究是中宗李显、睿宗李旦的亲妈。尊号"则天"，也就意味着对于实为政变和改朝换代的武周朝，中宗李显以及后面的李唐皇帝们都不尴不尬地是承认的态度。

---

[1] 《新唐书·后妃传》。

则天皇后原为则天皇帝，应天皇帝是中宗李显，则天、应天、顺天，顺天皇后受天命，难道不该成为顺天皇帝吗？

当然，因为韦后称帝并未真的发生，所以这也只是猜测，但内在逻辑使然，一望可知。

不仅如此，中宗被废贬湖北期间出生的安乐公主也有当女皇的梦想。

神龙革命后中宗复唐，庶出的李重俊被立为太子，韦皇后嫡生的安乐公主"恃宠骄恣，卖官鬻狱，势倾朝廷"[1]，乃至要中宗把太子废掉，"私请废太子，求为皇太女"[2]——皇太女，即女版的皇太子。"帝虽不从，亦不加谴。"[3] 安乐公主很是不忿儿——外姓武则天都能当天子，我堂堂天子之女有何不可[4]。

在身为皇室成员的安乐公主看来，已经有了女皇先例，自己就与其他皇子有了继承皇位同样的资格，甚至因为嫡生的关系，比那些庶出的皇子更有资格。

事实上，觊觎皇位的何止王室中人。时为宰相的宗楚客（母亲为武则天堂姐，孙女为李白第二任妻子）得陇望蜀，表面上"劝韦后遵武后故事"[5]，内心其实也蠢蠢欲动："始，吾在卑位，尤爱宰相。及居之，又思天子，南面一日足矣。"[6]

中宗驾崩后，宗楚客"密上书称引图谶，谓韦氏宜革唐命"[7]。

---

[1] 《旧唐书·后妃传》。

[2] 《新唐书·魏元忠传》。

[3] 《旧唐书·后妃传》。

[4] 《新唐书·魏元忠传》："主恚曰：'山东木强安知礼？阿母子尚为天子，我何嫌？'宫中谓武后为阿母子，故主称之。"

[5] 《资治通鉴》。

[6] 《新唐书·宗楚客传》。

[7] 《资治通鉴》。

宗楚客所说的图谶究竟是什么已不得而知，但回溯天象会发现，那时出现了远比武则天称帝所编造和引用的各种祥瑞更为重大的征兆——五星会聚。

710 年 5 月中旬，日落后群星渐出，在余晖中隐约可在地平线上方看到金星和水星，木、土、火三星则清晰可见。到 6 月初，五大行星间距更小，并呈现五星连珠之象。其后五星间距继续缩小，到 6 月 26 日，五星间距达到最小，赤经差仅 6° 左右。

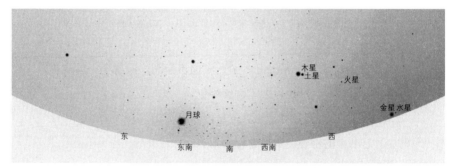

观测地区：陕西西安 / 海拔：416 米
观测时间：710 年 5 月 16 日（四月十三）20: 20
日落时间：19: 39: 32 / 天黑时间：20: 07: 35

观测地区：陕西西安 / 海拔：416 米
观测时间：710 年 6 月 2 日（五月初一）20: 30
日落时间：19: 50: 25 / 天黑时间：20: 19: 28

观测地区：陕西西安 / 海拔：416 米
观测时间：710 年 6 月 26 日（五月廿五）20：50
日落时间：19：57：57 / 天黑时间：20：27：18

　　是的，这是一次算得上名副其实的五星聚。距离上一次这样
近距离的五星聚，已经过去了 895 年 [1]。

　　6 月 26 日，五月二十五，五星聚。七天后，六月初二，中宗
驾崩。这一天的傍晚，水星随着太阳落山，五星聚已经看不见了。

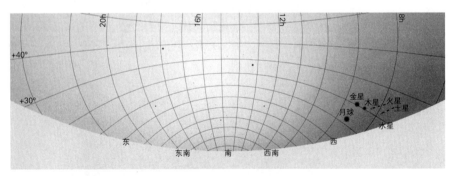

观测地区：陕西西安 / 海拔：416 米
观测时间：710 年 7 月 3 日（六月初二）20：25
日落时间：19：57：34 / 天黑时间：20：26：43

----

[1]　公元前 185 年出现五星聚，五星间距约 7°，时为西汉吕雉汉高后三年。

汉代纬书中有大量五星聚的星占之辞，唐人自然是熟悉的。

《春秋纬》曰："五星聚，天子穷。"

《荆州占》曰："五星并聚，篡弑成。"

《含神雾》曰："五纬合，王更纪。"

《考异邮》曰："五星聚于一宿，天下兵起。"[1]

更经典的占辞来自司马迁的《史记》，后来的史书都一直沿用。

五星合，是为易行，有德受庆，改立大人，掩有四方，子孙蕃昌；无德，受殃若亡。[2]

"易行"，即改变王朝五行之德。周为火德，秦为水德，火变为水，这就是"易行"。简而言之，就是改朝换代，王朝易姓。

如此难得一见的五星聚发生，专职观天的太史监不可能看不见，作为宰相的宗楚客也不可能不知道。中宗驾崩后，京城里"相传将有革命之事"，恐怕就和这一天象不无关系。宗楚客"密上书称引图谶，谓韦氏宜革唐命"[3]，所谓图谶，十之八九也少不了五星聚。

就在五星聚期间，还发生了一件事。

6月18日，燕钦融上书，说韦皇后、安乐公主、宗楚客等有不轨之心，结果当场被杀。

---

[1]　以上五星聚占辞均见于唐瞿昙悉达《开元占经·五星占》。

[2]　《史记·天官书》。

[3]　《资治通鉴》。

（五月）丁卯，前许州司兵参军燕钦融上书，言皇后干预国政，安乐公主、武延秀、宗楚客等同危宗社。帝怒，召钦融廷见，扑杀之。[1]

宗楚客又私令执法者加刃，钦融因而致死。[2]

6月18日，这时候五星会聚之象已经很明显了。

虽然不能肯定地说燕钦融的上奏与星象有关系，但时间上非常契合。

联系之前那些为韦皇后铺路造势的动作，如尊号顺天皇后、受天命歌《桑条韦》、庆云现等，而现在出现百年难遇的五星聚，其政治意义又直接指向改朝换代，说燕钦融因此而上书，想必也是顺理成章。

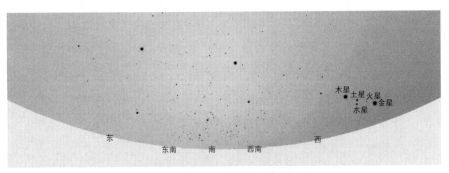

观测地区：陕西西安／海拔：416米
观测时间：710年6月18日（五月十七）20: 40
日落时间：19: 56: 50／天黑时间：20: 26: 16

[1] 《旧唐书·中宗本纪》。

[2] 《旧唐书·燕钦融传》。

因为有五星聚的出现，所以，说到中宗之死的悬案，也许可以设想另一种可能。

五星聚天象出现以后，韦皇后、安乐公主、宗楚客等人完全可能以所谓天意为名，明确向唐中宗提出像二十年前禅位武则天一样禅位给韦皇后，甚至操作办法都可以沿袭原来的套路——以改元诏令褒奖韦后贤能，再以禅位方式完成权力交接。

虽然之前已有各种铺垫和运作，但在唐中宗看来，可能一切尽在掌控之中。所以，或是纵容，或是拖延，或是念在当年"一朝见天日，誓不相禁忌"的承诺，并没有断然应对女主再临的风险。可人算不如天算，让他万万没想到的是，就在韦皇后向着女皇步步推进的时候，居然出现了五星聚的罕见天象，那可是当年武则天称帝都不曾出现的异象。以五星聚为由，韦皇后俨然比武则天更应该当皇帝。

继续纵容李唐换姓，自是不情愿；二次禅位交出皇权，更是莫名耻辱；继续拖延哄个开心，显然也已经无从满足。在逼迫争吵之中，时至今日仍是高致残率、高死亡率的心脑血管疾病，很可能就此发作。脑出血、脑梗死、心源性猝死，哪个都能要了中宗的命。激动，本就是诱发心脑血管疾病的高风险因素。

五星会聚，幼主登基。16岁的李重茂继承大统，韦太后临朝称制，五万人的部队调动，坊间风传"将有革命之事"……所有这些，对于刚刚经历过李唐改周的李姓诸王来说，危险已是迫在眉睫。

首当其冲的就是曾经的睿宗、现在的相王李旦。

于李旦而言，武则天称帝，那终归还是母子；如果韦太后称帝，不过叔嫂而已。武则天尚且大开杀戒，韦太后要是翦灭李唐王室成员，能指望她心慈手软吗？

天示异象，人皆可见。当机立断采取行动的是临淄王李隆基，他联合姑姑太平公主率领羽林军发动政变，史称唐隆之变。

7月3日，中宗驾崩。

7月8日，太子李重茂即位，韦太后临朝称制。

7月21日，"庚子夜，临淄王讳举兵诛诸韦、武，皆枭首于安福门外，韦太后为乱兵所杀"[1]。

7月25日，少帝李重茂禅位，曾经的睿宗李旦再次登基[2]。

还记得之前韦皇后衣箱里出现的景云吗？睿宗登基同样也使用了这个祥瑞话术。

> （六月甲辰）是日即皇帝位……其日景云见……（七月）己巳……改元为景云。[3]

从中宗驾崩到一切尘埃落定，不到一个月时间，真可谓波诡云谲，危机四伏。

不乏喜感的是，就在这短短二十天之内，上演了一出连续四次大赦天下的戏码。

7月5日，发丧，韦太后临朝，大赦天下，改元为唐隆。

7月8日，皇太子即帝位，韦太后临朝称制，大赦天下。

7月22日，临淄王李隆基起兵成功后的次日，相王李旦带着少帝李重茂登临安福门楼，慰谕百姓，大赦天下。

7月25日，相王李旦登基再为睿宗，大赦天下。[4]

---

[1]　《旧唐书·中宗本纪》。

[2]　《旧唐书·睿宗本纪》："甲辰……少帝逊于别宫。是日即皇帝位。"

[3]　《旧唐书·睿宗本纪》。

[4]　以上时间线见于《旧唐书·中宗本纪》《旧唐书·睿宗本纪》。

这四次大赦，都是"常赦所不免者咸赦除之"[1]。所谓"常赦所不免者"就包括俗称的"十恶不赦"，换句话说，这四次都是无条件大赦。所以，照此执行也就意味着帝国上下所有监狱全被清空。

各级官员更是天上掉馅饼，喜上加喜。

先是韦太后临朝大赦天下，"内外官三品已上赐爵一级，四品已下加一阶"[2]。

剿灭韦氏成功后大赦天下，"内外文武官三品已上赐爵一级，四品已下加一阶，亲皇三等已上加两阶，四等已下及诸亲赐勋三转"[3]。

紧接着相王李旦登基大赦天下，"内外官四品已上加一阶，相王府官吏加两阶"[4]。

连番大赦，老百姓也得了点甜头，兵变成功后的那次大赦就给天下百姓免了一半当年的田租[5]。

所谓大赦，就是皇帝施恩，赦免犯人。客观来说，四次大赦其实都算得上是常规操作，因为历史上，如新皇登基、生皇子、立太子、封皇后、改年号、获得重大军事胜利以及发生灾异或祥瑞的各种自然异象时往往都会发布大赦。

事实上，睿宗登基二十五天后，平王李隆基被册立为皇太子并改元景云，就再次大赦天下[6]。但值得注意的是，韦太后临朝改元和临朝称制，前后不过三天，兵变成功后也同样是短短三天就

---

[1] 《旧唐书·中宗本纪》。

[2] 《旧唐书·中宗本纪》。

[3] 《旧唐书·睿宗本纪》。

[4] 《旧唐书·睿宗本纪》。

[5] 《旧唐书·睿宗本纪》："天下百姓免今年田租之半。"

[6] 《旧唐书·睿宗本纪》："己巳，册平王为皇太子。大赦天下，改元为景云。内外官九品已上及子为父后者各加勋一转。"

连续两次大赦。

韦太后与睿宗的这前后两次大赦，其实完全可以合并成一次。

频繁大赦有如儿戏，之所以会这样，也许联系到五星聚的占辞，这种操作就会有更合理的解释——"五星合，是为易行，有德受庆，改立大人，掩有四方，子孙蕃昌；无德，受殃若亡"。

所谓大赦，正是为了彰显王朝德治以上应天象——大赦天下，治国以德，五星聚的出现就意味着"有德受庆"。若是无德，就要"受殃若亡"。

需要说明的是，唐中宗驾崩前的这次五星聚并不见载史籍。其中原因，想来，一是敏感，牵涉王朝易姓；二是尴尬，难道顺天皇后韦氏做则天第二居然有天意加持？

事实证明，这次"五星合"并没有导致王朝"易行"，避免朝野非议，避免予人口舌，还是只字不提为好。

将五星聚这种特殊天象淡化处理并非孤例。

266 年 2 月，时为相国的晋王司马炎逼迫魏元帝曹奂禅让，司马炎篡位自立成为西晋武帝。六年过后，272 年 7 月就发生了五星聚。先是五星连珠，到 7 月 29 日到达五星间距最小（赤经差约16°）。虽然与唐中宗驾崩前的五星聚不可同日而语，但亦属罕见。

这次五星聚就不入史籍，但晋武帝是有应对的。

　　（六月）壬辰，大赦。[1]

六月壬辰，即 8 月 1 日，就在本次五星聚到达间距最小之后的第三天。

没头没尾的"壬辰，大赦"四个字，背后原因极有可能就是

---

[1]　《晋书·武帝纪》。

出现了五星聚天象。

　　倘若司马炎能等六年再篡位，天命已成，曹奂禅位，王朝易姓，晋代曹魏。如此一来，多么完美，可以想见，这次五星聚一定不会被忽略而要大书特书。

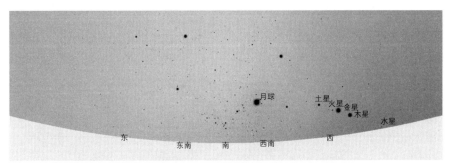

观测地区：河南洛阳／海拔：149 米
观测时间：272 年 7 月 20 日（六月初八）20:20
日落时间：19:39:08／天黑时间：20:07:43

观测地区：河南洛阳／海拔：149 米
观测时间：272 年 7 月 29 日（六月十七）20:15
日落时间：19:33:23／天黑时间：20:01:19

　　同样的道理，倘若唐中宗驾崩前百年不遇的五星聚能提前五年，成为神龙革命、中宗复唐的天意背书，那么中宗这个应天皇帝当真就实至名归了。不过，即便如此，顺天皇后韦氏就一定会消停吗？答案大概率是否定的。

所谓天人感应，不过是为现实政治服务的道具罢了。

说到底，天命是否转移，最终还是取决于现实的力量对决。

想不想和能不能，才是一切决策的根本动力，古今中外，概莫能外。

第三章 炎汉三德：
政治操弄中隐匿的天文背景

公元前 207 年，刘邦挥师西进。

先破武关，由楚入秦，随后攻入峣关，踏进拱卫咸阳的最后一道关隘，紧接着在蓝田连战告捷。十月，大军抵达灞上。咸阳无险可守，已成探囊之物。于是，即位仅四十六天的秦王子婴"素车白马，系颈以组，封皇帝玺符节"[1]，向刘邦投降。

接下来，项羽入关，杀秦王子婴，火烧咸阳宫，封刘邦为汉王，自封西楚霸王，"封王侯，政由羽出"[2]，立楚怀王为义帝，随后又杀了义帝。之后经过四年楚汉相争，公元前 203 年十二月，四面楚歌，决战垓下，天下归于一统。

公元前 202 年 2 月 28 日，二月初三甲午，刘邦"即皇帝位汜水之阳"[3]。

新王朝正式建立，常规动作本来应该是"王者易姓受命……

---

[1] 《史记·高祖本纪》。

[2] 《史记·项羽本纪》。

[3] 《史记·高祖本纪》。《汉书·高帝纪》："汉王即皇帝位于汜水之阳。"

改正朔，易服色"[1]，但是，汉王刘邦成了皇帝，一不改正朔——
历法沿用秦朝颛顼历，以十月为岁首，也就是十月为一年之始，
为正月；二不易服色——衣服仪仗也像秦始皇一样以黑色为准，
穿黑衣，打黑旗。

十月地支为亥，亥五行为水，黑色五行也是水。没错，此前
秦朝官方认定自己的王朝五行即是水德，刘邦建立的汉朝一开始
也自认为水德。

汉承秦制，楚人刘邦建立的汉朝其实很大程度上继承了秦朝
制度。当然，汉为水德，事实上也就相当于不承认秦的水德，即
否定秦王朝的正统地位。

秦之所以自认水德，是因为前有周的火德。水克火，所以秦
代周德，秦就应该是水德。

所谓水德，就意味着一系列相关制度的改变——

> 方今水德之始，改年始，朝贺皆自十月朔。衣服旄旌节旗
> 皆上黑。数以六为纪，符、法冠皆六寸，而舆六尺，六尺为
> 步，乘六马。更名河曰德水，以为水德之始。[2]

数字六，五行属性也是水。河即黄河，改名德水，正是为了呼
应秦之水德。

汉初为水德，如此二十余年。经诸吕之乱后，到汉文帝登基
时，先是贾谊提出"改正朔，易服色"并变更秦制的问题。

因为秦为水，土克水，所以，继秦而起的汉朝应为土德。贾
谊建议："色尚黄，数用五，为官名，悉更秦之法。"[3]

---

[1]　《史记·历书》。

[2]　《史记·秦始皇本纪》。

[3]　《史记·屈原贾生列传》。

黄色、数字五，五行都属土。此时汉文帝即位不久，因周勃、灌婴、张相如等刘邦旧臣反对，"天子后亦疏之，不用其议"[1]，最后不了了之。

汉文帝十四年（前166年），鲁人公孙臣上书旧事重提。同样的理由，秦为水德，土克水，所以汉应当为土德，而且他还预言，汉为土德，必有祥瑞出现，"当有瑞，瑞黄龙见"[2]。汉为土德，所以"当改正朔服色制度"[3]。

此时三朝元老周勃、灌婴均已去世，年逾花甲的东阳侯张相如在这一年领兵抗击匈奴，次年病逝，自然也没精力管这些嘴仗。这次站出来反对的是接棒灌婴任丞相的张苍，他早年曾师从荀子，算是李斯、韩非的同学，满肚子都是学问，而且深通律历，明于历算。当然，他也是刘邦旧臣。

张苍坚持汉为水德，至于所谓征兆，两年前黄河发大水而金堤溃坝就是[4]，公孙臣所谓祥瑞根本就是瞎说。

张苍解释，汉朝建立后之所以沿用秦朝历法，以十月为岁首，是因为高祖入关中时恰在十月，"以高祖十月始至霸上，因故秦时本以十月为岁首，弗革"。至于"以为汉当水德之时，尚黑如故"[5]，是因为汉灭秦而继周，汉王朝继承的是周朝国祚，周为火德，水克火，当然汉就是水德。

请注意，张苍的坚持，只是因为不承认秦王朝地位的面子问

---

[1]　《史记·屈原贾生列传》。

[2]　《史记·历书》。

[3]　《史记·孝文本纪》。

[4]　《史记·河渠书》："汉兴三十九年，孝文时河决酸枣，东溃金堤，于是东郡大兴卒塞之。"

[5]　《史记·张丞相列传》。

题吗？

之前周勃、灌婴等老臣他们为什么同样反对？

德运之争纯粹就是各说各话的嘴炮吗？

进一步说，汉初这些元老们坚持汉为水德，是否还有坚实而不可改易的事实基础？

因张苍反对，于是作罢。没想到，三年后，有人上报说在成纪（今甘肃天水一带）看见黄龙，公孙臣所说的"黄龙见"真的应验，汉文帝也真信了，于是召回公孙臣，"拜为博士，与诸生草改历服色事"[1]。

不过，后来又因为一些事情，此不赘述，总之，变更汉朝德运的事还是不了了之。

经文景之治，到汉武帝时代，也还有人惦记着这事，如靠笔杆子入仕的赵绾、王臧等就曾提出关于巡狩、封禅以及改历法、变服色等相关事宜，但"窦太后治黄老言，不好儒术"，太后奉行不折腾哲学，干脆找由头把他俩都给逼得自杀了。

看起来改德运的事时有人提，但从未成功。

虽则如此，但有迹象表明，随着时间推移，汉为土德的观念其实越来越被接受——直到汉武帝初期，都没有明文宣布汉朝德运，但汉武帝冬至祭太一，"衣上黄"，泰山封禅，"衣上黄"。

黄色五行属土，可知汉武帝似已认可汉为土德。

不过，需要说明的是，汉武帝冀望如黄帝般升仙登天，"吾诚得如黄帝，吾视去妻子如脱屣耳"[2]。有求仙访道之心，他所穿着的"黄"未见得就是儒生们所说的汉为土德之"黄"。

---

[1]　《史记·封禅书》。

[2]　《史记·孝武本纪》。

汉初奉行与民生息的黄老思想，本是治国方略，结果把汉武帝培养成了神仙黄帝的天字一号粉，历史的喜感真是让人猝不及防。

公元前 105 年 12 月 25 日，这天是冬至，又恰逢初一朔日[1]，汉武帝亲往泰山封禅。到夏天，开始采用邓平、落下闳等制定的"八十一分律历"——时为太史令的司马迁也参与其中——颁行《太初历》，并改元太初。

> 汉改历，以正月为岁首，而色上黄，官名更印章以五字。[2]

黄色和数字五,五行都属土。

"改正朔，易服色"，很多人为此丢了性命，现如今终于尘埃落定。

汉武帝太初元年，汉为土德成为官方口径。此时距离高祖入关中抵灞上的汉王元年已经过去 102 年，窦太后也已经过世三十年。百年风烟皆作古，很多陈年旧事恐怕也没人知道了。

到西汉末年，汉朝五行德运的归属再次成为问题。

外戚王莽以虞舜后裔自居，刘氏祖宗则上推到唐尧。

> 惟王氏，虞帝之后也，出自帝喾；刘氏，尧之后也，出自颛顼。[3]

古有尧舜禅让，今有尧后禅位于舜后，岂不是千古美谈？

公元 9 年 1 月 10 日，觊觎大宝的王莽以禅让为名篡汉自立，

---

[1] 《史记·孝武本纪》："天子亲至泰山，以十一月甲子朔旦冬至日祠上帝明堂，每修封禅。"

[2] 《史记·孝武本纪》。

[3] 《汉书·王莽传》。

国号为"新"。

虞舜为土德，并非王莽杜撰，至少战国时期已有成说。

> 邹子曰：五德之次，从所不胜，故虞土，夏木，殷金，周火。[1]

问题是，汉武帝时代已经确定汉为土德，现在，王莽受禅登基，如果新朝也是土德，汉土到新土，无论如何是说不通的。

于是，经国师刘歆的配合与发明，将战国时邹衍的"五行相胜"修改为"五行相生"，虞舜为土，生夏禹之金，虞舜之土则由唐尧之火所生——之所以新旧王朝的更替是五行相生，因为是和平禅让。

如此一来，王莽新朝为土德，汉朝就必须改成火德，这也是王莽登基称帝之前努力声张的舆论，正所谓"火德销尽，土德当代，皇天眷然，去汉与新"[2]。除此以外，他还搞了许多舆论把戏，诸如流星、彗星等天象自不待言，连王氏祖坟枯木逢春发新枝这种把戏都出来了，此不赘述。

就这样，西汉寿终正寝，汉朝土德摇身一变又成了火德，如《汉书》里的记载已经把汉为火德记到高祖名下。

> 汉高祖皇帝……伐秦继周。木生火，故为火德。天下号曰汉。[3]

---

[1] 见《淮南子·齐俗训》高诱注所引。西汉成书的《淮南子·齐俗训》载："有虞氏之祀，其社用土，祀中霤，葬成亩，其乐《咸池》《承云》《九韶》，其服尚黄。""其社用土""其服尚黄"即是虞舜土德之意。《淮南子》是淮南王刘安召集门客所撰，刘安为刘邦之孙，死于汉武帝时期。

[2] 《汉书·王莽传》。

[3] 《汉书·律历志》。

当然了，王莽不仅改了汉朝的五行德运，连带着之前的周朝也被改了——周一直以来都是火德，有各种文献为证，但为了汉为火德，周只好就此变成木德。请注意，周朝的火德变木德，又将造成一段疑难公案[1]。

王莽篡汉，即新即旧，十四年后，新朝覆灭。

公元36年，光武帝刘秀击溃赤眉军再次统一天下。

光武中兴，恢复汉室。东汉的五行德运又属什么呢？

早在公元26年，称帝第二年，刘秀就已经确定汉为火德。

> 二年春正月……壬子，起高庙，建社稷于洛阳，立郊兆于城南，始正火德，色尚赤。[2]

汉为火德，从此成为不易之论，东汉以后史书都持此说，并留下了"炎汉""炎刘"之称。

与此同时，刘歆与王莽所发明的王朝更替五行相生之说也被后人接受下来。东汉末年黄巾军起义，口号就是"苍天已死，黄天当立"[3]"汉行已尽，黄家当立"。

为什么是"黄天""黄家"？

因为黄色五行为土，汉朝五行为火，木生火，火生土，薪尽火灭，意味着炎汉命数已尽，改朝换代当是土运。

所谓"黄天""黄家"，正是汉朝火运及五行相生理论成为舆论共识的明证。

黄巾军起义，也许他们真诚地相信自己秉受天命，合该替代刘氏炎汉国祚。

---

[1]　详见本书第九章《凤鸣岐山：商周之变中天命神话的源起》。

[2]　《后汉书·光武帝纪》。

[3]　《后汉书·皇甫嵩朱俊列传》。

公元 192 年，初平三年夏天，青州黄巾军百万之众入侵兖州。在与曹操对垒时，就曾传檄曹操，奉劝他不要螳臂当车——不自量力。

> 汉行已尽，黄家当立。天之大运，非君才力所能存也。[1]

意思是说，火烬而土兴，此乃"天之大运"，不以人力为转移。

黄巾军当然没成功，后来曹操麾下鼎鼎大名的青州军就是这些来自青州的黄巾军。

等到 220 年曹丕终于登基称帝，"黄天当立"的社会舆论和大众信念依然还在。魏文帝曹丕改元年号就叫"黄初"。

不仅如此，就连东吴的孙权脱离曹魏后年号也叫"黄武"。黄武八年，孙权称帝，又改元"黄龙"。

显然，黄初、黄武、黄龙，都是为了顺承"炎汉"火德，从而论证和显示自身政权天命所归的必然性与合法性。

相应地，以汉室宗亲自居的蜀汉政权就没必要去应和、承接所谓黄天土运，他们依然坚持"炎汉"火运，蜀汉后主刘禅最后一个年号就叫"炎兴"。只可惜，救火无薪，大势已去，兴复汉室早就没了希望。改元仅仅三个月后，刘禅就投降司马昭，当上了乐不思蜀的安乐公。

回顾延续两百余年的西汉，五行德运的归属前后经历三次变化。

先是汉初水德，以十月为岁首，服色尚黑；汉武帝时明确汉为土德，颁行《太初历》以正月为岁首，服色尚黄；西汉末年新

---

[1] 《三国志·武帝纪》。

莽时期，在王莽篡汉的理论建构与舆论操纵中又被迫变成火德；光武中兴后，东汉继续将火德作为官方意识形态并后来居上地形成"炎汉"火德的历史认知而从此定格。

那么，汉初认定水德，究竟为什么呢？难道只是空口白牙毫无依据的自说自话吗？

九百多年后，沧州严复指示儿子严庄投奔安禄山，原因就在于当时发生了"四星聚尾"天象，"此帝王易姓之符，汉祖入关之应"[1]。

所谓汉为水德，就来自严复所说"汉祖入关之应"，那时也出现了特殊天象。

刘邦进驻关中，恰好发生了五星会聚。

公元前 207 年十月，刘邦先入关中并受降秦王子婴，过俩月项羽进来分封十八诸侯王，没遵守之前楚怀王所说"先入定关中者王之"[2] 的约定，把刘邦打发去了秦岭以南的巴蜀汉中，关中则一分为三，原来的秦朝大将章邯和两个部将各分一块，"章邯为雍王，都废丘；司马欣为塞王，都栎阳；董翳为翟王，都高奴"[3]。关中三秦，就成了防备汉王刘邦东进中原的一道屏障。

公元前 206 年八月，刘邦用韩信之计两路出击，一边兵出祁山佯攻，一边暗度陈仓[4]奇袭章邯，几个月后，塞王司马欣和翟王董翳就都投降了。

---

[1]　严复墓志铭《大燕赠魏州都督严府君墓志铭并述》。

[2]　《史记·高祖本纪》。

[3]　《史记·高祖本纪》。

[4]　《史记·高祖本纪》："八月，汉王用韩信之计，从故道还，袭雍王章邯。"陈仓故道则是须昌侯赵衍提供，《史记·高祖功臣侯者年表》："汉王元年初起汉中，雍军塞陈，谒上，上计欲还，衍言从他道，道通。"

第二年六月，围城数月后，刘邦水淹废丘，章邯兵败自杀。自此关中平定，三秦之地尽入刘邦之手。

就在章邯力不能支的时候，五星聚出现了。

公元前 205 年 4 月底（农历三月底），太阳落山后，木、火、土、金四大行星同时出现在西方地平线上方，彼此相邻排列在南方朱雀七宿中的井宿旁边；到 5 月中旬（农历四月中旬），在落日余晖中水星开始在地平线上方显露出来，此时另外四星相互距离较近，与水星则距离稍远；随后水星逐渐向另外四星靠拢，月底时成五星连珠之象；之后水星继续向前，穿过木星和土星，而金星则向另一侧逐渐远离，此时水星与木、火、土三星比较接近，原来与这三星更接近的金星则距离更远；到 6 月初（农历五月初），又再次成五星连珠之象。

有意思的是，在此期间，明显呈现一种水星渐进而金星渐退的态势——4 月底，四星聚而水星不可见；5 月中旬，水星出现，除水星外另外四星距离较近；6 月初，除金星外另外四星距离较近。

金星退而水星进，请记住这一点，稍后我们将发现，其星占意义非常重要。

事实上，水星和金星一进一退所形成的星象，正是九百多年后天宝年间四星聚为什么被严复比附为"汉祖入关之应"的原因。

是的，与其说刘邦返回关中还定三秦所发生的是五星聚，不如说先后出现两次四星聚更为恰当。因为在此期间，即便五大行星距离最近的时候，其赤经差也有约 21°，说五星聚，其实很勉强，与占星术里要求的"五星合于一舍"[1] 还差得远呢。

---

[1] 《荆州占》："五星合于一舍，其国主应缩，有德者昌，无德者亡，受其凶殃。五星毕聚于一舍，填星在其中，天下兴兵。"见唐瞿昙悉达《开元占经·五星占》所引。

当然，距离虽有点远，但五星成连珠之象也很少见，汉代纬书《易坤灵图》就说了：

王者有至德之萌，则五星若连珠。[1]

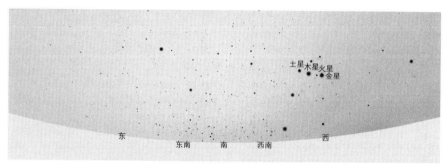

观测地区：陕西西安／海拔：416 米
观测时间：公元前 205 年 4 月 27 日（三月廿九）20: 10
日落时间：19: 19: 20 ／天黑时间：19: 45: 37

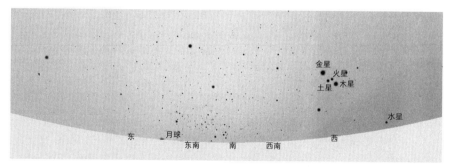

观测地区：陕西西安／海拔：416 米
观测时间：公元前 205 年 5 月 13 日（四月十五）20: 20
日落时间：19: 30: 51 ／天黑时间：19: 58: 13

---

[1]　唐瞿昙悉达《开元占经·五星占》。

观测地区：陕西西安 / 海拔：416 米
观测时间：公元前 205 年 5 月 25 日（四月廿七）20：40
日落时间：19：39：24 / 天黑时间：20：07：37

观测地区：陕西西安 / 海拔：416 米
观测时间：公元前 205 年 5 月 30 日（五月初三）20：40
日落时间：19：42：47 / 天黑时间：20：11：20

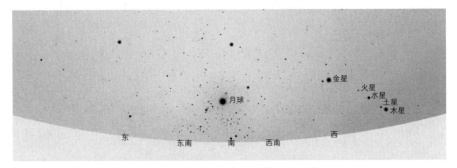

观测地区：陕西西安 / 海拔：416 米
观测时间：公元前 205 年 6 月 6 日（五月初十）20：40
日落时间：19：47：09 / 天黑时间：20：16：06

显然，五星聚在三秦战役收尾的时候出现，几乎就是给汉王平定三秦大战告捷的鸣金礼花以及继续东进逐鹿中原的击鼓前奏。

绝望中的章邯看见五星异象了吗？我们不知道。

章邯自刎时是否因此而万念俱灰？我们也不知道。

但我们有理由相信，作为一代名将，章邯不可能对这样难得一见的天象视若无睹，毕竟在古代军事决策和兵法中，天象与星占本来就是题中应有之义。

可以肯定的是，汉王刘邦和他的文臣武将们看见了，彼时尚在项羽阵营的常山王张耳也知道了。

起兵反秦时，张耳和陈馀本是好友，共同投入陈胜麾下。天下大乱，六国复兴，俩人拥立赵歇为赵王，与各路诸侯共同反秦。项羽入关中大行分封，张耳被封为常山王，陈馀则只被封了个侯。陈馀自是不忿，向齐王田荣借兵攻打张耳。张耳不敌，顿时陷入无家可归的窘境。他原本想投奔项羽，一则西楚霸王实力最强，二则常山王是项羽所封，但天文高人甘公告诉他：

> 汉王之入关，五星聚东井。东井者，秦分也。先至必霸。楚虽强，后必属汉。[1]

事实证明，张耳选边站队成功。他不仅成了赵王，天下定鼎后，儿子张敖还成了驸马，娶了刘邦和皇后吕雉的独女鲁元公主，而张敖之女又成了吕雉嫡出独子汉惠帝刘盈的皇后。当然，这场吕太后做主的亲上加亲舅甥配并没带来好运。毕竟到汉惠帝驾崩，这个小皇后也不过才 14 岁。豆蔻年华锁深宫，不见前朝血花飞，坐看秋月凉。

---

[1] 《史记·张耳陈馀列传》。

　　从星图可见，在 4 月底到 6 月初的这次五星聚事件中，4 月底水星尚未出现时，四星聚极为靠近井宿，从 5 月中旬水星在井宿出现后就逐渐越过井宿向另外四星靠拢。

　　本轮五星聚的间距并非很近，其分布范围在井宿、鬼宿及柳宿之间，到 6 月初，距离最远的金星已在星宿和张宿之间，但总体而言，主要在井宿与鬼宿之间，而且偏在井宿天区。

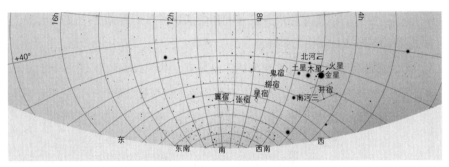

观测地区：陕西西安 / 海拔：416 米
观测时间：公元前 205 年 4 月 27 日（三月廿九）20: 10
日落时间：19: 19: 20 / 天黑时间：19: 45: 37

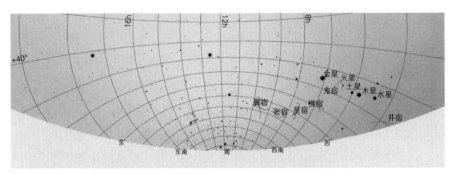

观测地区：陕西西安 / 海拔：416 米
观测时间：公元前 205 年 5 月 25 日（四月廿七）20: 40
日落时间：19: 39: 24 / 天黑时间：20: 07: 37

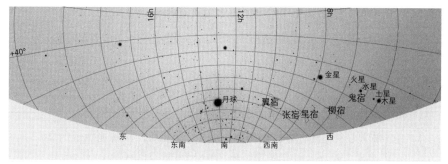

观测地区：陕西西安 / 海拔：416 米
观测时间：公元前 205 年 6 月 6 日（五月初十）20：40
日落时间：19：47：09 / 天黑时间：20：16：06

从占星角度看，本轮出现的五星聚星象，主要特征有以下几点：

1. 水星进而金星退。

2. 水星由井宿渐出并进与四星会聚。

3. 五星并见如连珠，排列在井宿、鬼宿、柳宿之间，南北两侧分列南河三星与北河三星（南河北河都属井宿天区），可概括为五星聚井。井宿、南河、北河，显而易见，五行为水。

4. 星占分野中，井宿、鬼宿对应秦和雍州[1]。关中被项羽分为三秦，章邯即是雍王。

5. 井宿、鬼宿、柳宿等都属于南方朱雀七宿，南方朱雀五行属火，柳宿及后面的星宿、张宿五行亦属火，柳、星、张三宿别称鹑火。

结合实际情况看，会发现五星聚的出现多么正当其时。

刘邦西进之前，楚怀王即与各路诸侯约定，先入关中者称王。

[1]　《淮南子·天文训》：“东井、舆鬼，秦。”《史记·天官书》：“东井、舆鬼，雍州。”

刘邦事实上受降秦王子婴，而且刘邦入关中后约法三章，当地民望颇高。被项羽封汉王打发到汉中以后，刘邦东出陈仓还定三秦，恰在此时，五星异象出现。

五星聚出现的时间巧则巧矣，但毫无疑问，天象为刘邦从胜利走向胜利给出了无可辩驳的天意背书。

张耳受甘公指点投奔刘邦，由此不难推知，在遍地烽烟的秦末乱局中，五星聚之于汉王刘邦，以所谓天命加持的方式在各路兵马中投射了巨大而隐晦的舆论暗示和心理压力。

五星聚异象的出现和甘公“楚虽强，后必属汉”的论断，西楚霸王项羽大概率也是知道的。了解这一层心理，对项羽在四面楚歌的困境中所说的“天之亡我，非战之罪”就会有身临其境的感受，也更能理解在乌江边拒绝东渡时他又说“天之亡我”那种无奈的绝望与悲凉[1]。

天下定鼎后，刘邦曾调侃自称将兵多多益善的韩信怎么被自己所擒，韩信说刘邦是“不能将兵，而善将将”，而且“陛下所谓天授，非人力也”[2]。

韩信所说的“天授”，也许并不只是一般的谀辞马屁，很大程度上指向的就是历时多年对刘邦领受天命的宣传，如刘母遇蛟龙

---

[1] 《史记·项羽本纪》："项王自度不得脱。谓其骑曰：'吾起兵至今八岁矣，身七十余战，所当者破，所击者服，未尝败北，遂霸有天下。然今卒困于此，此天之亡我，非战之罪也。今日固决死，愿为诸君快战，必三胜之，为诸君溃围，斩将，刈旗，令诸君知天亡我，非战之罪也。'……乌江亭长檥船待，谓项王曰：'江东虽小，地方千里，众数十万人，亦足王也。愿大王急渡。今独臣有船，汉军至，无以渡。'项王笑曰：'天之亡我，我何渡为！且籍与江东子弟八千人渡江而西，今无一人还，纵江东父兄怜而王我，我何面目见之？纵彼不言，籍独不愧于心乎？'"

[2] 《史记·淮阴侯列传》。

而有孕、醉卧的刘邦身上常有龙出现[1]、赤帝子杀白帝子的斩白蛇故事等，五星聚当然也是其中极为重要的一个佐证，甚至可以说是最为关键之处[2]。

有必要说明的是，这次五星聚事件在《汉书》中被记到了汉高祖元年："元年冬十月，五星聚于东井。沛公至霸上。"[3] 显然，时间被提前了一年[4]。

真实的五星聚并不发生在刘邦第一次至灞上的元年，而是在汉王二年还定三秦的时候。《史记》说得较为含糊，只说"汉之兴，五星聚于东井""汉王之入关，五星聚东井"，虽然并不明确，但无疑更为准确。

五星聚出现后，刘邦集团其实就已经打定主意接受天象所示，汉王也好，汉皇帝也罢，五行德运都只能是水。

所谓天命，乃是天意；所谓天意，出于天象——至少这一次，王朝的五行德运并非自说自话或者捏造所谓祥瑞。

比如秦国升级为秦朝以后，从偏居西部的诸侯国变成了华夏一统君临天下，为了继承周朝的火德之运，秦朝需要由秦国时的金命改成水命，秦始皇就没这么好运遇上什么五星聚，结果就只好编了个五百多年前的故事。

---

[1]　《史记·高祖本纪》："父曰太公，母曰刘媪。其先刘媪尝息大泽之陂，梦与神遇。是时雷电晦冥，太公往视，则见蛟龙于其上。已而有身，遂产高祖……常从王媪、武负贳酒，醉卧，武负、王媪见其上常有龙，怪之。"

[2]　东汉荀悦《前汉纪·孝平皇帝纪》："西入关则五星聚，故淮阴留侯谓之天授，非人力也。"

[3]　《汉书·高帝纪》。

[4]　汉初历法沿用秦朝颛顼历，以十月为岁首，故汉高祖元年为公元前207年11月14日（十月初一）至公元前206年11月2日（九月廿九）；汉高祖二年为公元前206年11月3日（十月初一）至公元前205年11月20日（九月廿九）。

昔秦文公出猎，获黑龙，此其水德之瑞。[1]

这种先占坑再找萝卜的做法，只能是自说自话。

当然，秦朝水德并不是临到头了才想辙，何况问鼎中原之志也不是一天两天，上层建筑的理论构建必须得早做筹备。在秦国丞相吕不韦主持下，《吕氏春秋》已经备好了平定六国后的政治说辞——黄帝为土，禹夏为木，殷商为金，姬周为火，克火的是水，所以，"代火者必将水"，取代姬周的新王朝必将是水德。

事实上，这也并非吕不韦他们的发明，不过沿袭成说而已。

> 凡帝王者之将兴也，天必先见祥乎下民。
>
> 黄帝之时，天先见大螾大蝼。黄帝曰："土气胜。"土气胜，故其色尚黄，其事则土。
>
> 及禹之时，天先见草木秋冬不杀。禹曰："木气胜。"木气胜，故其色尚青，其事则木。
>
> 及汤之时，天先见金刃生于水。汤曰："金气胜。"金气胜，故其色尚白，其事则金。
>
> 及文王之时，天先见火赤乌衔丹书集于周社。文王曰："火气胜。"火气胜，故其色尚赤，其事则火。
>
> 代火者必将水，天且先见水气胜。水气胜，故其色尚黑，其事则水。[2]

公元前237年，经嫪毐之乱后，吕不韦被罢免相国，后又被秦王流放于蜀，在惶惧中饮鸩自杀，此时距离秦王扫六合已经只有十几年而已了。

---

[1] 《史记·封禅书》。

[2] 《吕氏春秋·应同》。

刘邦幸运得多，用不着这么编故事。

公元前 205 年，刘邦突然问：秦时祭祀的上帝有哪几个？回说有四个，分别是白帝祠、青帝祠、黄帝祠、赤帝祠。刘邦就问了：不是说有五帝吗，怎么只有四个？被问的人无言以对，刘邦就说了：哦，虚位以待，这不就是等我来凑齐五帝吗？于是下令建黑帝祠，名为北畤。

> 二年，东击项籍而还入关，问："故秦时上帝祠何帝也？"对曰："四帝，有白、青、黄、赤帝之祠。"高祖曰："吾闻天有五帝，而有四，何也？"莫知其说。于是高祖曰："吾知之矣，乃待我而具五也。"乃立黑帝祠，命曰北畤……下诏曰："吾甚重祠而敬祭。今上帝之祭及山川诸神当祠者，各以其时礼祠之如故。"[1]

刘邦说"北畤待我而起"，"自以为获水德之瑞"[2]。问题是，要知道，从秦襄公祭白帝算起，秦人不祭黑帝已有超过五百年，所谓瑞是祥瑞，难道没给黑帝建祠祭祀就是祥瑞？等你等了几百年，不要太多情好不好。所以，"待我而起"是"水德之瑞"，恐怕说不通。

太史公不着笔墨的这个"水德之瑞"，其实就是五星聚天象。

刘邦问黑帝无祠这件事如果是真的，那这段对话发生在什么时候呢？

也许就在章邯自杀，三秦之战收官之后。

《史记》有载："引水灌废丘，废丘降，章邯自杀。更名废丘

---

[1] 《史记·封禅书》。

[2] 《史记·历书》。

为槐里。于是令祠官祀天地四方上帝山川，以时祀之。"[1]

在五星聚的映衬之下，还定三秦大功告成，是该向上天垂示做出回应以顺承天命的时候了。

由此可见，虽然下笔笼统故意模糊时间，但司马迁或许知道五星聚出现在汉高祖二年攻克废丘及章邯自杀之后。

事实上，天文历法本就是身为太史令的司马迁之职责所在，家学渊源更是一脉相承，他不可能不知道其中机要。《史记·天官书》中就收入了关于五星聚的经典占辞，从这里的隐秘不言，不难想见关于王朝命运的星占之学尤其是预示王朝易姓的五星聚，从来不是显学而只能是皇家垄断的禁内秘学。当然，随着历史的进程，由隐秘走向公开也是必然，此是后话。

秦时只祭四帝，不要以为是胜利者书写历史的有意篡改，事实确实如此。

在秦国历史上，先后为白帝、青帝、黄帝和炎帝建祠祭祀——秦文公作鄜畤，祭白帝；秦宣公作密畤，祭青帝；秦灵公作吴阳上畤，祭黄帝，作下畤，祭炎帝[2]。

秦文公到秦灵公，前后相距约三百年，也就是说，秦人祭四帝的四畤，并非一开始就有，而是在两百多年中逐步构筑的。

所谓三皇五帝，为什么秦时只祭四帝呢？

事实上，这是一个观念错位的"拉郎配"。刘邦所问其实就是胡搅蛮缠的乱弹琴，因为秦人所祭四帝是完全不同于五帝的另一个概念——六帝。

没错，在我们熟悉的"五帝"之外，古代还有"六帝"之说。

---

[1] 《史记·高祖本纪》。

[2] 《史记·封禅书》。

如 1993 年出土于湖北的郭店楚简，其年代在战国中期，其中《唐虞之道》有载：

> 孝，仁之冕也。禅，义之至也。六帝兴于古，咸由此也。

六帝之说在秦汉之后被三皇五帝所覆盖，但草蛇灰线，在古籍中还有痕迹可寻，如《尚书·舜典》所说：

> 在璇玑玉衡，以齐七政。肆类于上帝，禋于六宗，望于山川，徧于群神。

所谓六宗，指上下四方或天地四时，即上、下、东、南、西、北，或天、地、春、夏、秋、冬。

所谓六帝，也是如此。具体到秦国的建祠祭祀，除了在二三百年间秦人祭祀的白帝、青帝、黄帝、炎帝，另两个是赤帝和黑帝——请注意，这里的赤帝和炎帝是两个概念。

秦人最在意的首先是白帝。在秦文公因迁都而作鄜畤祭白帝之前十六年，即公元前 770 年，刚刚勤王有功被封侯的秦襄公就已经作西畤以祭白帝。为什么要祭白帝呢？

> 秦襄公既侯，居西垂，自以为主少暤之神，作西畤，祠白帝，其牲用骝驹黄牛羝羊各一云。[1]

很简单，因为秦国在周王朝的西部地区，掌管西方的就是少暤白帝。打个不太恰当的比方，身处西陲的秦人之所以祭白帝，就相当于唐僧取经遇到麻烦的时候，孙悟空经常第一件事就是把土地公叫出来问话，这地儿归你管，说说怎么回事。

---

[1] 《史记·封禅书》。

秦人重视白帝之祭的传统延续数百年一直没变，秦襄公之后四百年，到秦献公时又建了个畦畤以祭白帝。

秦人偏居西陲，西方配白帝，所以他们重视祭祀白帝，但另一方面，秦人很可能是来自东方。写于战国中晚期[1]的清华简《系年》有载，西周初年武庚之乱被平定后，原殷商大将飞廉逃回山东地区的商奄国。

> 飞（廉）东逃于商奄氏。成王伐商奄，杀飞（廉），西迁商奄之民于邾，以御奴之戎，是秦先人。

秦人来自东方，东方主神则是青帝，所以，"秦宣公作密畤于渭南，祭青帝"[2]。此时距离秦国正式成为诸侯国以后秦襄公建祠祭白帝已有百年。

显而易见，秦人祭白帝，是因为地处西陲；祭青帝，是因为来自东方。

当然，秦人祖源何处并无定论，如后来的秦景公似乎又以颛顼高阳氏为祖先。

1986 年，出土于陕西凤翔原秦国九都之一秦雍城的秦公一号大墓石磬上有铭文："天子郾喜，龚（共）桓是嗣。高阳有灵，四方以鼏。"

高阳，即颛顼，配属北方黑帝。

由秦公一号大墓的石磬铭文可知，这个秦公就是秦共公之孙、秦桓公之子秦景公。秦景公在位 40 年（公元前 576 年—前 537 年），距离作密畤以祭青帝的秦宣公又过去百年。不过，这次并没

---

[1]　清华简测年为公元前 305 年 ± 30 年，相当于秦昭襄王前后，秦昭襄王为秦始皇曾祖父。

[2]　《史记·封禅书》。秦宣公在位 12 年（公元前 675 年—前 664 年）。

有为黑帝颛顼建祠。

秦景公之后再过百年，秦灵公作上下畤分别祭祀黄帝和炎帝。

秦襄公	前 777 年—前 766 年，在位 12 年	作西畤，祠白帝
秦文公	前 765 年—前 716 年，在位 50 年	作鄜畤，祭白帝
秦宣公	前 675 年—前 664 年，在位 12 年	作密畤，祭青帝
秦景公	前 576 年—前 537 年，在位 40 年	以黑帝为祖（高阳有灵，四方以霤）
秦灵公	前 424 年—前 415 年，在位 10 年	作上畤，祭黄帝；作下畤，祭炎帝
秦献公	前 384 年—前 362 年，在位 23 年	作畦畤，祀白帝

上畤祭黄帝，下畤祭炎帝，所谓上下即是天地，换句话说，黄帝属天，炎帝属地，黄帝的概念原型，其实就是诸天星宿围绕旋转的北天极 [1]。

黄帝属天，起码秦人是这么认为的。何以见得？

秦文公迁都之后作鄜畤以祭白帝，其由头是秦文公自称做了一个梦，梦见一条大黄蛇通天贯地，而嘴巴就在迁居之处。

> 秦文公东猎汧渭之间，卜居之而吉。文公梦黄蛇自天下属地，其口止于鄜衍。文公问史敦，敦曰："此上帝之征，君其祠之。"于是作鄜畤，用三牲郊祭白帝焉。[2]

为什么明明梦见的是黄蛇却要祭白帝呢？因为这里的黄蛇隐

---

[1]　详见拙著《诸神的真相：用天文历法破解上古神话之谜》。

[2]　《史记·封禅书》。

喻的其实就是黄帝。秦文公之梦意思就是秦人受封于西，是天意，是上帝之命——这个上帝，就是上下四方当中配属于天的黄帝。

要说秦国从什么时候开始有了东出函谷以图中原的念头，或许秦灵公作上下畤时以分祭黄帝和炎帝可以看作一个重要节点。

公元前 288 年，距离秦献公再次为白帝修建畤时之后又将近百年，秦昭王自封西帝，还动员齐湣王称东帝，准备联合攻打赵国。不过这次称帝尝试最终没能成功，虽然已到战国乱世的尾声，但名义上毕竟还有个周天子，面对列国非议舆论汹涌，齐国坚持了没两天就放弃了东帝封号，称帝一个多月以后，秦国也放弃了西帝封号 [1]。

以称帝为名搞合纵连横还曾经是战国时代纵横家的一种策略，苏代就曾向燕昭王提出，联合秦国和赵国各自称帝，从而号令天下。

> 秦为西帝，燕为北帝，赵为中帝，立三帝以令于天下。韩、魏不听则秦伐之，齐不听则燕、赵伐之，天下孰敢不听？[2]

秦为西帝，齐为东帝，燕为北帝，赵为中帝，显而易见，此时的"帝"，其实仍旧还是建立在区域政权基础上的概念，与秦始皇统一天下之后所称始皇帝的"帝"完全不可同日而语。

当然，苏代称"赵为中帝"，可知他所说的是"五帝"概念，但不论苏代的"五帝"还是秦人的"六帝"，都完全没有大一统格局下"皇帝"之"帝"的内涵。西帝也好，东帝也罢，最多只是

---

[1] 《史记·秦本纪》："（秦昭襄王）十九年，王为西帝，齐为东帝，皆复去之。"

[2] 《史记·苏秦列传》。1973 年，湖南长沙马王堆汉墓出土帛书《谓燕王章》有相同内容："秦为西帝，燕为北帝，赵为中帝，立三帝以令于天下。韩、魏不听则秦伐，齐不听则燕、赵伐，天下孰敢不听？"

与周天子平起平坐，根本不具备"普天之下，莫非王土"的天子气概。

由此就不难理解，秦人在偏居西域的数百年中，为什么只为白帝和青帝建祠祭祀而没有祭祀黑帝和赤帝。

由此也可以发现，秦国在成为秦朝之前，他们所自认的天命，一直都是立足于中原以西的边疆之地，所以最为重视配属西方的白帝这一传统延续数百年而未曾改变。

白帝，五行属性为金，所以，反秦就得在这上面做文章。

刘邦起兵反秦又号称"斩蛇起义"，说在丰西泽中，他曾斩杀一条拦路白蛇，白蛇乃白帝之子，而刘邦则是赤帝之子。

> 高祖以亭长为县送徒郦山，徒多道亡。自度比至皆亡之，到丰西泽中，止饮，夜乃解纵所送徒。曰："公等皆去，吾亦从此逝矣！"徒中壮士愿从者十余人。高祖被酒，夜径泽中，令一人行前。行前者还报曰："前有大蛇当径，愿还。"高祖醉，曰："壮士行，何畏！"乃前，拔剑击斩蛇。蛇遂分为两，径开。行数里，醉，因卧。后人来至蛇所，有一老妪夜哭。人问何哭，妪曰："人杀吾子，故哭之。"人曰："妪子何为见杀?"妪曰："吾，白帝子也，化为蛇，当道，今为赤帝子斩之，故哭。"人乃以妪为不诚，欲告之，妪因忽不见。后人至，高祖觉。后人告高祖，高祖乃心独喜，自负。诸从者日益畏之。[1]

白帝，五行属金。赤帝，五行属火。

所谓赤帝子杀白帝子，就是火克金。火，指的是南方楚国，

---

[1]　《史记·高祖本纪》。

此时的刘邦还是楚人，反秦义军中楚国也是当仁不让的领导者；金，指的是西方秦国，秦国自认白帝金命已经好几百年。显然，所谓斩白蛇不过就是楚南公所说"楚虽三户，亡秦必楚"的另一种神话版本，只不过强调的是，代表楚灭秦的将是刘邦而不是项羽，更不是楚怀王或别的什么人。

秦国以金自况数百年，现如今汉王刘邦还定三秦，正当其时地出现五星聚而且恰好又表现为水星渐进而金星渐退，金退水进，三秦归汉，多么完美，这不就是无可争议的天意指示吗？由此开始，汉王刘邦所秉受的五行德运就一定是水，斩蛇起义的赤帝之火就沦为配角。

是的，五星聚为刘邦赋予水运的天命，但之前的赤帝之火并没有完全退出，一则斩白蛇所宣扬的南楚之火灭西秦之金已然应验，这是刘邦的胜利，也是楚人的胜利；二则更巧的是，五星聚于井宿，正属于南方朱雀七宿，南方朱雀，五行恰好也是火，而且在水星渐进而金星渐退的过程中，五星向着柳宿、星宿移动，其五行也是火。

水与火，一表一里，构成了五星聚天象为汉王朝所赋予的所谓天命。所以，当跟随刘邦的周勃、灌婴、张苍等老臣都还在的时候，对于贾谊、公孙臣等人"汉朝应为土德"的提议坚决反对，就不难理解了。

知道了汉朝德运兼有水火表里的内涵之后，《史记》里某些读起来很奇怪的地方也就有了合理解释。

比如张苍反对公孙臣的汉为土德，"年始冬十月，色外黑内赤，与德相应"[1]。十月地支为亥，五行为水，汉为水德，以十月

---

[1] 《史记·封禅书》。

为岁首很好理解。但是，黑色为水，赤色为火，怎么能说"外黑内赤"就是与水德相应呢？如果抽离五星聚的背景，当真就颇为费解。

再比如，公孙臣上书汉改土德的建议被张苍否决以后，他预言的"黄龙见"真的出现，于是汉文帝召回公孙臣拜为博士准备改制。这年夏天，汉文帝亲往五帝之祠祭祀，但是，他穿的衣服既不是表示水德的黑色，也不是表示土德的黄色，而是五行为火的红色。

> 于是夏四月，文帝始郊见雍五畤祠，衣皆上赤。[1]

汉文帝"衣皆上赤"的选择，很可能就是来自张苍所解释的"外黑内赤"，是在水德改土德还没有定论的情况下做的折中处理[2]。

断然决然地将政治话术中的水德改为土德，虽然张苍负气辞官，但在前朝老臣还没死绝的情况下，看来汉文帝也不是没有压力。这种改变，最终还要到汉武帝时代才能落地，那时既没有经历反秦战争的老臣反对，土德之说又正好迎合了汉武帝仰慕黄帝的个人志趣，更重要的是，"改正朔，易服色"，不正是张扬有为天子雄才大略与文治武功的盛世符号吗？

西汉末年，因为王莽改朝换代的需要，汉朝德运又从土改成火，虽然是被改，但冥冥中又神奇地回应了汉王刘邦在关中所看见的五星聚井——在南方朱雀七宿的天区，水星出井而渐进，金星隐退，五星会聚，又向着鹑火的方向亦步亦趋。

---

[1] 《史记·封禅书》。

[2] 夏季五行为火，五色为赤。汉文帝夏四月郊祭着赤衣，也可能是因为季节之色。

从外黑内赤到一片火红，起伏波折中延续四百年后，油尽灯枯的汉帝国再次以所谓禅让的方式将天命转手。

层林尽染寒霜降，从来兴衰哪由人。

第四章 信任死局：
三方博弈走向崩溃的旁白

西汉初年先后有七个异姓王，赵王张耳、长沙王吴芮、梁王彭越、淮南王英布（吴芮的女婿）、燕王臧荼、楚王韩信、韩王信。

公元前202年二月初，七个异姓王共尊汉王刘邦为皇帝。

秦末乱世，先是天下反秦，再是楚汉相争，持续多年征战，笑到最后的这几个异姓王，从此与曾经的汉王有了君臣之别。但是，在战争期间，他们与刘邦的关系，其实大多只是同盟而已。封韩信为王，刘邦还很不情愿，可以说是不得已而为之；燕王臧荼本是项羽所封，迫于形势而向汉王低头，也不过是英雄时务之辨，彼此间的信任本就毫无根基，联合抗秦的战斗情谊更是微乎其微。

刘邦初登九五，少不了要清算项羽旧部，心有疑忌的燕王臧荼感受到威胁，仅仅过了半年就反了 [1]。汉高祖亲征，当年十月平

---

[1] 《史记·高祖本纪》："正月，诸侯及将相相与共请尊汉王为皇帝……甲午，乃即皇帝位氾水之阳……十月，燕王臧荼反，攻下代地。高祖自将击之，得燕王臧荼。"

定叛乱。

显然，各封国高度独立，而统一帝国的天下观成为普遍认知还需要很长时间的塑造和沉淀。在封国之内，老百姓知其有王而不知皇帝怕也不奇怪。所以，势力强大又手握重兵的异姓王无疑就成了大汉王朝极大的隐患和威胁，就像后世不断上演的削藩一样，消灭异姓王，就成了并不令人意外的必然选择。

简断截说，六年以后，除了留下微不足道的长沙王装点门面，异姓王全被消灭。

最幸运的是身为驸马的赵王张敖（其父张耳死后继位），废王除国后还封了个宣平侯，毕竟鲁元公主是吕后嫡出的独女。十几年后鲁元公主去世，当时吕后当政，需要嫡亲阵营支持，还给外孙张偃封了鲁王。

最悲惨的大概是梁王彭越，本来被刘邦贬为庶民流放西蜀，没承想半道又遇见皇后吕雉，暮年思乡，于是向其求助，希望皇上开恩，让他返回山东境内的昌邑老家，结果被诓回洛阳受控再图谋反，自己受醢刑被剁成肉酱不说，还祸及三族。

卢绾官拜太尉，和刘邦是同年同月同日生的发小，刘卢两家更是世交，深得刘邦信任，在臧荼谋反被平定之后又袭封燕王，本可谓尊荣无比，但在这场消灭异姓王的运动中也未能幸免，最后遁入匈奴，虽然又当上东胡卢王，但“为蛮夷所侵夺，常思复归”[1]，一年后死在异国他乡，少不了许多的苦闷恓惶与无奈。

皇后吕雉在这场运动中崭露头角，以中宫女主的身份介入朝廷政治。

---

[1] 《史记·韩信卢绾列传》。

吕后为人刚毅，佐高祖定天下，所诛大臣多吕后力。[1]

将兵多多益善的韩信已贬为淮阴侯，最终还是死于其手，原本被刘邦赦免的彭越也被她斩草除根。

吕后杀伐果断，绝不遗留后患，正如吕后所说："彭王壮士，今徙之蜀，此自遗患，不如遂诛之。"[2]

消灭异姓王，吕后甚至比刘邦更为坚决——事实上，刘邦称帝第二年十二月（公元前 200 年 1 月）就有人告发韩信谋反[3]，刘邦设局云梦诸侯大会，韩信束手就擒被带回洛阳。或是忌惮另几个异姓王而时机未到，或是念在开国元老的功劳和情义，刘邦并没有下死手，"赦信罪，以为淮阴侯"[4]。从此韩信就长留京师，直到汉高祖十年（公元前 197 年）八月陈豨造反[5]，在刘邦御驾亲征期间，当了四年淮阴侯的韩信才被吕后与萧何联合诛杀，而且和彭越一样，也是夷灭三族。

异姓王不可信，还得靠自家人，刘邦开始分封刘氏为王。

韩信被贬为淮阴侯之后，原来的楚国被一分为二，刘邦的同族兄弟刘贾征战有功，封为荆王；四弟刘交是刘家少有的文化人，起兵以来一直追随刘邦，被封为楚王。此外，刘邦长子刘肥也得封齐王，"王七十余城，民能齐言者皆属齐"[6]，成为最大的诸侯国。

---

[1]　《史记·吕太后本纪》。

[2]　《史记·魏豹彭越列传》。

[3]　《史记·淮阴侯列传》："汉六年，人有上书告楚王信反。"《史记·高祖本纪》："十二月，人有上变事告楚王信谋反。"

[4]　《史记·淮阴侯列传》。

[5]　《史记·高祖本纪》："八月，赵相国陈豨反代地。"

[6]　《史记·高祖本纪》。

随着异姓王接二连三地被剪除，刘氏诸王随之而起。除了最开始造反的燕王臧荼曾经由卢绾继封，后续各个异姓王的地盘上都换成了刘家人。

如韩王信之后，刘邦封自家二哥刘仲为代王；梁王彭越之后，皇子刘恢、刘友分封梁王、淮阳王；淮南王英布之后，皇子刘长被封为淮南王；继臧荼之后的燕王卢绾则被皇子刘建取代。

刘邦一共八个儿子，吕后嫡生的独子刘盈成为皇太子，其余七个都先后封王。

虽然消除了异姓王的威胁，但起于草莽得天下的经历，刘邦深知成王败寇的无情与血腥，秦朝二世而亡的前车之鉴，更是让晚年的刘邦无法安眠。于是，公元前 195 年，汉高祖十二年，他与功臣集团订立了白马之盟。

杀白马歃血为盟，首先是对功臣集团及其后裔的爵位给予保障，承诺"国以永存，爰及苗裔"[1]，大汉帝国永存，封爵世袭罔替。其次，最重要的是明确封王封侯的规则，"非刘氏不得王，非有功不得侯"，否则"天下共击之"[2]。从今以后，不得再有异姓王，无功不得封侯。

终高祖之世，以军功封侯的功臣集团共有 143 人[3]，其中包括吕后大哥之子郦侯吕台、交侯吕产，以及吕后二哥建成侯吕释之——此时的吕氏，也属于功臣集团名正言顺的列侯。

歃血为盟用白马，自刘邦之后似乎就成了惯例，如玄武门之变后唐太宗与兵临城下的突厥颉利可汗、突利可汗订立渭桥之盟

---

[1] 《汉书·高惠高后文功臣表》。《史记·高祖功臣侯者年表》："国以永宁，爰及苗裔。"

[2] 《史记·绛侯周勃世家》。

[3] 《汉书·高惠高后文功臣表》："讫十二年，侯者百四十有三人。"

就是又一次白马之盟。需要注意的是，刘邦原是楚国人，杀白马而盟誓并非楚人传统，更不是姬周代表的华夏文明传统。之所以选用白马，有着当时语境下的特指意涵——白马，代表的是崇祭白帝数百年的秦国。

虽然秦人所祭除了白帝还有青帝、黄帝和炎帝，但秦人始终以白色金命自许，即使秦始皇统一六国之后改秦朝为水德（五行为水，颜色为黑），也仍然没有忘记秦人尚白的传统[1]，而刘邦斩蛇起义的故事斩的就是白蛇。

白色与秦的关系，所有经历过反秦战争的功臣列侯们再清楚不过，所以，所谓"白马之盟"，更准确的说法其实是"刑白马盟"，刑，即刑杀、斩杀、杀戮。刑白马，隐喻的就是秦王朝二世而亡。

刑白马盟的重点不在"白马"而在"刑白马"，盟誓的核心视觉符号不是以"白马"为盟而是以"刑白马"为盟。

刑白马盟，承载着刘邦与功臣列侯们共同的认知和记忆——群雄并起联合反秦。也就是说，倘若"非刘而王，无功而侯"，就要像当初联合灭秦一样"天下共击之"。

也许在刘邦设想中，皇帝对将相，刘氏诸王对功臣列侯，藩王拱卫皇权，君臣共治天下，这样一种力量的平衡和蛋糕的分配可以为江山永固提供保障。但不难发现，想要让这一制度性安排发挥作用，就必须有一个隐含前提——皇帝和刘氏子弟毫无疑问是同宗族、共利害的关系。

遗憾的是，白马之盟遗留了一个后门。皇后吕雉姓吕不姓刘，

---

[1] 《史记·封禅书》："秦以冬十月为岁首，故常以十月上宿郊见，通权火，拜于咸阳之旁，而衣上白。"

也是异姓，但作为皇后以及皇太后，在帝国政治版图中俨然又是皇权代理人。

公元前 195 年，刘邦驾崩，缺乏安全感的吕后就又动了杀心。

因为担心与刘邦同是布衣出身的朝中武将有不臣之心而兵变，"四日不发丧，欲诛诸将"，但领兵在外的那些开国功臣则让她颇为犹豫，"陈平、灌婴将十万守荥阳，樊哙、周勃将二十万定燕、代"[1]，权衡再三，最终没有采取行动。

吕后担心群臣不服的就是她嫡出的独子刘盈，时年不过 15 岁，虽然在废长立幼的风波中转危为安，太子顺利登基成为汉惠帝，但看起来他完全没做好当帝王的准备。

上有虎爸狼妈，汉惠帝却"为人仁弱"[2]，也许太平盛世还有可能做个王道明君，但天下初定，经历过战争的吕后眼里看到的满是风险。

十几年前"王侯将相，宁有种乎"的呐喊言犹在耳，如今满朝文武尽是布衣将相。军功傍身的这些勋贵元老，当初也不过是贩夫走卒、狱吏囚徒，不封王就太平了吗？

刘姓子弟于刘邦当然是自家人，可他们与吕后不见得就同是一条心，哭哭啼啼撺掇刘邦废长立幼的戚夫人就是明证。刘氏封王，封了王就不会得陇望蜀吗？

信任危机的警钟已经振聋发聩，汉惠帝呢，慈仁有余却没有半点霸道之心。

真正要命的问题是，即位仅七年，汉惠帝驾崩，时年 22 岁。

吕后感到了空前的危机。

---

[1] 《史记·高祖本纪》："四月甲辰，高祖崩长乐宫。四日不发丧……郦将军往见审食其，曰：'吾闻帝已崩，四日不发丧，欲诛诸将……'"

[2] 《史记·吕太后本纪》。

史载汉惠帝有七个儿子，但都不知生于何年，以其二十出头崩于弱冠来看，这几个孩子都未成年。

在刘邦八个儿子当中，汉惠帝刘盈这一支恐怕是最弱的，全靠吕后支撑。于是，形势开始有所变化，刘氏皇族与功臣列侯这两大集团之外，吕后为代表的一派势力必将崛起。

平心而论，吕后又能依靠谁呢？于刘氏诸王，她是外人；于功臣列侯，她是女人。自家儿孙两代屡弱，自己又垂垂老矣，形势如此，对吕后来说，实在没有太多选择。

公元前188年9月26日[1]，汉惠帝驾崩，太子继位，是为前少帝，皇帝"年幼，太后临朝称制"[2]。

前少帝是长子，但并非嫡出。当时皇后是吕太后的外孙女，年幼无子，吕太后就把这个庶出的惠帝长子归到皇后名下立为太子，其生母则被杀掉。

不承想几年过后，小皇帝渐渐懂事，知道了自己的出身，竟然想要为生母报仇。

　　后安能杀吾母而名我？我未壮，壮即为变。[3]

等我长大了，你等着。

也许小皇帝只是童言无忌，但不留后患的吕太后不能冒这个险，就把小皇帝"废位"，"幽杀之"。

公元前184年6月15日[4]，后少帝即位。

前后两个少帝都年幼，吕后名为临朝称制，实际就是代理皇

---

[1]　《史记·吕太后本纪》："七年秋八月戊寅，孝惠帝崩。"

[2]　《汉书·高后纪》。

[3]　《史记·吕太后本纪》。

[4]　《史记·吕太后本纪》："五月丙辰，立常山王义为帝，更名曰弘。"

帝执政，"号令一出太后"[1]，下诏都是以皇帝的名义称"朕"，匈奴致书也称其为"陛下"[2]，司马迁在《史记》中则将其列入为天子立传的"本纪"。

吕后依靠吕家，无非是基于血缘宗族关系的天然信任，这与刘邦翦灭异姓王而分封刘氏为王并无不同。

对刘邦来说，异姓王不可信；对吕后来说，刘氏诸王与异姓王别无二致甚至更为危险——同是刘邦之子，除了嫡庶之别，他们天然地都拥有继承大统的潜在资格，就连刘邦在世的时候也不是没有动过废长立幼的心思，吕后独子刘盈的太子地位曾经就几乎不保。

吕后当政第一年，刘邦驾崩前与功臣列侯们订立"非刘氏不得王"的刑白马盟就被突破，先是封同属开国功臣但已去世的长兄吕泽为悼武王，随后又封长兄之子吕台为吕王。在吕后八年执政期间，吕氏先后有四人封王、六人封侯[3]。

一方面封王列侯扩张吕氏实力，另一方面，强化刘吕两家联姻，巩固刘吕联盟。

梁王刘恢、赵王刘友都是刘邦之子，刘恢的王后是吕家长房吕产之女，刘友正室也是吕氏之女（具体不详），刘邦之孙朱虚侯刘章娶了吕家二房吕禄之女，后少帝的皇后也是吕禄之女。之前汉惠帝的皇后虽然姓张，但她是吕后独女鲁元公主所生，同是刘

---

[1] 《史记·吕太后本纪》。

[2] 《汉书·高后纪》："二年春，诏曰：'高皇帝匡饬天下，诸有功者皆受分地为列侯，万民大安，莫不受休德。朕思念至于久远而功名不著，亡以尊大谊，施后世。'"《汉书·匈奴传》："陛下独立，孤偾独居。两主不乐，无以自虞。"

[3] 《汉书·高后纪》："乃立兄子吕台、产、禄、台子通四人为王，封诸吕六人为列侯。"

吕之后，遗憾的是没来得及生下一儿半女，汉惠帝就驾崩了。

不难看出，以血缘姻亲为纽带，吕后试图将汉帝国的蛋糕分给吕氏一块，形成吕氏、刘氏与功臣集团互相制衡的局面以稳固皇权。但对吕后而言，尴尬而无解的是，皇权究竟该姓刘还是姓吕？

后少帝若得平安，天下还姓刘，总归也还是吕氏之后，可能这是最优解。问题在于，少帝年幼，吕后独木难支，刘姓诸王和功臣列侯都难以信任，不得不扶植并倚仗吕氏，但吕氏坐大，却又面临和刘邦相同的处境——刘姓诸王和刘邦是一家人，但与吕后不是；吕姓势力与吕后固然是一家人，但对于姓刘的少帝来说，恐怕就不见得了。

在家天下的框架之下，这就是个永远无解的死局。

吕后当政刚进入第八年，侄孙吕通就由东平侯改封燕王。三月，吕后病倒。七月中，吕后感到不久于人世，给赵王吕禄和梁王吕产[1]这两个侄子做出了最后安排，吕产任相国，吕禄任上将军，分别统领南军和北军。

南军守卫皇宫，属禁卫军，故南军士兵又称卫士。北军戍卫京师，同时也是汉军精锐主力，发生战争出征的就是北军。

长安城西南的未央宫为皇帝所居，东南的长乐宫为太后所居。所谓南北军，就是以其驻地方位而言，南军在皇城南，北军在皇城北。

最后时刻，吕后信任的天平完全倒向了自己的娘家人。

京师防务完全交由吕氏外戚掌控，"赵王禄、梁王产各将兵居

---

[1] 《史记·吕太后本纪》："以吕王产为相国。"《汉书·高后纪》："以梁王吕产为相国。"吕产原封吕王，后改封梁王，任相国时实为梁王。

南北军，皆吕氏之人"[1]。绛侯周勃是太尉，相当于总司令，但"不得入军中主兵"。

萧何、曹参之后，暂时取消了相国而改设左、右丞相。其时右丞相是曲逆侯陈平，左丞相是审食其，但左丞相审食其名为丞相，实际只是随侍吕后而已，"左丞相不治事，令监宫中，如郎中令"[2]。

现在吕产出任相国，当然不会只是名义而已。作为群臣之首，相国吕产毫无疑问在右丞相陈平之上。

> 勃为太尉，不得入军门。陈平为丞相，不得任事。[3]

简而言之，一文一武两大行政长官都被架空，军政大权都在吕氏手中。

小皇帝年幼懵懂，根本就是个傀儡，而皇后则是赵王吕禄之女。皇权由吕后代持，皇族和列侯或许还能接受，倘若吕氏岳丈执掌国政，这如何能让人睡得踏实？

本质上说，刘姓诸王领有封国拥有实力，功臣列侯位列文武掌握实权，如果王爷们一条心地拥护皇帝，实力对实权，未尝不是权衡之法。但是，吕氏的加入，实则既瓜分了刘姓诸王的实力，也开始蚕食功臣集团的实权。

吕后的两个兄长都参与了建国大业，原本都属于功臣集团，通过吕后成为新的异姓王以后，吕氏封王建国，同时又留在京师位列三公，实则把刘姓封王的权利和功臣集团掌控的权力集于一身。

---

[1] 《史记·吕太后本纪》。
[2] 《史记·吕太后本纪》。
[3] 《史记·绛侯周勃世家》。

所谓刘吕联姻以稳固刘姓皇权的刘，也仅仅是指由吕后嫡出这一支，这一支偏偏又很弱。

总而言之，面对吕氏坐大，正如吕后对刘姓诸王和功臣列侯都无法完全信任一样，刘姓诸王和功臣集团又怎么可能信得过吕氏集团会安心辅佐娃娃皇帝呢？

吕后在时，她既是吕氏集团代言人，也是刘氏皇权代理人，刘氏皇族、吕氏外戚和功臣集团三方都能由她作为相互连接的中枢，三足而鼎立。但是，一旦吕后不在了，三股势力相互间有限的信任不可避免地将走向崩溃——三足鼎立的鼎，有从公器沦为私产的危险，互有猜忌而缺乏信任的三股势力就从三足鼎立变成了三足对立。

三方互不信任并不奇怪，古今中外，任何政局以及任何时候都存在类似问题。只要良性互动，这种不信任仍然可以达成互相制衡而保持稳定，但是，在吕后执政期间，一次天文事件的意外出现，让这种微妙的平衡陷入了无解的恶性循环，本就脆弱的互信走入死局。

公元前 185 年 3 月 10 日，正月廿一，惊蛰。

汉惠帝驾崩后，这是吕后临朝称制的第三年。

熹微晨光中，月上中天，在东方地平线上方，隐约可见五大行星错落分布。随着时间推移，五大行星越来越清晰，相互距离也越来越近。到 3 月 25 日，二月初七，恰逢春分，五大行星彼此相邻距离很近，赤经差仅约 7°。此后五大行星又逐渐拉开距离，直到 4 月上旬仍然能够在日出前同时看到。

相较于二十年前汉王刘邦还定三秦时出现的五星聚（赤经差约 21°），显然，这次五星聚更为名副其实。

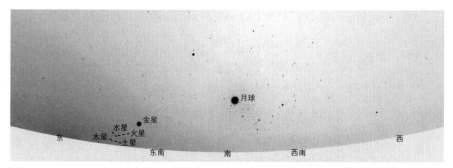

观测地区：陕西西安／海拔：416 米

观测时间：公元前 185 年 3 月 10 日（正月廿一）6：35

日出时间：7：08：06／天亮时间：6：43：03

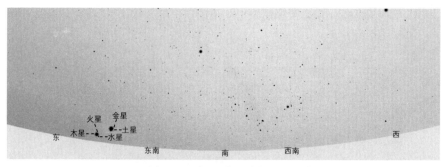

观测地区：陕西西安／海拔：416 米

观测时间：公元前 185 年 3 月 25 日（二月初七）6：00

日出时间：6：46：47／天亮时间：6：21：46

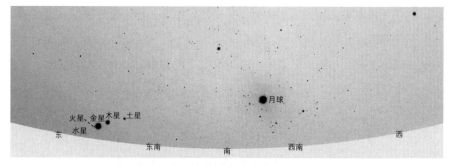

观测地区：陕西西安／海拔：416 米

观测时间：公元前 185 年 4 月 6 日（二月十九）5：45

日出时间：6：29：27／天亮时间：6：04：11

五星合，是为易行。[1]

易行，即改变王朝五行德运，如周朝为火德，汉朝为水德。火变为水，就是"易行"。五星聚，是王朝易姓的预兆，意味着改朝换代。

凡五星所聚宿，其国王天下。[2]

五星会聚在天空中的位置，其对应地区将出现"王天下"的新天子。

五星聚，代表将要出现秉受天命的新皇帝。

五星聚的出现非同寻常，职掌祭祀及天文历法的奉常官员们不可能错过，更不可能隐瞒不报，所以，吕后肯定是知道的，朝中大臣多半也知道。远在各自封国的刘氏诸王都有自己的智囊，只要不是庸碌无为之辈，他们也不会错过如此难得一见的天文异象。

对吕氏外戚、刘氏皇族、功臣列侯以及代理皇权的吕后来说，五星聚的出现，将彼此的不信任伸展成了无法逾越的鸿沟。

吕后怕军功立身的功臣列侯尤其是手握兵权的武将搞政变，军功集团怕吕后不断扩张吕氏实力而有以吕代刘之心，刘氏诸王遥望京师，难免嘀咕刘姓江山是要被吕氏替代还是被别的什么姓颠覆。

无巧不巧，就在五星聚之后，发生了前少帝声称长大后要为母亲报仇的变故，几个月后，吕后当政第四年，前少帝被吕后废杀，五月丙辰（公元前184年6月15日），又立了一个新的小皇帝。

也许是为了自证清白，后少帝即位，临朝称制的吕后又重新

---

[1] 《史记·天官书》。

[2] 《汉书·天文志》。

设立太尉一职，把军队交给了绛侯周勃。上一次周勃任太尉，已经是十二年前了。

对吕后而言，扩张吕氏实力并倚仗他们，既是出于对功臣集团和刘氏皇族的不信任，也是为了搞均势战略以求相互制衡，但归根结底，还是为了保证出自吕后这一支的皇权不被取代和颠覆。

问题是，在信任缺失的前提下，内心的真实动机无法被证明，也就无法让旁人相信，而以猜忌为起点，一切所作所为都会被重新解读，并由此进入恶性循环——越是缺乏安全感，吕后越要寻求娘家人的支持，就越要扩张吕氏实力；而吕氏越强，刘姓诸王和功臣集团就越怀疑吕氏外戚在谋求以吕代刘篡夺政权，内心疑忌就越发深重，这种不信任又会导致吕后感受到更大的威胁。

还有一个致命的问题。

早在刘邦称帝之前，张耳就被封为赵王，此后这个赵国就一直没消停过。

先是清除异姓王，刘邦最喜爱的老三刘如意被封为赵王，刘如意就是差点让刘邦废长立幼取代皇太子刘盈的那个人。

刘邦驾崩后，太子刘盈即位的第一年，吕后就杀了赵王刘如意[1]，戚夫人被做成"人彘"扔到茅房里，死得极为凄惨。此后刘邦六子刘友改封赵王，五星聚出现时，赵王就是他。

吕后当政第七年正月（公元前181年2月），赵王刘友被召入长安活活饿死。史书说他的王后是吕氏之女，摆明了听命于吕后，所以刘友不喜欢她，结果这个吕王后找吕后告状，揭发他要对吕氏家族不利，"吕氏安得王！太后百岁后，吾必击之"[2]。可想而知，

---

[1] 《史记·吕太后本纪》："孝惠元年十二月……使人持酖饮之。犂明，孝惠还，赵王已死。"

[2] 《史记·吕太后本纪》。

吕后岂能容忍？

刘友之后，当年二月，改封梁王刘恢为赵王，还附送侄子吕产之女做他的王后。刘恢早有爱姬，新上门的这个吕氏王后自然不满，一不做二不休，竟然下毒杀了这个刘恢的爱姬。当年六月，刘恢自杀身亡。

刘恢之后，吕后原本想把代王刘恒改封为赵王。前车之鉴历历在目，代王刘恒不敢去，婉言谢绝。于是，吕后侄子吕禄被封为赵王，赵国到了吕氏名下。紧接着刘邦最小的儿子燕王刘建去世，有个庶出的儿子也被吕后杀掉，吕后侄孙吕通被封为燕王。

燕赵之地，以及刘恒的代国都在哪呢？

汉高祖五年（公元前202年），设赵国，领常山、邯郸、巨鹿共三郡；设燕国，领广阳、上谷、渔阳、右北平、辽西、辽东共六郡。

汉高祖六年（公元前201年），设代国，领云中、雁门、代共三郡。

汉高祖九年（公元前198年），代国三郡并入赵国，巨鹿郡分出清河郡、河间郡，仍属赵国。

汉高祖十一年（公元前196年），恢复代国，原来的雁门郡、代郡划归代国，原来的云中郡分出定襄郡归代国，云中郡则划归朝廷直属，另外增入太原郡，即代国领有雁门、代、定襄和太原四郡。

高后元年（公元前187年），分出赵国的常山郡设立常山国，此时赵国领有邯郸郡、巨鹿郡以及原巨鹿郡分出的清河郡、河间郡。

从以上诸侯国的疆域分布看，如图所示，大体上代国在山西中北部，赵国在河北南部，代国与赵国还曾经互有分合，紧挨着东北方向是燕国。其次，从大的行政区划看，赵国属冀州刺史部，代国属并州刺史部，燕国属幽州刺史部。

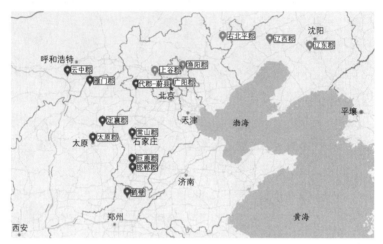

燕国、赵国与代国所在地

再来看战国时期的赵国，曾先后以晋阳（今山西太原）、中牟（今河南鹤壁）、邯郸（今河北邯郸）为国都，北境到长城一线。也就是说，西汉时的代国基本都在战国时的赵国范围内。邯郸南边的鹤壁一带，则是先秦时的卫国所在，也就是说，战国时的卫国与西汉时的赵国大概在同一地区。

了解赵国和代国地理位置以后，再看几位赵王的命运就别有一番滋味了。

高后三年（公元前 185 年）出现五星聚，天象位于北方七宿的壁宿。在星占分野中，壁宿对应地区是并州[1]，对应方国是卫国[2]。当然，这里的并州和卫国都是先秦时期的概念。

---

[1] 《史记·天官书》："营室至东壁，并州。"
[2] 《淮南子·天文训》："营室、东壁，卫。"

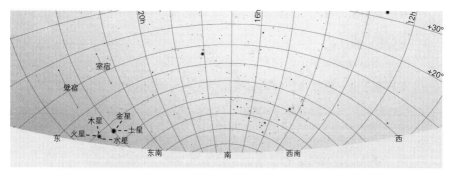

观测地区：陕西西安／海拔：416 米
观测时间：公元前 185 年 3 月 25 日（二月初七）6：00
日出时间：6：46：47／天亮时间：6：21：46

对照地图可知，若论并州，可能更偏于西汉的代国，太原古称即是并州，而这里原本是赵国的疆域；若论卫国，西汉的赵国完全可以承其分野。

需要说明的是，周秦时代的并州、冀州和幽州是由传说大禹治水分九州的冀州一分为三而来，主体区域相当于现在的山西、河北和北京往东北方向去，但只能说大致如此，落实到星占分野里的并州和卫国，恐怕很难划出一个边界分明的区域，一则领土边界不断有调整变化，二则占星术本就是为现实政治服务——历史传承当然重要，但这种历史认知与现实理解其实都是人为设定。

汉惠帝元年，赵王刘如意被吕后鸩杀，随后刘友继封赵王。从公元前 194 年 1 月起，到吕后当政第七年正月（公元前 181 年 2 月）刘友被召入京城饿死，刘友做赵王整整十三年。

换个角度看，五星聚出现在高后三年（公元前 185 年 3 月），之后过了四年，刘友就被弄死。

刘友之后是刘恢继封赵王，短短四个月，赵王刘恢也死了。

爱姬被新来的吕王后所毒杀，为此殉情也好[1]，迫于压力也好，总之刘恢是死了。

刘恢死后，吕后又把目光瞄向了代王刘恒，出人意料的是，代王辞谢不就。想想当初的梁王刘友，他是不会愿意去做赵王的。吕后也就随他去，没有进一步动作。当然，更大的可能是时间来不及了——此时的吕后已时日无多，第二年三月染病，七月就崩逝了。

事实上，吕后染病颇为戏剧性。

将侄子吕禄封为赵王后，紧接着把侄孙吕通封为燕王。五个月后，吕后祭祀归来，走到轵道这个地方，恍惚中见到一只灰色大狗撞到腋下，转瞬之间又无影无踪。卜问缘由，说是当年被吕后鸩杀的赵王刘如意作祟，吕后就此一病不起[2]。

表面看，这就是个迷信老太疑心生暗鬼的故事，但细想起来其实很蹊跷，或许可以从中窥见吕后内心隐秘的一角。

当年诛杀异姓王如韩信、彭越，吕后毫不手软，既坚决又果断。刘邦驾崩之后，从汉惠帝不理朝政到两个未成年的少帝，吕后都事实上执掌国柄，在此期间杀掉的又何止一个刘如意。

经历过战争的血雨腥风，走过鬼门关的吕后岂是寻常妇孺之辈？

吕后在轵道撞邪，这个轵道其实大有玄机。

轵道在西安东北，是一座亭。这个轵道很特殊，恰是当年刘邦入关中抵灞上，秦王子婴白马素车向刘邦投降的地方。就在这里，秦王朝的传国玉玺交到了刘邦手上，宣示一个朝代的终结，

---

[1] 《史记·吕太后本纪》："王有所爱姬，王后使人酖杀之……王悲，六月即自杀。"

[2] 《史记·吕太后本纪》："三月中，吕后祓，还过轵道，见物如苍犬，据高后掖，忽弗复见。卜之，云赵王如意为祟。高后遂病掖伤。"

也可以算作刘邦创建汉帝国艰辛历程的真正起点——在此之前，有楚怀王"先入定关中者王之"的约定；在此之后，有还定三秦时出现五星聚的天命加持。

轵道受降，几乎就是后来汉王刘邦定鼎天下的预演和定妆。从那一刻起，汉帝国的名字就刻上了刘姓，汉高祖的纪年也正是从这时开始起算。

吕后的心病，只怕离不开五年前出现的比刘邦那时还要更为震撼的五星聚。

五星聚，王者异姓，吕后当真没什么想法吗？

又或者说，在吕氏外戚、刘姓皇族与功臣集团的三方博弈中，走到如今这种格局，她就那么坚信，作为小皇帝的舅公及岳丈，吕氏族人对三足鼎立的宝鼎并无异心？即便吕后没有明说传国禅位，但在吕氏以及诸侯王、诸大臣们看来，恐怕几乎就是赤裸裸地摆在台面上的果子，剩下的问题只不过是吕家人取还是不取，甚至只是早晚而已。

当然，还是那句话，想法和动机不能被审判，只是种种迹象显示如此，不能不让人浮想联翩。

事实是，吕后垂危之际，京师防务移交给了吕氏兄弟，上将军和相国，一文一武，架空太尉周勃和右丞相陈平，而且赵王吕禄既是上将军又是小皇帝的岳父，这种局面，本就互相猜忌，再加上神秘的五星聚，各路玩家会怎么想，并不难预料。

吕后自然是心如明镜早有预见，所以，特别告诫两个侄子，自己死后，一定要重兵守卫宫城，更不可离京送葬，一则皇帝年少，二则高祖定下的"刑白马盟"就是那些人手里的尚方宝剑。

　　吕太后诫产、禄曰："高帝已定天下，与大臣约，曰'非

刘氏王者，天下共击之'。今吕氏王，大臣弗平。我即崩，帝
年少，大臣恐为变。必据兵卫宫，慎毋送丧，毋为人所制。"[1]

对于吕氏外戚的崛起，其实刘邦未必没有防范之心。

高祖十二年二月（公元前 195 年）燕王卢绾反叛，领兵出征
的是樊哙，时任相国。

刘邦在前一年御驾亲征平定淮南王英布时被流矢所伤[2]，这时
已经病得很重。

就在樊哙出征在外期间，有人向刘邦告发，说樊哙与吕氏结
党，一旦高祖驾崩，他就要把刘邦最为宠爱的戚夫人和皇子刘如
意这些人全都杀掉。

刘邦大怒，要陈平和周勃前往樊哙军中，命周勃替换樊哙领
兵，命陈平立斩樊哙。

作为开国元老，樊哙鸿门宴上救过刘邦，还定三秦、楚汉相
争有累累军功，夫人吕媭又是吕后的亲妹妹，陈平、周勃俩人一
合计，留了一手，准备把樊哙押解回京交给刘邦再做处置。结果
还没到长安，刘邦已经驾崩了。此时已是吕后主政，樊哙自然平
安无事。

回头来看，刘邦要杀樊哙，恐怕并不只是简单的被谗言所惑。

当日情势，吕后所生的刘盈是皇太子，继承皇位是毫无悬念
的定局，与吕氏关系密切的樊哙，倘若与吕氏结党，对年仅 15 岁
的刘盈这个少年天子来说，可能是强力支撑，也可能是莫大的威
胁，而且即便樊吕结党是忠实的保皇党，刘邦也不会希望他们蹿
到功臣集团和刘姓皇族的头上。

---

[1] 《史记·吕太后本纪》。

[2] 《史记·高祖本纪》："高祖击布时，为流矢所中。"

很遗憾，刘邦看到了吕氏与樊哙联合的强，却忽略了吕后与小皇帝独坐深宫的弱，对刘姓皇族和功臣集团的不信任，让吕后转而寻求娘家人的支持，并最终让局势走向了崩盘。

公元前 180 年 8 月 18 日，农历七月三十辛巳日，吕后崩逝。

三方博弈因吕后而维持的脆弱平衡走向崩溃。

先按捺不住的还不是京城里的勋贵大臣，而是刘邦庶出的长房长孙齐王刘襄，号称"入诛不当为王者"[1]，联合四叔楚王刘交起兵。

刘襄或想自立称帝，刘交或想继承大统，虽然名义上还是刘吕之争，但刘姓皇族由争夺继承权演变成一场内战已经为期不远。

长安的功臣集团开始行动。由周勃、陈平等元老大臣主导，一场军事政变在京师发起。

血染长安，吕氏族人尽数被杀，"诸吕男女，无少长皆斩之"[2]。吕嬃被笞杀——吕嬃为吕后之妹、樊哙之妻，吕嬃之子樊伉也未能幸免。

和吕后一样，经历过战火洗礼的大臣们也选择了斩草除根，不留后患。

吕氏族灭，作为吕禄之女，小皇帝的皇后当然也不会被放过。

事实上，吕后嫡出一个独子汉惠帝刘盈，刘盈庶出有七个儿子，此时包括后少帝在内，还有四个活着——后少帝刘弘、常山王刘朝、淮阳王刘武、梁王刘太。

政变成功后，大臣们干脆连这四个也杀掉。吕后一系，杀得干干净净。

不仅如此，连这四个孩子的出身都被否定，说他们根本就不

---

[1] 《史记·齐悼惠王世家》。

[2] 《史记·吕太后本纪》。

是汉惠帝所生，把这些孩子弄来当汉惠帝的皇子，不过就是为了继承皇位而已，完全是吕后的阴谋 [1]。

唯一幸免的是鲁王张偃。作为吕后外孙，鲁元公主之子，他只是被削去王位成了南宫侯，吕后血统也算一息尚存。

拥立的新皇帝是代王刘恒，汉惠帝刘盈的四弟。此时刘邦八个儿子中，只剩下他和七弟刘长两个人了。

汉高祖十一年（公元前196年），代国复立 [2]，领有并州刺史部六郡中的四郡（定襄郡、雁门郡、代郡、太原郡），时年八岁的刘恒封为代王。十六年后，刘恒登基，是为汉文帝。

奇妙而巧合的是，五星聚于壁宿，壁宿分野正是并州。

五星聚占辞有云："五星合……有德受庆，改立大人，掩有四方，子孙蕃昌。"

废少帝，立刘恒，正是"改立大人"。所谓大人，就是皇帝。

也许是冥冥中的定数，也许是无巧不成书，历史告诉我们，汉文帝确有贤明之声，对老百姓来说，日子确实是一天比一天更好了 [3]。

文景之治，由此拉开了帷幕。

---

[1] 《史记·吕太后本纪》："诸大臣相与阴谋曰：'少帝及梁、淮阳、常山王，皆非真孝惠子也。吕后以计诈名他人子，杀其母，养后宫，令孝惠子之，立以为后，及诸王，以强吕氏。'"

[2] 此前代王为刘邦三子刘如意，汉高祖九年（公元前198年）代王转封赵王，代国领地并入赵国。

[3] 客观地说，不论吕后对皇权传承的问题持何立场、有何打算，在其执政期间，都堪称有道明主，司马迁就给予高度评价："惠帝垂拱，高后女主称制，政不出房户，天下晏然。刑罚罕用，罪人是希。民务稼穑，衣食滋殖。"

第五章 走下神坛：
政治预言的消解与重构

1127 年的春天，很凄惨。

宋徽宗赵佶、宋钦宗赵桓及太后、皇后、皇子、公主、嫔妃等大批宗室成员被金兵掳走北迁，北宋宣告灭亡。

六年前与大金联合攻辽的海上之盟，只剩下无尽苦涩和讽刺。

五月初一，侥幸得脱的康王赵构在南京应天府（今河南商丘）登基，改元"建炎"，是为宋高宗。

何为"建炎"？

赵宋王朝的五行德运和曾经先后三次变更德运的汉朝一样，都是火德[1]。

两火为炎，高宗以"建炎"为号，顾名思义就是重建大宋王朝的火德炎运以延续天命国祚[2]，而且于五行而言，又恰好是火克

---

[1] 南宋李焘《续资治通鉴长编》："有司言国家受周禅，周木德，木生火，当以火德王，色尚赤，腊用戌，从之。"

[2] 南宋李攸《宋朝事实》："靖康二年五月一日赦：'朕惟火德中微，天命未改光武纪元之制，绍建隆开国之基。用赫丕图，益光前烈，可以靖康二年五月一日改为建炎元年。'"

金，可以为南宋与北方金朝的对峙注入来自天授的神秘力量。

悲伤的是，宋高宗的正室王妃邢氏及五个最大不过四岁的女儿也在靖康之难中被掳走，此时生死未卜。

略感欣慰的是，一个月后，元懿太子赵旉出生了，这是宋高宗唯一的亲生儿子。

虽然已经成了南宋皇帝，但宋高宗赵构日子并不好过。

外有金兵"搜山检海"[1] 式的持续追杀，一度在海上漂泊数月以避难，不胜恓惶；内有武将政变，"苗刘兵变"中，宋高宗迫不得已将皇位禅让给了仅有两岁的元懿太子。

虽然有张浚、韩世忠等各路兵马勤王平乱，兵变乱局仅一个月，宋高宗就得以复位，但小太子赵旉就此夭折，年仅 22 岁的宋高宗也从此未能再有生育。

直到 1138 年（绍兴八年），宋、金第一次和议，南宋正式定都临安（今浙江杭州），半壁江山才稍为消停，而身在北国的宋徽宗已在三年前病故。

又过了三年，宋、金两国达成"绍兴和议"。在金朝再次撕毁协议前，南宋获得了二十年的安宁。

宋高宗唯一的皇子已夭折，同支宗室也都被金人掳走[2]，皇位继承成了问题。于是，宋高宗在侄子辈中挑了赵伯琮和赵伯玖收为养子。俩人都是宋太祖赵匡胤的七世孙，而宋高宗则是宋太宗赵光义的后裔。

1161 年年底，金朝皇帝完颜亮毁约南下，结果在采石之战中完败，自己也被部将所杀。同年五月，远在辽国的宋钦宗赵桓早

---

[1]　南宋王明清《挥麈录》。

[2]　宋太宗赵光义的长子赵元佐被废为庶人，其后代在靖康之难中得以幸免，未被金国掳走。

在五年前去世的消息才传到南宋。

第二年六月，宋高宗禅位，皇太子建王赵昚[1]即位，是为宋孝宗。

从此以后，宋朝皇位回归宋太祖赵匡胤一系——北宋除了开国的太祖赵匡胤，历代皇帝都是太宗赵光义一系；南宋除了开国的高宗赵构，历代皇帝都是太祖赵匡胤一系。

孝宗继位后立即为岳飞平反并组织北伐，试图光复中原。我们都知道，他并没有得到历史的眷顾。

1164年，南宋与金国"隆兴和议"停战，此后四十年再无战事。虽是偏安江南，也得一时升平，开创"乾淳之治"。

有趣的是，宋、金休战以后，同一时期，北方金国也臻于治世，史称"大定之治"，金世宗完颜雍甚至还有了"小尧舜"[2]的美称。

就在号称"乾淳之治"的乾道、淳熙年间，史籍中留下了颇可玩味的天象记录。

先是乾道年间，先后密集出现了六次五星俱见；再是淳熙年间，又出现两次五星会聚。

> 乾道四年二月壬子、六月辛丑、八月己亥，六年五月乙亥、十月庚申，八年十月癸卯，五星俱见。
>
> 淳熙十三年闰七月戊午，五星皆伏。八月乙亥，七曜俱聚

---

[1]　宋孝宗赵昚原名赵伯琮，入宫后改名赵瑗，立为皇子后改名赵玮，立为皇太子后改名赵昚。

[2]　《后金檄明万历皇帝文》："世宗皇帝最为文明之主，明达政事，好贤纳谏，天下太平，家给人足，仓廪有余……号为小尧舜，善政懿行，上格皇天，下服臣庶，是以得为皇帝，扬名于千万世之后。"

于轸。[1]

五星会聚之所以被赋予特别内涵而成为敏感的政治预言，很重要的一点就在于其少见。如果失去稀缺性，如日月经天一般常见，又凭什么在人间的时局变化中扮演所谓天命传达的先知角色呢？

直觉告诉我们，乾道、淳熙年间，五星异象如此高频，真实性值得怀疑。

逐项验证后发现，确实如此。

乾道四年二月壬子，1168 年 3 月 30 日，金星、水星在太阳东侧，另外三星在太阳西侧，五大行星分列太阳两侧，五星间距赤经差约 90°，在太阳光芒的笼罩下，实际观测中根本不可见。

乾道四年六月辛丑，1168 年 7 月 17 日，水星在太阳东侧，另外四星在太阳西侧，相互距离较远，五星间距赤经差约 150°，实际观测中不可能五星同见。

乾道四年八月己亥，1168 年 9 月 13 日，五星间距赤经差达210°，虽然都在太阳西侧，但土星落下时金星和水星尚未东升，实际观测中不可能五星同见。

乾道六年五月乙亥，1170 年 6 月 11 日，水星在太阳东侧，另外四星在太阳西侧，五星间距赤经差约 130°，实际观测中不可能五星同见。

乾道六年十月庚申，1170 年 11 月 23 日，这次最离谱。金星在太阳东侧，水星在太阳西侧，金、水二星间距赤经差约 45°，土星在靠近金星一侧，土、金二星间距赤经差约 70°，木星和火星紧

---

[1] 《宋史·天文志》。

挨着，但木、火二星与太阳西侧的水星赤经差约 160°，与太阳东侧的金星赤经差约 155°，简而言之，五大行星除了木、火二星挨着，彼此都相互远离，日出时木、火二星已将西沉，正午时土星才从东方升起，太阳两侧的金、水二星也不可能同时看见，总之，无论如何都不可能五星同见。

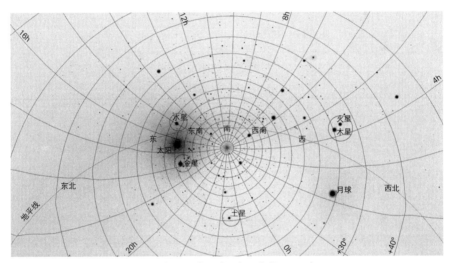

观测地区：浙江杭州／海拔：12 米
观测时间：1170 年 11 月 23 日（十月十四）5: 45
日出时间：6: 38: 44 ／天亮时间：6: 12: 41

乾道八年十月癸卯，1172 年 10 月 26 日，和乾道六年十月那次差不多，五大行星分布近于圆周，完全不存在五星同见的可能性。

再来看淳熙年间的两次记录。

淳熙十三年闰七月戊午，1186 年 8 月 29 日，五大行星间距较小，赤经差约 23°，可以说是五星会聚，但距离太阳比较近，尤其

是金星，完全就在太阳旁边。"五星皆伏"，即五大行星都潜伏在
太阳光芒之中而不可见。这次的记载倒算是准确。

淳熙十三年八月乙亥，1186 年 9 月 15 日，与上一条记录相隔
仅半个月，事实上说的是同一次天象。此时五大行星间距进一步
缩小，赤经差仅 8° 左右，可谓名副其实的五星聚，而且傍晚时月
亮正好也插在五星之间。"七曜俱聚于轸"，七曜即五大行星加上
日月，这次记载的会聚现象和发生位置都很准确，唯一的问题是
太靠近太阳，在实际观测中其实并不能看见。

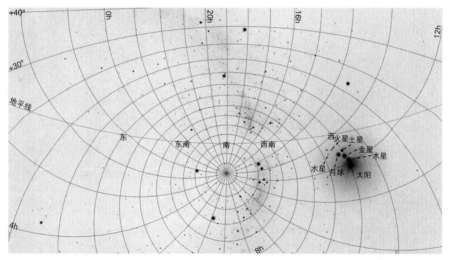

观测地区：浙江杭州 / 海拔：12 米
观测时间：1186 年 9 月 15 日（八月初一）19：00
日落时间：17：56：59 / 天黑时间：18：20：55

综合以上八次五星事件的记录，前六次乾道年间的所谓"五
星俱见"全都很勉强甚至子虚乌有，淳熙年间的两次记录实为同
一次天文现象，说"五星聚"或"七曜聚"都成立，虽然不可见，

但确实也属难得。

王信时任太常少卿兼中书舍人。太常寺负责祭祀、礼仪，中书舍人相当于秘书长，负责皇帝诏令的起草颁布等事务。

"七曜聚轸"发生后，王信上书宋孝宗，认为"五星聚"已属难得，"七曜聚"更是世所罕见。为了顺应天象，他提出了七条措施，可惜其具体内容已不得而知，但看起来应该都得到了宋孝宗认可，"朕无有不为卿行者"[1]。

王信还特别指出，即位之初，宋孝宗锐意进取，图谋恢复中原，之所以不能成功，关键问题在于用人不一。他提出解决办法，希望宋孝宗整顿朝纲、重整旗鼓。

遗憾的是，宋孝宗已经没什么企图心了，"七曜聚轸"后第二年十月，太上皇宋高宗驾崩，宋孝宗很是伤心，以服丧三年为名，让太子赵惇参与政事。

淳熙十六年二月初二（1189 年 2 月 18 日），宋孝宗正式禅让，太子赵惇即位，是为宋光宗。

宋孝宗的时代，就在"乾淳之治"的小康局面中落下了帷幕。

"七曜聚轸"的天文异象，算是给偏安江南的南宋朝廷写下了小成有为的注脚。

---

[1] 《宋史·王信传》："太史奏仲秋日月五星会于轸，信言：'休咎之征，史策不同，然五星聚者有之，未闻七政共集也。分野在楚，愿思所以顺天而应之。'因条上七事。又言：'陛下即位之初，经营中原之志甚锐，然功之所以未立者，正以所用之人不一。其人不一，故其论不一；其论不一，故其心不一。愿豫求至当之论，使归于一。锁闱封驳，而右府所不下关中书，或斜封捷出，左于公论。统领官奴事内侍，坐谪远州，幸蒙赦还而遽复故职。潜藩恩旧之隶徒，榷酤官而齿朝士。老禁校侥冀节钺，诡计可得之，而奉稍恩典，与正不异。阁门多溢额祗候。妃嫔进封而冒指它姓为甥侄。既一一涂归，有虽书读而徐核其不当者，续争救之。'上曰：'事有不可不问者，第言之，朕无有不为卿行者。'"

　　于宋孝宗而言，半壁江山绝不是抱负所在，但在无力和无奈之中，天文异象的出现，也算给了他功成身退的天道认可，而且恰好赶在养父宋高宗驾崩之前出现，时机可谓完美。

　　虽然观测不可见，但"七曜聚轸"终归是真实存在的天象，两相对照会发现，乾道四年、六年到八年，四五年之间，太史局居然先后上报了六次"五星俱见"，观测是否可见倒还在其次，关键是五星间距甚至大到超过180°，根本不具备任何可能同时出现在天空，如此这般，居然也能被当成"五星俱见"。

　　是太史局有意糊弄吗？观天那些人是一群草包吗？

　　当然不可能。

　　事实上，《宋史·天文志》记入"五纬俱见"（五纬即五星）的一共就只有六条，除了乾道、淳熙各一条共八次记录以外，另四条都只是单独记录一次天文事件，而且其中还有一次是四星聚。

　　也就是说，从宋太祖赵匡胤算起，在宋代六条共十二次天文记录中，宋孝宗一个人就占了八次，而宋孝宗之后再无相关记录。

　　比例之高，真实性之低，不能不令人好奇，何以如此呢？

　　答案要到祖宗那里去找。

　　960年正月，陈桥兵变，赵匡胤黄袍加身。

　　967年三月，也就是宋太祖赵匡胤南面天下后七年，出现了五星聚天象。

　　1162年六月，宋孝宗即位。

　　第一次五星俱见，在乾道四年即1168年二月，此时距离孝宗登基已快六年。

　　此后四年多，接二连三地出现了六次并不存在的五星俱见——退一步讲，如果不以观测可见为标准，那么还是有两三次五星间距小于180°的时候算得上五星俱见。不过，这已经偏离了传统星占的路数。

作为赵匡胤后裔，宋孝宗期望能像当年太祖一样，上有五星聚天象加持，下有天下一统百年基业。

可以猜想，或许正是宋孝宗对五星天象的执念，才有了太史局真真假假的配合以满足其愿望。

还有一个有意思的参照。

宋孝宗即位后改元"隆兴"。隆兴，即国运兴隆、国势兴盛之意。

巧的是，宋太祖赵匡胤第一个年号叫"建隆"。

太祖"建隆"，建北宋之隆；孝宗"隆兴"，则是要兴南宋之隆。

宋孝宗登基后，不顾大臣们欲速则不达的劝告，马上着手北伐，结果损失惨重，互有胜负后陷入僵持，两年后与金国议和并于次年改元"乾道"。

宋太祖赵匡胤在位期间曾出现五星聚，那时的年号叫什么呢？

乾德。

> 乾德五年三月（967 年 4 月），五星如连珠，聚于奎、娄之次。[1]

967 年 3 月底，晨光熹微中金、火、水三星在东方地平线上显现，随后木、土二星也逐渐在日出前升起，到 4 月中旬，木、土二星越过水星升得更高，五大行星排成一串成连珠之象，五星间距赤经差约 18°，位置在西方白虎七宿奎、娄两宿的天区。

从建隆到隆兴，从乾德到乾道，宋孝宗试图恢复祖宗功业的

---

[1]　《宋史·天文志》。

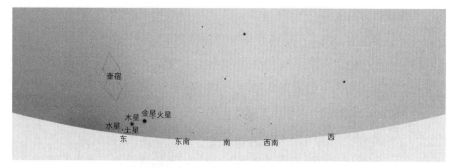

观测地区：河南开封 / 海拔：76 米
观测时间：967 年 4 月 16 日（三月初四）5：15
日出时间：5：43：54 / 天亮时间：5：17：39

愿望不可谓不强烈。

　　天不遂人愿，现实很残酷。北伐失败后，雄心勃勃的尝试已然碰壁，在偏安局面下，面对半壁江山的现实，只好退而求其次。宋孝宗把心收回来，既然武功欠奉，就以文治求发展，扎根江南，先求强国，再图复兴。

　　事实证明，在孝宗期间，治国理政确有成效，由此开创了"乾淳之治"。

　　宋孝宗以养子身份继承皇位，此时太上皇仍然还健在。可以想见，对五星聚的出现，宋孝宗很可能怀有强烈的渴盼心理——大宋开国一百多年后，皇位终于又传回赵匡胤的后裔，他非常期望能像太祖当年一样，得到五星聚的天命加持与认证。

　　想太祖当年，"五星聚奎娄而汴宋兴"[1]，孝宗所期望的，也许是又一次"五星聚而杭宋兴"。

　　建隆、隆兴，乾德、乾道，从太祖到孝宗，跨越两百年，一

---

[1]　元陈栎《历代通略》。

脉相承，归宗复原。

年号上刻意比附，隐约可见宋孝宗心中对祖宗功业的景仰、身为太祖子孙的骄傲以及对令人沮丧的现实困境的无奈和讽刺。

在心有凌云志却平阳受犬欺的无奈情境下，无论出于公心还是私情，宋孝宗都希望能有五星聚这样的天命昭彰为其张目。唯其如此，才能宣示皇位回归的必然，才能论证九鼎在握的明君有为，才能在半壁江山的窘迫中寻得些许安慰以及对复兴的希望和确认。

宋太祖乾德年间出现"五星聚奎"，时在赵匡胤登基后七年，这与汉高祖还定三秦时的"五星聚东井"很不一样，那次是五星聚出现后过了三年刘邦才登基称帝。

五星聚之于刘邦，是天命转移的预兆和登基称帝的预演，完美诠释了"五星合，是为易行"[1]的星占学预言；而之于赵匡胤，一半是对既成事实的认证，一半是对结束分裂、趋于太平的未来走向的预示。

967年五星聚出现后，历经三次北伐，又过了十二年才成功消灭北汉，结束五代十国分裂割据的混乱，实现华夏统一（燕云十六州除外）。此时赵匡胤已在三年前驾崩，三弟赵光义继承大统成了宋太宗。换言之，结束分裂实现统一，是宋太宗赵光义完成的。

有意思的事情出现了。如果五星聚的出现是新王者应运而生的预兆，那么，前两次太祖赵匡胤对北汉的用兵都以失败告终，即位后完成统一大业的太宗赵光义难道不更应该是天象所对应的那个新王者吗？

---

[1] 《史记·天官书》。

确实如此。在"烛影斧声"的迷雾中，赵光义登顶大宝，乾德五年"五星聚奎"也被转移给了宋太宗。

> 五星连珠于奎，奎主文章，仍在鲁分。今晋王镇兖、海，料非久必为太平中国之主。[1]

五星聚于奎宿，星占分野中奎宿主鲁[2]。晋王赵光义曾任泰宁军节度使，兖州、海州在其治下。五星聚的出现，预示着晋王赵光义将在不久后成为"太平中国之主"，是兄终弟及的受命之符。

> 太祖皇帝应天顺人，肇有四海，受禅行八年矣。当乾德之五祀，而五星聚于奎，明大异常。奎下当曲阜之墟也，时太宗适为兖海节度使，则是太宗再受命。此所以国家传祚圣系，皆自太宗。应符既同乎汉祖，而卜年宜过于周历矣。[3]

"太宗再受命""应符同乎汉祖"，这里已经把五星聚天象完全当作像刘邦时那样的政治预言。

相比以太后遗诏名目出现的金匮之盟，也许所谓天命更能为宋太宗的继位注入合法性和正当性。

事实上，赵光义确实曾经主政兖海地区，但是，"五星聚奎"出现时，他已经离开山东回到了河南。

> （建隆元年八月）壬午，以光义领泰宁军节度，依前殿前都虞候……（二年七月）壬申，以光义为开封府尹。[4]

---

[1] 北宋文莹《玉壶清话》。

[2] 《淮南子·天文训》："奎、娄，鲁。"

[3] 南宋蔡绦《铁围山丛谈》。

[4] 《宋史·太祖本纪》。

建隆元年正月，赵匡胤登基称帝。八月，赵光义任泰宁军节度使。第二年七月（961 年），赵光义转任开封府尹。他在山东仅一年时间，此后直到开宝九年（976 年）十月登基，其间十五年都一直留守在北宋首都东京开封府。

"五星聚奎"发生在乾德五年（967 年），赵光义早已离开山东，此时任泰宁节度使的应该是原后蜀太子孟玄喆。

同样是《宋史》，一边说赵光义在开封，一边又说他主政兖海，互相矛盾的信息就这么生硬地把"五星聚奎"嫁接到了宋太宗身上。

> 初，乾德丁卯年，五星连珠于奎，奎主文章，又在鲁分，时太宗镇兖、海，中国太平之符也。[1]

五星聚与赵光义相关联，而且真真假假不无牵强，那么，对于五星聚出现时人在京师的赵光义来说，在其登极过程中是否曾经以此大做文章？"烛影斧声"之中是否也有天象的影子？文献中并未留下只言片语，但无疑是颇可玩味的事。

这还不算完，五星会聚，如此一生难遇的天象，还有继续发挥的空间。

宋太宗继位，三年后，侄子赵德昭自杀，时年 28 岁；五年后，侄子赵德芳病逝，时年 22 岁；八年后，四弟赵廷美屡遭贬黜后病死在湖北房州，时年 37 岁。至此继承人的问题再无悬念，北宋皇位一直在太宗赵光义一支内传承，直到南宋第二任皇帝宋孝宗才传回太祖赵匡胤一支。

宋太宗驾崩后，太子赵恒继位，是为宋真宗。

---

[1] 《宋史·韩熙载传》。

　　宋真宗出生在五星聚的次年，有了时间序列上的巧合，于是967年三月的"五星聚奎"又被说成是真宗应运而生的祥瑞先兆。

　　　　初，乾德五年，五星从镇星聚奎。明年正月，后梦以裾承日，有娠，十二月二日生于开封府第，赤光照室，左足指有文成"天"字。[1]

　　宋真宗的出生与五星聚建立联系，于是其生日又被立为"承天节"[2]。承天，承的自然就是现实中的"五星聚奎"，以及指梦里的"以裾承日"。

　　承天而生，真命天子，宋真宗喜欢上了"神道设教"的把戏。

　　1008年正月，或自导自演，或投其所好，皇城里出现从天而降的黄帛天书，而且恰好就落在承天门，于是宋真宗下诏大赦天下并改元"大中祥符"[3]。同年十月，又搞了一场盛世标配的泰山封禅，宰相王钦若大唱赞歌，可知"五星聚奎"是宋真宗受命之符的观念已经大行于世，此时距离宋太宗驾崩也不过十年而已。

　　　　昔者河流载湛，里社方鸣，列纬集于降娄（列纬即五星，降娄即奎、娄两宿[4]），三统在乎单阏，暨夫再岁，果诞真人。

---

[1]　《宋史·真宗本纪》。

[2]　明陈耀文《天中记》："初乾德五年，五星如连珠聚于奎，当鲁分，从镇星，辰见东方，占曰：'有德受庆，大人奄有四方，子孙蕃昌。'明年正月，元德皇后李氏梦以裾承日有娠，十二月二日生真宗于开封府第，赤光照室，左足指有文成，天子至道三年即位，八月以生日为承天节，群臣上寿于崇德殿，晏殊作《承天节述圣赋》，杨亿作《承天节颂》。"

[3]　《宋史·真宗本纪》："大中祥符元年春正月乙丑，有黄帛曳左承天门南鸱尾上，守门卒涂荣告，有司以闻。上召群臣拜迎于朝元殿启封，号称天书。丁卯，紫云见，如龙凤覆宫殿。戊辰，大赦，改元。"

[4]　《尔雅·释天》："降娄，奎娄也。"《尔雅》作者不详，成书于周秦时代，不晚于汉武帝。

> 盖奎为鲁分之星，乃司文物；泰实兖州之镇，爰主发生。岂非运属文明，化符生育，法从临于洙泗，祀典修于云亭之应乎？此盖受命之殊贶也。[1]

在赵匡胤之后，"五星聚奎"被宋太宗赵光义和宋真宗赵恒各自据为己有。好歹太宗和真宗是父子一家，都拿这个天象说事勉强还说得过去，要是三位一体地共享，恐怕就有点尴尬了。但是，完全剥夺太祖赵匡胤确实有的天命之符又与事实不符，所以，在辗转传播中，后人既不能接受又无法调和其间矛盾，于是干脆又给赵匡胤编了一幕即位元年的五星聚。

> 建隆元年，艺祖受禅，五星聚于奎，镇星主之，奎主文章，识者以为太平之符。[2]

建隆元年，赵匡胤黄袍加身，后周恭帝柴宗训禅位。然而，那一年从未出现过五星聚。

一象三吃，"五星聚奎"的天象就此成了北宋三代皇帝以天命自居的公用道具。

在这个不乏喜感的故事中，我们可以发现，五星聚本是王朝易姓、改朝换代的政治预兆，而在宋初三代皇帝身上，这种传统的星占解读已经被重新演绎——于宋太祖而言，那预示着不久后到来的太平中国；于宋太宗而言，那是继承皇兄大位的天意传达；于宋真宗而言，又成了承天而生的真命徽符。总之，虽然五星聚在大宋建立之后出现，但并不需要担心赵宋王朝面临二世而亡的风险，相反，五星聚成了当朝皇帝有德有为的认证官。

---

[1] 北宋王钦若《社首坛颂》。

[2] 南宋王应麟《玉海》。

五星聚不再是暴力革命异姓夺权的预兆，这种认知变化，其实在唐玄宗时以改立"二王三恪"、宣扬"土德惟新"为应对之法就已经出现，到宋朝就更加面目全非。

有宋一代，武功了了，无力守土，遑论开边，最后连半壁江山也弄丢了。另一方面，宋代文运发达，儒学复兴，融合佛、道两家思想发展出理学。在朝廷内文臣也比武将更受重视[1]，太祖定下"不杀大臣及言事官"[2]的祖训，让文人士大夫阶层获得了与皇帝共治天下的资格[3]。

笔杆子的胆量往往不亚于枪杆子，随着文人势力的壮大，从来都是清谈禁区的天文星占进入了学术思想的视野，五星聚这种原本极为敏感的政治预言慢慢地也从谋士秘奏变成了标榜学术正统的自说自话。

宋太祖乾德五年"五星聚奎"，一方面被后世将宋朝国运与奎宿关联，如北宋的兴与亡都在奎宿天区有异象出现，"五星聚奎娄而汴宋兴，有星孛于奎娄而汴宋亡"[4]，"星孛于奎娄"指的就是宋徽宗大观四年在奎娄天区出现彗星[5]，十七年后发生靖康之变，北宋灭亡；另一方面，就像王朝易姓的政治预言被重新解读成当朝天子的天命符瑞一样，奎宿所代表的星占意义也被文人们避重就

---

[1] 《宋史·文苑传》："艺祖革命，首用文吏而夺武臣之权，宋之尚文，端本乎此。"

[2] 见《宋史·曹勋传》。明王夫之《宋论》："太祖勒石，锁置殿中，使嗣君即位，入而跪读。其戒有三：一、保全柴氏子孙；二、不杀士大夫；三、不加农田之赋。"

[3] 南宋李焘《续资治通鉴长编》："为与士大夫治天下。"

[4] 元陈栎《历代通略》。

[5] 《宋史·天文志》："大观四年五月丁未（1110年5月29日），彗出奎、娄，光芒长六尺，北行入紫微垣，至西北入浊不见。"

轻地发扬光大。

早在汉代纬书中就有"奎主文章"[1] 之说，所以，文士们就将"五星聚奎"解读成宋代文运兴盛的象征——有的兼顾一下五星聚预示天下太平的政治解读，说既主太平又主文运："五星聚奎，固太平之象，而实启文明之兆也。"[2]有的干脆完全抛开政治话语，把天文异象独占为文运之兆："本朝五星聚奎，文治尤盛。""本朝五星聚奎，文治比汉唐尤盛。"[3]

事实上，"奎主文章"之说虽然汉代已有，但并非占星术主流。在秦汉时期的占辞中，奎宿更多地与边境、府库、监狱等相关，奎宿天区出现异象，往往也意味着战争、逆臣、冤狱等凶事。

所谓"奎主文章"，很可能是因为"奎"与"魁"同音而产生的演绎、嫁接。

作为星象，魁星指北斗七星中的斗魁四星或特指斗魁四星中的第一星。由字形可知，"魁"字从斗，本义就是斗、勺。

诸天星宿围绕北天极旋转，北斗七星紧邻北极星，北斗"提纲挈领"，诸天星宿"循序渐进"。

北斗的特殊位置，使其在中国古代政治语境中有了非比寻常的地位[4]，"魁"也因此有了首领、第一的含义。科场胜出即名为魁首、魁甲，是寒窗苦读中万众企盼的龙门一跃。

经过有宋一代精英阶层对"五星聚奎"与文运相关联的不断

---

[1]　清胡渭《易图明辨》："《孝经援神契》曰：'奎主文章，仓颉效象，洛龟曜书，垂萌画字。'则书契兴于黄帝之世，仓颉感洛书而作，明矣。"东汉宋均注："奎星屈曲相钩，似文字之画。"

[2]　南宋吕中《大事记讲义》。

[3]　南宋刘克庄《后村先生大全集》。

[4]　参见拙著《诸神的真相：用天文历法破解上古神话之谜》。

强化，加上无数举子对天子门生的心心念念，奎星／魁星进入民俗文化成了文运亨通的主宰和保护神。

"奎主文章"本是星占学的旁支，结果反倒后来居上成了公论，以至明末清初的顾炎武认为文人崇拜魁星是从奎星迁移而来 [1]，实为颠倒因果。

既然"五星聚奎"预示着宋代文治发达，占星解读也就从"帝王易姓之符" [2] 变成了博学鸿儒应运而生的象征，如宋理宗赵昀宝祐元年的状元姚勉在殿试的时候说：

> 天开我朝，道统复续……五星聚奎，异人间出。有濂溪周敦颐倡其始，有河南程颢、程颐衍其流，有关西张载翼其派，南渡以来有朱熹以推广之，有张栻以讲明之，于是天下之士，亦略闻古圣人之所谓道矣。[3]

"五星聚奎"，意味着"异人间出"，姚勉列举的六人，周敦颐为宋代理学之祖；程颢、程颐世称"二程"，建立了以"天理"为核心的理学体系；张载为宋代理学创始人之一，"为天地立心，为生民立命，为往圣继绝学，为万世开太平" [4] 的名言就出自张载；朱熹、张栻，是南宋时最重要的理学传人。简而言之，"五星聚奎"，标志着宋代理学的兴起。

所谓"道统"，指的是儒家学说的传承体系，和王朝五行德运所代表的法统一样，道统也有正统与否的问题，在这个体系之外，

---

[1]　明末清初顾炎武《日知录》："今人所奉魁星，不知始自何年，以奎为文章之府，故立庙祀之，乃不能像奎而改奎为魁，又不能像魁而取之字形，为鬼举足而起其斗。"

[2]　严复墓志铭《大燕赠魏州都督严府君墓志铭并述》。

[3]　南宋姚勉《雪坡文集·癸丑廷对》。

[4]　北宋张载《张子全书》。

就是不得真传的浅辞陋说。如孟子认为上起尧、舜，经商汤、周文王再到孔子，这是一脉相承的道统；唐代韩愈则认为由尧、舜、禹到汤、文、武，再到周公和孔、孟，孟子之后，就一直无人继承，而自己则是这个失传已久的道统的继承者。

尧舜以至孔孟，都没有异议，而姚勉所说的"道统复续"，则指孟子之后失传千年，唐代的韩愈也不能作数，直到宋初的"五星聚奎"，才有了"异人间出"所带来的理学兴起。

就像朱熹自己说的："盖自周衰，孟轲氏没，而此道之传不属，更秦及汉，历晋、隋、唐，以至于我有宋。圣祖受命，五星聚奎，实开文明之运，然后……得以全付乎人，而先生出焉。"[1]他认为孟子之后千年无传，直到"五星聚奎"之后的周敦颐才接续道统。当然，继承周敦颐和二程之后的朱熹自然也就顺理成章地成了道统所在。

白鹿洞书院讲学的黄榦说得更直白："由孟子而后，周、程、张子继其绝，至熹而始著。"[2]承继孟子绝学的周、张和二程是为道统续命，之后的朱熹才是当仁不让的大成之人。

遗憾的是，因为利益相关——黄榦是朱熹的学生，也是其女婿——这种赞誉难免流于自夸。尽管朱子之学确实影响至深，终不过挟私自重的口舌之辩。

当然，学术与政治一样，也有派别，作为心学创始人，与朱熹同时代的陆九渊对他们这种说辞就很不以为然。

事实上，从宋代理学大儒们的出生年代来看，周敦颐 1017 年、张载 1020 年、程颢 1032 年、程颐 1033 年、朱熹 1130 年、张栻

---

[1] 南宋朱熹《江州重建濂溪先生书堂记》。

[2] 《宋史·道学传》。

1133 年，而"五星聚奎"出现在 967 年，距离最早出生的周敦颐也有整整 50 年，到朱熹已经是一个世纪以后。如果五星聚第二年出生的宋真宗抢座占位还勉强说得过去，那这种时间轴上的无限延伸无异于强词夺理。

五星聚之于政治，虽然也难免随行就市地曲折其说，但毕竟还有一套分野、五行等规则不可回避，而对于学术与文化而言，五星聚预示着哪个学派哪个大师，当真就是全凭一张嘴各说各话。

宋代这种文人星占影响及于后世。宋末元初的刘壎就拿宋孝宗淳熙年间的"七曜聚轸"说事，认为这次天象是"朱张吕陆"四人出世的祥瑞 [1]。

"朱张吕陆"，即朱熹、张栻、吕祖谦、陆九渊。

南宋中期，朱熹在闽，张栻在湘，吕祖谦在浙，时称"东南三贤"，都是理学代表人物。之所以不同学派的陆九渊被加进来，因为刘壎是陆氏心学的传人，"尊陆九渊为正传，而援引朱子以合之" [2]。

到明末清初的黄宗羲，干脆把宋明以来于史有载的三次五星聚事件全都解读成象征几大学派兴起的天意。

> 识者谓五星聚奎，濂洛关闽出焉；五星聚室，阳明子之说昌；五星聚张，子刘子之道通。岂非天哉！岂非天哉！ [3]

"濂洛关闽"，濂指周敦颐，世称"濂溪先生"；洛指程颢、程

---

[1] 元刘壎《隐居通议》："淳熙十三年丙午岁，八月乙亥，日月五星聚于轸，惟以乾德丁卯五星聚奎为瑞，至淳熙丙午之聚轸则未有以瑞言者，或谓聚主文，故为瑞应，而轸无可取，故不言也，然朱张吕陆，星聚此时，岂曰非瑞乎？"

[2] 《四库全书总目提要·隐居通议》。

[3] 明末清初黄宗羲《明儒学案·蕺山学案》。

颐兄弟，居洛阳，世称其学为"洛学"；关指张载，居关中，世称
"横渠先生"，其学称为"关学"；闽指朱熹，其讲学于福建考亭，
故称"闽学"，又称"考亭派"。

周敦颐、程颢、程颐、张载、朱熹，后人合称"北宋五子"[1]。

"阳明子"，指明代王阳明，文武双全，是陆王心学的集大
成者。

"子刘子"，指明末刘宗周，黄宗羲是其学生。

"五星聚室"，出现在 1524 年 2 月，明世宗嘉靖年间。王阳明
生于 1472 年，这次五星聚出现 5 年后去世。

"五星聚张"，出现在 1624 年 8 月，明熹宗天启年间。刘宗周
生于 1578 年，这次五星聚出现 21 年后去世。

需要说明的是，明代的两次五星聚确有其事，但因为在太阳
附近，在观测中都并不可见。

黄宗羲感叹的"岂非天哉"，不过是宋代传统的延续，所谓天
意，也不过是强作捏合。就像之前的"奎主文章""启文明之兆"，
虽然宋代确实人才辈出，但"终宋之世，贤哲不乏，奸邪亦多"[2]。

至于有宋一代重用文臣，又岂是拜"五星聚奎"所赐？

五代乱世，次第十国，短不足十年，长不足二十年，中华大
地一锅粥，你来我往全是胳膊大腿之争。陈桥兵变，貌似兵不血
刃，但兵锋所指，真理在握，后周皇帝禅位臣服，又哪有什么尊
贤让德？

经历五代乱世之后靠兵变夺权、黄袍加身，文官集团得到赵
匡胤倚重，实乃历史与现实本身的逻辑必然。赵匡胤的治国方略，

---

[1] 清梁章钜《浪迹丛谈》："唐四杰王杨卢骆，宋五子周程张朱。"

[2] 《宋史·奸臣传》。

不过是基于前车之鉴的应对之策罢了。

正如宋太祖说的，儒臣治国，就算全是贪官污吏，也比不上一个武将拥兵造反更要命 [1]。

上起三代，下承秦汉，五星聚本是异姓夺权的天意指示以及新王朝应天而生的标志。简而言之，是政权转移必然如此的法统证明。文人们介入以后，把天文异象据为己有，笔力所及，再造封神，五星聚的政治寓意被彻底消解，转而成了学术传承正统地位的道统之争和笔墨官司。

从隐秘的法统到随意牵拉的道统，五星聚在古代政治中的所谓天命，就此分崩离析。

淳熙十三年八月乙亥（1186 年 9 月 15 日），七曜聚于轸，为宋孝宗的乾淳之治封印圆满。这次天象，北方的金国也知道。

（金）世宗大定二十六年八月乙亥朔，日月五星会于轸。[2]

靖康之变，北宋府库被金兵劫掠一空，其中就包括"浑天仪、铜人、刻漏" [3] 等各种天文仪器，想必深度汉化的金国对天文星占也不会陌生。

不知道开创"大定之治"的金世宗完颜雍是否为此担忧或是窃喜。

四十七年后，宋理宗拒绝了岌岌可危中金哀宗完颜守绪联合

[1]　南宋李焘《续资治通鉴长编》："（太祖）上因谓普曰：'五代方镇残虐，民受其祸，朕令选儒臣干事者百余，分治大藩，纵皆贪浊，亦未及武臣一人也。'"

[2]　《金史·天文志》。

[3]　《宋史·钦宗本纪》："金人以帝及皇后、皇太子北归。凡法驾、卤簿，皇后以下车辂、卤簿，冠服、礼器、法物，大乐、教坊乐器，祭器、八宝、九鼎、圭璧，浑天仪、铜人、刻漏，古器、景灵宫供器，太清楼秘阁三馆书，天下州府图及官吏、内人、内侍、技艺、工匠、娼优，府库蓄积，为之一空。"

抗蒙的提议，南宋与新崛起的蒙古联合。1234 年 5 月，一路逃跑的金哀宗最后在蔡州（今河南汝南县）自缢而亡，被南宋带回来供奉于太庙徽、钦二宗的灵前以雪前耻。

宋蒙联合灭了金国，两个曾经的战友转年就陷入长达四十多年的持久战。经过窝阔台、蒙哥、忽必烈三代蒙元大汗的不懈南下，1276 年 2 月，临安城破，太皇太后抱着刚满四岁的宋恭帝赵㬎向元军投降。放眼亚欧大陆，所谓弱宋，实际上是蒙古铁蹄所向披靡中遇到的最坚强的对手。

1279 年 3 月，崖山海战，在岭南地区勉力支撑三年的南宋小朝廷全军覆没，陆秀夫背着年仅七岁的小皇帝赵昺蹈海殉国。

南海波涛之中，十余万人[1]葬身鱼腹，"人死乱如麻"[2]，成为南宋悲壮至极的最后身影。

历史告诉我们，所谓五星七曜辨吉凶，终不过妄念泡影。

---

[1]　《宋史·瀛国公本纪（二王附）》："七日，浮尸出于海十余万人。"

[2]　南宋文天祥《南海》。

第六章　乱世枭雄：
　　　　天命转移中的信口雌黄

唐诗宋词，丝路花语。大唐盛世，两宋风流。

说起李唐赵宋，很容易让人生起超越历史的浪漫怀想。然而百姓的日子并不是宏大叙事，琐碎日常才是真实生活，昔日境况往往也超越我们现代的想象。

755 年爆发安史之乱，盛唐已经过了巅峰。曾经"烽燧不惊，华戎同轨"[1]，承平日久的荒疏，让挥师南下的安禄山一路所向披靡。短短一个月，就从范阳（北京）打进了东都洛阳。

从此以后，所谓盛唐成了只能怀想的先祖功业。

边患连绵，曾经传遍亚欧大陆的"天可汗"已经徒有其名。

藩镇割据，内乱不止，到黄巢"满城尽带黄金甲"釜底抽薪之后，所谓大唐更是气若游丝，皇帝都成了各方豪强的猎物，从长安城出逃完全就是轻车熟路[2]。

907 年朱温以禅让为名篡唐自立，建立后梁，中国从此陷入几

---

[1] 《旧唐书·玄宗本纪》。

[2] 唐玄宗、唐代宗、唐德宗、唐僖宗、唐昭宗等都曾经逃离长安。

十年的完全分裂。

北方五代更迭，天灾人祸不绝；南方十国[1]蜂起，相互攻伐不断。

打个不太恰当的比方，所谓五代，相当于下馆子堂食的流水席，吃完一拨换一拨；所谓十国，就是雅间，关起门来自娱自乐。赵宋王朝相当于五代之后的第六代，但吃饱喝足后把整个馆子给收购了。

赵匡胤黄袍加身的时候，仍然还是群雄并立的局面，最终结束分裂，要到宋朝建立后再过将近二十年。

直到979年，宋太宗赵光义平定北汉，中国才再次实现统一（不包括燕云十六州）。

五代十国，七十余年的时光。说长也不长，夏商周汉，都是几百年的国祚；说短也不短，很多人用一辈子也填不满唐宋之间的裂缝。

事实上，五代乱世，黎民苦难，现实生活的艰难不过是安史之乱的延续——早在朱温篡唐一百五十年前就进入了每况愈下的帝国末世，曾经的渔阳鼙鼓，百年余音仍惊心。

人口变化是一个直观参照。

唐玄宗天宝十三载（754年），即安史之乱爆发之前，唐朝人口峰值达5000万以上，现代估算甚至高达8000万以上[2]；到唐代

---

[1]　十国之中，北汉是唯一的北方国家，其疆域在陕西、山西、河北一带。

[2]　据《旧唐书·玄宗本纪》，唐玄宗天宝十三载（754年）人口52,880,488人。据上海复旦大学葛剑雄主编《中国人口发展史》，唐朝人口峰值于唐玄宗天宝年间在8000万至9000万。日本学者日野开三郎认为唐朝人口峰值达2000万户、1.4亿人。（见《葛剑雄文集》第二卷《亿兆斯民》）

宗宝应二年（763年），短短十年后，统计人口就降到约1700万[1]；再过五十余年，唐穆宗长庆元年（821年），统计人口不到1600万[2]，基本持平还略有下降。

那个年代的统计数据未必完全反映真实情况，但即便因战乱逃亡、藏匿户口等原因而统计不全，也不难想见人口减员总数及比例都可谓骇人。

数字枯燥又抽象，史书里有形象描述。

唐太宗贞观年间，曾经"苍茫千里，人烟断绝，鸡犬不闻"[3]——二十几年前的隋朝还曾经有将近5000万人口呢[4]。到唐朝末年的黄巢之乱，又是"人烟断绝，荆榛蔽野"，甚至盐尸为粮，以人为食[5]。

兵荒马乱中，死亡就是一种常态。

红尘滚滚，逝者如斯，治乱循环中，历史江河奔涌不息。一个小转折，一个小回旋，往往就是无数人艰难痛苦的一生。

梦回唐朝，真的很难说是美梦一场还是噩梦连连。

乱世风云，谁主沉浮？

---

[1] 《旧唐书·代宗本纪》："是岁，户部计账，管户二百九十三万三千一百二十五，口一千六百九十二万三百八十六。"

[2] 《旧唐书·穆宗本纪》："是岁，天下户计二百三十七万五千八百五，口一千五百七十六万二千四百三十二。"

[3] 《旧唐书·魏徵传》："今自伊、洛以东，暨乎海岱，灌莽巨泽，苍茫千里，人烟断绝，鸡犬不闻，道路萧条，进退艰阻。"

[4] 《隋书·地理志》："炀帝嗣位……五年，平定吐谷浑，更置四郡。大凡郡一百九十，县一千二百五十五，户八百九十万七千五百四十六，口四千六百一万九千九百五十六。"

[5] 《旧唐书·秦宗权传》："中和三年，巢贼走关东……西至关内，东极青、齐，南出江淮，北至卫滑，鱼烂鸟散，人烟断绝，荆榛蔽野。贼既乏食，啖人为储，军士四出，则盐尸而从。"

黄巢之乱平定后，唐朝苟延残喘二十三年，原是黄巢部将的宣武节度使朱温弑杀唐昭宗、废立唐哀帝，最后自己登基称帝。

后梁太祖当了五年皇帝，朱温的命运和大燕朝的安禄山和史思明别无二致，被亲生儿子朱友珪发动政变弑父夺权，第二年朱友珪又在政变中丧命，兄弟朱友贞继位。

后梁建国之初，至少表面上，实力不济的多数独立小国和藩镇都表示臣服，但也有几个诸侯王仍然尊奉李唐正朔，其中意志最坚决、实力最强劲的是晋王李克用。

大唐灰飞烟灭，但唐昭宗的天祐年号仍然还在晋国延用——名义上，与后梁并存的晋国人仍然还活在唐朝。

唐室倾覆，晋王李克用举起了兴复大唐的旗帜。

不幸的是，朱温篡唐第二年，李克用就"创业未半而中道崩殂"，又经过十年征战，其子李存勖才终结了后梁政权。

923 年 5 月，在挥师南下伐灭朱梁之前，李存勖在魏州（河北邯郸境内）称帝，国号唐，是为唐庄宗。所谓后唐，是后人为了区分而称其为"后"，李存勖所建立的国号就是唐。

大唐、后梁、后唐，历史进程是三朝更迭，但对晋国人来说，他们并未中断唐朝子民的身份，始终都活在唐朝，直到后唐被后晋颠覆。

大唐覆灭后，就此借尸还魂。只不过所谓唐室中兴，名义上"唐"还是李唐王朝的"唐"，实质上"李"已经不再是李唐王室的"李"。

李存勖家族是属于突厥的沙陀人，本不姓李，祖父朱邪赤心在唐懿宗咸通十年因为平乱有功，被赐名李国昌，成为名义上的李唐宗室成员。

在与朱温篡唐所建立的后梁进行对抗过程中，李姓，成了富有号召力的响亮名号；灭梁复唐，成了具备法理正义的民意感召。

一片丹心尽忠李唐也好，善用舆论资源自我包装也罢，称帝后的李存勖确实把自己当成了李唐宗室，当然，顺理成章地也就有了李唐王朝合法继承人的地位。

比如，"国之大事，在祀与戎"[1]，在一年四季最重要的五方帝祭祀中，配祭的有两个血亲先祖，另三个则来自原来的唐朝——孟春祈谷配祭唐高祖李渊，孟夏祈雨配祭唐太宗李世民，季秋大亨明堂配祭唐太祖李克用，冬至祭天配祭唐献祖李国昌，孟冬祭地配祭唐懿祖李㵋[2]。

在太庙之中供奉的先祖更能说明李存勖所自认的血统和法统。

唐高祖李渊、唐太宗李世民和唐懿宗李㵋入太庙祭祀，血亲关系的祖父李国昌和父亲李克用分别追封唐献祖、唐太祖，也正因为是追封，他俩并没有真的当过皇帝，所以，虽是血亲，但不入太庙，反倒另外立庙祭祀[3]。

山河依旧但疆域不再，宗谱续写但人已湮灭，所谓中兴，不胜悲喜。

讲究王权天命、君权天授的时代，复唐立国，当然还少不了天意何在的证明。

---

[1]　《左传·成公十三年》。

[2]　《旧五代史·庄宗纪》："（同光元年冬十月）己丑，有司上言：'上辛祈谷于上帝，请奉高祖神尧皇帝配；孟夏雩祀，请奉太宗文皇帝配；季秋大享于明堂，请奉太祖武皇帝配；冬至日祀圜丘，请奉献祖文皇帝配；孟冬祭神州地祇，请奉懿祖昭圣皇帝配。'从之。"

[3]　《旧五代史·庄宗纪》："（同光二年春正月）癸丑，有司奏：郊祀前二日，迎祔高祖、太宗、懿祖、献祖、太祖神主于太庙。议者以中兴唐祚，不宜以追封之祖杂有国之君以为昭穆，自懿祖已下，宜别立庙于代州。"

所谓"天命不可违，唐祚必须复"[1]，灭梁复唐是天命，何以见得呢？

一段神奇而超乎想象的四星聚出场了。

唐懿宗——对，就是赐姓朱邪赤心为国姓的懿宗李漼——咸通年间，出现金、水、土、火四星聚天象，位置在西方白虎七宿中毕、昴二宿天区。

"四星聚有王者"[2]，星占分野中毕、昴二宿对应赵、魏[3]，所以，这个王者将出现在赵魏之地。

毫无疑问，国无二君，对当朝皇帝来说，新王者无异于黑白无常。怎么办呢？

没有阴谋算计，没有出师讨伐，出乎意料的戏剧性一幕上演。唐懿宗召来河北的王景崇，让他穿上皇帝的衮冕扮演皇帝临朝三天。如此这般，就能禳解异象。

历史上曾有太后临朝摄政、临朝称制，汉唐两代都发生过，且不说太后之于皇帝的关系和身份，说到底，那也只是辅佐皇帝的特殊安排，太后本身并不是皇帝。即便是挟天子以令诸侯，曹操到最后也只是封了魏王，虽有皇帝之实，但与皇帝名分的半步之遥仍然还得保持。

坐上皇帝宝座，要么和平禅让，要么武装革命，要么兼而有之，在武力胁迫下禅让。总之，朝堂上的皇帝，从来不是戏台上的角色，也绝对不是名角或票友穿上龙袍就演的。

---

[1] 《旧五代史·郭崇韬传》。

[2] 《荆州占》："四星若合于一舍，其国当王。"见唐瞿昙悉达《开元占经·五星占》所引。

[3] 《淮南子·天文训》："胃、昴、毕，魏。"《汉书·地理志》："赵地，昴、毕之分野。"

倘若皇帝名分能如此轻松地换来换去，当年武则天称帝又何必那么大费周章。

九鼎庄严变成过家家，实在是让人瞠目结舌的操作，如此儿戏，不可思议。

这个可谓荒唐的故事在之后宋元明清都有书写[1]，官修史书和个人著述都说得有板有眼。但蹊跷的是，四星聚的具体时间，全都含糊其词地成了"咸通中"。

> 初，唐咸通中，金、水、土、火四星聚于毕、昴，太史奏："毕、昴，赵、魏之分，其下将有王者。"懿宗乃诏令镇州王景崇被衮冕摄朝三日，遣臣下备仪注、军府称臣以厌之。[2]

王景崇，是寿安公主的亲孙子，寿安公主则是唐懿宗的堂姐。

虽然是皇帝家的亲戚，和朝廷关系也很融洽，但王家历任成德节度使，是河朔三镇之一，在唐末藩镇割据中，其政治、军事、财政等实际上并不隶属长安，甚至民俗、文化都不同于中原。

问题来了，倘若真的笃信"四星聚有王者"，难道不应该擒而杀之吗？盛唐江河日下，难道不更要提防王朝异姓的危险吗？安史之乱的大燕朝，难道还不是前车之鉴吗？更何况，所谓赵魏之地，是手握重兵、实力雄厚的河朔三镇[3]。

要知道，安禄山就是从河北起兵的，唐朝末年的藩镇割据正是肇始于此，"范阳自安、史以来，非国所有"[4]，河朔三镇根本就

---

[1] 北宋薛居正等《旧五代史·庄宗纪》、北宋欧阳修等《新唐书·天文志》、宋末元初马端临《文献通考》、明末清初顾炎武《日知录》等均有记载。

[2] 《旧五代史·庄宗纪》。

[3] 河朔三镇，又称河北三镇，指河朔地区的燕蓟节度使、成德节度使、魏博节度使。

[4] 《资治通鉴》。范阳在河北保定、北京地区，安禄山反唐以前即为范阳节度使。

是朝廷无法控制的边疆地区。

河朔三镇的顺逆，朝廷甚至都无所谓。只要他们在，就是阻挡北方游牧民族南下铁蹄的屏障，听命与否，并不重要。如唐文宗时宰相牛僧孺所说："使捍北狄，不必计其逆顺。"[1] 换句话说，事实上肩负着御敌守边重任的河朔三镇是否臣服朝廷，完全在他们自己的选择，称臣纳贡自然皆大欢喜，即便另立中央恐怕也无力征讨。

"王"之代"李"，金銮殿上假皇帝，唐懿宗导演的这出闹剧，俨然就已经是改朝换代。

堂而皇之地这么搞，不就意味着皇帝和朝廷公开承认"四星聚有王者"吗？

任何一个谋士都知道，所谓赵魏之地有王者，这个王可绝不是说姓王。所以，即便王景崇没有异心，河朔三镇中另外那两镇就甘愿当个看客吗？

别忘了，当年安禄山的大燕朝就有四星聚的背景。

即便河朔三镇暂时还无心或无力做安禄山第二，但如此张扬赵魏之地将有王者出，难道不就是赤裸裸地挑逗和唆使吗？

作为大唐天子，唐懿宗这出戏，明显不合常理、不合逻辑。

如此不可思议，南宋王应麟就不无感慨："衰世之政，其怪如此！"[2]

探明真相的关键还在后唐李氏。

唐懿宗咸通七年（866 年），成德节度使王绍懿病故，侄子王景崇时任镇州大都督府左司马、知府事、都知兵马使。八月，王

---

[1]　《资治通鉴》。

[2]　南宋王应麟《困学纪闻》。

景崇任成德军节度观察留后并继续兼任镇州诸职。十二月，王景崇正式就任成德节度使，镇州（今河北正定）即成德军的首府所在地。直到882年十二月去世，王景崇担任成德节度使达十六年。

王景崇任成德节度使之后三年，发生庞勋兵变，朱邪赤心带领沙陀兵南下平叛，之后被赐名李国昌，时为唐懿宗咸通十年（869年）。

唐懿宗驾崩于咸通十四年（873年），唐僖宗李儇（xuān）继位后沿用咸通年号到咸通十五年（874年）。

咸通年号共使用了十五年，所以，四星聚的"咸通中"，最可能的时间就在王景崇就任成德节度使的咸通七年（866年）到朱邪赤心获赐李姓的咸通十年（869年）之间，或者说，史官们模糊处理的"咸通中"，目的就是想要让人们以为是这个时间，比如明末清初顾炎武就认为是咸通十年[1]。这个时间真正的指向，其实就是李存勖家族被赐姓李这件大事。

换句话说，唐王朝覆灭已经是事实，所以，"咸通中"所谓四星聚的王者，当然就并非镇州的王景崇，而应该是赐名李国昌后来又封晋王的沙陀李氏，具体而言，就是中兴大唐的李存勖。

四星聚预示了唐室中兴的天意和天命，这就是唐庄宗李存勖所说的"天命不可违，唐祚必须复"。

> （四星聚）其后四十九年，帝破梁军于柏乡，平定赵、魏，至是即位于邺宫。[2]

四星聚预示了唐庄宗灭梁复唐，但是，就像四星聚的时间被

---

[1] 明末清初顾炎武《日知录》："唐咸通十年，荧惑、填星、太白、辰星会于毕、昴，诏王景崇被衮冕，军府称臣以厌之。"

[2] 《旧五代史·庄宗纪》。

模糊处理为"咸通中"一样，看起来时间很明确的"其后四十九年"其实同样模棱两可。

"破梁军于柏乡"指柏乡之战，发生在910年十二月至次年正月；"即位于邺宫"指李存勖在魏州登基称帝，发生在923年四月；"平定赵魏"，是指收服原来的河朔三镇，这是一个持续十年的过程——913年灭燕国（原卢龙节度使），915年魏博节度使兵变归降李存勖的晋国，最后的成德节度使要到922年才被剿灭。

"其后四十九年"发生的这些事本身就有长达十三年的跨度，所谓四十九年前的那个四星聚自然也就很难得出一个确定的时间。

那么，"咸通中"究竟是哪一年呢？

你可能已经猜到了，事实上，哪一年都不是。

在整个咸通年间，前后十五年，确实出现过四星聚的天象。

871年2月初（咸通十二年正月）、873年1月底（咸通十三年腊月），都有过四星聚，但是，四星聚的位置既不在毕、昴之间，四星聚的时间也很难称之为"咸通中"。

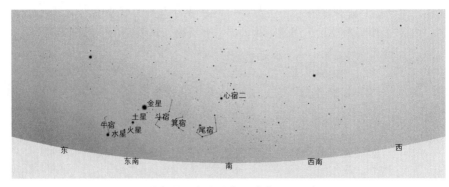

观测地区：陕西西安／海拔：416米

观测时间：871年2月1日（正月初八）6：55

日出时间：7：41：16／天亮时间：7：15：07

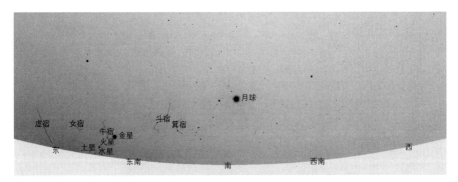

观测地区：陕西西安／海拔：416 米
观测时间：873 年 1 月 26 日（腊月廿四）7：10
日出时间：7：45：34／天亮时间：7：19：08

　　如图所示，咸通十二年和十三年的两次四星聚，位置在斗宿、牛宿、女宿，是北方玄武七宿的前三宿，与西方白虎七宿第四和第五的昴宿、毕宿距离还很远。

　　869 年 1 月中下旬（咸通九年闰腊月），也就是李存勖的祖父朱邪赤心获赐李姓的前一年年末，出现过三星聚，到 2 月中旬（咸通十年正月）四星并见，但四星之间相隔较远，很难称其为四星聚，而且，其位置也不是毕、昴之间。

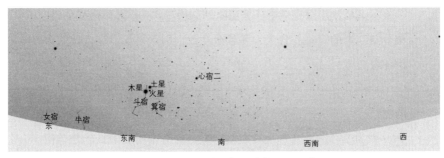

观测地区：陕西西安／海拔：416 米
观测时间：869 年 1 月 19 日（闰腊月初三）7：00
日出时间：7：49：56／天亮时间：7：23：06

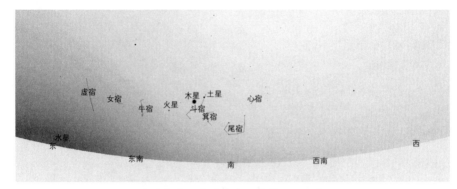

观测地区：陕西西安／海拔：416 米
观测时间：869 年 2 月 15 日（正月初一）7：00
日出时间：7：26：40／天亮时间：7：01：11

如图所示，咸通九年年末的三星聚在箕宿附近。箕宿是东方苍龙七宿的最后一宿，与西方白虎七宿的毕、昴两宿几乎差着180°——箕宿将要落入西方地平线时，毕、昴两宿才从东方升起。即便到咸通十年年初的四星俱见，四星分布几乎跨越整个北方玄武七宿，也与毕、昴两宿还差着十万八千里。

总而言之，"咸通中"所谓"四星聚于毕、昴"，纯属子虚乌有。

是的，为李存勖兴复大唐作天意背书的四星聚，根本就是无中生有。虽然并没有确凿证据证明是谁伪造的，但显而易见的是，谁受益，谁的嫌疑就最大，除了李存勖，别人并没有这么做的动机和理由。

明明咸通年间有过真实的四星聚，为什么要编造一个不存在的呢？

因为李存勖的晋国地处赵魏，星占分野中对应的只能是毕宿和昴宿，咸通十二年和十三年的四星聚在斗宿、牛宿、女宿，其分野在吴越地区，没法作为李存勖中兴大唐的天意证明。

　　另一方面，正因为咸通年间确实发生过四星聚，所以被李存勖移花接木拿来当背书的"咸通中"四星聚也就更加真假莫辨，以致此后历代陈陈相因，虽然都觉得不可思议，但成说如此，也只是表示一下奇怪就过去了，甚至直到今天都还在不加辨析地引用。

　　李存勖祖父朱邪赤心改名李国昌在 869 年（咸通十年），其后四十九年是 918 年。918 年往前八年，晋国在柏乡之战中大败梁军，往后五年，李存勖在魏州登基称帝，于是，编造的这次五星聚就被安排在了"咸通中"。

　　模糊处理的"咸通中"，完美兼容了四十九年前朱邪赤心获赐李姓，以及四十九年后李存勖灭梁复唐。

　　巧合又巧妙的是，四十九年之数正好又多了一层所谓天意的心理暗示。

　　汉唐以降，佛教兴盛，对数字七的信仰进入民间，如延续至今的丧葬习俗"做七"就是七七四十九天；又如传说中释迦牟尼在菩提树下开悟成佛用了四十九天（另有七天成佛之说），佛陀在世传法四十九年，诸如此类。七七四十九的神秘数字[1]，成为复唐称帝的李存勖天命所在的又一个不证自明的背书。

　　既然所谓"咸通中"四星聚于毕、昴是子虚乌有，那么，唐懿宗让王景崇扮演皇帝的闹剧当然也是不存在的。

　　李存勖少年英才，连朱温都感叹"生子当如李亚子"[2]。遗憾的是，纵是英雄，终究不过武夫，当上皇帝后就迷失自我。经邺

---

[1]　七七四十九的数字信仰，并非源自佛教，但佛教起到了促进普及和强化传播的作用。中国历史上有更为久远的传统，如《周易·系辞》有"大衍之数五十，其用四十有九"之说。

[2]　《资治通鉴》。

城之乱、兴教门之变，短短三年，刚过不惑的唐庄宗就死于非命，继位的是义兄李嗣源。

后唐是以兴复大唐为旗号建立的，李存勖驾崩之后第七天，群臣商议李嗣源即位的相关礼仪，此时就有人提议，大唐国运已经衰落，还是别叫唐了，不如另创一个。

大家都反对，说先帝被赐姓成为大唐宗室，后来又终于"为唐雪冤，以继唐祚"，大唐中兴，既是事实又有天命，做了那么多文章，哪能乱改。

有意思的是，提议的是什么人呢？原是"梁朝旧人"，后梁篡唐，所以才不想看到大唐又回来。当然，李嗣源也明确反对："兄亡弟绍，于义何嫌？且同宗异号，出何典礼？"[1]

事实上，虽然唐明宗李嗣源是李克用的养子，但实际只比李克用小 11 岁，比李存勖则大了 18 岁。所谓"兄亡弟绍"，实为"弟亡兄绍"。

唐明宗即位前的这段小插曲，充分说明了当时的政治口径和社会舆论，在中兴唐室的口号下，以四星聚论证天命所在，几乎就是刚需。

可惜，光复大唐终究只是拉大旗做虎皮，天下大乱，没人能力挽狂澜。

"咸通中"的四星聚本就子虚乌有，更不可能带来任何好运。

后唐建国仅十四年，亡于后晋石敬瑭。

石敬瑭没有李姓可用，但他是唐明宗李嗣源的女婿，沿用李唐不合适，原来的晋国名号还是可资利用的——石敬瑭的"晋"实际继承的是晋王李克用的"晋"，并非三国之后司马氏的东

---

[1]　《旧五代史·明宗纪》。

西晋。

不知你是否注意到，在王朝天命的论证中，本来五星聚才是最有力的标志，但是，安禄山的"昊穹有命，命燕革唐"，李存勖的"天命不可违，唐祚必须复"，不论真假，都是用四星聚的天象作背书。

没别的，激动人心真正的五星聚动辄数百年才出现一次，完全跟不上走马灯似的王朝更迭。即便出现了，往往还事不凑巧，没赶上改朝换代的节奏，比如汉代的吕后时期、唐代的韦后时期。

自秦始皇统一天下，汉晋唐宋元明清，这几个朝代构成了中国历史的主干，其间有两个大的分裂混乱时期，一是东晋之后的南北朝，二是李唐之后的五代十国。东汉末年三国对峙也是分裂局面，但至少名义上朝廷还在，皇帝还在，直到曹丕篡位，汉献帝成了山阳公，东汉才寿终正寝。

南北朝和五代十国，其兴也忽，其亡也忽，改朝换代真的就是三十年河东三十年河西。除了北朝的北魏以外，其余政权长不过五六十年，短则不到十年，只要身体好点，一辈子经历好几个朝代并非难事。

北朝	北魏	东魏	西魏	北齐	北周
成立	386	534	535	550	557
灭亡	534	550	557	577	581
国祚	148	16	22	27	24

南朝	宋	齐	梁	陈
成立	420	479	502	557
灭亡	479	502	557	589
国祚	59	23	55	32

五代	后梁	后唐	后晋	后汉	后周
成立	907	923	936	947	951
灭亡	923	937	947	951	960
国祚	16	14	11	4	9

十国	吴国	南唐	吴越	闽	北汉	前蜀	后蜀	荆南	楚	南汉
成立	902	937	907	909	951	903	934	924	927	917
灭亡	937	975	978	945	979	925	965	963	951	971
国祚	35	38	71	36	28	22	31	39	24	54

注：上表数字为年份或年数。

五星聚意味着改朝换代，这种认知有悠久的历史，早在春秋战国乃至上溯到夏商周三代，就已经成为推动现实政治变迁的强大动力。四星聚则只是意味着战争和动乱，并不指向改朝换代。

比如《史记》说的"四星合，兵丧并起，君子忧，小人流"[1]。《汉书》说的"四星若合，是谓大汤（荡），其国兵丧并起，君子忧，小人流"[2]。

由此可知，直到东汉初年，四星合都还没有被解读成改朝换代的征兆，而到了东汉末年，天下群雄并起，荆州刘表所撰的《荆州占》就已经配合形势有了重新发明。

　　《荆州占》曰："四星若合于一舍，其国当王，有德者繁昌，保有宗庙，无德者丧。"[3]

五星聚的占辞怎么说的呢？

---

[1]　《史记·天官书》。

[2]　《汉书·天文志》。

[3]　唐瞿昙悉达《开元占经·五星占》。

> 五星合，是为易行，有德受庆，改立大人，掩有四方，子
> 孙蕃昌；无德，受殃若亡。[1]

两相对照不难发现，所谓"四星聚有王者"的新解释，几乎
就是五星聚占辞的翻版。

显然，随着改朝换代的频繁发生，或者是事前的政治需要，
或者是事后的归纳总结，四星聚就此也有了和五星聚一样的星占
意义。

五星聚和四星聚都是王者出世的预兆，到南北朝时期，已经
成了定论。

东晋末年，晋安帝司马德宗接连遇到了两次四星聚。

先是义熙三年（407年），四星聚奎；后是义熙九年（413年），
四星聚于东井。

这两次四星聚意味着什么呢？

东晋之后是南朝的第一个朝代宋，显然，四星聚自然就与建
立宋的刘裕有关。

义熙三年，四星聚奎，两年后，刘裕领兵北伐，灭了慕容氏
的南燕。

义熙九年，四星聚于东井，四年后，刘裕又领兵西进，入关
中，灭了姚氏的后秦。

巧的是，星占分野中，奎宿主徐州，井宿主秦，而两次四星
聚以后，刘裕所灭的南燕和后秦正好与其吻合。

剿灭后秦又过两年，刘裕先是封宋公，继而封宋王，随后晋
恭帝司马德文禅位，刘裕的宋国取代东晋，国号为宋。

四星聚，预示着晋灭宋兴，篡位的刘宋也就有了冠冕堂皇的

---

[1] 《史记·天官书》。

所谓天命。

为了适应和解释东汉以后频繁的政权更迭，传统的星占学说必须更新。五星聚罕见，但并非必然出现改朝换代；四星聚本来不代表王朝易姓，但也有可能。如此一来，改造后的星占学也就有了更合理的普适性和容错性。

南朝梁时，由沈约主持编撰的《宋书》对此有大段的详细论证，列引如下：

> 今案遗文所存，五星聚者有三：周汉以王齐以霸。
>
> 周将伐殷，五星聚房。齐桓将霸，五星聚箕。汉高入秦，五星聚东井。
>
> 齐则永终侯伯，卒无更纪之事。
>
> 是则五星聚有不易行者矣。
>
> 四星聚者有九：汉光武、晋元帝并中兴，而魏、宋并更纪，是则四星聚有以易行者矣。
>
> 昔汉平帝元始四年，四星聚柳、张，各五日。柳、张，三河分。后有王莽、赤眉之乱，而光武兴复于洛。
>
> 晋怀帝永嘉六年，四星聚牛、女，后有刘聪、石勒之乱，而元皇兴复扬土。
>
> 汉献帝初平元年，四星聚心，又聚箕、尾。心，豫州分。后有董卓、李催暴乱，黄巾、黑山炽扰，而魏武迎帝都许，遂以兖、豫定，是其应也。一曰："心为天王，大兵升殿，天下大乱之兆也。"韩馥以为尾箕燕兴之祥，故奉幽州牧刘虞，虞既距之，又寻灭亡，固已非矣。尾为燕，又为吴，此非公孙度，则孙权也。度偏据僻陋，然亦郊祀备物，皆为改汉矣。建安二十二年，四星又聚。二十五年而魏文受禅，此为四星

三聚而易行矣。蜀臣亦引后聚为刘备之应。

　　案太元十九年（394 年）、义熙三年九月，四星各一聚，而宋有天下，与魏同也。[1]

比较长，简单解释一下。

五星聚有三次：一是武王伐纣，五星聚于房宿；二是齐桓公称霸，五星聚于箕宿；三是汉高祖入关中，五星聚于井宿。其中伐纣灭商后建立周朝，楚汉相争后建立汉朝，这是两次改朝换代，即五星聚而易行，但齐桓公称霸不能算改朝换代，因为直到齐国灭亡都仍然只是诸侯。所以，"五星聚有不易行者"。

四星聚有九次。一是汉平帝时四星聚于柳宿和张宿各一次，后来西汉灭亡，光武帝刘秀中兴汉室建立东汉。二是晋怀帝时四星聚于牛宿、女宿，后来西晋灭亡，晋元帝司马睿兴复晋祚建立东晋。三是东汉末年汉献帝时期有三次，初平元年（190 年）连续两次，一次聚于心宿，一次聚于箕宿、尾宿，建安二十二年（217年）又发生一次。汉献帝时三次四星聚，后来曹丕篡汉建立魏。四就是东晋时期，除了上述晋安帝义熙年间的两次以外（407 年、413 年），此前晋武帝太元十九年（394 年）还有一次。南朝刘宋和曹魏一样，也是在出现三次四星聚以后禅位建国而有了天下。由此证明，"四星聚有以易行者"。

听起来似乎很有道理，但需要注意的是，就和李存勖中兴大唐所张扬的四星聚并不存在一样，这里面所列举的三次五星聚和九次四星聚，也同样是真真假假、实中有虚。

三次五星聚中，周朝和汉朝建立前确有发生，但所谓"齐桓将霸，五星聚箕"，就是为了论证需要而编造的。

---

[1]　南朝梁沈约《宋书·天文志》。

公元前 685 年，齐桓公继位。公元前 679 年，齐国与宋、陈、卫、郑等诸侯在鄄地会盟并成为盟主，即所谓称霸。再之后十八年，即公元前 661 年才出现五星聚，而且位置略有偏差，是在箕宿旁边的斗宿和牛宿。

在齐桓公称霸之前，公元前 681 年，即继位之后四年，还有一次五星并见，位置在娄宿、胃宿、昴宿之间，跨越西方白虎七宿中的三个，称其为五星聚非常勉强，与箕宿更是相距十万八千里。

九次四星聚中也有靠不住的。如汉平帝元始四年（公元 4 年），"四星聚柳、张，各五日"，这一年当中的连续两次四星聚都是无中生有。该年在 9 月初倒是有一次四星并见，但其分布间距超过 70°，无论如何都不能称之为四星聚。

总而言之，《宋书》所说无非是为了重新解释占星术——五星聚不一定改朝换代，如齐桓公时五星聚，但直到六国灭亡，齐国也只是诸侯；四星聚也可能中兴建国，如西汉经历王莽新朝和赤眉起义后有东汉中兴，西晋经历前赵刘聪和后赵石勒侵掠亡国，晋元帝司马睿又重建东晋，东汉末年四星聚发生三次，最终汉家天下以禅让方式传给了曹魏。

论证五星聚不易行，四星聚会更纪，为的是说明东晋末年的三次四星聚预示着 420 年刘裕取代东晋建立宋（南朝刘宋），和之前的曹魏代汉一样，都是天命所归。

在这一大段的论述中，齐桓将霸的五星聚是三次五星聚中唯一的反例，虽然说的是"遗文所存"，但事实上，这次五星聚本不存在，所谓"遗文"多半也是子虚乌有。当然，从此以后倒确实有了"遗文"，如唐代的《开元占经》就有，之后历代也多有引用，俨然成了典故。

要论证五星聚不一定改朝换代，其实完全用不着编造一个春秋时代的故事。

更为晚近的汉代，在吕后当政时期就曾经实际发生过，而且五大行星彼此靠得很近，是名副其实的五星聚，时为公元前185年，距离沈约修撰《宋书》已有六百多年。

"齐桓将霸，五星聚箕"的出现，说明当年吕后当政时的五星聚在经历"诛吕安刘"的变故以后被成功地彻底隐藏，就像从未发生过一样。

曾经波澜壮阔，消逝后，了无痕迹。

多少波谲云诡，问英雄，更有谁知？

所谓历史，可以记录真实，也可以创造神奇；可以大象无形，也可以米粒泰山。

这就是历史。

多少历史的真相就这样湮灭扭曲，但好在终有一天，故纸堆里有迹可循，有些真相还是能被还原。

第七章 祸福无常:
五星政治学的没落尾声

公元 1398 年闰五月,明太祖朱元璋在金陵南京驾崩。皇太孙朱允炆继位,次年改元建文。

朱元璋一共有二十六个儿子,除了长子朱标立为太子,幼子朱楠刚出生就夭折,其余二十几个儿子都被封为藩王。

宗室封王,为的是御边守国,屏卫朱明江山。重要的边防关塞,基本都直接在朱家掌控之下。但是,这种局面对建文帝朱允炆来说就颇为微妙。

要知道,这些藩王全都是朱允炆的叔父辈。历史上父子篡弑喋血宫门都并不少见,又怎么可能在叔侄之间建立无条件的信任?更何况是二十几个叔父,既有庶出,也有嫡生。

面对莫大的潜在威胁,朱允炆在还是皇太孙的时候就已经认识到:

> 诸王尊属拥重兵,多不法,奈何? [1]

---

[1] 《明史·黄子澄传》。

太常卿兼翰林学士黄子澄与兵部尚书齐泰“同参军国事”[1]，俩人商议后，办法只有一个——削藩。

建文帝即位后，周王朱橚、齐王朱榑、湘王朱柏、代王朱桂、岷王朱楩等相继被废，而且要么流放，要么软禁起来，其中被指谋反的湘王朱柏更是不愿受辱而全家自焚，而周王朱橚则是燕王朱棣的同母弟。

还在世的这些藩王中，年龄最大、实力最强且屡立战功的正是燕王朱棣，排行老四，与建文帝朱允炆的父亲朱标同出一房[2]。

面对建文帝意图明显的行动以及步步逼近的各种部署[3]，出入疆场的燕王朱棣岂会坐以待毙。

建文元年七月，燕王朱棣装病装疯之后，决定从北平起兵，一场历时三年的内战就此爆发，史称“靖难之变”。

所谓“靖难”，即“清君侧”，指向的是皇帝身边的奸臣，名义上并不是反对皇帝。燕王朱棣声称：“陷害诸王，非由天子意，乃奸臣齐泰、黄子澄所为也。”[4]

其实按齐泰的意思，削藩的首要目标就该拿燕王朱棣开刀，而黄子澄则认为要从其同母弟周王朱橚开始。所谓“削周是剪燕手足也”[5]，实为打草惊蛇，天真书生之论。

既是靖难之师，名义上就不是造反，反而是遵照先皇遗训匡扶社稷——当年朱元璋曾主持编撰《皇明祖训》，授权藩王们有靖

---

[1]　《明史·恭闵帝本纪》。恭闵帝即建文帝朱允炆。

[2]　朱标、朱棣是否为明太祖朱元璋的皇后马氏所生，有争议。

[3]　《明史·黄子澄传》：“于是命都督宋忠调缘边官军屯开平，选燕府护卫精壮隶忠麾下，召护卫胡骑指挥关童等入京，以弱燕。复调北平永清左、右卫官军分驻彰德、顺德，都督徐凯练兵临清，耿瓛练兵山海关，以控制北平。”

[4]　《明史·黄子澄传》。

[5]　《明史·黄子澄传》。

难之责。

> 朝无正臣，内有奸恶，则亲王训兵待命，天子密诏诸王统
> 领镇兵讨平之。[1]

所以，朱棣起兵，就成了"遵奉条章""出于不得已""为万姓请命"[2] 的正义之师，他也自称本意并不是想取而代之，原本只是要效仿当年的"周公辅成王"[3]。

当然，冠冕堂皇背后，所谓忠奸，不过一朝天子一朝臣；所谓靖难，也不过美其名曰。在建文帝看来，这就是"忘祖逆天，称兵构逆"[4] 的悖逆叛乱，于是针锋相对地直接削藩，把燕王朱棣废为庶人，发兵三十万讨逆。

叔侄决裂，君臣刀兵相向。近三年的征伐过后，大明朝廷不断失利，主力尽失。

建文四年六月十三（1402 年 7 月 13 日），燕王朱棣领兵进入京师，建文帝朱允炆在宫中纵火后不知所踪。四天后，朱棣登基，次年改元永乐，是为明成祖。

"靖难之变"，朱棣大获全胜，成为中国历史上在大一统时代由藩王造反并成功登基的唯一一人，前无古人，后无来者。

曾有长期征战经历的明成祖朱棣，杀起人来自是毫不手软。

既有"靖难"之名在前，天下定鼎后，这些所谓"奸臣"自然悉数难逃。

---

[1]　《皇明祖训》。

[2]　《明实录·太宗实录》。明太宗即明成祖朱棣，明世宗朱厚熜（即嘉靖帝）改太宗为成祖。

[3]　《明实录·成祖实录》。

[4]　明吕毖《明朝小史·削燕属籍诏》。

> 成祖起靖难之师，悉指忠臣为奸党，甚者加族诛、掘
> 冢，妻女发浣衣局、教坊司，亲党谪戍者至隆、万间犹勾伍
> 不绝也。[1]

黄子澄、齐泰等首当其冲被灭族，大批建文旧臣被处决或自杀[2]，甚至发明了株连朋友门生的"夷十族"[3]（方孝孺案），以及祸及乡里的"瓜蔓抄"[4]（景清案）。

前朝"奸臣"株连血洗，新朝功臣论功行赏。九月甲申，封公两人、封侯十三人、封伯十一人[5]。

军功枯骨，不同悲欢，各忠各义，几人赞，几人叹。

战争与杀戮过后，帝国秩序终于恢复平静。

成为明成祖的朱棣自然知道，打天下要敢杀，治天下却必须向仁德的传统靠拢，所谓"武王绍周，愿广至仁之化"[6]。

于是，有意思的一幕出现了。

永乐元年五月，一共有五件事被记录在案。

> 五月丁丑，除天下荒田未垦者额税。
> 癸未，宥死罪以下，递减一等。
> 庚寅，捕山东蝗。

---

[1]　《明史·刑法志》。

[2]　《明史·成祖本纪》："（建文四年六月）丁丑，杀齐泰、黄子澄、方孝孺，并夷其族。"

[3]　《明实录·熹宗实录》："己亥，诏恤先臣方孝孺遗胤。孝孺在建文朝以侍读学士直文渊阁，当靖难师入，以草诏不从，致夷十族。"《明史·方孝孺传》："孝孺之死，宗族亲友前后坐诛者数百人。其门下士有以身殉者，卢原质、郑公智、林嘉猷，皆宁海人。"

[4]　《明史·景清传》。

[5]　《明史·成祖本纪》。

[6]　《明实录·成祖实录》。

丁酉，河南蝗，免今年夏税。

是月，再论靖难功，封驸马都尉袁容等三人为侯，陈亨子懋等六人为伯。[1]

丁丑免税、癸未减罪、庚寅捕蝗、丁酉免税，显而易见，政策所及，百姓得利，这四件事都算得上有道明君的仁德善政。

虽然捕蝗属于被动应对，但无疑也是利好百姓的举措——毕竟遭逢灾年的时候，若是乱世，只会流离失所，哪来有组织的救灾？若是恶政，只会雪上加霜，又哪来官民合力？

最后一件是就年前"靖难之变"成功再次论功行赏，敕封侯伯，皇恩浩荡。

上一次庆功封赏不过就是半年前的事，在连番德政之后旧事重提再说靖难，是否有什么特别考虑呢？

确实有的。

永乐元年五月甲辰，五星俱见东方。[2]

就在体现明君善政的几件事以后，天公作美，五星俱见的天象出现了。当真是无巧不巧，正当其时，为当朝天子的有德之举别上了一朵鲜艳的大红花。

你也许有疑问，这几件事和五星俱见有什么关系？貌似史书里也没把这两码事联系在一起啊？

其实不然，我们来看这几件事的时间线。

丁丑免税，是五月初一；癸未减罪，是五月初七；庚寅捕蝗，是五月十四；丁酉免税，是五月二十一；甲辰五星俱见，是五月二十八。

---

[1] 《明史·成祖本纪》。

[2] 《明史·天文志》。

初一、初七、十四、二十一、二十八，恰好是以七天为周期，一目了然。

还记得后唐庄宗李存勖所编造的"咸通中"四星聚于毕、昂吗？含糊其词的"其后四十九年"，七七四十九，用的也是这个七的周期。

历唐宋以至于大明，数字七的神秘信仰显然已经深入人心。

自然法则往往是随机的，齐齐整整则多半是人为安排，但所谓五星俱见的天象，又绝对不可能是人力所能控制，所以，特殊天象的适时出现，无异于对帝国政治给予天意的肯定和嘉许。

然而，多智则近妖，过巧必有诈，第二十八天出现的五星俱见，其实早在五月初一的时候已经可以预见。换言之，整个五月的这些德政操作，完全是有意地设计和人为安排。

1403 年 5 月 21 日，明成祖永乐元年五月初一，也就是第一次荒田免税的那一天，日出以前，木、火、土、金四星早就清晰可见。随着时间推移，最后一颗水星也即将在日出以前从东方升起，对钦天监的官员们来说，这并非难以推算而不可知的命题。

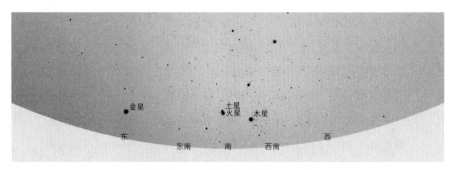

观测地区：江苏南京／海拔：22 米
观测时间：1403 年 5 月 21 日（五月初一）4：15
日出时间：4：59：12／天亮时间：4：31：32

事实上，早在差不多一个月前，即 4 月底的时候，已经能在日出前见到四大行星，那时就已经可以预见到五星俱见即将出现。

可以想见，正是在充分的验算和君臣合谋计划以后，才有了五月近乎表演的七天一德政，最后再以五星俱见的天象完美收官。

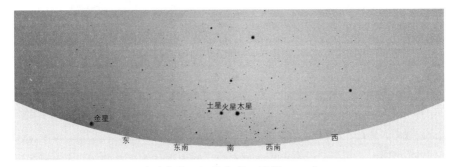

观测地区：江苏南京／海拔：22 米
观测时间：1403 年 4 月 26 日（四月初六）4: 40
日出时间：5: 15: 50／天亮时间：4: 49: 43

由此也不难推知，"是月，再论靖难功"，一定就在五星俱见的五月二十八当天，或者之后的两天。

五月二十八当天再提靖难论功行赏，无疑是最佳选择，因为论功诏令肯定得提前发布，到当天上朝，钦天监及时上报五星俱见，如此巧合，莫非天意？多么应景，多么完美。

上有五星俱见，下有靖难论功，五星与靖难相互呼应，三年靖难之变的反叛战争就此有了"赖天地祖宗鉴佑"[1] 的天意背书和加持，曾经不得已的兴兵讨恶也进一步升级成了上合天心、下符民意的历史必然。

问题是，五月二十八（6 月 17 日）凌晨时的"五星俱见东

---

[1] 明宋端仪《立斋闲录》。

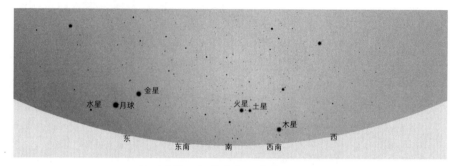

观测地区：江苏南京 / 海拔：22 米
观测时间：1403 年 6 月 17 日（五月廿八）4: 15
日出时间：4: 58: 15 / 天亮时间：4: 29: 55

方"，是真实的吗？

如图所示，五星俱见确实不假，但水星从东方升起时，木星已经向西方地平线落下，五大行星几乎分布在由东到西的整个天空，其间距赤经差约 150°。"俱见"是没错，但所谓"俱见东方"，就完全是名不副实的夸大其词。

更为吊诡的是，在传统星占理论中，所谓"五星俱见"，其实压根儿就不是什么吉祥瑞兆。

郗萌曰："五星俱见，兵布野，期不出三年。"[1]

显而易见，曾经的兵灾之兆到了明成祖时代已经改头换面，完全由凶转吉，成为论证王朝政治合法性与必然性的无上祥瑞，以及标榜太平的象征与配饰。

这种观念的转变，是朱棣登基以后出于现实政治需要的生拉硬拽吗？

还真不是。

---

[1] 唐瞿昙悉达《开元占经·五星占》。

五星聚本是王朝易姓的征兆，宋代被文人学士们硬生生地改造成了学术大师应运而生的标志，极端敏感而讳莫如深的政治预言蜕变成了书生们津津乐道的文化符号。

四星聚原本也并非改朝换代的预兆，而在南北朝和五代十国的两次大分裂中，也被觊觎神器的各路枭雄们重新解读，成为篡位有理的天意证明。

事实上，重整山河的太祖朱元璋或许也曾经不可免俗地期待过五星聚的出现，遗憾的是始终未能如愿。不过，在他长达三十五年的执政生涯中，分别在洪武十八年和二十年各出现了一次五星俱见。五星间距一次约 60°（称为五星并见），一次约 150°（称为五星俱见），客观而言，其实都算不上多么特别。

这两次五星俱见，同样也扮演了彰显天意的角色。

洪武十八年（1385 年），"二月甲辰，以久阴雨雷雹，诏臣民极言得失"[1]。

此时春分已过，正是草长莺飞时节。所谓"春雨贵如油"，在于雨水来得适时又适量。持续的阴雨雷雹，对以春耕夏种为主要生计的农耕社会可不是好事。

在中国古代政治语境中，天灾异象，往往意味着人君有失而上天示警或予以惩戒。作为应对，皇帝就得采取祭天悔过、下罪己诏、大赦天下等补救措施。所以，面对影响春耕的持续阴雨雷雹，朱元璋选择了"诏臣民极言得失"，允许臣民们批评皇帝，指摘过失。

有没有人真的就信以为真而大胆上书论说皇帝施政的功过，这不好说，但是，明太祖的姿态，老天爷表示首肯，二月甲辰下

---

[1]　《明史·太祖本纪》。

诏，第二天，"十八年二月乙巳，五星并见"[1]。

天气是否就此好转不得而知，甚至所谓的阴雨雷雹是否真的严重到影响农耕作业的顺利进行都在两可之间，完全不排除因为五星俱见这一特殊天象的出现而采取碰瓷式的政治话术，但毫无疑问，君臣相互配合的一场政治秀颇为圆满。

朱元璋选用的是批评而不是自我批评的策略，既可以完美承纳五星天象的祥瑞，也可以避免自我检讨自证污点。即便真有人奉诏上书，恐怕时间也来不及。头天刚下诏，第二天钦天监就上报五星俱见，老天爷都点赞了，哪个不长眼的还敢来说是非。而且，要说太祖执政有问题，就得把天象解读成凶兆，在君臣都默认是难得吉祥瑞兆的舆论场中标新立异，当真是食古不化，自寻死路。

其实朱元璋的"诏臣民极言得失"也并非别出心裁，毕竟大明之前有千年历史可资借鉴。比如1500多年前，汉文帝时代就用过这种办法。

汉文帝二年十一月癸卯（公元前178年1月2日）发生日食。太阳往往是君王的象征，太阳被侵蚀的日食现象在古代政治中意味着天灾，意味着"人主不德，布政不均，则天示之灾以戒不治"，所以，汉文帝"思朕之过失"，下诏请臣民们提意见，知无不言，言者无罪[2]。

汉文帝下诏求批评，显然这就是朱元璋要效仿的对象。尽管汉文帝可能更有诚意，朱元璋则更多的是在演戏，但作为中国历史上有贤明之声的皇帝，汉文帝开启了受到历代称颂的"文景之

---

[1]　《明史·天文志》。

[2]　《汉书·文帝纪》。

治"，比附汉文帝，无异于把自己和大明帝国也列入了贤君盛世的荣誉殿堂。

不仅如此，朱元璋还更为好运更受上天垂青，就在下诏求批评之后，紧接着就有五星俱见的天降瑞兆，比较之下，当真是有过之而无不及。

前有"文景之治"，得到历史的认证；现有"洪武之治"，则有天意的见证。朱明王朝的太平盛世，臣工子民们难道不都有目共睹吗？

四海升平，贤君有为，钦天监上奏五星俱见的时候，想来朝堂之上不免谀辞滚滚，太祖朱元璋应该也很受用。

明初的第二次五星俱见也很巧。

就在两年之后，洪武二十年（1387年），"二月壬午，阅武"[1]。这天的傍晚，"二月壬午朔，五星俱见"[2]。朔，就是二月初一。

有意思的是，半个月前，正月甲子（1387年2月1日，正月十三）南郊祭天，朱元璋与侍臣们有一段关于敬天恤民的讨论。

> （洪武二十年春正月）甲子，大祀天地于南郊。礼成，天气清明。
>
> 侍臣进曰："此陛下敬天之诚所致。"
>
> 帝曰："所谓敬天者，不独严而有礼，当有其实。天以子民之任付于君，为君者欲求事天，必先恤民。恤民者，事天之实也。即如国家命人任守令之事，若不能福民，则是弃君之命，不敬孰大焉。"

---

[1]　《明史·太祖本纪》。

[2]　《明史·天文志》。

又曰："为人君者，父天母地子民，皆职分之所当尽，祀天地，非祈福于己，实为天下苍生也。"[1]

敬天恤民，为天下苍生祈福，有道明君的形象跃然纸上。半个月之后就出现了二月初一（1387 年 2 月 19 日）的"五星俱见"，显然，五星天象的出现再次对太祖表示了嘉许，所谓德政也就有了天意背书。

真的事出凑巧吗？

事实上，五星俱见等天文现象并非在某一天突然出现然后又阒然消失，而是一个持续数天乃至经旬盈月的过程。在二月初一之前，"五星俱见"已经有了一周时间；在此之后，也至少还有十天时间可以看到"五星俱见"。

不仅如此，其实就在正月祭天的时候，已经可以在太阳落山之后看到金、火、土、木四大行星，推算并预测水星同时出现凑成五星俱见，对于食君之禄的钦天监来说，并非难事。

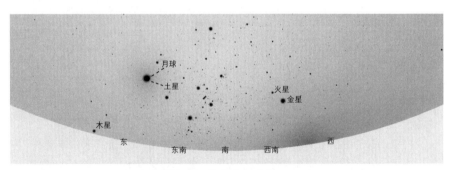

观测地区：江苏南京／海拔：22 米

观测时间：1387 年 2 月 1 日（正月十三）18：30

日落时间：17：46：44／天黑时间：18：12：01

---

[1] 《明史・太祖本纪》。

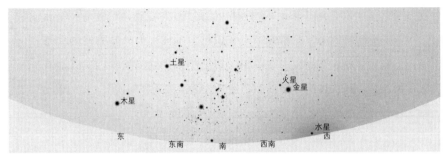

观测地区：江苏南京／海拔：22 米
观测时间：1387 年 2 月 12 日（正月廿四）18：45
日落时间：17：55：59／天黑时间：18：20：50

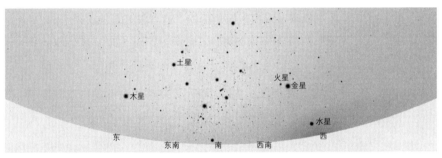

观测地区：江苏南京／海拔：22 米
观测时间：1387 年 2 月 19 日（二月初一）18：45
日落时间：18：01：29／天黑时间：18：26：06

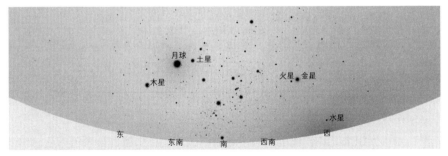

观测地区：江苏南京／海拔：22 米
观测时间：1387 年 3 月 1 日（二月十一）18：50
日落时间：18：08：49／天黑时间：18：33：15

显而易见，如果不是因为特殊天象蕴含着上天对皇帝施政予以肯定的特殊意义，如果"五星俱见"不被视为彰显王朝德政和天下太平的吉祥瑞兆，也就绝不可能把祭天之后出现的"五星俱见"记录到二月初一朔日，而且又恰逢这一天"阅武"，朱元璋大概也不会在祭天之后表白什么敬天恤民的面子话。

正所谓"国之大事，在祀与戎"，祭天为祀，阅武为戎，祀与戎都有天意加持，国事顺天应人，当朝皇帝自然就是天选天授的真命天子，当今天下自然就是天清气朗的太平盛世。

"起自寒微，无古人之博知"[1] 的太祖朱元璋是否真的信这一套不好说，但看起来明成祖朱棣是信的，或者说这是他所需要的。在二十八天当中以七天为周期所进行的德政表演，将叔侄争位后朱棣的心虚和焦虑显露无遗，而天象祥瑞的出现，无疑是起到镇定与安慰作用的一剂良药，对建文帝朱允炆的各种诋毁也才能变得更加理直气壮，更加心安理得。

太祖朱元璋和成祖朱棣三次政治表演，貌似平常操作，实际全都是配合五星俱见的刻意安排，透过史书文字，沿着星象顺藤摸瓜，皇帝的新衣真可谓昭然又赫然。

显然，到明朝的时候，传统的星占之学早已在不断地适应现实需要中被改得面目全非。

观念可以重塑，天象可以按需解读，倒也不见得全都是推倒重来。比如五星聚，南北朝时已经公认"五星聚有不易行者"，改朝换代的必然变成了可能，但对当朝皇帝来说，这种可能性毫无疑问仍然还是很恐怖的。

太祖朱元璋没能等到五星聚的眷顾，成祖朱棣也很遗憾只是五星俱见，而一百多年后，明世宗朱厚熜（cōng）遇到了。

---

[1] 《明史·太祖本纪》。

嘉靖三年正月壬午，五星聚于营室。[1]

1524 年 2 月 20 日（正月十七），水、木、土三星紧挨着，金、火二星紧挨着，但距离最远的土星和金星，其赤经差也只有 10.5°，位置在北方玄武七宿的室宿和壁宿之间，称其为"五星聚于营室"完全没问题。

出现五星聚，钦天监上报："五星聚营室，其占为天下兵谋。"[2]兵谋，或是外敌侵扰，或是起事造反，总归是战争。钦天监的乐護（hù）提供了详细解读：

> 星聚，非大福即大祸。聚房周昌，聚箕齐霸，汉兴聚东井，宋盛聚奎，天宝聚尾禄山乱。占曰：天下兵谋，星聚营室。

五星聚，要么大福，要么大祸。

在乐護列举的五个事件中，西周、西汉和北宋的兴起是新朝建立，齐桓公称霸意味着东周王权的衰弱与旁落，而安史之乱更是大唐王朝的噩梦。

对嘉靖皇帝来说，这五个例子中，春秋时代实为东周乱世，盛唐走衰正是始于安禄山，安史之乱还直接导致唐玄宗退位，这都让他感到无比忌讳乃至胆战心惊；倘若像商周革命、秦汉之变以及赵宋登极一样，这次的五星聚也预示改朝换代，意味着朱明王朝的易姓覆灭，那无论如何都不能坐以待毙。

事实正是如此，在兵部尚书金献民等人警示以后，嘉靖皇帝不仅采信还真的付诸实际行动，采取了加强边防、增加储备、全力剿匪以及自我节制等一系列措施，"外绝门庭之寇，内弭萧墙之

---

[1] 《明史·天文志》。

[2] 《明实录·世宗实录》。

虞"[1]。一句话，内外都有危险，准备打仗。

　　有意思的是，这次五星聚确实发生了，但因为太靠近太阳，实际观测中其实并不可见；其次，金献民等人拿五星聚说事是在二月己酉，即 3 月 18 日，已在钦天监上报五星聚之后一个月，看起来更像是大臣们趁机进谏之举，只不过找到了一个让皇帝不得不认真对待的理由。不管怎样，我们正是从这些记录中得以了解那个时代人们对五星聚天象是如何看待的。

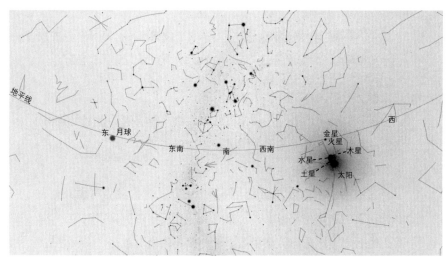

观测地区：江苏南京 / 海拔：22 米
观测时间：1524 年 2 月 20 日（正月十七）19：00
日落时间：18：02：40 / 天黑时间：18：27：15

[1]　《明实录·世宗实录》："（嘉靖三年二月己酉）兵部尚书金献民等言，顷钦天监奏'五星聚营室，其占为天下兵谋'。今边烽屡警，中原多盗，请行各镇巡官，严督所属，边方则简士马、谨烽堠、利器械、明赏罚，小至设伏，大至坚壁，毋启衅，毋失机。内地则广储蓄、修城池、抚百姓、禁剥削，寇发并力剿，绝毋使滋蔓，有坐视及匿不以报者罪之仍望。陛下用贤纳谏，修己安人，罢土木，屏玩好，以外绝门庭之寇，内弭萧墙之虞。从之。"

又过一百年后，明熹宗朱由校也遇到了五星聚，"天启四年七月丙寅，五星聚于张"[1]。

天启年间的五星聚（1624年8月）和嘉靖时（1524年2月）一样，因为离太阳过近，而且分布在太阳两侧，在实际观测中并不可见。

嘉靖年间的五星聚曾让皇帝虚惊一场，天启年间的五星聚对时局政治有何影响却未见史载。

历史告诉我们，明熹宗朱由校即位时年仅十四，朝廷政事倚重宦官，造成后来的阉党乱政、东林党争等问题，大明朝在衰败的轨道上不可避免地愈行愈远，此时距离李自成造反的"甲申之变"已经只有二十年了。

若要说星占征兆，天启年间的五星聚显然不是什么好兆头。

清军入关后，中国王朝史进入尾声。

到雍正年间，又出现一次五星聚天象。

雍正三年正月廿九（1725年3月13日），钦天监上奏，将在两天后，也就是二月初二，出现"日月合璧以同明，五星联珠而共贯"，而且号称是"二曜五星，联络晨见，亘古罕有"[2]。

不难发现，此时的五星聚已经完全是太平之符、盛世祥瑞，而与王朝易姓的危险毫不相干，传统占辞中的"有德受庆，改立大人"也只剩下前半句有效，曾经让当朝皇帝不胜忐忑的可能性风险已经完全不存在。

如前所述，特殊星象从来不是只在瞬间发生的事件，五星聚也有一个持续数天乃至盈月的过程，钦天监之所以选定两天后作

---

[1] 《明史·天文志》。

[2] 《清实录·世宗实录》。

为五星聚出现的日子，不过是因为"二月二，龙抬头"的民俗信仰为这个日子赋予了特别的象征意义和联想空间。与两天前相比，二月二的五星聚其实变化并不大，而且也并非本轮五星会聚天象中间距最小的时候。

当然，钦天监还说了"日月合璧"，到二月二这天，凌晨看到五星聚的同时，在本轮天象中月亮确实是最为接近太阳的时候。但另一方面，所谓"五星联珠"又不无夸张——水、金、木、火四星彼此靠拢，而土星却孤悬在外，约45°的赤经差，其实称之为五星聚都颇为勉强，所谓联珠之象更是踪影全无。

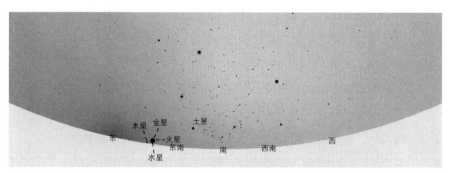

观测地区：北京 / 海拔：49 米
观测时间：1725 年 3 月 13 日（正月廿九）5：50
日出时间：6：30：13 / 天亮时间：6：03：18

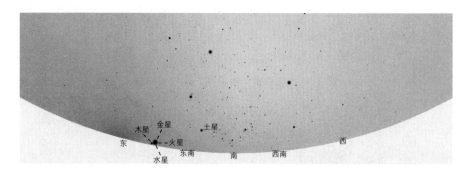

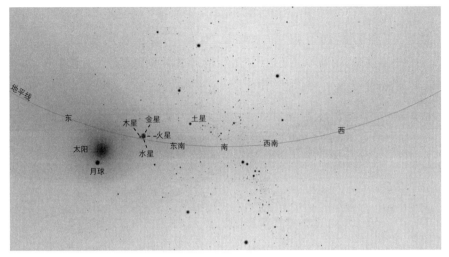

观测地区：北京／海拔：49 米

观测时间：1725 年 3 月 15 日（二月初二）5:45

日出时间：6:27:01 ／天亮时间：6:00:06

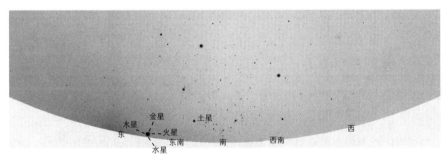

观测地区：北京／海拔：49 米

观测时间：1725 年 3 月 17 日（二月初四）5:45

日出时间：6:23:48 ／天亮时间：5:56:52

　　面对"亘古罕有"的"日月合璧，五星联珠"，"幼耽书诗，博览弗倦"的雍正想必早在史书中读到过，对这种另类谀辞保持了可贵的清醒。他明确指出："朕方临御二载，有何功德，遽能致此嘉祥？"如果真是天赐祥瑞，那也只能归功于在位六十余年的父皇康熙，自己"不但不敢自居，亦且不敢自谦"。

雍正也否决了以"亘古难逢之大瑞"为名进行庆祝的建议，"升殿受贺，不必举行"[1]，只派人前往康熙的景陵进行告祭。这场原本可能轰轰烈烈的盛世庆典就这么平淡而过。

需要说明的是，这次被描述为"亘古罕有"的天文事件，在《清史稿》中并没有被当成五星聚，而是记为四星聚，而且是正月二月连续两次。

> 雍正三年正月丁未，木火金水聚于元枵旬余……二月……庚午，木火金水聚于娵訾旬余。

正月丁未，是 2 月 20 日；二月庚午，是 3 月 15 日。前后不过一个月的事，实为同一次天象。不过，记为两次也没问题，因为五星组合不一样。比之夸张的"日月合璧，五星联珠"，两次四星聚才完全符合事实。

需要说明和校正的是，正月丁未四星聚，应为土、火、金、水四星，而不是木、火、金、水四星，其时木星离太阳更近，日出前不会从东方升起，此处《清史稿》有误。

五星聚很勉强，四星聚更准确，这个事实，雍正应该是知道的，因为钦天监曾"绘图呈览"，想必他们并没有这个胆量在呈递御览的星图上做假。至于文字上的夸张，多半是为了给即位不久的雍正提供一个自诩天意垂青的机会。就像前面说的朱元璋和朱棣，虽然只是成色不足的五星俱见，但也能在心照不宣的君臣配合下搞出有声有色的政治表演，只不过雍正并不在意这种虚假的繁荣。当然，臣子们的一番好意，雍正也大可不必直接戳破。

---

[1] 《清实录·世宗实录》。

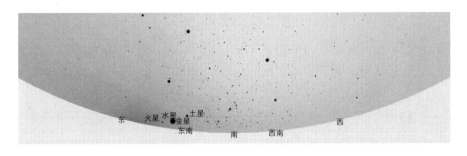

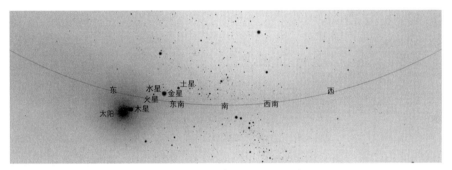

观测地区：北京 / 海拔：49 米
观测时间：1725 年 2 月 20 日（正月初八）6: 15
日出时间：7: 01: 43 / 天亮时间：6: 34: 14

　　钦天监何以要准备这么一出号称"亘古罕有"实为夸大其词
的天文剧本呢？联系时事背景，也许隐藏其后的就是"九王夺嫡"
的历史谜案。

　　康熙二十四个儿子，九个阿哥都曾有意继承大统而相互竞争，
皇太子胤礽更是两度废立。康熙晏驾之后，四阿哥胤禛最终胜出，
但尘埃落定之日，也是流言纷起之时，其中的曲折阴谋，一直都
是人们饶有兴致的戏剧题材和街巷谈资。

　　从"日月合璧，五星联珠"这件事来看，很可能雍正初年已
经有了各种清宫秘闻在传，适逢特殊天象出现，钦天监就发挥自
己的专业优势，为雍正提供了一个以天意来正名的解决办法。

　　熟读经典，已届不惑，成熟的雍正放弃了所谓天意虚名，虽然没有完全否认天文奇观是升平祥瑞的说辞，但不难看出，他对于这种政治表演的实际功用并不感冒。

　　回归四星聚的真实叙事后，所谓"亘古难逢之大瑞"也就不复存在，要知道，对雍正来说，四星聚这种天象，实在是稀松平常，不足为奇——

　　顺治在位 17 年，出现过 7 次。

　　康熙在位 62 年，出现过 21 次。

　　雍正在位 13 年，出现过 5 次。[1]

　　以史为鉴知兴替，南北朝和五代十国走马灯似的政权更迭，已经证明了"四星聚有王者"这种星占话术不靠谱，及至清朝，早就没人在意了。

　　昼夜交替，四季轮回，古人在仰望苍穹过程中，将日月五星的聚合离散与人间的王朝兴衰对应关联，在很多次改朝换代中也确实被演绎利用而发挥过特殊作用，但究其实质，诸天星宿的运转各有周期，"日月五星，运行于天，本有常度"[2]，所谓祸福吉凶，终究不过应时而需、应需而变的人为造说，正如南宋时祝穆有言：

> 五星聚纬，秦谓之妖，汉谓之瑞，彼瑞此妖，颠倒如是，妖至而防，瑞至而狂，恃物灭德，未或不亡。[3]

　　五星会聚本无意，祸福岂有常？

　　星汉灿烂千年是，倘若真有瑞应，或许也只能是——

　　民本善政，唯德呈祥。

---

[1] 《清史稿·天文志》。

[2] 《清实录·世宗实录》。

[3] 南宋祝穆《古今事文类聚》。

第八章　秘野星踪：
　　　　解读中国古代史的密钥

公元前 209 年，秦二世元年。

即位伊始，二十来岁的秦二世胡亥动作频频，清洗皇室兄弟、巡游天下、修建阿房宫……正踌躇满志呢。七月，爆发大泽乡起义，陈胜称王，建立张楚。

一石激起千层浪，反秦之师烽烟四起，"名为伐秦，不可胜数"[1]，大秦帝国二世而亡就此进入倒计时。

陈胜揭竿而起，"王侯将相，宁有种乎"的口号颇有煽动性，但是，口号解决了平民称王的资格问题，却不见得就能说服九百戍卒认定陈胜就是这个新王新侯并为此拼死效命。

要知道，秦王扫六合，六国灭亡，但六国王室公卿仍然大有人在，王侯将相，人家本来就是。大泽之变后天下响应，原来的六国确实也很快就都复国了。要说"宁有种乎"，都是戍边之辈，兄弟们都彼此彼此，凭什么我们就要拥戴你？

陈胜也很清楚，自己不过是"氓隶之人""迁徙之徒"，平民出身，打出的反秦义旗能有多大影响力和号召力呢。所以，他的

---

[1] 《史记·秦始皇本纪》。

选择是"自称公子扶苏、项燕，为天下唱，宜多应者"[1]。

公子扶苏，是秦始皇长子，被秦二世胡亥矫诏赐死，民间传言继承帝位的原本应该是他；项燕，楚国名将，是项羽的祖父，秦灭六国中败于王翦而自杀殉国。

扶苏素有贤名之声，项燕深得楚人爱戴，俩人究竟死没死，也成了老百姓热衷的谈资。

简而言之，以扶苏和项燕的名义祭起义旗，至少可以动员和笼络秦人和楚人的支持，同时质疑秦二世继承大统的合法性。

古语云，兵马未动，粮草先行，其实同样重要甚至更为机要的是，三军未发，舆论当先，所谓"师出无名，诸事难成；师出有名，号令天下"。

借势造势，拉大旗作虎皮，造反有了理，师出有了名，但仍然不能解释陈胜何以称王又何以服众。

解决办法是向鬼神问计。

一是在布帛上写"陈胜王"，然后塞入鱼腹，伙夫买鱼做饭发现这个有字的布帛，自然觉得不可思议，议论纷纷是肯定的。

二是晚上学狐狸叫，喊"大楚兴，陈胜王"。意思如此直白，大家都能听见，神怪如此，于是也就认了陈胜这个带头大哥[2]。

看起来不过是装神弄鬼的伎俩，但效果不错，九百戍卒就这么跟着陈胜开始闹革命。

鱼腹藏书，是陈胜原创的计谋吗？

不是，其实早在几百年前就已经用过了。

---

[1] 《史记·陈涉世家》。

[2] 《史记·陈涉世家》："乃丹书帛曰'陈胜王'，置人所罾鱼腹中。卒买鱼烹食，得鱼腹中书，固以怪之矣。又间令吴广之次所旁丛祠中，夜篝火，狐鸣呼曰'大楚兴，陈胜王'。卒皆夜惊恐。旦日，卒中往往语，皆指目陈胜。"

商周之交，武王伐纣，岐周大军在孟津渡黄河。船行河中，忽然有一条三尺白鱼跃上船来，鱼身上有红色文字"纣可伐"[1]，周武王正好就在这条船上。

有样学样，陈胜藏在鱼腹里的布帛上自然也是丹书红字。

鱼身赤文和鱼腹藏书，当真是如出一辙。

陈胜故技重施，想必武王伐纣白鱼入舟是一个喜闻乐见的故事，在民间有着广泛的认知基础。

当然，商周革命，为了论证姬周取代殷商是天命转移，周文王和周武王两代人采取了一系列的舆论营造手法，其中真真假假，有的是非人力所能控制的天象，也有的是人为编造的自说自话。就像白鱼入舟，多半是决战前鼓舞士气的法子而已，现在看来不过是一望可知的人为操纵，但无疑是有效的方便法门。

显而易见，改朝换代之际，比之可以作弊的人为编造，可遇而不可求的天示异象才是更加具有说服力的舆论动员。

比如前文说过的刘邦，斩蛇起义号称是赤帝子斩白帝子，这就是编造；暗度陈仓还定三秦的时候出现五星聚于东井，井宿分野又恰好是在秦地，这就是可遇而不可求的天象。

正因为有五星聚天象的出现，常山王张耳才在甘公指点下放弃实力更强的西楚霸王项羽转而投奔汉王刘邦。因为五星聚的指示，所以有"楚虽强，后必属汉"的形势预判，这种认知和信心，当真是万金难买，五星聚对现实政治和人心士气的影响可见一斑。

星象影响政治进程，或者说星象被政治斗争所利用，在中国历史上数见不鲜。

东汉末年三国乱世，到西晋才再次完成统一。之后不过

---

[1]　今本《竹书纪年》："乃伐纣。渡孟津，中流，白鱼跃入王舟。王俯取鱼，长三尺，目下有赤文成字，言纣可伐。"

四五十年，五胡乱华，中国再次分裂。晋室南渡偏安百年后，中国陷入大分裂的南北朝时期。又是一百多年，南朝经宋、齐、梁、陈四朝，北朝经魏、周、齐三代五朝（北魏分出东魏、西魏，继以北周、北齐），直到杨坚篡位建立隋朝后的第九年，才再次实现统一，结束西晋末年永嘉之乱后持续近三百年的分裂局面。

杨坚篡位，名义上是年仅九岁的北周静帝宇文阐禅让，而且"百官劝进"[1]，实属众望所归。

现实当然没这么简单，对于杨坚来说，虽是北周相国、随王，事实上也已经掌握军政大权，距离皇位半步之遥，凭实力跨过去可谓易如反掌。探囊取物很简单，但如何探，如何服众，所谓名分问题仍然不得不动脑筋。

正所谓司马昭之心，路人皆知，相国杨坚谋求北周禅位也不是什么秘密，这边"欲以符命曜于天下"，那边自然就有人为主分忧。

时有道士张宾，精于天文历算，就出来说天象如何如何，预示着要改朝换代；又说杨坚仪表非凡，绝非人臣之相。诸如此类，无非是为禅位夺权而造势宣传、引导舆论。当然，随着杨坚的成功，张宾也得到了丰厚回报，一上来就是华州刺史[2]。

道士张宾具体用了哪些话术不得而知，但从北周静帝的禅位诏书可以推知一二。

> 往岁长星夜扫，经天昼见，八风比夏后之作，五纬同汉帝之聚，除旧之征，昭然在上。近者赤雀降祉，玄龟效灵，钟

---

[1] 唐魏徵等《隋书·高祖纪》。

[2] 唐魏徵等《隋书·律历志》："时高祖作辅，方行禅代之事，欲以符命曜于天下。道士张宾，揣知上意，自云玄相，洞晓星历，因盛言有代谢之征，又称上仪表非人臣相。由是大被知遇，恒在幕府。及受禅之初，擢宾为华州刺史。"

石变音，蛟鱼出穴，布新之觊，焕焉在下。[1]

诏书中解释为什么要禅位给相国杨坚，列举了很多除旧布新的征兆，诸如彗星昼见、五星会聚等天象，非人力所能为，也就是道士张宾所说的"代谢之征"，是王朝易姓、改朝换代的征兆。至于赤雀、玄龟之类，多半就是胡扯瞎编。

别忘了，北周静帝宇文阐不过才九岁，与其说禅位诏书是皇帝诏告天下，不如说是相国杨坚自导自演篡夺皇权。

杨坚所说的彗星昼见、五星会聚是否真有其事其实并不重要，重要的是，之所以选择用这些话术将篡位美化成禅让，可以充分证明在古代政治中天文星象有着极其重要的影响，尤其是五星聚在改朝换代中的特殊意义，更是代代相传。相关占辞在历代史书中的直接披露，更让这种关涉改朝换代的神秘力量被越来越多人了解。

即便到了清朝，五星聚的星占意义已经被皇权刻意地淡化处理[2]，但千年传承，又岂是朝夕能改？且不说庙堂之上仍然有人据以谄媚，江湖之远也仍然有人视作天机，为反清复明而张目。

雍正时期轰动一时的曾静案就是如此。

曾静生在湖南永兴，是个落第秀才。雍正六年（1728 年）九月，曾静派弟子张熙投书川陕总督岳钟琪，力劝身为岳飞后人的岳钟琪起兵反清，"为宋、明复仇"[3]。

曾静的反清思想，核心是"华夷之分大于君臣之伦"。

---

[1]　唐魏徵等《隋书·高祖纪》。

[2]　参见本书第七章《祸福无常：五星政治学的没落尾声》。

[3]　清朝前身为努尔哈赤建立的后金，灭亡北宋的是完颜阿骨打建立的大金，大金被南宋与蒙元联合所灭。大金与后金均为女真人所建，岳飞当年是与大金交战。

他认为满族属夷狄，没有资格入主中原，完全否定清政权的法统；其次，开列雍正十大罪状：谋父、逼母、弑兄、屠弟、贪财、好杀、酗酒、淫色、怀疑诛忠、好谀任佞；又说雍正登基以来天灾不断，民不聊生，只要举起义旗，天下就会响应，所谓"湖广等省一呼可定""六省传檄可定"[1]。

岳钟琪屡立军功，在大将军年羹尧之后继任川陕总督，作为身居高位的汉官，非满人的身份本就备受猜忌和非议。

不巧的是，三个月前，成都就发生过公开宣称岳钟琪要造反的乱子，妖言惑众的卢宗汉被砍了头，结论是"因私事造蜚语，无主使者"。

尽管雍正表示并不怀疑，但雍正上谕也说了："数年以来，谗钟琪者不止谤书一篚，甚且谓钟琪为岳飞裔，欲报宋、金之仇。"[2]欲不欲的事儿，是想法，是动机，若是信任，自然心照不宣；若是不信任，根本无从辩白。

在流言四起的时候又出来一个张熙投书，谋反也好，被谋反也罢，对那些进谗的人来说都是口实，所以，不胜惶惧的岳钟琪第一时间上奏雍正，并会同陕西巡抚西琳和按察司硕色（均为满人）对张熙进行审讯。严刑无果后又按雍正旨意，假称有意起兵并盟誓金兰，"伪为激切之言"，诱使张熙和盘托出，"彼方将其师实在姓名、居址，并平素与伊师往来交好，诋毁天朝之人，各姓名、居址，一一吐出"。

供出师友同志后，张熙又交代了反清思想的渊源。

我辈同志之人素所宗者，系吕晚村，号"东海夫子"。

---

[1] 《大义觉迷录》。

[2] 《清史稿·岳钟琪传》。

吕晚村，即浙江的吕留良，其时已经去世四十多年。

问明原委，所谓惊天大案，一无钱粮，二无兵马，其实不过是秀才造反，书生之论，真正付诸行动的也就是游说岳钟琪。

事实上，作为明朝遗民，不入仕，拒绝与清朝合作乃至心存反清复明之念，这样的人在清初并不少见，如被称为明末清初三大思想家的顾炎武、黄宗羲、王夫之等，都不与朝廷合作，而且清军入关时还都曾经投笔从戎、参与抗清斗争。

当年清兵南下，吕留良也曾经投军效力，狂澜难挽后自是苦闷，但顺治年间还曾经参加科举，一度想与现实妥协，后来又坚决不与朝廷合作，潜心学问著书，悬壶济世。要说反清思想，毫无疑问是有的，诗文字里行间双关暗喻在所难免，但要说聚众谋逆的具体行动，实在没有半分事实。

岳钟琪在奏章中也承认，吕留良"惟以著书论文为事，与绅士讲艺往来，未闻有不法形迹"[1]。

不与朝廷合作的吕留良原本平安无事终老家中（享年 55 岁），后来长子吕葆中还突破父亲不要出仕的遗训，在康熙四十五年（1706 年）应试并斩获榜眼及第[2]，授翰林院编修。虽然第二年受反清复明的"一念和尚案"牵连而入狱，但后被赦免，曾静案发时他也已经去世十多年。

曾静"华夷之分大于君臣之伦"的反清思想溯源到吕留良[3]，

---

[1] 《大义觉迷录》。

[2] 古代科举中选录取分为三甲：一甲三名，赐"进士及第"称号，第一名称状元，第二名称榜眼，第三名称探花，三者合称"三鼎甲"；二甲若干名，赐"进士出身"称号；三甲若干名，赐"同进士出身"称号。一、二、三甲统称进士。

[3] 梁启超《中国近三百年学术史》："（吕留良曾说）孔子何以许管仲不死公子纠而事桓公，甚至美为仁者？是实一部《春秋》之大义也。君臣之义固重，而更有大于此者。所谓大于此者何耶？以其攘夷狄，救中国于披发左衽也。"

就此把已经过世四十多年的吕留良及吕氏家族推上了风口浪尖。

查清曾静谋反案的来龙去脉及人事瓜葛，雍正下诏展开缉捕并亲自审问曾静。

出人意料的是，谋逆大罪证据确凿但悔过自新的曾静和张熙死里逃生。

师徒二人被雍正立为宣传典型，相关口供、上谕、奏章以及曾静悔罪进而称颂雍正所撰写的《归仁录》等被汇编成《大义觉迷录》，刊发全国并组织巡回宣讲，让曾静现身说法，讲述朝廷之善政，论证皇帝之圣明，剖白自己迷途知返的心路历程。

完全是被牵连而遭遇飞来横祸的吕氏族人就很悲惨了。吕留良与长子吕葆中被开棺戮尸，次子吕毅中斩立决，孙辈发配宁古塔与披甲人为奴。吕氏门生故旧也株连甚众，或戮尸枭示、或凌迟处死、或斩立决、斩监候，被革职流放、受杖徒之刑的更是难以计数。

一场历时数年的文字大狱就这么铺开，一边是人头落地、妻离子散的凄风苦雨，一边是勤政爱民、圣明宽仁的盛世明君；一边是坐实谋反、供认不讳却法外开恩，一边是牢骚满腹、未有不法却处以极刑，如此两极，并行不悖，当真是让人不胜唏嘘。

凭着传言和想象就去策反素昧平生的地方大员，曾静的举动确实唐突愚蠢，但是，正常的生活逻辑告诉我们，意图游说川陕总督岳钟琪，那么必然先得自我说服——要不要造反？能不能造反？什么时机造反？这些问题，曾静与他的弟子们不可能不进行充分讨论和计划。

张熙奉师命去投书岳钟琪，他可是典当家产以充盘缠，破釜沉舟之心，没有坚实的信念支撑是无法想象的。

华夷之分的理论建构，解决的是要不要造反，但造反有希望吗？时机成熟吗？

在曾静看来，答案是肯定的。为什么呢？

因为"五星聚，黄河清"。

五星聚，在雍正三年（1725 年）正月底二月初，钦天监上奏后请旨庆贺，被雍正否决[1]。

黄河清，在雍正五年正月（1727 年），"五年丁未春正月……甲辰，王大臣奏黄河清，请朝贺，上不许"[2]。

五星聚意味着改朝换代，这是经典的星占解释，无须赘言。

黄河清，与五星聚类似，意味着圣明天子出现，这种认知也有悠久的历史，至少西汉时就已经流行。

> 京房《易传》曰："河水清，天下平。"

> 《易乾凿度》曰："圣人受命，瑞应先见于河，河水先清。"

> 《易坤灵图》曰："圣人受命，瑞见于河。"

> 李康《运命论》："黄河清而圣人生。"[3]

黄河清，出圣人，这里的圣人，不是指孔子这种做学问的人，而是特指天子、皇帝。

两宋以降，多次出现过黄河水清，就被世人解读为改朝换代的征兆。

> 宋徽宗大观元年宋政乱矣，黄河清而金主兴。
> 端宗景炎二年宋将亡矣，黄河清而元主兴。

---

[1]　参见本书第七章《祸福无常：五星政治学的没落尾声》。

[2]　《清史稿·世宗本纪》。王大臣为雍正即位后设立的机构，全称总理事务王大臣。

[3]　见南宋王应麟《玉海》所引。

元顺帝至正二十一年元将亡矣，黄河清而我明太祖兴。

正德二年政亦乱矣，黄河清而世宗皇帝兴。[1]

宋徽宗大观元年（1107 年）黄河清，二十年后，徽钦二宗被掳走，北宋亡于大金。

宋端宗景炎二年（1277 年）黄河清，两年后，崖山海战全军覆没，南宋亡于蒙元。

元顺帝至正二十一年（1361 年）黄河清，七年后，元大都失守，元朝退出中原逃往漠北。

明武宗正德二年（1507 年）黄河清，这次比较有意思，被解读成"世宗皇帝兴"，世宗指明世宗朱厚熜，即十四年后即位的嘉靖皇帝。

显然，前三次黄河清都预示改朝换代，明武宗时却变成了预示圣君出世，前后逻辑相悖，写下这些的时候，不知身为明朝子民的作者是否在心里嘀咕大明江山怕是要完。当然了，这层意思万万说不得。

1644 年甲申之变，李自成进京，崇祯帝自缢，同年清兵入关，清廷入主中原。此时距离明武宗时黄河清已经 137 年，要说黄河清是大清兴起之兆，委实牵强附会。

"黄河清，圣人出"，于乡野秀才曾静而言，这种信念为反清复明提供了充分依据。

雍正三年，五星聚；雍正五年，黄河清。

"五星合，是为易行""黄河清而圣人生"，改朝换代的两大征兆接连出现，"为阴尽阳生，乱极转治之机"[2]，就像当年甘公所预

---

[1] 《王郭两先生崇论》。王指明代王世贞，郭指明代郭子章。

[2] 《大义觉迷录》。

言的"楚虽强，后必属汉"，也许曾静真的笃定相信，反清复明就是历史走向。

成功推翻清朝未来可期，而自己已然窥见天机，怎么能不抓住这个机会有所作为呢？不仅如此，彻底说服自我的曾静还生起了"舍某其谁"的豪情壮志。

"五星聚，黄河清"，在曾静的决策逻辑中占有极其重要的分量，说是决定性作用也不为过，在这种自我催眠式的笃定心理下，冒失愚蠢地跑去策反岳钟琪也就不难理解了。

在押送京师被雍正亲自审问时，曾静是否说出五星聚与黄河清的预言不得而知，但不难想见，不论曾静是否供认预言，雍正御制的《大义觉迷录》都绝对不会把这层意思收录在内——也许华夷之分还可以诉诸历史进行辩论，天意和政治预言却并不适合作为臣民们讨论的话题。

同样不难想见，在游说岳钟琪的时候，张熙一定会说五星聚与黄河清的预言，虽然在给雍正的奏章里只字未提，但亲自审问曾静的雍正十有八九是知道的。显然，对岳钟琪来说，作为"任以要地，付之重兵"[1] 的汉官，这种无法辩白的猜疑是非常尴尬且致命的。

"五星聚，黄河清"，雍正绝口不提将其解读为改朝换代的政治预言，而是说成当朝政治清明的祥瑞，如曾静所说："五星聚，黄河清者，正为皇上道德纯全，超越千古，本朝治教休明，迈盛三代，大圣人兴起在位应也。"[2]

即便把指向未来的预言转换成现世太平的标志，雍正也还是

---

[1]　《清史稿·岳钟琪传》。

[2]　《大义觉迷录》。

淡化处理，否决了两次异象出现以后臣工们表请朝贺的提议，还宣称"朕从来不言祥瑞"[1]，可见对于所谓预言的利害是颇为谨慎的。

曾静案尘埃落定，雍正继续重用岳钟琪，但很快就借口征讨准噶尔部不力，以"误国负恩"[2]为名削爵革职并收监，后来被判为"斩监候"，直到乾隆二年才被释放，贬为庶人。十多年后被乾隆再次起用，此是后话。

曾静、张熙师徒二人在雍正时侥幸活命，雍正还承诺后世也不追责翻案，"即朕之子孙，将来亦不得以其诋毁朕躬，而追究诛戮之"。但乾隆即位后不到两个月，就全盘翻案，指其"大逆不道，虽置之极典，不足蔽其辜"[3]，将曾静、张熙二人凌迟处死，《大义觉迷录》也被禁毁。

正所谓真理越辩越明，阴谋越描越黑，宫廷秘闻、九子夺嫡、党争倾轧，这些事情根本不可能搞正本清源的思想洗礼，最好的办法就是不谈、不传、不写、不存在。

现在看来，五星聚，黄河清，以及历朝历代出现的五花八门的所谓祥瑞，原本与人间治乱并无关系，所谓预言本皆虚妄。但是，不可否认的是，在很多次的政权更迭中，这些自然现象确实发挥了隐秘却极其重大的影响。

楚汉相争，刘邦集团因五星聚而有天命；安史之乱，安禄山以四星聚为名"命燕革唐"。于曾静而言，原本是偏居乡野远离政治的落第秀才，却自以为掌握天机预见未来，就此押上自己以及门生故旧许多人的身家性命，结局惨则惨矣，但中国历史上传统

---

[1] 《大义觉迷录》。

[2] 《清实录·世宗实录》。

[3] 《清实录·高宗实录》。

的政治预言有着强大的生命力则是不争的事实。尽管史传中从不见明言直说，但隐没的历史中沉积了无数生命的代价，比如曾静、张熙以及受牵连的吕留良家族。

我们不能站在超越时代的上帝视角去嘲笑曾静纸上谈兵式的幼稚、对天命的信仰，有时候即便是处于权力中心的人也未见得比他更为高明。

刘歆，汉室宗亲，汉高祖刘邦的四弟楚元王刘交五世孙。刘交是荀子的再传弟子，是老刘家最有文化的，刘歆与父亲刘向也都是当世大儒，曾一起校阅皇室藏书，积二十年之功，编成中国最早的两部目录学著作《别录》和《七略》。

公元 9 年 1 月，王莽篡汉称帝，改国号为"新"。

为王莽篡位提供理论支持的刘歆"为莽腹心"[1]，新朝建立后出任羲和之职，被尊为国师，封嘉新公[2]，女儿还嫁给了王莽的儿子[3]。

王莽当上皇帝后复古改制，按周礼模式改造理想国，采取了恢复井田、土地国有、货币改革、控制物价等各种政策，涉及制度、法律、经济乃至民俗等方方面面。很多举措刻意复古以致不切实际甚至自找麻烦，如按照大一统思想及古老的九州五服朝贡体系[4]，臣服的周边属国不得称王，一律由"王"降为"侯"，甚至

---

[1]　《汉书·王莽传》。

[2]　国师是王莽新朝的正式职官名，以太师、太傅、国师、国将为四辅，大司马、大司徒、大司空为三公，更始将军、卫将军、立国将军、前将军为四将，皆封公爵。

[3]　王莽四子王临娶刘歆之女，王临曾被立为太子，后被赐死。

[4]　《尚书·禹贡》分天下为九州，按与王都距离远近分为甸服、侯服、绥服、要服、荒服，《周礼·夏官》则有侯服、甸服、男服、采服、卫服、蛮服、夷服、镇服、藩服等九服或九畿之说。

将"匈奴单于"改称"降奴服于"，"高句骊"改称"下句骊"[1]，刘歆的羲和之官也是出自传说中的唐尧时代。

王莽称帝后各种折腾，又赶上天灾不断，或是连年久旱、饥旱数年，或是大雨雹、大雨雾、大雨雪、大雨六十余日，又有黄河改道、蝗灾饥荒等接踵来袭，百姓生活困苦乃至"人相食"。

和平禅让、兵不血刃地建立新朝，结果仅过了八九年，就相继在山东、湖北等地爆发赤眉、绿林等大规模起义[2]。朝廷出师平乱却连连失利，起义军声威日盛。

地皇三年（22 年）十一月，天空出现彗星，连续五天可见[3]。

古代星占中彗星往往被看作兵灾失国的凶兆，略引如下：

> 孛星者，恶气所生，为乱兵。[4]

> 彗星出见……见则天下乱，兵大起，强臣有谋，有走主，其君失地，近一年，中三年，远五年。

> 彗星出见……见则扫除凶秽，必有灭国，臣弑其君，大兵起，国易政，无道之君当之，期三年，中五年，远九年。[5]

刘歆之父刘向也有类似断语："彗星者，天所以去无道而建有

---

[1] 《汉书·王莽传》："更名匈奴单于曰降奴服于""其更名高句骊为下句骊"。

[2] 《汉书·王莽传》："（天凤五年）是岁，赤眉力子都、樊崇等以饥馑相聚，起于琅邪，转钞掠，众皆万数。""（地皇元年）是时，南郡张霸、江夏羊牧、王匡等起云杜绿林，号曰下江兵，众皆万余人。"

[3] 《汉书·王莽传》："王莽地皇三年十一月，有星孛于张，东南行，五日不见。"

[4] 《后汉书·天文志》。

[5] 《黄帝占》，均见于唐瞿昙悉达《开元占经》所引。

德也。"[1]

去无道，指当朝之君无道而去之；建有德，自然是指另立明君，江山易主。

彗星乍见，王莽也很紧张，但没人愿意触霉头说什么无道有德，"诸术数家皆缪对，言天文安善，群贼且灭"。

仅仅三个多月以后，地皇四年三月初一（23 年 3 月 11 日），绿林军立刘玄为帝，改元更始，恢复汉朝。

形势越发严峻，风雨飘摇之际，一场宫廷政变也静悄悄地开始酝酿。

彗星出现后，虽然大家都敷衍王莽，谁也不愿把话说破，但私底下已经有人开始另做打算——事实上，后世就是将这次彗星事件视为王莽新朝行将覆灭的征兆[2]。

道士西门君惠告诉卫将军王涉，"星孛扫宫室，刘氏当复兴"[3]，而国师刘歆的名字本身就是征兆——刘歆，刘兴，刘汉当兴，尽管此时的刘歆因为汉哀帝名为刘欣而避讳，已经改名刘秀。

国师之名是汉室复兴之兆，言外之意自然就是要拥立刘歆。

卫将军王涉联合大司马董忠，俩人几次三番地找刘歆商议。刘歆开始不置可否，后来终于同意，但自己不愿出头。他同样以

---

[1] 《鸿范传》，见唐瞿昙悉达《开元占经》所引。

[2] 《后汉书·天文志》："王莽地皇三年十一月，有星孛于张，东南行五日不见……或谓之彗星，所以除秽而布新也。张为周地。星孛于张，东南行即翼、轸之分。翼、轸为楚，是周、楚地将有兵乱。后一年正月，光武起春陵，会下江、新市贼张卬、王常及更始之兵亦至，俱攻破南阳，斩莽前队大夫甄阜、属正梁丘赐等，杀其士众数万人。更始为天子，都雒阳，西入长安，败死。光武兴于河北，复都雒阳，居周地，除秽布新之象。"

[3] 《汉书·王莽传》。

天象说事，"言天文人事，东方必成"，认为绿林军的更始政权可以成功。

以当时形势来看，卫将军王涉、大司马董忠与国师刘歆三方联合，其实成功概率很大。

"董公主中军精兵，涉领宫卫，伊休侯主殿中"，大司马董忠掌握主力精锐，卫将军王涉主管宫廷禁卫，伊休侯更是直接负责皇帝近侍——伊休侯是刘歆长子刘叠，时任侍中五官中郎将，王莽一直都很信任他。他们要发起政变，看起来并没有什么难度。

他们的计划是劫持王莽，投靠南阳天子，也就是绿林军拥立的更始帝刘玄。刘玄为汉景帝刘启之后，生在南阳郡蔡阳县（今湖北枣阳），故有南阳天子之说，后来的光武帝刘秀是其同族兄弟。

问题在刘歆，他认为条件成熟，但时机未到。什么时候才行呢？"当待太白星出，乃可。"[1]

太白星，即金星，在古代星占中多与战争有关。

> 太白主兵。[2]

> 用兵象太白：太白行疾，疾行；迟，迟行。[3]

具体而言，新朝国都在长安，处西方，绿林军在东方。

> （太白）始出西方，东方之国不可以举兵，破军杀将，其国大破败。[4]

---

[1] 《汉书·王莽传》。

[2] 《汉书·天文志》。

[3] 《史记·天官书》。

[4] 《荆州占》，见唐瞿昙悉达《开元占经》所引。

刘歆决定合谋政变已是六月，此时金星在日落后可见于西方，尤其重要的是，此时金星正在向太阳逐渐靠拢，也就是日落以后，金星可见时间越来越短，到七月下旬的时候，随着太阳西沉，金星也随之落下，已经看不见了。

金星日落后见于西方，按占辞所说，此时不利于东方（绿林军、更始帝刘玄）。太阳又是皇权的象征，金星运行态势是逐渐隐没于太阳并落入地平线，也就意味着当朝皇帝的运势余威还在。简而言之，处于西方的新莽政权还有一口气，还不到送终的时候。

七月底，金星靠近太阳，此后继续向前就越过太阳到了另一侧，将先于太阳从东方升起。中秋过后，金星开始在晨光中隐约可见。等到九九重阳，金星已经离太阳越来越远，在金星升起之后，天色才渐渐放亮。此时的金星，又俗称启明星。

> 太白始出东方，西方之国不可以举兵。[1]

晨见金星，战争中的东西方吉凶之势完全逆转，而且，此时的金星就在太微垣附近："秋，太白星流入太微，烛地如月光。"[2]

紫微、太微、天市，合称三垣，在北天极附近天区，其中紫微垣以北天极为中心，在北斗之北，代表皇宫，其中的星宿多以帝、太子、后宫等命名；太微垣在北斗之南，翼宿、轸宿之北[3]，代表政府，其中的星宿多以将相、公卿、诸侯等命名。

---

[1] 《荆州占》，见唐瞿昙悉达《开元占经》所引。

[2] 《汉书·王莽传》。

[3] 太微垣以五帝座居中，左右两侧分列太微左垣、太微右垣，包括东上相、东次相、东次将、东上将与西上将、西次将、西次相、西上相，以及左、右执法等亮星。

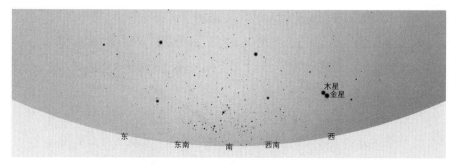

观测地区: 陕西西安 / 海拔: 416 米

观测时间: 23 年 6 月 26 日 (六月十九) 20: 45

日落时间: 19: 56: 12 / 天黑时间: 20: 25: 39

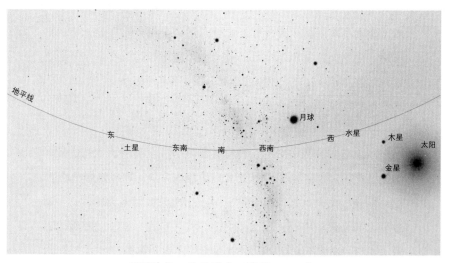

观测地区: 陕西西安 / 海拔: 416 米

观测时间: 23 年 8 月 10 日 (八月初五) 20: 45

日落时间: 19: 38: 42 / 天黑时间: 20: 05: 49

　　刘歆所说的"太白星出"就在入秋之后。事态发展确实也很凑巧,十月初一 (10 月 4 日),绿林军攻入长安,此时已过了秋分 (9 月 25 日);十月初三,王莽在未央宫的渐台被杀,斩首分尸,

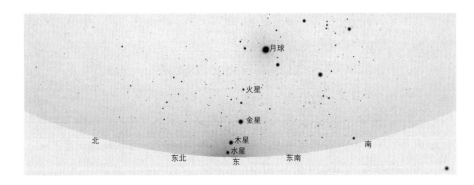

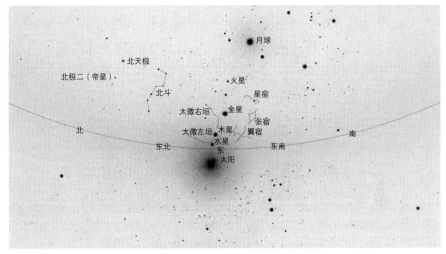

观测地区：陕西西安／海拔：416 米
观测时间：23 年 9 月 25 日（九月廿二）5：40
日出时间：6：32：32／天亮时间：6：07：29

新朝灭亡。

看起来刘歆的预言确实应验，遗憾的是，密谋政变的阴谋在七月就被举报了。

与刘歆、王涉商定之后，大司马董忠又跑去游说同样掌管兵马的起武侯孙伋。孙伋吓得不轻，回家被老婆察觉并问出原委，其妻又告诉弟弟陈邯，他们都觉得兹事体大，不能这么玩。于是，孙伋和陈邯一起向王莽告发。

一场原本胜算很大的宫廷政变就此胎死腹中——董忠被杀，刘歆和王涉自杀。

不成功，则成仁，政变这种天大的事，刘歆竟然以天象作为决策依据，现在看起来有点匪夷所思，但事实上，古代社会的军国大事取决于天象的例子，可谓比比皆是。

"兵者，国之大事，死生之地，存亡之道"[1]，即便是在关乎生死存亡的战争中，天象也有着超出现代人想象的影响力。

在兵法中，往往有关于天象的篇章，甚至将军领兵在千里之外，朝廷也能依据天象直接发出加紧进攻的命令；或者只是因为特殊天象的出现，就开始对一场可能的战争进行动员和准备。

天象、天意、天命，古代政治进程中诉诸天的意识形态以及各种应用，历经一代又一代的成败盛衰始终都有着一席之地。

明末清初，揭暄所著《揭子兵法》反对所谓天意，反对占卜决策，之所以反对，正可以证明包括天文星占在内的古老传统到明代仍有流传。

对国师刘歆来说，发动政变是确定可行的。这种可行，既有对现实形势的分析权衡，而且本来也是基于天象预兆与天命转移的考虑，如道士西门君惠所说的流星是刘氏复兴的征兆，而根据星占决定行动时间，完全就是这种思维下的逻辑必然，实在再正常不过。

不要以为刘歆他们只是默默祈祷、痴痴地等，等着"太白星出"，盼着早点"太白星出"。事实上，刘歆非常清楚"太白星

---

[1] 唐杜佑《兵典》。

出"何时出现。要知道，在他编订的《三统历》中，五大行星会合周期的相关数据与现代观测的精确值误差已经很小，推算五大行星以及日月在天空中的位置，对精通天文历算的刘歆来说并不困难。

国师刘歆答应与卫将军王涉、大司马董忠密谋政变，按常理可知，如何行动需要周密计划，而何时起事肯定也是必须确定不能含糊的重大事项，倘若只是漫无目的地等待"太白星出"，那么刘歆所说无异于拒绝入伙。

不出意外的话，他们的计划大概率是在九九重阳（9月12日）之后。此时金星在日出前已然升起，在东方异常明亮，太微陪侍在侧，北斗七星也在不远处共同进退。

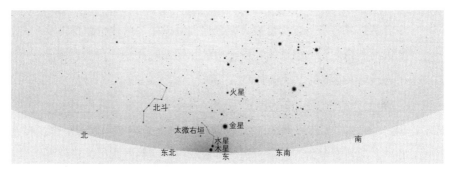

观测地区：陕西西安／海拔：416米
观测时间：23年9月12日（九月初九）5:30
日出时间：6:22:10／天亮时间：5:56:50

作为皇帝的象征，太阳未出，晨光微弱，金星却亮似明月，"烛地如月光"，可谓金星夺其时；与明亮的金星比起来，北斗黯然失色，本是由北斗提携满天星宿而周流旋转，现在反倒更像是随着金星亦步亦趋，所谓"斗为帝车"，这正是帝座不稳之象，可谓金星夺其势。此前金星隐没于太阳的无力状态已完全逆转，意味着新莽王朝失时又失势，东方绿林军的更始政权得天时之利，正是臣凌其君、政变夺权的大好时机，到时候里应外合，功成萧墙，确实有更大的胜算。

有周密计划，有明确时间表，没想到东窗事发，打乱了原有节奏。

王莽遣使召见的时候，其实护军王咸当时就发觉大事不妙，可能已经走漏风声，"谋久不发，恐漏泄"[1]，建议大司马董忠杀了使者，现在就领兵进宫。

遗憾的是，或是太过相信刘歆的天时，或是心存侥幸以为王莽并未察觉，董忠并没有当机立断。讲兵演武的大司马也不过纸上谈兵，失败的结局就此无可挽回。

身处权力中心的国师刘歆按天象决策行事，一千多年后偏居乡野的秀才曾静自以为看破天机，他们都以生命为代价践行传承久远的天命政治，但散落在史册中的，是在时代变迁与观念嬗变中早已乏人问津的沉默故事。

透过这些故事，我们会发现一个基本事实。在古代政治进程中，不论太平盛世还是战乱分裂的时候，尤其是改朝换代的剧变，各种天象特别是天文异象，往往都会成为一个极其隐秘又格外重大的变量，从中可以预见国运盛衰，决定君王祸福。

星空下，冷眼多少成败悲欢。千年春秋一部史，几人参透。

秦始皇统一六国，中国进入大一统王朝时代，历汉唐宋，至元明清，两千年之中，分分合合，数十个大小王朝次第登场。五星聚、四星聚、彗星、流星、日月食……各种各样的天文现象不时而遇，有时太平无事淡然而过，有时血雨腥风天地翻覆，有时

---

[1] 《汉书·王莽传》。

灵验如神巧合之极，有时痴妄贪想徒留笑谈。

千年漫漫，加之历朝历代严加禁毁，但关于天文星象的学问始终传承、不绝如缕。

秦汉以下是这样，先秦往上也同样如此。司马迁曾列出一个传习天文星占的清晰名单，上溯到夏、商、周三代以至唐尧、虞舜，以及更为久远的年代。

> 昔之传天数者：高辛之前，重、黎；于唐、虞，羲、和；有夏，昆吾；殷商，巫咸；周室，史佚、苌弘；于宋，子韦；郑则裨灶；在齐，甘公；楚，唐昧；赵，尹皋；魏，石申。[1]

考察名单中这些人的生平史事并非目的，更有价值的是，既然秦汉以后天文星象与王权国运多有呼应，天文政治学又贯穿数千年、渊源有自，那么，如果夏商周三代也同样如此，周流不息却千万年自有节律的天象，不就是三代更替忠实的见证者吗？

沿着天象的路标回溯，不就能让聚讼纷纭的夏商周断代穿越迷雾、水落石出吗？

答案是肯定的。

尽管天文之学历来被皇家所垄断，同时又刻意地用语隐晦，夏商周三代兴替之际的特殊天象往往被传为神话，但只要按图索骥、抽丝剥茧，真相几乎就是一目了然。

探秘三代，溯源中华，在星踪与天命之间，一切隐秘都将洞如烛见。

因为三代之初，都有彪炳于天的五星聚出现。

---

[1] 《史记·天官书》。

下部　夏商周

尧舜禹汤，文武成王，天下万国试疆场。

社稷坛下荆棘，丹凤不朝阳。

盟津会八百，会稽杀防风，诸侯怎样？

灵台鹿台，势成参商。镳宫玄宫，天命不可商量。

金刃披靡，圭璋禅让，向天问，谁是真王？

展翅太岳过太行，有穷大志，曾经嚣张。

有莘三代风向。治大国，庖羹汤。

家国天下，轮回春秋高阳。

鸣条去牧野，武功赫赫，谁人揖让？

第九章　凤鸣岐山：
　　　　商周之变中天命神话的源起

末代商王姓子名受，谥号帝辛。

听起来很陌生，其实他就是后世熟知、屡屡被当作无道而亡国的典型暴君——商纣王。

武王伐纣，鹿台自焚，说的就是他。

"纣"，本义是古代驾车时套在牛马屁股后面的皮带，为关中方言 [1]。

显而易见，所谓纣王，是地处三秦而得了天下的周人对末代商王的蔑称。作为曾经的天子，还是称其为帝辛更合适。

帝辛四十年 [2]，西伯侯姬昌建了一座灵台。

西伯侯姬昌也就是后来的周文王——文王，一般认为是建周灭商后追封的。周人迁居岐山，到他是第三代。

何谓灵台？我们不妨从"灵"这个字说起。

---

[1]　西汉扬雄《方言》："车纣，自关而东，周、洛、韩、郑、汝、颍而东谓之纵，或谓之曲绹，或谓之曲纶；自关而西谓之纣。"

[2]　今本《竹书纪年》："（帝辛）四十年，周作灵台。"请注意，夏商周三代相关年代多无定论，绝对年代与相对年代都存疑颇多。

灵–金文　　　　　　　　　　灵–小篆

春秋早期秦公镈（CHANT: 269）
春秋早期秦公镈（CHANT: 263）
春秋晚期庚壶（CHANT: 9733）

灵，繁体写作"靈"，上面是"霝"，下面是"巫"。

霝（líng），意为下雨，后来写作"零"，如《诗经》中有"我来自东，霝雨其濛"[1]，"霝雨"即"零雨"。

霝，雨零也。

零，徐雨也。[2]

零雨，也就是淅淅沥沥的小雨。

在金文和小篆中，"灵"以"霝"为主体，除了从"巫"以外，还有从"心"、从"示"、从"玉"等不同写法。

从字形可知，"灵"字与"雨"有关——从"巫"，表示巫师祈雨，上古时代的王和天子往往也是大巫；从"玉"，表示以玉事神，以玉器为代表的文化和礼仪是中华文明独特而鲜明的重要特征；从"示"，表示祭祀，或祭祖先、或祭天地、或祭神灵；从"心"，表示祭祷中的虔敬之情，所谓心诚则灵。

简而言之，干旱的时候有求必应而天降甘霖，雨水应需而来，这就是灵。

---

[1] 《诗经·豳风·东山》。

[2] 均见于《说文解字》。

所谓灵，本义就是神灵之灵、灵验之灵，楚人则直接将巫称为灵子[1]。

"灵"字本身就有巫、祈神、祭祖等含义，所以，灵台必然也与此有关。

灵台，就是灵巫作法的地方，是祈神祭祖的地方，是与天沟通的地方，"所以观天文之变"[2]，也是观天的地方。

观天的核心目的，是为了及时发现人间祸福吉凶的天象预兆，正所谓"天子有灵台者，所以观祲象，察气之妖祥也"[3]，比如事关军国大事的占星术，就是从这里开始的。

需要注意的是，祭天观天，自古以来都是天子专属的权力，平民百姓当然不具备资格，诸侯们也绝不允许染指。

> 非天子不得作灵台。[4]

> 诸侯卑，不得观天文，无灵台。[5]

在今人看来，灵台带有浓郁的神秘色彩，但在古代政治语境中，所谓灵台，实为王权标配。

事实上，古代政治中常说的明堂、太庙、辟雍等，原本都与灵台在一个地方，如东汉卢植所说：

> 明堂即大庙也。天子太庙，上可以望气，故谓之灵台；中可以序昭穆，故谓之太庙；圆之以水，似辟，故谓之辟雍。

---

[1]　《楚辞·云中君》王逸注："灵，巫也，楚人名巫为灵子。"

[2]　西汉刘向《洪范五行传》，见唐徐坚《初学记》所引。

[3]　西汉毛亨《毛诗正义》。

[4]　西汉毛亨《毛诗正义》。

[5]　《春秋公羊传》，见《毛诗正义》所引。

古法皆同一处，近世殊异，分为三耳。[1]

明堂是天子举行朝会之所，太庙是供奉皇帝先祖之所，灵台是观天祭天之所，辟雍则是古代的大学，这几个不同功能的建筑后来各自分立，原来则只是在同一个地方的不同分区——西伯侯姬昌所建的灵台，应当就是这种多功能合一的建筑。

在建立灵台之前，周已经建了辟雍，"（帝辛）三十七年，周作辟雍"[2]。三年后建的灵台，就位于原来的辟雍所在。

简而言之，后世的灵台发展成为职司观天的天文台——如东汉张衡撰有天文学著作《灵宪》，这个"灵"就是灵台的"灵"。

先秦时代的灵台，还有更为深刻的政治意涵——观天祭天、朝会布政，从这些专属天子的事务可知，所谓灵台，完全就是登极天子的标志，是王权的象征。

问题是，建立灵台的时候，西伯侯姬昌还是臣服殷商的一方诸侯。

诸侯建灵台，是僭越之举，更是反叛不臣的宣示。翻译成白话也就是，姬周东进，剑指中原，问鼎朝歌，兴周灭商，这是西伯侯姬昌给出的我意已决的方略。

当然，在周国境内做军事动员和准备、向周人传达决心和意志以及联络盟友建立统一战线，这些都是需要做的，但是，大可不必昭告天下。出其不意，攻其不备，才是上策。

西伯侯姬昌是有底气的，因为此时的天下，偏居西陲的周人已经"三分天下有其二"[3]。

---

[1]　东汉卢植《礼记注》，见《毛诗正义》所引。

[2]　今本《竹书纪年》。

[3]　《逸周书·太子晋解》："如文王者，其大道仁，其小道惠，三分（接下页）

实力固然重要，但是，逐鹿中原还需要一个理由和背书，即所谓舆论引导与社会认同，这就是中国古代政治历朝历代都极其看重的"天命"。所谓"革命"，革是变革，命是天命，其本义就是天命变革、天命转移。

殷商失天命，姬周得天命，只有在天命转移的逻辑中，才能论证得登大宝的必然性与合法性；也唯有天命的加持，才能让天下诸侯信服取而代之的王朝是天意所在。一言以蔽之，这就是古代政治无可回避的意识形态，其渊源可以追溯到文明与国家的诞生。

小邦周取代大邑商，是天命指定而非人谋可取，这是商周变革中周人着意渲染的主题，略引数例如下：

> 文王受命，有此武功；既伐于崇，作邑于丰。
>
> ——《诗经·文王有声》

> 天乃大命文王，殪戎殷，诞受厥命，越厥邦厥民。
>
> ——《尚书·康诰》

（接上页）天下而有其二，敬人无方，服事于商。"《论语·泰伯》："孔子曰：'……三分天下有其二，以服事殷。周之德，其可谓至德也已矣。'"《史记·齐太公世家》："天下三分，其二归周者，太公之谋计居多。"此说未必可靠，或有夸大。《孟子·公孙丑上》："以德行仁者王，王不待大。汤以七十里，文王以百里。"《荀子·王霸篇》："汤以亳，武王以鄗，皆百里之地也，天下为一，诸侯为臣，通达之属，莫不从服，无它故焉，以义济矣。是所谓义立而王也。"前者说文王三分天下有其二但臣服于商，是为了论证文王之仁；后者说文王以百里之地而得天下，是为了论证文王之义，两者都不免有立论造说之嫌。值得注意的是，姬周百里而灭商，见于文献记载的有很多，如《韩非子·奸劫弑臣》："汤得伊尹，以百里之地立为天子。"《鹖冠子·世兵》："汤能以七十里放桀，武王以百里伐纣。"《淮南子·泰族训》："汤处亳七十里，文王处酆百里，皆令行禁止于天下。"《史记·平原君虞卿列传》："汤以七十里之地王天下，文王以百里之壤而臣诸侯。"总而言之，灭商前文王为西伯侯，周国有百里之地更为合理，可与古代爵制相参照，如《汉书·地理志》："周爵五等，而土三等：公、侯百里，伯七十里，子、男五十里。"所谓三分天下有其二，当指其影响所及，并非兼并而有其国土。

予惟小子，不敢替上帝命。天休于宁王，兴我小邦周，宁王惟卜用，克绥受兹命。

——《尚书·大诰》

皇天改大殷之命，维文王受之，惟武王大克之。

——《逸周书·祭公解》

肆上帝命我小国曰："革商国。"

——《逸周书·商誓解》

肆文王受兹大命。

——何尊[1]铭文

丕显文王，受天有大命……我闻殷坠命。

——大盂鼎[2]铭文

武王再拜稽首，曰："膺更大命，革殷，受天明命。"

——《史记·周本纪》

周原上建造的灵台，背后隐藏的正是所谓"天命"。

文王受命，而作邑于丰，立灵台……（东汉郑玄）笺云："文王应天命，始度灵台之基趾。"

——《毛诗正义》

（西汉刘向）《五经通义》曰："王者受命而起，所以立灵台。"

——北宋李昉等《太平御览》所引

---

[1] 何尊，1963 年出土于陕西宝鸡，铭文显示作于周成王五年，现藏宝鸡青铜器博物院。

[2] 大盂鼎，清道光初年出土于陕西岐山，铭文显示作于周康王二十三年，现藏中国国家博物馆。

因为受天命，所以建灵台，那么，天命从何而来？天命又何以证明？

周得天命，见载于文献的有两个故事：一是太姒之梦，二是凤鸣岐山。

三代以降，古人都极其重视占卜，周人也不例外。但凡有即位、迁都、封侯、出征、祭祀等各种军国大事，都要通过占卜预判未来，以作为决策的重要依据，"以观国家之吉凶，以诏救政"[1]。

周人的占卜主要有三兆之法、三易之法、三梦之法等[2]，其中龟卜、占筮等方法可以根据现实需要而主动操作。所谓求神问卜，有疑难了求问就是，但梦中之事可不是想梦就能梦到的，往往只能可遇而不可求。美梦或是噩梦，又哪能随心所欲？所以，占梦就有了格外重要的意义和地位，甚至有"众占非一，而梦为大"[3]的说法。

太姒之梦是一个非常经典的解梦案例。

太姒是文王之妻，也就是后来翦商成功的周武王姬发的母亲。太姒做这个梦的时候，西伯侯姬昌还在世，姬发则是太子。

> 惟王元祀，正月既生霸，大姒梦，见商廷唯棘，乃小子发取周廷梓树于厥外，化为松柏棫柞。寤惊，告王。
>
> 王弗敢占，诏太子发，俾灵名凶，袚，祝祈袚王，巫率袚大姒，宗丁袚太子发，币告宗祊社稷，祈于六末山川，攻于

---

[1] 《周礼·春官宗伯》。

[2] 《周礼·春官宗伯》："大卜掌三兆之法，一曰玉兆，二曰瓦兆，三曰原兆……掌三易之法，一曰连山，二曰归藏，三曰周易……掌三梦之法，一曰致梦，二曰觭梦，三曰咸陟。"

[3] 《汉书·艺文志》。

商神，望、烝，占于明堂。

王及太子发并拜吉梦，受商命于皇上帝。[1]

"惟王元祀"，元祀即元年，意味着此时的西伯侯姬昌已经改元称王。

称王，事实上也就表示：姬周不再臣服于殷商并有意取而代之。

太姒做梦，先是看见商庭长满荆棘，然后姬发把周庭的梓树种到商庭，再然后就变成了松、柏、棫、柞这四种树。太姒惊醒后告诉文王，文王不敢解梦，叫来太子姬发，让掌管祭祀的祝、巫、宗分别为文王、太姒和太子姬发祭告以祈福禳灾，又祭过天地祖宗、四方山川以及殷商先祖，经过一系列祭祀祈禳的程序以后，才开始占梦。占梦结果是大吉之兆，由周人承接殷商之天命。

太姒之梦为什么意味着天命转移呢？

梦中出现的有商庭之棘、周庭之梓，以及变化后的松、柏、棫、柞，都是植物，共六种意象。

棘，可用作有刺植物的通称，但从字形可知，"棘"和"枣"都从"朿（cì）"。左右二"朿"为"棘"，上下二"朿"为"枣"。棘的本义是特指类似枣树的植物，如"棘，小枣丛生者"[2]"大者枣，小者棘……枣性重乔，棘则低矣"[3]"棘如枣而多刺"[4]。

---

[1]　清华简《程寤》。

[2]　《说文解字》。

[3]　北宋陆佃《埤雅》。

[4]　西汉毛亨《毛诗诂训传》。

棘-甲骨文
《甲骨文合集》（CHANT：H31957）

枣-金文
战国酸枣戈

在古代文献中，荆棘往往用以象征谗佞小人，如屈原感叹小人当道而忠臣难容就以荆棘为喻：

> 子胥谏而靡躯兮，比干忠而剖心。
> 子推自割而饲君兮，德日忘而怨深。
> 行明白而日黑兮，荆棘聚而成林。[1]

棘是小人，太姒梦中的商庭生棘，也就是说商王朝奸臣当道的意思。

不仅如此。"棘，戟也"[2]，棘通戟，是古代兵器。如古代天子出行时设置临时休息的墠（wéi）宫，门口需要有人执戟守卫，所以这个门就叫"棘门"，"棘门"实即"戟门"[3]。

棘就是戟，是兵器，梦中的商廷之棘自然也就代表殷商的军队，是殷商王权的象征。

梓，是木中良材，可用于建筑、制作木器、工艺品，后世称其为"百木之长""百木之王"[4]。

---

[1]　屈原《楚辞·七谏·怨思》。
[2]　西汉孔鲋《小尔雅》。
[3]　《周礼·天官冢宰》："为坛墠宫，棘门；为帷宫，设旌门。"
[4]　北宋陆佃《埤雅》："梓为木王，盖木莫良于梓，故《书》以'梓材'名篇，《礼》以'梓人'名匠也。"明李时珍《本草纲目》引《埤雅》："梓为百木长，故呼梓为木王。盖木莫良于梓，故《书》以'梓材'名篇，《礼》以'梓人'名匠，朝廷以'梓宫'名棺也。罗愿云：'屋室有此木，则余材皆不震。'"

有意思的是，梓树还有完全相反的一种说法。

> 南山之阳有木名桥，南山之阴有木名梓……见桥木高而
> 仰，梓木晋而俯……桥者，父道也，梓者，子道也。[1]

桥木高仰，梓木晋俯，桥、梓二木分别代表父子之道。

父子亦即君臣，"子道"即"臣道"，而梓又有"木王"之称。也就是说，梓既是"子道"又是"木王"，由子而王、君臣易位的含义显而易见。

松柏，经霜雪而不凋，历来都被视为君子、贤才、栋梁的象征，而且和梓树一样，也被称为"百木之长"[2]，"竹外有节理，中直空虚；松柏为百木长，而守门闾"[3]。

最后两种棫和柞，我们比较陌生。

棫，是一种有刺灌木[4]，果实可以吃，果核可入药，可能指野生的蔷薇科植物扁核木，又名蕤核、山桃等，陕西地区常见，俗称马茹。

柞，是山毛榉科栎属的统称，有灌木也有乔木，如陕西的乌冈栎就会因生长环境不同而长成灌木或乔木。

棫和柞当然比不上松柏，但和荆棘喻小人不同，棫柞则和松柏一样，往往也被当作贤能之士的象征。

> 芃芃棫朴，薪之槱之。济济辟王，左右趣之。[5]

---

[1]　西汉伏生《尚书大传》。原书已佚，传有辑本，作者及成书时间存疑。

[2]　明朱国祯《涌幢小品》："松为百木之长……梓为百木之王。"

[3]　《史记·龟策列传》。

[4]　《尔雅·释木》："棫，白桵。"晋郭璞注："桵，小木，丛生，有刺，实如耳珰，紫赤，可啖。"

[5]　《诗经·大雅·棫朴》。

"芃芃"即枝繁叶茂，枝叶茂盛隐喻人才济济，贤才汇聚而为国效力，就像郁郁葱葱的械朴枝叶一样不可胜数。

> 维柞之枝，其叶蓬蓬。乐只君子，殿天子之邦。[1]

"蓬蓬"，也是枝叶茂盛的意思，比喻贤才君子如柞叶般繁茂聚集。

再如"帝省其山，柞械斯拔，松柏斯兑"[2]，柞械和松柏并举互文，就是以柞、械、松、柏四木的茂盛比喻姬周基业的勃勃生机。

明白了意象所指，太姒之梦就很好理解了。

商庭的荆棘遍地，被周庭的梓树化作挺拔而茂盛的松、柏、械、柞。松柏高耸，为国家栋梁；械柞繁茂，是辅政群贤。荆棘不复存在，预示小人去而贤才来，昏君去而明君来。

周庭之梓替代了商庭之棘，也就是姬周得天命而殷商失天命，意味着天命转移、王朝更替。

尤其巧妙的是，"梓"原本写作"杼"。

做梦的是太姒，梦中取周庭之梓种到商庭的是太子姬发，正是太姒之子，后来伐纣成功由"子道"而成"王道"的也是他，真可谓应验如神。

有意思的是，牧野之战姬周大胜，帝辛（纣王）在鹿台自焚后，武王"以黄钺斩纣头，县（悬）大白之旗"[3]。

黄钺斩首的情节，在另一个版本的故事中恰恰就与梓树有关。

---

[1] 《诗经·小雅·采菽》。

[2] 《诗经·大雅·皇矣》。

[3] 《史记·周本纪》。

　　　　武王逐奔入宫，万年梓株折纣而系之赤环，载之白旗。[1]

　　"万年梓株"当然不可能当作黄钺一样的利刃以削骨斩首，这里应当是说武王的黄钺以梓木为柄。之所以强调"梓株折纣"，如果不联系太姒之梦中的周庭之梓，当真费解得很。

　　商庭之棘被周庭之梓所替代和覆盖，那么，商庭、周庭之庭在何处？

　　庭，原为"廷"。廷，本义为堂前空地。所谓朝廷，天子坐朝堂，面君立廷前，朝廷就是天子上朝布政的地方。

　　"廷"是臣下面见天子的地方，本义特指"王廷""帝廷"[2]，所以"廷"也有朝见的意思。"不廷"就是不朝见、不称臣，如"惟周王抚万邦，巡侯甸，四征弗庭"[3]。

　　别忘了，明堂、太庙、辟雍与灵台原本就在一处。所以，太姒梦中的商庭之庭，或许就在后来帝辛自焚的鹿台——鹿台就是殷商观天的灵台[4]；周庭之庭，自然就在西伯侯姬昌所建的灵台。

　　伐纣成功以后，周武王曾经祭告于天，"惟武王既克大邑商，则廷告于天"[5]。这里的"廷"应当就是太姒梦中的"周廷"之"廷"。

　　"天子灵台在太庙之中"[6]，"周廷"既有灵台也有太庙，供奉有

---

[1]　《墨子·明鬼下》。

[2]　《尚书·盘庚上》："王命众，悉至于庭。"《尚书·盘庚中》："其有众咸造，勿亵在王庭，盘庚乃登进厥民。"《尚书·金縢》："乃命于帝庭。"

[3]　《尚书·周官》。

[4]　《晏子春秋》："殷之衰也，其王纣作为顷宫灵台。"

[5]　何尊铭文。

[6]　《左氏春秋传》，见《毛诗正义》所引。

姬周先祖，武王"廷告于天"，同时也就是"廷告于先祖"。

在上天和商周各自先祖的注视下，太姒之梦完成了商周之间的天命转移与交接。前述武王伐纣时斩首商纣王的"万年梓株"，代表的正是受命于天的王朝天命以及姬周的历代先祖，所以才有梓株斩首之说。

请注意，王朝天命从商转移到周，太姒之梦是预兆吗？

也是，也不是。准确来说，太姒之梦其实是完成时而非未来时。

占梦之后，文王与太子姬发"并拜吉梦"，然后"受商命于皇上帝"。

太姒之梦这个所谓吉梦并不是周人将要秉受天命的预言，发生在正月的占梦以及之后的"受商命于皇上帝"，其实就是西伯侯姬昌代表周人受命于天的仪式，也是西伯侯姬昌改元称王的仪式。

"受商命于皇上帝"而不是"将受商命于皇上帝"，周人宣告，从这一年开始，商王的天命已经转移到周王。反商之志，盟誓于天；灭商之战，已经箭在弦上。

太姒之梦，在这里扮演的角色是即时性的天命认证，已经不只是指向未来的预言。

换句话说，其实早在做梦之前，周人就已经获得了天命预兆并且做出了称王翦商的战略决策。所谓太姒之梦，完全就是在正月举行的这次受命仪式的一部分。

当然，梦本身也是天命归周的辅助证明，也可以算作征兆，但在"受商命于皇上帝"的行事逻辑中，梦并非受命的起点，更不是所受之命的来源。

太姒之梦可谓完美，六木意象的组合以及变化情节，隐晦又生动地表达了周将代商、天命转移的意涵。

作为改元称王受命仪式的一部分，虽然并不能完全排除太姒确实做过如此之梦的可能，但从常识逻辑来说，恐怕更大的可能是，所谓太姒之梦，不过是为姬周称王而张目的舆论造作，是受命称王的一场表演，梦本身或许根本就子虚乌有。

梦见还是没梦见，旁人本就无从查考。梦的真伪，在服务于现实政治的舆论造势中也根本就不重要。

武王伐纣前的誓师大会上，继任西伯侯的姬发曾向集结的诸侯和三军将士说："朕梦协朕卜，袭于休祥，戎商必克。"[1] 意思是我曾经占梦和占卜都得到大吉兆，都预示殷商必败而姬周必胜，这里的"梦"指的就是"太姒之梦"。

梦被用来鼓舞士气，由此可知，在起兵之前，太姒之梦曾被广为宣传——想想看，如果没有普遍共识，誓师大会上这种说辞，三军将士岂不听得莫名其妙而不知所云？

梦和卜，本质上都不过是诉诸信仰的舆论引导与社会动员罢了，正如伯夷、叔齐所说：

> 扬梦以说众，杀伐以要利。[2]

所谓梦，是为了"说众"，是为了争取民心，是为了制造舆论，是为了鼓舞士气，是为了占领师出有名的道义制高点。

太姒之梦是锦上添花的事实认证，那么，周人将要取代殷商的天命预兆究竟是什么呢？

---

[1]　《尚书·泰誓中》。

[2]　《吕氏春秋·诚廉》。

周之兴也，鸑鷟鸣于岐山。[1]

赤鸟衔珪，降周之岐社，曰："天命周文王伐殷有国。"[2]

鸑鷟（yuè zhuó）、赤鸟，都是指凤凰[3]。

"鸑鷟鸣于岐山"，就是传说中姬周将得天下的祥瑞——凤鸣岐山。

凤鸣岐山是商周之变中昭示天命所在的核心母题，后世有多种版本流传，如"赤鸟衔珪"[4]"赤乌衔丹书"[5]"赤雀衔丹书"[6]"大赤鸟衔谷之种"[7]"凤凰衔书"[8]等。

龙凤龟麟，合称四灵。在中国古代的动物分类中，龙凤龟麟分别是鳞虫、羽虫、介虫、毛虫这四类动物的代表[9]。现实中当然都各有其原型，但也都不是真实存在的动物[10]。

"羽虫三百有六十，而凤为之长"[11]。凤为百鸟之王，并非实有之物。那么，凤鸣岐山又作何解？

今本《竹书纪年》为我们提供了线索：

---

[1]　《国语·周语上》，又见于西汉刘向《说苑·辨物》。

[2]　《墨子·非攻下》。

[3]　《禽经》："凤雄凰雌……亦曰鸑鷟。凤之小者，曰鸑鷟。"

[4]　《墨子·非攻下》。

[5]　《吕氏春秋·有始览》。

[6]　汉代纬书《中候·我应》，见《毛诗正义》所引。

[7]　《尚书传》，见西汉董仲舒《春秋繁露·同类相动》所引。

[8]　南朝梁沈约《宋书·符瑞志》。

[9]　《大戴礼记·曾子天圆》："毛虫之精者曰麟，羽虫之精者曰凤，介虫之精者曰龟，鳞虫之精者曰龙，倮虫之精者曰圣人。"

[10]　作为四灵的龟并不是现实中的乌龟，《淮南子·墬形训》："先龙生玄鼋，玄鼋生灵龟，灵龟生庶龟，凡介者生于庶龟。"（介者即介虫。）

[11]　《孔子家语》。

　　（帝辛）三十二年，五星聚于房，有赤鸟集于周社。

　　五星聚在中国古代政治进程中扮演着极其重要的角色，是所谓天命与天意的使者，汉唐宋以来历朝历代都曾经不期而遇又由其深度介入政局演进，上溯三代，同样如此。

　　凤鸣岐山的凤，就来自浩渺苍穹，来自银河星海，来自一次五星聚的天文事件。

　　公元前1059年4月底（三月初），夕阳西下，夜幕升起，在西方地平线上方，火、木、土三大行星清晰可见，靠近地平线但明亮异常、可与明月争辉的金星也清晰可见，最靠近地平线的水星在落日余晖中不甚清晰但也已经隐约现身，此时分布两端距离最远的水星和土星相距约45°。五星会聚，雏形已现。

　　随着时间推移，火、木、土三星之间距离逐渐缩小，水星和金星则快速地向另外三星靠拢。一个月后，5月28日（四月初九），五大行星间距达到最小值，赤经差仅7°，形成名副其实的五星会聚之象。

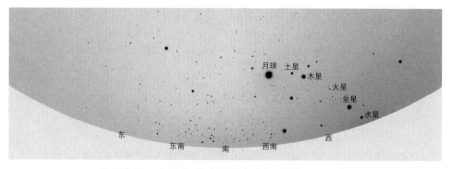

观测地区：陕西扶风（周原遗址）/ 海拔：900米
观测时间：公元前1059年4月26日（三月初七）20:00
日落时间：19:16:46 / 天黑时间：19:42:38

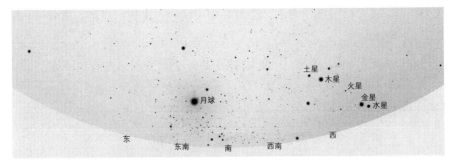

观测地区：陕西扶风（周原遗址）/ 海拔：900 米
观测时间：公元前 1059 年 5 月 2 日（三月十三）20：20
日落时间：19：20：50 / 天黑时间：19：47：02

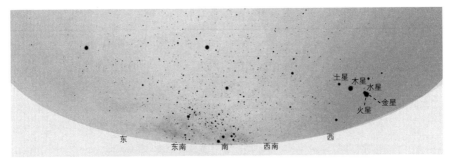

观测地区：陕西扶风（周原遗址）/ 海拔：900 米
观测时间：公元前 1059 年 5 月 17 日（三月廿八）20：40
日落时间：19：31：25 / 天黑时间：19：58：36

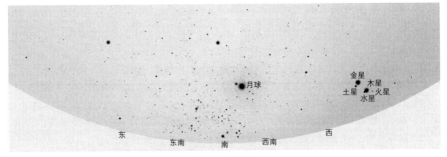

观测地区：陕西西安 / 海拔：416 米
观测时间：公元前 1059 年 5 月 28 日（四月初九）20：40
日落时间：19：34：52 / 天黑时间：20：02：48

五大行星彼此相邻，会聚在鬼宿附近。鬼宿，属南方朱雀七宿。

南方朱雀，就是一只大鸟，其中井宿为冠[1]，鬼宿为眼[2]，柳宿为咮（鸟嘴[3]），星宿为颈，张宿为嗉（嗉囊），翼宿为翅[4]，轸宿为尾。

朱雀，毫无疑问是鸟，但是否就是凤凰呢？

答案是肯定的。

在星占分野中，二十八宿又被分为十二次，即十二分星。天上有十二分星，地上有十二州，将十二州分别与天上的星宿对应，这就是根据星象预测人间吉凶的十二分野。

在十二次划分中，南方朱雀七宿被分成三个部分，其中井、鬼两宿为鹑首，柳、星、张三宿为鹑火，翼、轸两宿为鹑尾。

鹑，现在是鹌鹑，在古代却曾经高贵得多。

> 凤凰者，鹑火之禽，阳之精也；骐麟者，元枵之兽，阴之精也。[5]

凤凰为鹑火之禽，鹑就是凤。

或者说，鹑和预示姬周天命的"鸑鷟鸣于岐山"的"鸑鷟"都是凤凰中的一种。

---

[1]   唐卢仝《月蚀诗》："南方火鸟赤泼血，项长尾短飞跋疐，头戴井冠高逵枒。月蚀鸟宫十三度，鸟为居停主人不觉察，贪向何人家？"该诗为近 2000 字的长诗。

[2]   唐李淳风《观象玩占》："鬼宿四星曰舆鬼，一曰天目，主视，明察奸伪，朱雀头眼。"见明代《陕西通志》所引。

[3]   《说文解字》："咮，鸟口也。"《尔雅·释天》："咮谓之柳。"

[4]   《汉书·天文志》："柳为鸟喙……七星，颈……张，嗉……翼为羽翮。"

[5]   《鹖冠子·度万》，传为战国时期楚国隐士鹖冠子所作。

青凤谓之鹔，赤凤谓之鹑，黄凤谓之鸾，白凤谓之鹄，紫凤谓之鹭。[1]

赤凤为鹑，朱为赤色，显然，南方朱雀七宿中鹑首、鹑尾的鹑，就是朱雀，就是赤凤。

朱雀即凤凰，凤鸣岐山的凤，就是这只九天之上的朱雀。

岐山与周原遗址

---

[1]　《禽经》，传为春秋时期晋国乐师师旷所作。

岐山，又名箭括岭，地处关中西部，现属陕西宝鸡。山势为东西走向，南面平原就是周人迁居丰镐之前繁衍生息的地方。

周人岐山下的都邑在考古发现的周原遗址，位于现在岐山县和扶风县的北部交界，俗称箭括岭的岐山就在其西北方向。

公元前 1059 年春末夏初，日暮后星光渐显。在西北方向的岐山之上，五大行星渐行渐近，成会聚之象。

南方朱雀犹如硕大无朋的一只凤凰，头西尾东，覆盖半个天空。五大行星会聚在鬼宿，旁边的柳宿就是鸟嘴，犹如凤凰衔着五星，从九天之上飞落岐山，然后又渐次西沉，完全隐没在岐山之中。

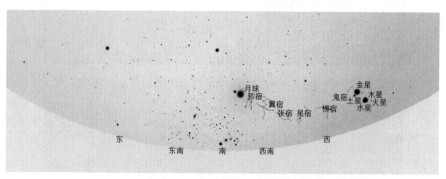

观测地区：陕西西安 / 海拔：416 米
观测时间：公元前 1059 年 5 月 28 日（四月初九）20：40
日落时间：19：34：52 / 天黑时间：20：02：48

五星聚于鬼宿，在星占分野中，鬼宿对应的正是周人所在的关中之地 [1]。

凤凰从天而降，衔来五星会聚，落在周人族居的岐山。"五星

---

[1] 《史记·天官书》："东井、舆鬼，雍州。"雍州即现在的陕甘地区。

聚是为易行"，这不就是殷商王朝运数已尽的征兆吗？这不就是姬周受命于天的祥瑞吗？

所谓"凤鸣岐山"的"凤"，就是南方朱雀这只天凤。

所谓"赤乌衔丹书"的"丹书"，就是会聚一处的五大行星。

"赤乌衔珪"的"珪"，当然也是指会聚一处的五大行星。

凤鸣岐山衍生版的"大赤鸟衔谷之种"又作何解呢？

五大行星中的木星又名岁星，在古代星占中，岁星"主岁五谷"[1]"主大司农"[2]，"岁星之所居，五谷丰昌"[3]。

木星代表五谷，所以，"大赤鸟衔谷之种"与"赤乌衔丹书"别无二致，只不过强调的是五星中的木星。

为什么要特别强调木星呢？

很简单，因为"周祖后稷"[4]，周人奉后稷为祖先。

传说后稷在尧舜时代任农官，"教民稼穑，树艺五谷"[5]。作为后稷的后裔，如今的姬周得上天垂青而天命所归，这个天命当然要上溯到自己的祖先后稷，而之所以得天命，当然也有赖于姬周先祖的护佑。

简而言之，"衔丹书"所要传达的主题是"天命"，"衔谷之种"所要传达的核心则是强调，秉受天命转移的不是别人，正是"勤百谷而山死"[6]的后稷一脉，也就是岐山下的姬周家族。天命政治与宗族文化融合相通，故事堪称完美。

单说五星中的木星，难免有点强词夺理。无巧不巧，五星聚

---

[1] 《荆州占》，见唐瞿昙悉达《开元占经》所引。

[2] 《晋书·天文志》。

[3] 《淮南子·天文训》。

[4] 东汉王充《论衡》。

[5] 《孟子·滕文公上》。

[6] 《国语·鲁语上》。

出现的时间也恰好指向农事。

公元前 1059 年春末夏初的五星聚，初见端倪的时候恰是谷雨（5 月 2 日，农历三月十三）。

谷雨，正是谷类作物迎风而长、浴雨而生的大好时节。

谷雨过后，田野里庄稼长势喜人，天空中五大行星渐次靠拢成会聚之象。

地上五谷生，天上五星聚，因为时间上的巧合，将本轮五星聚比作"大赤鸟衔谷之种"，非常合适，非常形象。

虽是巧合，但事实如此；正因其巧，又更显其神。

事实上，对百姓们来说，自己的命运当然与改朝换代不无关系，但毫无疑问，那都是远离自己生活场景也超出自己生活经验的事情。贴近日常生活的"谷之种"，相较于所谓"丹书""玉珪"所代表的庙堂天命，显然更接地气，更让人津津乐道，也更容易被接受和传播。

"凤鸣岐山"与"衔丹书""衔谷之种"等不同说辞，共同构成了细节丰富又指向明确且唯一的天命神话，还贴心地为不同阶层的人们提供了各得其乐的故事版本，上自诸侯贵族，下至村夫野老，全面覆盖，广泛传播。

在口耳相传不胫而走的神奇故事中，也就为翦灭殷商的暴烈革命注入了天选不二的神秘力量，当然，灭商成功后同样还需要这样的舆论覆盖和思想洗礼。

你可能也发现了，公元前 1059 年出现的五星聚，其位置在鬼宿附近，但传世文献中说的是"五星聚于房"——房宿，属东方苍龙七宿，与南方朱雀七宿的鬼宿可差着十万八千里呢。

事实上，"五星聚于房"，目前所见文献都在汉代以后，如西汉末年纬书《春秋元命苞》、西晋皇甫谧《帝王世纪》、南朝梁沈约《宋书·符瑞志》等，而有汉一代，关于姬周王朝的五行德运曾经被篡改过。

还记得前文的"汉之三德"吗？汉初自认水德，汉武帝后改为土德，到王莽篡汉的时候又被改为火德。汉为火德，是为了配合王莽的新朝为土德——火生土，汉朝之火生新朝之土，新莽篡汉也就以禅让的方式被包装成尧舜故事的重演。

牵一发而动全身，汉被改成火德，原来的周为火德当然就得跟着改，于是王莽新朝的时候，汉的土德被改为火德，而周的火德被改为木德——木生火，周朝之木生汉朝之火。

"周得火德，有赤乌之符"[1]，周为火德早已传承数百年，要改为木德，木从何来呢？原来周与火的关联又如何解释与调和呢？改得破绽百出，当然是不能接受的。

五星聚于鬼宿，鬼宿属于南方朱雀七宿，五行中南方为火。南方朱雀七宿中柳、星、张三宿合称鹑火，而鬼宿旁边的柳宿为咮（鸟嘴），这个柳宿又单独被称为鹑火。

"赤乌衔丹书"，五星聚被朱雀用嘴衔着降落在岐山，正是火凤凰传达天命的意象。

显而易见，周为火德，就来自朱雀之火，来自五星聚的天象所示。

在二十八宿中，除了鹑火以外，还有一个大火，指东方苍龙七宿中的心宿，而且在十二次中，氐、房、心三宿也合称大火。

大火既特指心宿，也是氐、房、心三宿的合称——这与鹑火如出一辙，鹑火既特指柳宿，也是柳、星、张三宿的合称。

---

[1] 《史记·封禅书》。

古之火正，或食于心，或食于咮，以出内火，是故咮为鹑火，心为大火。[1]

五星聚于鬼宿，在柳宿旁边，在鹑火之侧。

改成五星聚于房宿，在心宿旁边，在大火之侧。

心宿和柳宿都是火，五星聚与火的信息完整保留，毫无违和地来了个凌波微步，而房宿属东方苍龙七宿，东方五行属木——姬周德运由火改木，本是张冠李戴，却又顺理成章。

五星聚从鬼宿移花接木到房宿，周为木德的同时，原来周与火的关联得以并行不悖而完美兼容。

王莽重塑官方意识形态以后，周为木德与五星聚于房，就此成为公论，以致后世在整理从汲郡古墓中发现的《竹书纪年》时也把"五星聚于房"当成历史真相。

千年之谬，起于新莽。在能够回溯古代星象之前，历史深处被动了手脚的微末枝节，即便有所怀疑，恐怕也很难还原事实真相，更何况天文星象本就是为现实政治服务，历史记录的真伪无关利害，又何必去怀疑呢？

春夏之交的五星聚随着朱雀天凤降临岐山，演绎成形象生动的天命神话——凤鸣岐山。在所谓天命与天意的神秘背景中，拉开了姬周东进、逐鹿中原的序幕。

西伯侯姬昌建立灵台，并以太姒之梦为由头改元称王，则宣告翦商大计已是箭在弦上，再不能回头。

细想之下，这里面有问题。

五星会聚，高悬九天，岐山下的西伯侯姬昌看见了，难道在朝歌的商王就看不见吗？更何况观天祭天本来就是天子权力所在，

---

[1] 《左传·襄公九年》。

建有鹿台以观天，专职司天的那些人怎么可能视而不见？商王又岂能无动于衷？

奇怪的是，商王的举动让人颇为费解。

> （帝辛）三十二年，五星聚于房，有赤鸟集于周社。密人侵阮，西伯帅师伐密。
>
> （帝辛）三十三年，密人降于周师，遂迁于程。王锡命西伯，得专征伐。[1]

五星聚天象出现之后，西伯侯姬昌伐密成功，势力范围进一步扩张，商王不但不以为意，反倒还赐命"专征伐"。所谓"专征伐"，就相当于后世传说的尚方宝剑，可以先斩后奏，可以不挟天子而令诸侯。

按常理和逻辑，即便西伯侯姬昌不公开以五星聚作为天命转移的征兆并付诸行动，东方的商王也不可能无所疑忌，尤其是眼见西周实力与日俱增，作为当朝天子的商王怎能听之任之，当然更不可能在天象出现以后，还要锦上添花地赐命"专征伐"。

我们都知道有一个文王囚羑里而演易的故事，西伯侯姬昌曾被商王扣押长达七年，他就在这七年里推演了《周易》。

> （帝辛）二十三年，囚西伯于羑里。
> （帝辛）二十九年，释西伯。[2]

在这个故事中，商王昏聩无道而听信谗言，西伯侯姬昌无端被囚禁，在获释返回西岐后过了三年出现五星聚，随后得到商王

---

[1]　今本《竹书纪年》。
[2]　今本《竹书纪年》。

极大的信任而赐命"专征伐"。

受命于商王而"专征伐"，俨然就是五星聚的征兆之应。商王对西伯侯姬昌的态度在七年前后可谓两极，其昏庸形象跃然纸上。

回归常识和逻辑，打破历史故事的惯性认知，也许事实的真相并不复杂。

迁居岐山的周人经过三代经营，实力渐长。"惟商戚在周，周戚在商"[1]，商周互为心腹之患，这是周人的认识，商王自然也心知肚明。

五星聚出现后，西岐可能造说天命而公开宣扬，也可能抓紧备战但秘而不宣[2]，但面对五星聚的星占意义，商王不可能不防范。

商王解决隐患的办法，就是把西伯侯姬昌召入朝歌并留驻不返，直到七年后才允许垂暮之年的西伯侯姬昌落叶归根。

所谓献美女宝物给商王从而得以获释归周而且还被赐予征伐之权[3]，说书倒是不错的段子，放到现实语境中考量，根本就有违常理，政治逻辑岂能如此幼稚？

在七年当中，不是没有人动杀心以绝后患，只是商王并没有听从。

---

[1] 清华简《程寤》。

[2] 有理由认为姬周灭商的计划是秘密进行的，《逸周书·寤儆解》记载了周武王梦到计谋泄露而惊醒的故事，周公则安慰说天下人都不知道周要反商："维四月朔，王告儆，召周公旦曰：'呜呼！谋泄哉！今朕寤有商惊予，欲与无口，则欲攻无庸，以王不足，戒乃不兴，忧其深矣！'周公曰：'天下不虞周，惊以寤王……'"

[3] 《史记·周本纪》："乃求有莘氏美女，骊戎之文马，有熊九驷，他奇怪物，因殷嬖臣费仲而献之纣。纣大悦，曰：'此一物足以释西伯，况其多乎！'乃赦西伯，赐之弓矢斧钺，使西伯得征伐。"

费仲说纣曰："西伯昌贤，百姓悦之，诸侯附焉，不可不诛，不诛必为殷患。"

纣曰："子言，义主，何可诛？"

费仲曰："冠虽穿弊，必戴于头；履虽五采，必践之于地。今西伯昌，人臣也，修义而人向之，卒为天下患，其必昌乎！人人不以其贤为其主，非可不诛也。且主而诛臣，焉有过？"

纣曰："夫仁义者，上所以劝下也。今昌好仁义，诛之不可。"

三说不用，故亡。[1]

西伯侯姬昌之所以能被放归西岐，最大的可能就是，身体每况愈下，已经时日无多，一则顾念落叶归根的乡土传统，二则避免让他死在殷商而激化商周矛盾——尽管事后看，西伯侯姬昌回归关中后才去世，但周人仍然将他的死归罪于商王，为其复仇正是姬周反商的公开理由之一[2]。

回归关中后，西伯侯姬昌已经知道自己不久于人世。在人生最后的时光里，修建灵台，称王改元，与殷商决裂，准备伐纣灭商。

事实上，从灵台的修建可知，周人在抢时间。

经始灵台，经之营之。

庶民攻之，不日成之。

经始勿亟，庶民子来。[3]

---

[1] 《韩非子·外储说左下》。

[2] 《尚书·泰誓下》："予克受，非予武，惟朕文考无罪；受克予，非朕文考有罪，惟予小子无良。"

[3] 《诗经·大雅·灵台》。

"经始勿亟，庶民子来"，意思是说灵台的建设不必着急赶工，但百姓们都纷纷响应主动前来，所以才"不日成之"，塑造了一个上应天命、下得民心的形象。

真的"勿亟"吗？恐怕不是。灵台不日完工，如此急迫的真正原因，其实就是西伯侯姬昌已经不行了。

> （帝辛）四十年，周作灵台……（帝辛）四十一年春三月，西伯昌薨。[1]

建灵台之后第二年三月，西伯侯姬昌辞世。

那么，太姒之梦是什么时候呢？

> 惟王元祀，正月既生霸，大姒梦，见商廷唯棘……王及太子发并拜吉梦，受商命于皇上帝。[2]

"王元祀"，即周文王元年，"正月既生霸"，即正月初一[3]。这一年开始，西伯姬昌开始称王。

同样的故事，还有另一个时间。

> 十年正月，文王自商至程。太姒梦，见商庭生棘……及发并拜吉梦，遂作《程寤》。[4]

"十年正月"，正月没问题，和上面一样，"十年"从何说起？

西伯侯姬昌继位于周公季历，季历为商王文丁所杀，文丁之后是帝乙，再之后是末代商王帝辛。建灵台的时候，帝辛早就已

---

[1] 今本《竹书纪年》。

[2] 清华简《程寤》。

[3] "既生霸"为西周月相名称，详后。

[4] 西晋皇甫谧《帝王世纪》，见《太平御览·皇王部九》所引。

经在位超过十年。

十年，不可能是西伯侯姬昌继位之年，也不可能是帝辛纪年。

最合理的解释，是受命之年，即西伯侯姬昌受命后的十年。

受命，一是受商王之命"专征伐"，如上所述，这件事本身就不合逻辑，很可能是周人后来编造的不实之词；二是受天命，也就是五星聚所代表的凤鸣岐山。

由此可以理出一条商周之变中关于文王的时间线：

公元前1059年春夏之交，五星聚，凤鸣岐山。

公元前1058年，记为姬周受命元年。这个受命年在周文王驾崩后将沿用，直到武王伐纣。

公元前1057年，受命二年，西伯侯姬昌入朝歌，囚羑里。

公元前1051年，受命八年，西伯侯姬昌回归关中。

公元前1050年，受命九年，建灵台。

公元前1049年，受命十年，正月初一，西伯侯姬昌称王改元；同年三月，文王驾崩。

文王之后，太子姬发继位。

商周鼎革的牧野之战，即将发生。

凤鸣岐山的天命神话，即将变现。

第十章　牧野之战：
　　　　天命不可违与天时可逆

　　公元前 1059 年 5 月 28 日，四月初九甲子，夕阳西下，星光渐显。

　　西北方向的岐山之上，五颗亮星会聚在一起[1]，犹如被南方朱雀这只大鸟衔在嘴里，从天而降，落入姬周。

　　小邦周取代大邑商，后人所见，不过是盛衰成败的必然逻辑，而身处历史进程之中的周人，自然少不得谋深虑远并心生忐忑。

　　殷商数百年基业，岂能轻易撼动！

　　自古公亶父以来，周人迁居岐山之南的周原已是三代，西伯侯姬昌沿着父辈的足迹，走到了家国命运与前途的关键节点。

　　五星会聚，凤鸣岐山，对周人来说，天命转移的征兆出现，既是对扩张意图的首肯，也是对王朝更替的推波助澜，更是将反叛弑君包装成替天行道的充分而完美的理据。

　　东进中原的问鼎之志，也许正是在这天命的护佑之下才变得

---

[1]　本轮五星聚目测可见，持续月余，五大行星间距在四月初九甲子日到达本轮星象最小值，赤经差约 7°，此后逐渐相互远离。

更加坚定。

"周虽旧邦，其命维新"[1]，兴周灭商，由此拉开了商周之变的帷幕。

谷雨时节，土膏脉动，带着天命的五星聚应时而现，西伯侯姬昌看到了周人先祖后稷在冥冥之中指示的方向。

方向很清晰，向东！

关中地形

向东第一步，是从岐山脚下迁到沣水河边。

沣水发源于关中平原南部的秦岭北侧，是渭河的一条支流。渭水由西向东穿越关中平原，在东大门潼关注入黄河，原本向南的黄河在此转头向东，作别风陵渡，一头扎进中条山和崤山南北夹峙的山谷，迤逦向东。

沿着黄河在崤山葱岭之中蜿蜒的是连通渭河平原与河洛平原的崤函古道，无数行旅行伍在这条唯一的通道上走过了千年悲欢。

---

[1] 《诗经·大雅·文王》。

出函谷关，过三门峡，黄河冲出山谷，进入一马平川的中原，大邑商和九鼎就在那里。

沣水汇入渭河的地方就是灭商以前周人的国都所在地（现西安市西南）。"文王作丰，武王治镐"[1]，丰与镐分列沣水两岸，河西为丰，河东为镐，合称丰镐。

八百里秦川，这里是位置居中的风水宝地。

相比偏于西部的岐山脚下，这里当然更适合小邦周向大邦周的演进。

就在五星聚天象出现之后，第二年（公元前1058年），西伯侯姬昌"遂迁于程"[2]，迁居到渭水北岸的程邑——早在西伯侯姬昌的父亲季历时代，程国就已经被周人兼并[3]。

关中地形

---

[1] 《史记·货殖列传》。

[2] 今本《竹书纪年》："（帝辛）三十三年，密人降于周师，遂迁于程。王锡命西伯，得专征伐。"

[3] 今本《竹书纪年》："（武乙）二十四年，周师伐程，战于毕，克之……（文丁）五年，周作程邑。"

程邑在渭水北岸[1]，丰邑在渭水南岸，西伯侯姬昌离开岐山迁到程邑，自然是为了在选定的沣水河畔开始着手丰邑的营建。

翦商大计，就是从渭河平原开始的。

公元前 1057 年，入冬以后，丰邑落成，周人迁都，"西伯自程迁于丰"[2]，"诸侯咸格来庆"[3]，四方诸侯应邀观礼，很可能商王也派出了代表前来参加[4]。

庆典之后已近年关，西伯侯姬昌前往朝歌向商王答谢回礼，结果就此一去不返，被商王扣留，史称文王囚羑里。

其实季历时代对程邑的兼并，东进扩张的意图就已经让商王警惕起来，最终"文丁杀季历"[5]，周人止住了东进的步伐。文丁，就是末代商王的父亲。

季历被杀，姬昌继位，在岐山下苦心经营四十年，终于等到"凤鸣岐山"的天意指引。对周人来说，四十年的潜伏，等的不就是一个合适的时机吗？但是，再次东进，故伎重演，岂能不让商王侧目？

商王之所以要把西伯侯姬昌扣下来当人质，很可能就是因为五星聚天象出现之后，周人闻风而动，再次表露东进意图，大有应谶之势。

当然，此时的周人不会公然反商，也绝不可能承认自己要搞颠覆，而最好的证明，就是西伯侯姬昌留在商王视线以内，同时

---

[1] 唐《括地志》："安陵故城在雍州咸阳东二十一里，周之程邑也。"见《史记集解三家注索隐正义》所引。

[2] 今本《竹书纪年》。

[3] 《逸周书·酆保解》。

[4] 姬周迁都到丰邑的时间，或在该年春夏之交，详见后文。

[5] 《晋书·束皙传》。

保持崤山以西的平静。

七个年头过去，年老的西伯侯姬昌身体每况愈下，商王终于允许他落叶归根，也许在商王看来，周人已经证明了自己的忠诚。

事实上，七年前"西伯自程迁于丰"，随后西伯侯姬昌去而不返，但他走之前已有交代，转年太子姬发就开始了沣水东岸镐京的建设，"春正月……西伯使世子发营镐"[1]。

阴谋揣测，说不定所谓文王囚羑里，原本就是一出苦肉计。

既要扩张东进，又要让商王不起疑心；既要上应天象，又要有更多的时间做准备。明明不可两全，却要兼而得之，除了西伯侯姬昌自己委身为质，还有什么更好的选择吗？

公元前1051年，西伯侯姬昌返回关中。

（帝辛）二十九年，释西伯，诸侯逆西伯，归于程。[2]

他回到哪了呢？

"归于程"，既不是岐山下的周原故地，也不是沣水河畔的新都丰邑，而是程邑，五星聚出现后第二年的东迁也是先到这里。

周人从岐山之下东迁渭河平原并建设丰镐作为新都，但早就经营有年的程邑才是持续数十年翦商大计的策源地。

后稷之孙，实维大王。居岐之阳，实始翦商。[3]

"实始翦商"的"大王"就是姬昌之父、被商王文丁所杀的季历。季历从岐山东进兼并程邑开始，周人就已经有了灭商而代

---

[1]　今本《竹书纪年》。

[2]　今本《竹书纪年》。

[3]　《诗经·鲁颂·閟宫》。

之的计划，"至于今六十年……乃今有成"[1]。从季历开始，经姬昌（文王）、姬发（武王）前后三代经营，历时六十年，才最终在牧野一战定鼎、灭商成功。

我们有理由相信，在漫长的数十年中，直到出征之前，周人伐商，一直都是需要严格保守的秘密。

> 维王一祀二月，王在酆，密命，访于周公旦曰："呜呼！余夙夜维商，密不显，谁和？告岁之有秋，今余不获其落，若何？"[2]

"密不显"，即伐商大计一直都是秘而不宣的保密状态。

> 维四月朔，王告儆，召周公旦曰："呜呼！谋泄哉！今朕寤有商惊予，欲与无口，则欲攻无庸，以王不足，戒乃不兴，忧其深矣！"[3]

"寤有商惊予"，武王梦到消息泄露而惊醒。"欲攻无庸，以王不足"，很担心自身实力不足以对抗殷商，称王自立以分庭抗礼还不到时候。

不难想见，在西伯侯姬昌滞留殷商的几年中，周人采取韬光

---

[1] 武王伐纣成功之后，曾登临太室山祭天并勘察地形，那时就选定了后来营建成周洛邑的所在地，当时称之为度邑。《逸周书·度邑解》："王曰：'维天不享于殷，发之未生，至于今六十年，夷羊在牧，飞鸿满野，天自幽不享于殷，乃今有成'……'自雒汭延于伊汭，居易无固，其有夏之居，我南望过于三涂，我北望过于岳鄙，顾瞻过于有河，宛瞻延于伊雒，无远天室，其名兹曰度邑。'"武王所说"至于今六十年"的起点，指其祖父季历于商王文丁五年兴建程邑，今本《竹书纪年》："（文丁）五年，周作程邑。"文丁五年为公元前 1106 年，武王伐纣在公元前 1047 年，正好六十年。

[2] 《逸周书·大开武解》。

[3] 《逸周书·寤儆解》。

养晦、静待时机的策略才是合理选择，所谓"文王受命一年断虞
芮之讼，二年伐邘，三年伐密须，四年伐犬戎，五年伐耆，六年
伐崇"[1]，放在现实的政治逻辑中考量，根本不合常理。

韬光养晦，是为了向商王表示臣服与绝无二心；静待时机，
既是为了示弱以保西伯侯姬昌的安全，更是为了等待天时——稍
后我们将发现，灭商决战的发起以及后来周公摄政后还政于成王，
这两次重大军政事件的时间选择都与五星聚出现的时间相呼应。

换言之，五星聚出现，兴周灭商的时间就已经注定。也就是
说，周人的翦商大计其实有既定的时间表。

公元前1051年，西伯侯姬昌返回关中。次年（公元前1050
年）三月，"我身老矣"，时日无多的姬昌在镐京向太子姬发遗命
治国之道[2]，同年在丰邑建灵台并很快在年底建成。

灵台的建立，是上承天命必然的步骤，也是伐纣灭商以取而
代之的前奏。

僭越天子之制的灵台落成后，正月初一（公元前1049年），
以太姒之梦为背景受命称王。三月，文王驾崩。此时已是五星聚
出现后的第十年，即受命十年，灭商大战的时机已经近在眼前。

太子姬发继位，名义上仍是殷商诸侯，程序上自然还需要商
王的封赐。

出乎意料的是，被商王委派来赐命观礼的胶鬲被策反了。

> 武王即位，观周德，则王使叔旦就胶鬲于次四内，而与之

---

[1] 《尚书大传》，作者不详，传为西汉伏生所作。

[2] 《逸周书·文传解》："文王受命之九年，时维莫春，在鄗，召太子发曰：
'呜呼！我身老矣！吾语汝，我所保与我所守，传之子孙。'"

盟曰："加富三等，就官一列。"[1]

周公旦与胶鬲密谋的加官许爵之盟，当然就是指伐纣灭商的革命大计。

《孙子兵法》说"周之兴也，吕牙在殷"，商王重臣胶鬲就是被姜太公吕尚安插在殷商的"牙"的其中之一。

不仅如此，商王的长兄微子也倒向了姬周。

> 又使保召公就微子开于共头之下，而与之盟曰："世为长侯，守殷常祀，相奉桑林，宜私孟诸。"

孟诸，又名孟潴。孟，指排行第一；潴，指水聚集的地方。孟诸，即大湖大泽，在河南商丘地区，正是后来微子启被封于宋国的所在。

紧锣密鼓的战备之后，受命十一年，公元前 1048 年，周人开始行动。

> 十一年庚寅，周始伐商。[2]

> 秋，周师次于鲜原。冬十有二月，周师有事于上帝。[3]

"有事于上帝"，就是祭天。

这里引出一段公案。

传说武王伐纣曾观兵孟津，"九年，武王上祭于毕。东观兵，至于盟津"，与八百诸侯不期而会，诸侯都说"纣可伐矣"，武王却说"汝未知天命，未可也"，于是大军各自散去[4]。

---

[1] 《吕氏春秋·诚廉》。

[2] 古本《竹书纪年》，见《新唐书·历志》所引。

[3] 今本《竹书纪年》。

[4] 《史记·周本纪》。

从出征前周人谨慎保密来看，所谓观兵无异于向商王公然宣战，完全暴露了伐商密谋的战略意图，武王因梦到伐商计划泄露而惊醒更是无从说起；其二，兵马未动，粮草先行，出征可不是春游，说大军集结又散去，行军打仗犹如儿戏，几乎就是烽火戏诸侯的翻版；至于八百诸侯不期而会，更是违反常识而充满戏剧性的不可能——事实上，武王伐纣是"八方咸发……约期于牧"[1]，抵达牧野展开决战，是选好日子的。

一句话，所谓孟津观兵根本就是完全不合逻辑的小说家言。

孟津观兵的故事不可信，武王伐纣的年代更是问题。

比如《史记》，就给出了模棱两可的说法。

> 十一年十二月戊午，师毕渡盟津，诸侯咸会……武王乃作太誓……二月甲子昧爽，武王朝至于商郊牧野，乃誓。[2]

"二月甲子"牧野之战，在"十一年十二月戊午"之后，当然就应该是"十二年二月甲子"。但是，同是《史记》，还有一说。

> 十一年正月甲子，誓于牧野，伐商纣。[3]

牧野之战在甲子日，《史记》《尚书》《逸周书》等诸书所说无异[4]，也得到了出土文物的印证。

---

[1]　《逸周书·武寤解》："王赫奋烈，八方咸发，高城若地，商庶若化，约期于牧。"

[2]　《史记·周本纪》。

[3]　《史记·齐太公世家》。

[4]　《史记·周本纪》："十一年十二月戊午，师毕渡盟津，诸侯咸会……武王乃作太誓……二月甲子昧爽，武王朝至于商郊牧野，乃誓。"《史记·齐太公世家》："十一年正月甲子，誓于牧野，伐商纣。"《尚书·牧誓》："时甲子昧爽，王朝至于商郊牧野，乃誓。"《逸周书·世俘解》："越五日甲子，朝至接于商，则咸刘商王纣。"《逸周书·商誓解》："予惟甲子，克致天之大罚□帝之来革纣之□。"（接下页）

　　珷征商，隹（唯）甲子朝，岁鼎（贞），克昏（闻）夙又（有）商。

——利簋铭文

　　甲子之日，至牧之野，禽受，（系）亓首于白。

——银雀山汉墓竹简《六韬》

　　问题是，甲子日究竟是"十一年正月"还是"十二年二月"呢？

　　立十二年，而成甲子之事。

——《吕氏春秋·首时》

　　十二年辛卯，王率西夷诸侯伐殷，败之于坶野。

——今本《竹书纪年》

　　看来"十二年"才是更靠谱的答案。

　　再来看《尚书》：

　　惟十有一年，武王伐殷。一月戊午，师渡孟津，作《泰誓》三篇。惟十有三年春，大会于孟津。[1]

　　十一年、一月、十有三年春，三个时间很容易产生歧义，似乎"渡孟津"的一月是十一年一月，两年后的十三年又再次"大会于孟津"。

　　不难发现，两次孟津之会相隔两年，时间上正与孟津观兵的故事相仿佛——《史记》的版本，孟津观兵在九年，之后两年，就应该是十一年，但成说又是十二年，所以留下了相互矛盾的两

（接上页）《吕氏春秋·慎大览》："武王果以甲子至殷郊，殷已先陈矣。至殷，因战，大克之。"

[1]　《尚书·泰誓上》。

种说法；另一种版本，出兵渡孟津在十一年，之后两年，就应该是十三年，所以原本前后连贯的一件事被分解到三个年头。

既然孟津观兵并不存在，那么，"渡孟津"与伐纣的"牧野之战"就是一件事，而十一年一月"渡孟津"，十三年春，也就是两年后才"大会于孟津"，显然说不通——除非这场战争持续了两年，但如此一来，不过是又创造了一个与所有成说都不同的新故事，当然更与文献上的诸多事件无法调和。

唯一合理的解释，原本一目了然——十一年开始伐商，其时已经是年底；之后的"一月戊午"当然就是第二年，即十二年；再之后的"大会于孟津"就是一月"师渡孟津"的结果，在此之后，就是"牧野之战"灭商成功。

十一年伐商，十二年灭商，结论与上面相同。

诸说合一，武王伐纣，是在十二年。

十二年，从何算起呢？

"凤鸣岐山"的天命来自五星会聚，十二年，实即五星聚出现之后的十二年，即受命十二年，公元前 1047 年。

事实上，武王伐纣究竟发生在哪一年，这是一个聚讼千年的问题。

西汉时代已经歧说难断，司马迁的《史记》前后矛盾，刘歆的《三统历》则尝试通过天文历法推算历史年代。时至今日，古今中外的学人已经提出了多达45种的可能[1]，最早的在公元前1130年，最晚的到了公元前1018年，上下跨度超过百年，当真是各说各话，莫衷一是。

---

[1]　江晓原、钮卫星《回天：武王伐纣与天文历史年代学》统计 44 种，另有明代黄道周一说，共计 45 种。

原本简单的问题变得超级复杂，要想回归原貌，问题的关键还在姬周的天命神话"凤鸣岐山"，也就是前文所说公元前 1059 年出现的五星聚天象。

只要明白了"凤鸣岐山"的真相，从这个坐标原点出发，就可以让传世文献中异说纷呈的记载以及出土青铜器与竹简等文物所提供的纪年各就其位，顺理而成章。

简而言之，受命十一年"周始伐商"，在公元前 1048 年秋冬；受命十二年"牧野之战"灭商成功，在公元前 1047 年春 [1]。

请注意，十二年，正是木星的运行周期 [2]，古人因此将其与十二地支相配用以纪年而称之为岁星。

对周人来说，木星更有特殊意义。

一则周人以后稷为祖先，被奉为掌管五谷的农神，而在星占中主五谷的正是木星 [3]；二则十二年前的五星聚天象出现在谷雨之后，所以"凤鸣岐山"的天命神话还有"大赤鸟衔谷之种" [4] 的版本，而且巧合的是，五大行星逐渐聚拢，木星就处在中枢的位置。

公元前 1059 年 5 月 28 日，四月初九甲子，日落后出现五星聚，其中木星的位置在赤经 5h 9m。

公元前 1048 年 10 月 2 日，木星于子时从东方升起，再次回到了十几年前五星聚时在天空中的相同的位置（赤经 5h 9m），此时是八月二十己巳，正是仲秋时节。

---

[1]　本文复原的牧野之战在公元前 1047 年，与前人之说殊途同归，参见清代林春溥《古史考年异同表》。

[2]　木星轨道周期为 11.86 年。

[3]　《淮南子·天文训》："岁星之所居，五谷丰昌。"《荆州占》："岁星主春，农官也；其神上为岁星，主东维……主岁五谷。"（见《开元占经》所引）《晋书·天文志》："岁星曰东方春木……主大司农……主岁五谷。"

[4]　《尚书传》，见西汉董仲舒《春秋繁露·同类相动》所引。

"秋，周师次于鲜原。"[1] 周人选择这时开始行动，不是没有原因的。

此后木星升起得越来越早，到春节的时候，日落之后，木星已经升得很高。

公元前 1047 年 2 月 22 日，正月十五壬辰，木星在井宿与鬼宿之间，天黑之后约五十分钟，木星升到南中天头顶的位置。第二天凌晨，武王出发了，"越翼日，癸巳，王朝步自周，于征伐商"[2]。

武王伐纣有一段小插曲。

传说武王带着文王的牌位出征，伯夷和叔齐兄弟俩拦路劝谏："父死不葬，爰及干戈，可谓孝乎？以臣弑君，可谓仁乎？"[3] 文王尚未下葬，谋逆反商弑君，既不孝又不仁啊！

按古代礼制，天子七月而葬，诸侯五月而葬[4]。文王三月驾崩[5]，按天子之制，应该在九月下葬；按诸侯之制，应该在七月下葬。即便按天子之制，即便武王出征是在受命十一年，在武王正月出征的时候，文王也已经下葬三个多月，根本不存在"父死不葬"的问题。

伯夷、叔齐的故事，其实还有另一个版本。

文王驾崩后，商王重臣胶鬲和商王长兄微子启都被周人策反，周人把他们与姬周秘密结盟的事情以及伐纣灭商的计划告知投奔

---

[1]　今本《竹书纪年》。

[2]　《尚书·武成》。

[3]　《史记·伯夷列传》。

[4]　《礼记·礼器》："天子崩，七月而葬……诸侯五月而葬。"《礼记·王制》："天子七日而殡，七月而葬。诸侯五日而殡，五月而葬。"亦见于《左传》《荀子》等。

[5]　今本《竹书纪年》："春三月，西伯昌薨。"

而来的伯夷、叔齐，俩人并不赞同反叛，最后不食周粟而饿死在首阳山 [1]。

> 扬梦以说众，杀伐以要利，以此绍殷，是以乱易暴也……二子北行，至首阳之下而饿焉。[2]

"扬梦"之"梦"，指为受命称王而张目的"太姒之梦" [3]。编造预言，大动干戈，你们这么干，不就是"以乱易暴"嘛，哪有仁德可言？

细节不可谓不生动，但细想之下，都很可疑。

大军出征，以所谓仁孝为名进行劝阻，未免可爱得迂腐；秘密结盟，据实相告未尝不可，但不愿入伙共谋也就罢了，奚落嘲笑又有何益？

"父死不葬"也好，"以乱易暴"也罢，恐怕都是戏说，故事讲得绘声绘色，承载的微言大义当然是仁义二字。

---

[1]　姬周灭商，有伯夷、叔齐为了保全德行而殉死，有意思的是，商汤灭夏，也有类似的故事。《庄子·让王》："汤将伐桀，因卞随而谋，卞随曰：'非吾事也。'汤曰：'孰可？'曰：'吾不知也。'汤又因瞀光而谋，瞀光曰：'非吾事也。'汤曰：'孰可？'曰：'吾不知也。'汤曰：'伊尹何如？'曰：'强力忍垢，吾不知其他也。'汤遂与伊尹谋伐桀。克之，以让卞随。卞随辞曰：'后之伐桀也谋乎我，必以我为贼也；胜桀而让我，必以我为贪也。吾生乎乱世，而无道之人再来漫我以其辱行，吾不忍数闻也。'乃自投椆水而死。汤又让瞀光曰：'知者谋之，武者遂之，仁者居之，古之道也。吾子胡不立乎？'瞀光辞曰：'废上，非义也；杀民，非仁也；人犯其难，我享其利，非廉也。吾闻之曰："非其义者，不受其禄；无道之世，不践其土。"况尊我乎！吾不忍久见也。'乃负石而自沈于庐水。"卞随不愿有贼贪之名而自投椆水，瞀光不愿废仁义以贪利而负石庐水，与伯夷、叔齐不食周粟之事极其相似。

[2]　《吕氏春秋·诚廉》。

[3]　详见本书第九章《凤鸣岐山：商周之变中天命神话的源起》，除"太姒之梦"以外，还有文王梦日月的故事，南朝梁沈约《宋书·符瑞志》："文王梦日月着其身，又鸑鷟鸣于岐山。"

当然，想象基于现实，"扬梦以说众"是官方舆论自不必说，所谓"父死不葬"也并非全然编造。

受命十年三月，文王驾崩；受命十二年正月，武王出征。发兵的时候，距离文王驾崩还不满两年，就"三年之丧"的礼制而言，此时仍在居丧期内。

商周之交是否有居丧三年之说不好讲——事实上，居丧三年很可能是一种非常古老的传统，早在传说中的尧舜禹时代就已经有了——"父死不葬"的故事十之八九就是这种礼制思想的产物。

公元前1047年正月，武王出征。一个月后，二月十八甲子（3月26日），商周在牧野决战。

一战定乾坤，末代商王在鹿台之上被武王斩首[1]。

此时的木星（赤经4h 38m），相较于十二年前五星聚时所在位置（赤经5h 9m）向西略有偏移，但几乎就在井宿与鬼宿中间。

木星在井、鬼两宿所在天区的中心，沣水河畔的姬周国都在关中地区的中心，而井、鬼两宿的分野正是关中地区。现在，可以理解为什么姬周必须要在五星聚出现之后把国都从岐山之下迁到沣水河畔了吧[2]？

"珷征商，隹甲子朝，岁鼎，克昏夙又商。"利簋铭文所说的"岁鼎"，就是指岁星（木星）正当其位，在对应关中地区的井宿

---

[1] 《史记·周本纪》："武王自射之，三发而后下车，以轻剑击之，以黄钺斩纣头，县大白之旗。"

[2] 井、鬼两宿分野在关中，周人对五星聚及木星所在位置的解读无疑与后世流传的星占分野完全一致，但并不能证明其时已有这种对应关系。星占分野的理论可能在商末周初已经成形（星占分野为因，周人解读为果），也可能正因为有周人的星占实践在先才会有如此结果（周人解读为因，星占分野为果）。

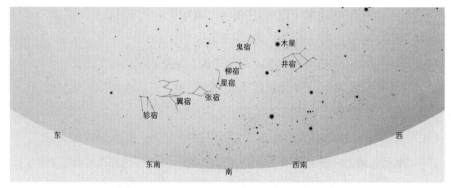

观测地区：河南淇县（朝歌）／海拔：70 米
观测时间：公元前 1047 年 3 月 26 日（二月十八）19：20
日落时间：18：30：48 ／ 天黑时间：18：56：17

与鬼宿之间，在五星聚天象所指示的关中分野。

十二年前五星聚，寓意居关中者有天命。十二年后木星归位，从关中东进中原的姬周得了天下。天命所归，应验不爽。

第二天，占领朝歌的周人开始修建社庙，为武王登基做准备[1]。

社，是土地神。稷，是谷神，也是周人先祖。社与稷，为周人所祭，是国家的象征与代名词。

商王已死，但战事仍在继续。

一个多月后，直到公元前 1047 年 5 月 6 日，三月三十乙巳[2]，分兵追击与讨伐的各路大军相继凯旋，灭商之战才告结束。

公元前 1047 年 5 月 12 日，四月初六辛亥[3]，即位大典在新修

---

[1] 《逸周书·克殷解》："翼日，除道修社及商纣宫。及期……王入，即位于社……膺受大命革殷，受天明命……祷之于军，乃班。"

[2] 《逸周书·世俘解》："乙巳，陈本、新荒蜀磨至，告禽霍侯、艾侯，俘佚侯小臣四十有六，禽御八百有三十两，告以馘俘。百韦至，告以禽宣方，禽御三十两，告以馘俘。百韦命伐厉，告以馘俘。"

[3] 《逸周书·世俘解》："辛亥，荐俘殷王鼎，武王乃翼矢圭矢宪，（接下页）

社庙举行。仪式持续了五天，初十乙卯[1]，即位礼成，武王正式秉受天命，从周国之王变成了周朝之王，开启一个新的时代。

牧野之战发生在二月十八甲子，即位仪式礼成于四月初十乙卯，十二年前的五星聚在四月初九甲子。

发现了吗？五星聚的甲子日与四月初九，正与商周决战与武王即位这两个重大事件的时间相应。与天象的呼应，堪称不无刻意的完美。

伐纣灭商选择在五星聚天象出现的十二年之后，这个十二年的木星周期并非孤例。

武王驾崩后，成王继位。因为成王年幼，由武王四弟周公旦摄政。周公摄政七年，还政于成王，次年成王亲政。

成王亲政元年，是公元前 1035 年，正是五星聚出现后的二十四年，该年 4 月 19 日（二月廿四日），木星再次回到当年五星聚时所在的位置（赤经 5h 9m）。

五星聚之后，过一个十二年的木星周期，武王即天子位；再过一个十二年的木星周期，成王亲政。两次重大事件都是如此，很难让人相信这只是巧合。

军国大事的决策与择日背后的逻辑，可见五星聚天象的非凡意义，"凤鸣岐山"的天命神话成为姬周得天下的舆论母题也就不难理解了。

问题来了。天干配地支，六十甲子循环往复。武王正月出发、二月灭商、四月即位，如果提前六十天，那么，所有日子的干

（接上页）告天宗上帝。王不革服格于庙，秉黄钺，语治庶国，籥人九终。王烈祖自太王、太伯、王季、虞公、文王、邑考，以列升，维告殷罪。籥人造，王秉黄钺正国伯。"

[1] 《逸周书·世俘解》："乙卯，籥人奏《崇禹生开》，三终，王定。"

支也都是一样的。为什么不是十一月出发、十二月灭商、二月即位呢？

如上所述，公元前 1048 年 10 月 2 日，八月二十己巳，木星再次回到五星聚出现时在天空中的位置（赤经 5h 9m），看起来应天命而伐纣的时机到了，但是，很快就出现了变数。

在观测看来，每天所见的五大行星和太阳一样，都是东升西落，而它们在天空中的位置，也就是以恒星为参照，则是自西向东运行，如木星的十二年周期，就是十二年完成一次自西向东的运动后再次回到同样的位置。

以恒星为参照，木星自西向东称为顺行，绝大多数时候都是这样，但有时候也会掉过头来自东向西运动，出现短暂逆行。

在军事星占中，木星的位置与状态可以决定是否能兴兵出战。

> 石氏曰："岁星所在之国，不可伐，可以伐人。"

> 石氏曰："岁星逆行，其国不可以兴兵；星顺，兵宜进；星逆，兵宜退。"[1]

公元前 1048 年的夏秋之交，木星一直正常地顺行，逐渐向鬼宿靠拢。八月二十日，木星回到五星聚出现时所在的位置，即井宿与鬼宿之间。井、鬼两宿为周人所在关中地区的分野，这就是"岁星所在之国，可以伐人"。

九月十三日（10 月 24 日），还不到一个月，情况变了。木星开始掉头向西，向相反的井宿方向运行，这就是"岁星逆行，其国不可以兴兵"。

---

[1]　均见于唐瞿昙悉达《开元占经》所引。石氏指战国时代魏国石申，天文学家、占星家，著有《天文》八卷，已佚。

木星逆行持续了三个多月，公元前 1047 年正月初六（2 月 13 日），木星再次掉头，恢复顺行，又开始向鬼宿靠拢。

顺行到逆行再到顺行，在此期间木星都是在井、鬼两宿之间。再次顺行后，"岁星所在之国，可以伐人"与"星顺，兵宜进"二者同时满足——伐纣灭商，时机到了。正月十六，武王出征。

前述与八百诸侯不期而会又以"汝未知天命，未可也"为由各自退兵的孟津观兵故事，也许就是由出兵伐商之前曾出现木星逆行这件事为基础敷衍而来，东征时周公曾说"星变又凶"[1]，也是指出兵前的木星逆行。

星象可以解释为什么武王伐纣在公元前 1047 年正月出兵而不是上一次的十一月，因为那时正是木星逆行的时候，"不可以兴兵"。

不过，单纯的星象决定论，证据似乎还有点单薄。

武王伐纣遭遇天时不顺，传世文献有大量记载。

> 王以二月癸亥夜陈，未毕而雨。[2]

> 武王之诛纣也……至汜而泛，至怀而坏，至共头而山隧。[3]

> 天雨，日夜不休，武王疾行不辍。[4]

> 武王将伐纣，卜龟兆，不吉，风雨暴至。[5]

---

[1] 《六弢》："武王东伐……武王与周公旦望纣，纣陈，引军止之。太公曰：'君何不弛也。'周公曰：'天时不顺，龟燋不兆，占筮不吉，妖而不祥，星变又凶，固且待之，何可驱也？'"见东汉王逸《楚辞》注所引。

[2] 《国语·周语下》。

[3] 《荀子·儒效篇》。

[4] 《吕氏春秋·慎大览》。

[5] 《史记·齐太公世家》。

武王东伐，至于河上，雨甚雷疾。[1]

东伐受（纣），至于河上，雨甚雷疾。[2]

武王伐纣，到邢丘，轭折为三，天雨三日不休，武王惧。[3]

显然，武王伐纣出征时天气很不好，向殷商王都进军途中，"风雨暴至""雨甚雷疾""日夜不休"，以至于"至氾而泛，至怀而坏，至共头而山隧"。

氾，指氾水，现河南荥阳境内，为黄河支流，在黄河南岸。"氾而泛"，即氾水入黄河之处河水暴涨乃至决堤泛溢。

怀，是地名，现河南武陟地区，在黄河北岸。"怀而坏"，即该地区道路被冲毁。

共头，即共首山，现河南辉县境内，在武陟东北方，已接近商王所在的朝歌（现河南淇县境内）。"共头而山隧"，即共首山因雨水冲刷而出现滑坡。

公元前 1048 年十一月二十日（12 月 30 日）冬至，十二月正是最冷的三九天，而持续的雷雨天气，意味着武王伐纣不可能发生在隆冬时节。

冬雷震震，已属罕见，冬雨连绵以致黄河泛滥、山体滑坡，更是不可能发生的诡异情节。

公元前 1047 年，武王正月十六出发，五天后就是雨水节气（2 月 28 日，正月廿一）。二月十二渡孟津，四天前已是惊蛰（3 月

---

[1]　《六弢》，见东汉王逸《楚辞》注所引。

[2]　银雀山汉墓竹简《六韬》。

[3]　西汉韩婴《韩诗外传》。

16 日，二月初八）[1]。

仲春时节打雷下雨以至"雨甚雷疾"，很正常，并非不可想象的咄咄怪事[2]。

你也许会有疑问，不是说古代战争大都发生在秋季吗？不是说春天万物生长不杀生吗？

纸上谈兵要不得，教条主义更要不得。事实上，春季出征，原本就是古代战争的成例。如银雀山汉墓竹简说得很明白：

> 明王之起师也，必以春……为客者利矣。秋……则为客者不利矣。冬……则为客者危矣。[3]

春季"为客者利"，对于出兵灭商的周人来说，他们当然就是千里远征的"客者"，一战定鼎，确实很有利。

大雨滂沱，劳师远征，其实不利的兆头接踵而至。

武王坐骑被雷劈死，旗杆也折了[4]，车轴断成三截[5]，就连出征前的占卜都是大凶之兆[6]。

---

[1] 在西周的节气排序中，雨水位于惊蛰之前。《逸周书·周月解》："月有中气以著时应，春三月中气，惊蛰、春分、清明。"惊蛰为正月中气。《夏小正》："正月启蛰。"惊蛰原名启蛰，西汉时汉景帝名为刘启，为避讳而改为惊蛰。

[2] 诸书有载武王伐纣遇大雨，另《旧唐书·礼仪志》记有冬雪之事："又案《六韬》曰：'武王伐纣，雪深丈余，五车二马，行无辙迹，诣营求谒。武王怪而问焉，太公对曰：此必五方之神，来受事耳。'遂以其名召人，各以其职命焉。既而克殷，风调雨顺。'"车行无辙，显为神迹，神乎其神，实为不可信的演义之说。

[3] 银雀山汉墓竹简《起师》。

[4] 银雀山汉墓竹简《六韬》："东伐受（纣），至于河上。雨甚雷疾，武王之乘黄振而死，旗折。"

[5] 西汉韩婴《韩诗外传》："武王伐纣，到邢丘，轴折为三，天雨三日不休，武王惧。"

[6] 《史记·齐太公世家》："武王将伐纣，卜龟兆，不吉，风雨暴至，（接下页）

　　面对糟糕的天气和接二连三的意外，周人不无犹疑。

　　武王四弟周公旦感叹："天不佑周矣。"[1] 武王八弟霍叔惊呼："无乃不可乎？"[2] 武王自己也很是忐忑："纣未可伐乎？"[3] 莫非还不到灭商的时候？"群公尽惧"[4]，但太公姜子牙无比坚定。

　　天气不好？没关系，"天时不顺可击"[5]。

　　占卜为凶？没关系，"枯骨死草，何知而凶""以祭则凶，以战则胜"[6]。

　　车轭断折？没关系，"轭折为三者，军当分介为三也"[7]。"分介为三"，指三军[8]。

　　天雨三日？没关系，"欲洒吾兵也"[9]。这是老天爷给我们三军将士洗刷征尘呢。

　　古人确实重视卜筮、星占、预兆、解梦等各种非常规手段，但并不意味着愚痴拘泥，正如文王遗训所说："兵强胜人，人强胜天。"

　　既有天命不可违的坚定信念，也有人可胜天的强大意志，小邦周战胜大邑商的商周之变，就这样迎来了凯旋。

（接上页）群公尽惧。"东汉王充《论衡·卜筮》："周武王伐纣，卜筮之，逆，占曰：'大凶。'……《传》或言：'武王伐纣，卜之而龟。'占者曰：'凶。'"

[1]　《六弢》，见东汉王逸《楚辞》注所引。

[2]　《荀子·儒效篇》。

[3]　西汉韩婴《韩诗外传》。

[4]　《史记·齐太公世家》。

[5]　《六韬·犬韬·武锋》。

[6]　东汉王充《论衡·卜筮》。

[7]　西汉韩婴《韩诗外传》。

[8]　三军，指军队总称，称为左军、中军、右军或上军、中军、下军或前军、中军、后军。

[9]　西汉韩婴《韩诗外传》。

最后，不能不说著名的"岁在鹑火"问题。

《国语》记载了一段伶州鸠的谈话，罗列了武王伐纣时的各种星象，在推断灭商年代时多有引用，夏商周断代工程也引为重要证据之一。

> 王将铸无射，问律于伶州鸠……王曰："七律者何？"对曰："昔武王伐殷，岁在鹑火，月在天驷，日在析木之津，辰在斗柄，星在天鼋。星与日辰之位，皆在北维。颛顼之所建也，帝喾受之。我姬氏出自天鼋，及析木者，有建星及牵牛焉，则我皇妣大姜之侄伯陵之后，逢公之所凭神也。岁之所在，则我有周之分野也，月之所在，辰马农祥也。我太祖后稷之所经纬也，王欲合是五位三所而用之。自鹑及驷七列也，南北之揆七同也，凡人神以数合之，以声昭之。数合声和，然后可同也。故以七同其数，而以律和其声，于是乎有七律。"[1]

首先需要指出，伶州鸠所说是关于"七律"，即主题是音乐。根据武王伐纣时的星象与"七律"相比附甚至说成是"七律"的由来，本身就不免牵强，强为捏合不过是逢迎话术，以此作为史实依据恐怕大为不妥。

为免繁复，各种星象不赘述，单说其中的"岁在鹑火"。

岁，指木星。鹑火，指南方朱雀七宿中的柳、星、张三宿。

公元前1059年5月28日（四月初九甲子），五大行星会聚在赤经差7°范围内，出现名副其实的五星聚天象，包括木星在内的五大行星都位于井、鬼二宿之间并靠近鬼宿。井、鬼二宿又称鹑

---

[1] 《国语·周语下》。

首，此时只能称其为"岁在鹑首"。

公元前 1058 年 2 月 9 日为正月初一（该年第一天），木星在柳、星二宿之间。

公元前 1057 年 2 月 27 日为腊月廿九（该年最后一天），木星在张、翼二宿之间。

也就是说，公元前 1058 年，即五星聚之后一年，木星主要运行在柳、星、张、翼四宿之间。柳、星、张三宿合称鹑火，所以，该年可称之为"岁在鹑火"。

五星聚所代表的天命出现在"岁在鹑首"，第二年是姬周受命元年，虽然确为"岁在鹑火"，但显而易见的是，就所谓天命而言，受命元年只是结果，源头还在五星聚所出现的"岁在鹑首"，而武王伐纣所选择的时间，正是木星再现于五星聚时所在位置的时候。

尤为重要的是，在星占分野中，井、鬼二宿（鹑首）对应关中地区，柳、星、张三宿（鹑火）对应河洛地区，前者为宗周，后者为成周。

正因为五星聚出现在井、鬼二宿之间，所以周人才能将其解读为"凤鸣岐山"的所谓天命，在木星十二年后再次回到井、鬼二宿之间，武王伐纣灭商而得天下，正是天命所归。

鹑火分野在河洛，武王伐纣以前，那里是殷商王朝的核心地带。

倘若"岁在鹑火"的时候兴兵讨伐，在星占上，"岁星所在之国，不可伐，可以伐人"，这就意味着占有鹑火分野的殷商"不可伐"而"可以伐人"。

"不可伐"的时候武王伐纣，如此一来，既重视星象所代表的鼎革天命，又无所谓星象所预示的征伐禁忌，周人未免有点分裂。

正因为天命信仰的坚定，才有了天时不顺的诸多凶兆中一战定鼎的脍炙人口，一句话，天命不可违，天时可逆。

当然，"岁在鹑火"之说本非杜撰，之所以出现偏差或许也有迹可寻。

西周到东周，春秋到战国，周朝政治中心早已从宗周东迁成周；秦人在西陲的现实，也已经完全覆盖和取代了当年姬周在关中的存在。

数百年时光重塑认知，鹑首分野所在的渭河平原是秦人的地盘，对应鹑火的河洛平原是周朝的分野，鹑首对应秦，鹑火对应周，就这么成了星占分野中符合实际的定论。

鹑火与周相应，所以，本就确有其事的受命元年为"岁在鹑火"，后来居上地成了商周革命的标签。

殊不知虽仅数月之差却是倒果为因，所谓天命将变成无源之水，"凤鸣岐山"的天命神话，也将变成无本之木。

> 凤凰鸣矣，于彼高冈。梧桐生矣，于彼朝阳。[1]

周人的唱和告诉我们，"凤鸣岐山"的故事和意象，在商周鼎革的历史变迁中绝不能变得虚无。

---

[1] 《诗经·大雅·卷阿》。

第十一章　姬周代商：
纪事复原与年代考辨

一、武王伐纣时间线

公元前	农历干支	大事记	文献记载	说明
1048.12.20	冬月初十戊子	发兵A	《汉书·律历志》：师初发，以殷十一月戊子。	殷十一月，即夏历十月，但十月无戊子日。殷十一月或即夏历十一月，该月按例要举行阅兵，此日发兵集结，很合理。此为可能之一。
1048.12.30	冬月二十戊戌	冬至		
1047.1.9	腊月初一戊申	祭天	今本《竹书纪年》：秋，周师次于鲜原。冬十有二月，周师有事于上帝。	"秋，周师次于鲜原"，或在上年八月底，此时木星回到五星聚时所在位置，详见前文。
			《逸周书·和寤解》：王乃出图商，至于鲜原。	"有事于上帝"指祭天。十二月祭天或在初一，或在十五。

（续表）

公元前	农历干支	大事记	文献记载	说明
1047.1.19	腊月十一戊午			
1047.1.23	腊月十五壬戌			
1047.2.18	正月十一戊子 （周历三月）	发兵 B	《汉书·律历志》：师初发，以殷十一月戊子。	殷十一月，或为一月之误。该日发兵，比武王提前 5 天出发，似乎也很合理。此为可能之二。
1047.2.22	正月十五壬辰	旁死魄	《尚书·武成》：惟一月壬辰，旁死魄。	
1047.2.23	正月十六癸巳	武王出发	《尚书·武成》：越翼日癸巳，王朝步自周，于征伐商。 《汉书·律历志》：癸巳武王始发，丙午还师，戊午度于孟津。	武王比部队晚 5 天出发。 癸巳出发，戊午渡孟津，中间的丙午日不可能还师，"还师"应为"逮师"之误。
1047.2.28	正月廿一戊戌	雨水		
1047.3.8	正月廿九丙午	旁生魄 武王入军	《逸周书·世俘解》：维一月丙午旁生魄。 《尚书大传》：惟丙午，王逮师，前师乃鼓鞂噪，师乃慆，前歌后舞。	旁生魄为月底最后一天。 逮师，指武王追上先行出发的部队。
1047.3.9	二月初一丁未 （周历四月）	武王合军出发	《逸周书·世俘解》：若翼日丁未，王乃步自于周，征伐商王纣。	武王与部队一起出发。

（续表）

公元前	农历干支	大事记	文献记载	说明
1047.3.16	二月初八甲寅	惊蛰		
1047.3.20	二月十二戊午	渡孟津	《尚书·武成》：既戊午，师逾孟津。	
			《尚书·泰誓上》：一月戊午，师渡孟津。	应为二月戊午。
			《尚书·泰誓中》：惟戊午，王次于河朔，群后以师毕会。	
			上博简《容成氏》：戊午岂=（之日）涉于孟瀍（津），至于共、綦（滕）之间。	
			《史记·周本纪》：十一年十二月戊午，师毕渡盟津，诸侯咸会。	应为十二年二月戊午。
1047.3.22	二月十四庚申	既死魄	《逸周书·世俘解》：越若来，二月既死魄。	
1047.3.25	二月十七癸亥	陈于商郊	《尚书·武成》：癸亥，陈于商郊，俟天休命。	
			《逸周书·武寤解》：王赫奋烈，八方咸发，高城若地，商庶若化，约期于牧。	约期于牧，伐商计划有既定日程。
			《国语·周语下》：王以二月癸亥夜陈，未毕而雨。	

（续表）

公元前	农历干支	大事记	文献记载	说明
1047.3.26	二月十八甲子	牧野之战	《逸周书·世俘解》：越五日甲子，朝至接于商，则咸刘商王纣，执矢恶臣百人，太公望命御方来。	越五日甲子，起点为十四日庚申，起始日算第一天。
			《尚书·武成》：甲子昧爽，受率其旅若林，会于牧野。	甲子昧爽，指甲子日黎明。
			利簋铭文：珷（武王）征商，隹（唯）甲子朝，岁鼎（贞），克昏（闻）夙又（有）商。	甲子朝，指甲子日早晨。
			银雀山汉墓竹简《六韬》：甲子之日，至牧之野，禽受，（系）亓首于白。	
			《史记·周本纪》：二月甲子昧爽，武王朝至于商郊牧野，乃誓。	
1047.3.27	二月十九乙丑	修社	《逸周书·克殷解》：翼日，除道、修社及商纣宫。及期……王入，即位于社……膺受大命革殷，受天明命……祷之于军，乃班。	及期，指举行即位仪式的四月初。"修社……即位于社……乃班"，可知即位仪式在殷地举行，之后才返周。
			《史记·周本纪》：其明日，除道、修社及商纣宫。及期……于是武王再拜稽首，曰："膺更大命，革殷，受天明命。"武王又再拜稽首，乃出。	

（续表）

公元前	农历干支	大事记	文献记载	说明
1047.3.29	二月廿一丁卯		《逸周书·世俘解》：丁卯，望至告以馘俘。	太公望征方来用时3天。
1047.3.30	二月廿二戊辰	追祀文王	《逸周书·世俘解》：戊辰，王遂御循，追祀文王，时日王立政。吕他命伐越戏方。	追祀文王，文王或驾崩于二月。
1047.4.2	二月廿五辛未			
1047.4.3	二月廿六壬申		《逸周书·世俘解》：壬申，荒新至告以馘俘，侯来命伐靡集于陈。	
1047.4.6	二月廿九乙亥			
1047.4.8	三月初二丁丑			
1047.4.12	三月初六辛巳（周历五月）		《逸周书·世俘解》：辛巳，至告以馘俘。	侯来伐靡集用时9天。
1047.4.15	三月初九甲申		《逸周书·世俘解》：甲申，百弇以虎贲誓命伐卫，告以馘俘。	
1047.4.26	三月二十乙未			
1047.5.1	三月廿五庚子		《逸周书·世俘解》：庚子，陈本命伐磨，百韦命伐宣方，新荒命伐蜀。	

（续表）

公元前	农历干支	大事记	文献记载	说明
1047.5.6	三月三十乙巳		《逸周书·世俘解》：乙巳，陈本、新荒蜀磨至，告禽霍侯、艾侯，俘佚侯小臣四十有六，禽御八百有三十两，告以馘俘。百韦至，告以禽宣方，禽御三十两，告以馘俘。百韦命伐厉，告以馘俘。	陈本伐磨、新荒伐蜀、百韦伐宣方用时5天。同日百韦伐厉，用时未明。按上下文推测，可能当日即复命。
1047.5.7	四月初一丙午			即位仪式未在初一举行，推测此时战事可能仍未结束，但更大的原因则是为了让即位时间与五星聚天象同步。
1047.5.8	四月初二丁未			
1047.5.11	四月初五庚戌			
1047.5.12	四月初六辛亥（周历六月）	即位仪式	《逸周书·世俘解》：辛亥，荐俘殷王鼎，武王乃翼矢圭矢宪，告天宗上帝。王不革服格于庙，秉黄钺，语治庶国，篇人九终。王烈祖自太王、太伯、王季、虞公、文王、邑考，以列升，维告殷罪。篇人造，王秉黄钺，正国伯。	庙，指伐纣翼日（二月十九）所修之社，修建时间至此共46天。

（续表）

公元前	农历干支	大事记	文献记载	说明
1047.5.13	四月初七壬子		《逸周书·世俘解》：壬子，王服衮衣矢琰格庙，籥人造，王秉黄钺，正邦君。	
1047.5.14	四月初八癸丑		《逸周书·世俘解》：癸丑，荐殷俘王士百人，籥人造，王矢琰，秉黄钺执戈，王入奏庸，《大享》一终。王拜手稽首。王定，奏庸，《大享》三终。	
1047.5.15	四月初九甲寅		《逸周书·世俘解》：甲寅，谒戎殷于牧野，王佩赤白旗，籥人奏，武王入，进《万》，献《明明》三终。	五星聚出现的十二周年（公元前1059年四月初九）。
1047.5.16	四月初十乙卯	即位仪式礼成	《逸周书·世俘解》：乙卯，籥人奏《崇禹生开》，三终，王定。	即位仪式连续5天。
1047.5.16	四月初十乙卯	成辟A	《逸周书·世俘解》：维四月乙未日，武王成辟四方，通殷命有国。	乙未或为乙卯之误，该日武王即位礼成，从周国之王成为周朝之王。此为可能之一。
1047.5.17	四月十一丙辰	武王狩	《逸周书·世俘解》：武王狩，禽虎二十有二，猫二，麋五千二百三十五，犀十有二，氂七百二十有一，熊百五十有一，黑百一十有八，豕三百五十有二，貉十有八，麈十有六，麝五十，麋三十，鹿三千五百有八。	"武王狩"，应在即位仪式与太室山祭天之间的半个月。
1047.5.20	四月十四己未	武王狩		
1047.5.22	四月十六辛酉			

（续表）

公元前	农历干支	大事记	文献记载	说明
1047.6.1	四月廿六辛未	武王至管	利簋铭文：辛未，王才（在）阑（管）师，易（赐）又（右）吏利金，用乍（作）旜公宝尊彝。	管，或在现郑州地区，距嵩山直线距离约60公里。
1047.6.5	五月初一乙亥	太室山祭天	天亡簋铭文：乙亥，王又（有）大丰（礼）。王凡三方，王祀于天室。降，天亡又（佑）王。衣（殷）祀于王。丕显考文王，事喜（糦）上帝。文王德在上，丕显王作省，丕肆王作赓。丕克乞（迄）衣（殷）王祀。	天室，即中岳嵩山的东峰太室山。祭天之处，故称天室。"天"与"大"同，如"天邑商"又称"大邑商"。"大"是"太"的本字，后分化出"太"，"天室山"即"太室山"。天亡，指太公望，即姜子牙。
1047.6.7	五月初三丁丑	宴飨宜祭	《逸周书·克殷解》：乃命宗祝崇宾飨，祷之于军，乃班。	宜，本义为肉置于案上，表示备好的食物。又用为祭名。《尔雅·释天》："起大事、动大众，必先有事乎社而后出，谓之宜。"宴飨，既是武王答谢，也是与武王饯行，之后将启程返周。
			天亡簋铭文：丁丑，王飨大宜。王降，亡得爵复觵（觥）。唯朕又（有）蔑，每（敏）扬王休于尊簋。	
1047.6.25	五月廿一乙未			
1047.7.3	五月廿九癸卯	夏至		
1047.7.5	六月初一乙巳	既生魄	《尚书·武成》：既生魄，庶邦冢君暨百工，受命于周。	返回丰京后首次上朝。
			《逸周书·世俘解》：时四月既旁生魄。	或为"六月既生魄"之误，即六月初一。后接"越六日庚戌，武王朝燎于周"。

（续表）

公元前	农历干支	大事记	文献记载	说明
1047.7.7	六月初三丁未	哉生明 关中祭祖	《尚书·武成》：丁未，祀于周庙，邦甸、侯、卫，骏奔走，执豆、笾。	
			《尚书·武成》：厥四月，哉生明，王来自商，至于丰。乃偃武修文，归马于华山之阳，放牛于桃林之野，示天下弗服。	四月，应为六月，哉生明为初三。按日程推算，武王于五月初三宴飨后启程，应在月底抵达丰京。六月初一首次上朝，初三祭祖。此处强调初三，更重视该日祭祖的意义。
			今本《竹书纪年》：夏四月，王归于丰，飨于太庙。命监殷。遂狩于管。	夏四月，应为夏六月。管在河南，返回丰京（陕西）后再"狩于管"不合理。四月初十即位仪式礼成，四月廿六在管（利簋），"狩于管"应在其间半月。
1047.7.10	六月初六庚戌	关中祭天	《尚书·武成》：越三日庚戌，柴、望，大告武成。	越三日，起点在初三丁未，起始日不算，此为《尚书·武成》纪日法。《尚书》以初三为起始日，更重视初三祭祖。
			《逸周书·世俘解》：越六日庚戌，武王朝至燎于周。	越六日，起点在初一，起始日计入，此为《逸周书》纪日法。《逸周书》以初一为起始日，更重视初一上朝。

（续表）

公元前	农历干支	大事记	文献记载	说明
1047.7.11	六月初七辛亥		《逸周书·世俘解》：若翼日辛亥，祀于位，用籥于天位。	
1047.7.15	六月十一乙卯	祭祀礼成	《逸周书·世俘解》：越五日乙卯，武王乃以庶国祀馘于周庙，翼予冲子，断牛六，断羊二，庶国乃竟告于周庙。	越五日，起点在初七辛亥，起始日计入。
		成辟 B	《逸周书·世俘解》：维四月乙未日，武王成辟四方，通殷命有国。	乙未或为乙卯之误，该日完成所有祭祀仪式。此为可能之二。
1047.7.16	六月十二丙辰	武王立嗣	《逸周书·武儆解》：惟十有二祀四月，王告梦，丙辰，出金枝郊宝开和细书，命诏周公旦，立后嗣，属小子诵，文及宝典。	四月或为六月之误。四月十一丙辰日，为即位仪式礼成后一天，此时武王仍在河南。六月十二丙辰，为返回陕西完成祭天祭祖仪式后一天，此时立嗣更为合乎情理。
1047.7.19	六月十五己未	成辟 C	《逸周书·世俘解》：维四月乙未日，武王成辟四方，通殷命有国。	十五日向各国发布姬周代商的诏书，乙未为己未之误（另有六月误为四月），此为可能之三，且可能性最大。

（一）农历日期均为夏历

　　上表所用年代与日期均来自寿星天文历（V5.05Plus），不需要所谓夏历与殷历、周历的转换（表中所注周历仅为参考，其中公元前 1047 年六月原为闰五月，因有理由认为商周时期置闰在年末，故改为六月）。

推测史官记事均沿用夏历以保持纪时统一与延续性，正如历代尺度各有变化，但天文领域始终保持同一种尺度 [1]。

此外，《逸周书·周月解》载：

> 万物春生夏长，秋收冬藏，天地之正，四时之极，不易之道，夏数得天，百王所同，其在商汤，用师于夏，除民之灾，顺天革命，改正朔，变服殊号，一文一质，示不相沿，以建丑之月为正，易民之视，若天时大变，亦一代之事，亦越我周王，致伐于商，改正异械，以垂三统，至于敬授民时，巡守祭享，犹自夏焉，是谓周月，以纪于政。

"春生夏长，秋收冬藏"，时令与物候相合，只可能是用夏历。如果按周历正月建子，正月在冬至之时，何来"春生"？《逸周书》中《时训解》《月令解》也可见，四季之分是以夏历为准。

如上所引，其中明确提到"至于敬授民时，巡守祭享，犹自夏焉"，百姓日用与天子的巡狩、祭祀、宴享仍然沿用夏历。

史官纪事沿用夏历，但后人可能以夏商周"三正"为由做换算，结果造成混淆，反倒出现错误。

如《史记·周本纪》"十一年十二月戊午，师毕渡盟津，诸侯咸会"，或许本来就是夏历"十二年二月戊午"，西汉时代的司马迁按"三正"之说，以"十二年二月"为周历，将其换算回夏历，就变成了"十一年十二月"；又或者因为秦统一前各国历法有别，

---

[1]　上起四千多年前的山西襄汾陶寺遗址，下迄明清，天文领域沿用尺度为一尺等于 24.5 厘米，详见拙著《诸神的真相：用天文历法破解上古神话之谜》之《五服四海：大禹的世界有多大？》。

不同地区在讲述武王伐纣的故事时将历日互有转换，司马迁时代已经诸说并存，毕竟所谓"三正"也不过就相差一两个月，更加难以分辨。

需要说明的是，周历以建子为正月之说并不能因此否定，《逸周书·周月解》篇首即有"惟一月，既南至，昏昴毕见，日短极"，南至、短极，即指冬至，冬至在一月，正是所谓正月建子的周历。

（二）"越某日"的起点

越某日，起始日是否计入将造成不同结果，如以初一为起点，计入起始日，则"越五日"为初五；不计入起始日，则"越五日"为初六。

上表所引中，《逸周书·世俘解》从起始日算起，《尚书·武成》不算起始日。

《逸周书·世俘解》："若翼日辛亥，祀于位，用籥于天位。越五日乙卯，武王乃以庶国祀馘于周庙。"辛亥到乙卯（辛亥—壬子—癸丑—甲寅—乙卯）为五天，其"越五日"的起始日辛亥计为第一天。

《尚书·武成》："丁未，祀于周庙，邦甸、侯、卫，骏奔走，执豆、笾。越三日庚戌，柴、望，大告武成。"丁未到庚戌（丁未—戊申—己酉—庚戌）为四天，其"越三日"则不将起始日丁未计入。

但是，《尚书·武成》这种纪时法并非通例，《尚书·召诰》中有多个连续纪日干支可证，其"越某日"与《逸周书·世俘解》完全一致，都是将起始日计为第一天。

惟二月既望，越六日乙未，王朝步自周，则至于丰。惟太保先周公相宅，越若来三月，惟丙午朏。越三日戊申，太保朝至于洛，卜宅。厥既得卜，则经营。越三日庚戌，太保乃以庶殷攻位于洛汭。越五日甲寅，位成。若翼日乙卯，周公朝至于洛，则达观于新邑营。越三日丁巳，用牲于郊，牛二。越翼日戊午，乃社于新邑，牛一，羊一，豕一。越七日甲子，周公乃朝用书命庶殷侯甸男邦伯。厥既命殷庶，庶殷丕作。[1]

其中第一个"二月既望"未明确干支，其后的"越六日乙未"不足为据。从三月"丙午朏"开始，其后干支均为"越某日"或"翼日"，可明确其起算日。如下表所示，其"越某日"均将起始日计入。

干支	《召诰》纪日	日数				说明
乙未	越六日乙未					反推可知，"越六日"起始日为庚寅。
丙午	三月丙午朏	1				
丁未		2				
戊申	越三日戊申	3	1			
己酉			2			
庚戌	越三日庚戌		3	1		
辛亥				2		
壬子				3		
癸丑				4		
甲寅	越五日甲寅			5		

---

[1] 《尚书·召诰》。

（续表）

干支	《召诰》纪日				日数		说明
乙卯	若翼日乙卯				1		
丙辰					2		
丁巳	越三日丁巳				3		
戊午	越翼日戊午					1	
己未						2	
庚申						3	
辛酉						4	
壬戌						5	
癸亥						6	
甲子	越七日甲子					7	

《尚书·召诰》纪时法将初始日计入，由此可推知，"惟二月既望，越六日乙未"，其中"越六日"的起始日为庚寅（庚寅—辛卯—壬辰—癸巳—甲午—乙未），即二月既望为庚寅。

事实上，很可能《逸周书·世俘解》才是真正的《尚书·武成》，如《汉书》《新唐书》都有引用《逸周书·世俘解》的内容，但称其为《武成》。

> 故《武成》篇曰："惟四月既旁生霸，粤六日庚戌，武王燎于周庙。"
>
> ——《汉书·律历志》

> 故《武成》曰："维四月既旁生魄，粤六日庚戌，武王燎于周庙。"
>
> ——《新唐书·历志》

> 时四月既旁生魄，越六日庚戌，武王朝至燎于周。
>
> ——《逸周书·世俘解》

《尚书·召诰》与《逸周书·世俘解》保持纪时法一致，而《尚书·武成》另成一系。

《汉书》作者为东汉班固，可推知至少在汉代，《尚书·武成》仍是与《逸周书·世俘解》内容相同的原貌。

（三）四月与六月

伐纣成功以后，武王先在河南修社即位，此为四月；返回陕西后祭祖祭天，此为六月。本是两地两时两件事，但因为都有隆重的祭祀仪式，两次仪式的日期干支又有重合（都有辛亥、乙卯两日），很可能让人误以为是同步进行的一件事，结果两地之事混成一处，结果就将六月之事误记为四月。

伐纣发兵在正月十一，武王出发在正月十六，陈军商郊在二月十七，从周到商用时一个月。四月初战事才结束，四月初六开始举行即位仪式，四月初十即位礼成。

按日程推算可知，即使即位后立即返回，抵达关中也在四月底，但关中祭祖祭天各日干支如果在四月，只能是四月初，也就是与即位仪式同步，即关中祭祖与殷地即位合并成一件事。

除非武王在三月初即启程返回，才能在四月初以前回到关中，但事实是，二月十八甲子日牧野之战，此后一个月都还在继续征战，三月三十乙巳日百韦还受命伐厉，武王在战事并未结束时提前返回，显然不合常理。更何况伐纣之后还有狩猎、太室山祭天等活动，武王绝不可能在三月初就提前返周。

（四）四月乙未

《逸周书·世俘解》："维四月乙未日，武王成辟四方，通殷命有国。"

公元前 1047 年四月无乙未日，三月二十日（4 月 26 日）或五月二十一日（6 月 25 日）为乙未。

"四月乙未"有三种可能：

四月举行的武王即位仪式礼成于初十，为乙卯日；六月返回关中后祭祖仪式全部结束于十一日，也是乙卯日。四月乙未或为四月乙卯（上表"成辟 A"），或为六月乙卯（上表"成辟 B"）。

其次，关中祭祖完成于六月十一日，四天后即是十五月圆之日，该日为己未（上表"成辟 C"）。此时改朝换代的所有仪式都已完成，于该日颁诏各国子民，宣告新王朝建立及宣示新政，可能性也很大。

三种可能中，以"六月己未"误为"四月乙未"可能性最大。

月份之误如上所述，"己未"与"乙未"形近易讹，而"乙卯"误为"乙未"，从字形看，不应误认。

（五）即位仪式的择日

伐纣成功后，武王即位仪式在四月初六到初十，共五天。

为什么不选择祭祀常用的初一呢？

一种可能是：

三月三十乙巳日，陈本、新荒及百韦各自领命征伐得胜归来，同日百韦又受命伐厉，但其归来时间未详。第二天就是四月初一，有可能此时战事仍在进行，所以即位仪式没有在初一举行。

更大的可能是：

预示姬周天命的五星聚天象发生在公元前 1059 年 5 月 28 日，该日为本轮五星聚过程中五大行星间距最小的时候（赤经差约 7°，是名副其实的五星聚），这一天是四月初九甲子日。

武王即位仪式四月初六开始，四月初九"谒戎殷于牧野"，向天地祖先禀告牧野之战消灭殷商，四月初十"籥人奏《崇禹生开》，三终，王定"，完成即位仪式。

之所以将即位仪式推迟，或许就是为了迎合十二年前五星聚出现的四月初九。刻意的日期选择，正为了彰显天命归周、非为人谋的所谓天意。

十二年前四月初九出现五星聚，十二年后四月初九武王即位，天命显现与定鼎天下实现了令人难以置信的应验。

五星聚出现在四月初九甲子日，巧的是牧野之战则选在二月十八，也是甲子日，决战日期的选择很可能也与五星聚有关，而且甲子本身又是天干地支相配而成六十甲子的首位，一元复始，天命维新，非常完美。

公元前 1047 年伐纣灭商，二月十八甲子之后，四月十九也是甲子日。如果四月初九伐商，四月十九甲子日即位，当然也能呼应十二年前在四月初九甲子日出现的五星聚天象，而且更为戏剧性更为完美，但显而易见，决战到即位仅有短短十天，如期完成的可能性很小，逾期的风险非常大，绝非军事决策的合理选择。

（六）发兵与武王出发日期

《汉书·律历志》："师初发，以殷十一月戊子。"

殷十一月即夏历十月，公元前 1048 年 12 月 20 日为十一月初十戊子日，该年十月并没有戊子日，下一个戊子日在公元前 1047 年 2 月 18 日，正月十一。

《汉书》所说"殷十一月戊子"，要么是夏历"十一月戊子"（上表"发兵 A"），要么是夏历"一月戊子"（上表"发兵 B"），两种可能都有合理性。

十一月按例将举行阅兵，如《周礼·夏官司马》有载："中冬教大阅。"中冬，即十一月。本来就要阅兵，此时发兵集结，合情合理。

今本《竹书纪年》载："秋，周师次于鲜原。冬十有二月，周师有事于上帝。庸、蜀、羌、髳、微、卢、彭、濮从周师伐殷。"

以此推之，十一月之前的秋天就已经开始集结军队，十二月有祭天仪式，同时还有多个诸侯国共同参与。可能有部分诸侯国军队到关中与周师会合并演练，也可能共同出席了十二月的祭天仪式。

《汉书》所说"殷十一月戊子"或即夏历"十一月戊子"发兵向祭祀之地集结并与诸侯国军队会合。

一月戊子是正月十一日，武王出发在正月十六日，若《汉书》所说"殷十一月戊子"是夏历"一月戊子"，戊子发兵，则部队比武王提前五天出发。

《尚书大传》有"丙午，王逮师"之说，即武王追赶上先行出发的大部队，五天的时间差，从日程看很合理。比较而言，《汉书》将"一月戊子"误为"殷十一月戊子"可能性更大。

导致错误的可能路径是，发兵日原本就是"一月戊子"，因为是周代纪事，后人将其当成周历，于是转换成夏历就是"十一月戊子"；之后又有人以为当时周仍是殷商的诸侯国，应该用殷历，于是又将"十一月戊子"视为殷历，错上加错，就讹变成了"殷十一月戊子"。

其次，《尚书·武成》载，"癸巳，王朝步自周"，《逸周书·世俘解》载，"丁未，王乃步自于周"，癸巳为正月十六日，丁未为二月初一，《尚书大传》"丙午，王逮师"则是正月二十九日。也就是说，正月十六癸巳日，武王出发；正月二十九丙午日，武王与先期出发的部队会合；二月初一丁未，武王与部队一起出发。

　　按常理猜测，武王第一次出发的起点，可能是在岐山脚下——十二月祭天之后，武王又返回"凤鸣岐山"的周原故地祭祀为出征祈福，毕竟五星聚天象出现时武王父子都在那里；第二次出发的起点，可能是在靠近周国边境的地方，比如潼关就有可能。所以，两次出发都可以称之为"自周""自于周"（岐山下周原故地距丰京直线距离 80 公里左右，以日行 30 公里计，约三天行程。武王晚出发五天，路程又多三天，实际相当于晚了八天）。

　　虽然《尚书·武成》与《逸周书·世俘解》日期不同而文字相似，容易让人以为二者至少有一个错误，但考虑到武王后出发，则二者完全可以并存，即两书所载都正确，一个是武王比部队晚五天才出发，一个是武王与部队集合后再一起出发。

　　此外，今本《竹书纪年》有载："五十一年冬十一月戊子，周师渡盟津而还。"该条纪事可能与《汉书·律历志》所说"师初发，以殷十一月戊子"为同一年同一事。

　　《竹书纪年》来自西晋时出土竹简，其原始信息原本不晚于战国时代，但遗憾的是因为文字不同、出土竹简残损错乱等原因，所谓西晋时的《竹书纪年》已经是时人整理的版本，更何况该书后世又有佚失，流传至今的传世本可能掺入了后世整理校订者的认知。

　　《汉书》作者为东汉班固，如果相信《汉书》自有其依据，那么相较而言，也许"师初发"这种孤证之说反倒是更可靠的历史信息，而《竹书纪年》所载"周师渡盟津而还"，实为整理校订者因为武王伐纣有所谓两次之说而增衍。

　　简而言之，《汉书·律历志》"师初发，以殷十一月戊子"实为"师初发，以一月戊子"，指受命十二年一月出兵伐纣；今本《竹书纪年》"五十一年冬十一月戊子，周师渡盟津而还"实为

"十二年一月戊子"，而"周师渡盟津而还"为后世演绎之说。

二、商周之交纪年复原表 [1]

公元前	商纪年	周纪年	受命年	大事记	文献记载	说明
1106	5			文丁五年 周作程邑	（文丁）五年，周作程邑。	"周作程邑"，此时为季历时代。季历为古公亶父之子，文王姬昌之父，武王姬发之祖父。
					《逸周书·度邑解》：王曰："维天不享于殷，发之未生，至于今六十年，夷羊在牧，飞鸿满野，天自幽不享于殷，乃今有成……"	"至于今六十年"，指从季历营建程邑算起（公元前1106年），到武王伐纣（公元前1047年），共60年。
1105	6					
1104	7					
1103	8					
1102	9					
1101	10					
1100	11			文丁杀季历	（文丁）十一年，周公季历伐翳徒之戎，获其三大夫，来献捷。王杀季历。	"王杀季历"，王指商王文丁。季历被杀后，次年姬昌继位。
1099	12	1		文王元年 文丁十二年	（文丁）十二年，有凤集于岐山。	姬昌继位元年，"文王元年"仅为阅读方便之说，此时并未称王。"有凤集于岐山"或为后人按"凤鸣岐山"的天命神话而增衍，目的是赋予文王继位天命色彩。

---

[1] 受命年："凤鸣岐山"所指五星聚天象出现后次年开始计算。

（续表）

公元前	商纪年	周纪年	受命年	大事记	文献记载	说明
1098	13	2			（文丁）十三年，陟。	文丁为帝乙之父。《竹书纪年》载文丁在位13年，《皇极经世》载文丁在位3年，本文取前者。
1097	1	3	帝乙元年	帝乙元年	（帝乙）元年庚寅，王即位，居殷。	帝乙为帝辛（商纣）之父。《竹书纪年》商王年代前后相续，没有三年居丧期的间隔（仅盘庚与小辛之间有一年间隔），夏代各王之间则有1—4年不等的间隔，甚至帝廑与孔甲间隔38年，孔甲与帝昊间隔26年，显示其整理者或许未能最后完成。
1096	2	4				
1095	3	5				
1094	4	6				
1093	5	7				
1092	6	8				
1091	7	9				
1090	8	10				
1089	9	11		帝乙九年	（帝乙）九年，陟。	《竹书纪年》载帝乙在位9年，帝辛在位52年；《皇极经世》载帝乙在位37年，帝辛在位33年。本文复原纪年取帝辛在位33年，相关文献记载可得到合理解释，但帝乙在位年因此变为18年，与诸说不能相合。

（续表）

公元前	商纪年	周纪年	受命年	大事记	文献记载	说明
1088	10	12				
1087	11	13				
1086	12	14				
1085	13	15				
1084	14	16				
1083	15	17				
1082	16	18				
1081	17	19				
1080	18	20				
1079	1	21		文王廿一年 帝辛元年	（帝辛）元年己亥，王即位，居殷。命九侯、周侯、邘侯。	帝辛，即商纣王。
1078	2	22				
1077	3	23		酆 A	酆 A：《逸周书·酆保解》：维二十三祀，庚子朔，九州之侯咸格于周，王在酆。	6月7日为五月初一庚子，与"庚子朔"干支相合。 8月6日为闰六月初二庚子（西周闰年应在年末，故实为七月初二），历日前移一天，即为六月初一庚子，符合"庚子朔"。
1076	4	24				
1075	5	25				
1074	6	26				
1073	7	27				
1072	8	28				
1071	9	29				

（续表）

公元前	商纪年	周纪年	受命年	大事记	文献记载	说明
1070	10	30				
1069	11	31				
1068	12	32				
1067	13	33		酆B	酆B:《逸周书·酆保解》：维二十三祀，庚子朔，九州之侯咸格于周，王在酆。	该年四月廿九日为庚子，历日偏移一天即是庚子朔。如是该年，则年代相差十年，即"二十三祀"为"三十三祀"之误。"王在酆"，酆即丰京。不论二十三祀还是三十三祀，丰京的营建都在五星聚出现之前。
1066	14	34				
1065	15	35		正月十五丙子月全食	《逸周书·小开解》：维三十有五祀，王念曰："多囗，正月丙子拜望，食无时。"	"三十有五祀"，指文王继位三十五年。3月12日为正月十五丙子。岐山地区观测，月全食在3月13日（正月十六）凌晨1:38开始，5:26结束，因在12日（正月十五）夜间，记为十五月食。
1064	16	36				
1063	17	37				
1062	18	38				
1061	19	39				
1060	20	40				

（续表）

公元前	商纪年	周纪年	受命年	大事记	文献记载	说明
1059	21	41		帝辛二十一年 五星聚	（帝辛）三十二年，五星聚于房。	帝辛纪年多计11年，实为帝辛二十一年。 前1059年5月28日（四月初九甲子）出现五星聚（本轮五星聚发生在4月底到6月初，5月28日是五星间距最小的时候）。"五星聚于房"，应为"五星聚于鬼"，详见本书第九章《凤鸣岐山：商周之变中天命神话的源起》。
1058	22	42	1	帝辛二十二年 受命元年 文王四十二年	《帝王世纪》：文王在丰，九州诸侯咸至，五星聚于房。文王即位四十二年，岁在鹑火，文王于是年更为受命之元年，始称王矣。	"五星聚于房"为上年之事。 公元前1058年2月9日（正月初一），木星在柳宿、星宿之间；公元前1057年2月27日（腊月二十九），木星在翼宿。公元前1058年全年，木星主要在柳、星、张三宿，柳、星、张三宿合称鹑火，故称"岁在鹑火"。"始称王"不确，应在"太姒之梦"以后才称王。"九州诸侯咸至"或在武王伐纣之后，参见《逸周书·酆保解》之"酆D"。

（续表）

公元前	商纪年	周纪年	受命年	大事记	文献记载	说明
1058	22	42	1	帝辛二十二年 受命元年 文王四十二年	（帝辛）二十二年冬，大蒐于渭。	蒐，同搜，指狩猎[1]。该年冬天，商王到渭水流域举行大型狩猎活动。上年出现五星聚后，本年周人已迁到程邑并开始营建丰邑，次年将迁都于丰邑。在此期间，商王到关中巡狩，应当是感受到了周人异动，其巡狩目的显然并不在于狩猎本身。
					（帝辛）三十三年，密人降于周师，遂迁于程。王锡命西伯，得专征伐。	帝辛纪年多计11年，实为帝辛二十二年。 "迁于程"，即周人从岐山迁居沣水开始营建丰邑，先暂居程邑。程邑位于现陕西咸阳东，位于渭水北岸，丰邑在渭水南岸。 周人天命来自上一年的五星聚，并非商王赐命"专征伐"，事实上商王也不可能有意成全敏感的星占天命之说，故疑为史官或后人夸饰增衍之说。

---

[1] 《左传·隐公五年》："故春蒐、夏苗、秋狝、冬狩，皆于农隙以讲事也。"《周礼·夏官司马》："中春……遂以搜田……中夏……遂以苗田，如搜之法……中秋……遂以狝田，如搜之法……中冬……遂以狩田……大兽公之，小禽私之……"

（续表）

公元前	商纪年	周纪年	受命年	大事记	文献记载	说明
1058	22	42	1	帝辛二十二年 受命元年 文王四十二年	（帝辛）三十三年，密人降于周师，遂迁于程。王锡命西伯，得专征伐。	该年纪事很可能属于周文王而并非商王，即文王四十二年之事。今本《竹书纪年》中完全没有文王纪年，可能有部分内容被混入商王名下。
1057	23	43	2	鄷C 文王囚羑里	《逸周书·程典解》：维三月既生魄，文王令六州之侯，奉勤于商。商王用宗谗，震怒无疆，诸侯不娱，逆诸文王。文王弗忍，乃作《程典》，以命三忠。	文王上一年迁居到程，本年底将迁到丰。 "三月既生魄"，时为三月初一（4月27日）。
					（帝辛）三十五年，周大饥。西伯自程迁于丰。	帝辛纪年多计12年，实为帝辛二十三年。
					鄷C：《逸周书·鄷保解》：维二十三祀，庚子朔，九州之侯咸格于周，王在鄷。	"二十三祀"，或为文王纪年"四十三祀"之误。 12月19日为十月三十庚子，历日后移一天，即为冬月初一庚子，合庚子朔。此前数月庚子日与初一相差2—3天，因历日安排不同而初一逢庚子也有可能，但此处一日之差可能性更大（2—3天，月相已有明显区别，错误可能性较小）。
					（帝辛）二十三年，囚西伯于羑里。	二十三年，指帝辛二十三年。

（续表）

公元前	商纪年	周纪年	受命年	大事记	文献记载	说明
1056	24	44	3			
1055	25	45	4			
1054	26	46	5			
1053	27	47	6		（帝辛）三十七年，周作辟雍。	帝辛纪年多计10年，实为帝辛二十七年。
1052	28	48	7			
1051	29	49	8	文王获释归周	（帝辛）二十九年，释西伯，诸侯逆西伯，归于程。	二十九年，指帝辛二十九年。
1050	30	50	9	帝辛三十年　受命九年　文王五十年	（帝辛）四十年，周作灵台。王使胶鬲求玉于周。	帝辛纪年多计10年，实为帝辛三十年。
					《逸周书·文传解》：文王受命之九年，时维莫春，在鄗，召太子发曰："呜呼！我身老矣！"	"受命"来自五星聚，天象出现第二年记为受命元年，此为受命九年。
					《逸周书·文儆解》：维文王告梦，惧后祀之无保，庚辰诏太子发曰："汝敬之哉……"	4月27日为三月十七庚辰，时为暮春，该篇纪事或与《文传解》为同一事，即文王向太子姬发遗命仁政治国之道。
					清华简《保训》：惟王五十年，不瘳，王念日之多鬲，恐述《保训》。戊子，自溃。己丑昧爽，王若曰……	五十年，指文王继位五十年。

（续表）

公元前	商纪年	周纪年	受命年	大事记	文献记载	说明
1049	31	1	10	受命十年　称王元年（文王元年、武王一年）　正月太姒梦　三月文王崩	清华简《程寤》：惟王元祀，正月既生霸，大姒梦，见商庭唯棘……王及太子发并拜吉梦，受商命于皇上帝。	"受商命于皇上帝"，指西伯姬昌始称王。"王元祀"，指文王称王元年。"正月既生霸"，指正月初一（前1049年2月29日）。
					《逸周书·大开武解》：维王一祀二月，王在酆，密命，访于周公旦曰："鸣呼！余夙夜维商，密不显，谁和？告岁之有秋，今余不获其落，若何？"	"王一祀"，指称王元年，但这里与周公旦谈话的"王"指太子姬发。该篇纪事可能发生在文王驾崩前后。
					（帝辛）四十一年春三月，西伯昌薨。	帝辛纪年多计10年，实为帝辛三十一年。按《逸周书·世俘解》，武王伐纣期间在"戊辰"日"追祀文王"，为公元前1047年二月廿二日（3月30日），疑"春三月"为"春二月"之误。文王二月驾崩，可与《逸周书·大开武解》中武王与周公旦在二月的伐商谈话相参照。

（续表）

公元前	商纪年	周纪年	受命年	大事记	文献记载	说明
1049	31	1	10	受命十年 称王元年（文王元年、武王一年） 正月太姒梦 三月文王崩	《史记·周本纪》：盖受命之年称王而断虞芮之讼。后十年而崩，谥为文王。	"后十年"，指受命十年。"受命之年称王"不确。受命十年太姒梦之后称王，1—2个月后文王即驾崩。
					《太平御览·皇王部九》：《帝王世纪》曰：……十年正月，文王自商至程。太姒梦，见商庭生棘……及发并拜吉梦，遂作《程寤》。	十年，指受命十年。
					《太平御览·人事部三十八》：《周书》曰：文王去商在程。正月既生魄，太姒梦，见商之庭产棘……王及太子发并拜。告梦，受商之大命于皇天上帝。	
					《太平御览·礼仪部十二》：又《程寤》曰：文王在翟，太姒梦，见商之庭产棘……拜，告梦，受商之大命。	"文王在翟"，应为"文王在程"。

（续表）

公元前	商纪年	周纪年	受命年	大事记	文献记载	说明
1048	32	2	11	帝辛三十二年 称王二年 受命十一年 年底准备发兵	五十二年庚寅，周始伐殷。秋，周师次于鲜原。冬十有二月，周师有事于上帝。	帝辛纪年多计20年，实为帝辛三十二年。 文王驾崩之后两年为居丧期，沿用文王纪年，则正好是五十二年。该年纪事或属于帝辛。
					《逸周书·和寤解》：王乃出图商，至于鲜原。	即今本《竹书纪年》所载"秋，周师次于鲜原"。
					《竹书纪年》：十一年庚寅，周始伐商。（《新唐书·历志》引）	十一年，指受命十一年。 《新唐书》引为"十一年庚寅"，今本《竹书纪年》记为"五十二年庚寅"，年干支相同而纪年不同，《新唐书》所引《竹书纪年》或来自今本但转换纪年，或来自古本但参考今本。 该年干支实为癸巳，与庚寅相差三年（庚寅—辛卯—壬辰—癸巳）。
					《逸周书·小开武解》：维王二祀一月既生魄，王召周公旦曰："呜呼！余夙夜忌商，不知道极，敬听以勤天命。"	王二祀，指称王二年，王指武王。

（续表）

公元前	商纪年	周纪年	受命年	大事记	文献记载	说明
1048	32	2	11	帝辛三十二年 称王二年 受命十一年 年底准备发兵	《逸周书·寤儆解》：维四月朔，王告儆，召周公旦曰："呜呼！谋泄哉！今朕寤有商惊予，欲与无□，则欲攻无庸，以王不足，戒乃不兴，忧其深矣！"周公曰："天下不虞周，惊以寤王……"	武王担心灭商计划泄露，此时仍处于保密状态。
1047	33	3	12	帝辛三十三年 称王三年 受命十二年 正月出发 二月代商 武王立嗣	（武王）十二年辛卯，王率西夷诸侯伐殷，败之于坶野。 《吕氏春秋·孝行览·首时》：立十二年，而成甲子之事。 《逸周书·酆谋解》：维王三祀，王在酆，谋言告闻，王召周公旦曰："呜呼！商其咸辜，维日望谋建功，谋言多信，今如其何？"周公曰："时至矣。"乃兴师循故，初用三同，一戚取同，二任用能，三矢无声。	十二年，指受命十二年。该年为五星聚出现的十二周年，一个木星周期。 王三祀，指称王三年。正月十六武王出发，推测本文所记可能发生在正月初一。

（续表）

公元前	商纪年	周纪年	受命年	大事记	文献记载	说明
1047	33	3	12	帝辛三十三年 称王三年 受命十二年 正月出发 二月代商 武王立嗣	《尚书·泰誓上》：惟十有一年，武王伐殷。一月戊午，师渡孟津，作《泰誓》三篇。惟十有三年春，大会于孟津。	"一月戊午"，应为"（十二年）二月戊午"。 "十有三年春"，应为"十有二年春"。
					《尚书·泰誓中》：惟戊午，王次于河朔，群后以师毕会。	戊午，指二月戊午。
					《尚书·泰誓下》：时厥明，王乃大巡六师，明誓众士。	时厥明，指二月戊午次日凌晨。
					《史记·周本纪》：十一年十二月戊午，师毕渡盟津，诸侯咸会……武王乃作太誓……二月甲子昧爽，武王朝至于商郊牧野，乃誓。	"十一年十二月戊午"，应为"十二年二月戊午"。 二月甲子，指十二年二月甲子。
					《逸周书·度邑解》：王曰："呜呼！旦，维天不享于殷，发之未生，至于今六十年，夷羊在牧，飞鸿满野，天自幽不享于殷，乃今有成……"	"至于今六十年"，是从商王文丁五年算起（武王祖父季历于该年兴建程邑，见今本《竹书纪年》"［文丁］五年，周作程邑"），文丁五年为公元前1106年，到公元前1047年武王伐纣，正好60年。
					《逸周书·武儆解》：惟十有二祀四月，王告梦，丙辰，出金枝郊宝开和细书，命诏周公旦，立后嗣，属小子诵，文及宝典。	十有二祀，指称王十二年。 四月，或为六月。 四月丙辰在武王即位仪式礼成次日，武王仍在河南，回陕西完成祭祖后再立嗣更合理。

（续表）

公元前	商纪年	周纪年	受命年	大事记	文献记载	说明
1046		1	13	称王四年 武王天子元年 受命十三年 武王在管 访箕子 鄐 D	《逸周书·柔武解》：维王元祀，一月既生魄……胜国若化，不动金鼓，善战不斗。故曰柔武，四方无拂，奄有天下。 《逸周书·周书序》：文王既没，武王嗣位，告周公禁五戎，作《柔武》。	王元祀，指武王伐商成功后即位元年，武王由周国之王变为周朝之王。从内容看，《柔武》讲的是"不动金鼓，善战不斗"，伐商是战而胜之，在伐商前讲不战而屈人之兵，不合逻辑，不合常理。在伐商成功、放马南山之后，再说"柔武"以治国正是理当如此。 《周书序》称该篇为文王驾崩后武王继位元年，此时在筹备伐商，正是要兴武而非"柔武"之时。 需要说明的是，《逸周书》中仅此篇以该年武王即位天子为元年，其余纪年有用受命年也有用文王崩后武王继位年（称王之年）。

（续表）

公元前	商纪年	周纪年	受命年	大事记	文献记载	说明
1046		1	13	称王四年 武王天子元年 受命十三年 武王在管 访箕子 酆D	《逸周书·大匡解》：惟十有三祀，王在管，管叔自作殷之监，东隅之侯咸受赐于王，王乃旅之，以上东隅。	十有三祀，指受命十三年。
					《逸周书·大匡解》：惟十有三祀，王在管，管、蔡开宗循王，禁九慝，昭九行，济九丑，尊九德，止九过，务九胜，倾九戒，固九守，顺九典。	同上。
					《尚书·洪范》：惟十有三祀，王访于箕子。	同上。
					（武王）十三年，巢伯来宾。荐殷于大庙。遂大封诸侯。秋，大有年。	十三年，指受命十三年。
					酆D：《逸周书·酆保解》：维二十三祀，庚子朔，九州之侯咸格于周，王在酆。	"二十三祀"或为"王十三祀"，"二"为"王"之误。十三祀，指受命十三年，王指武王。该年三月初一为庚子（4月26日），合"庚子朔"。

（续表）

公元前	商纪年	周纪年	受命年	大事记	文献记载	说明
1045		2	14	称王五年 武王天子二年 受命十四年	（武王）十四年，王有疾，周文公祷于坛埠，作《金縢》。	十四年，指受命十四年。
					《尚书·金縢》：既克商二年，王有疾，弗豫……公归，乃纳册于金縢之匮中。王翼日乃瘳。	"既克商二年"，指克商之后二年，克商当年不计，此与《尚书·武成》"越某日"类似，起始年不计入。《尚书》中《金縢》《武成》两篇纪时用法相同，但与《召诰》不同（《召诰》与《逸周书》用法相同，均将起始日计入）。
					清华简《金縢》："武王既克殷三年，王不豫有迟。"	"既克殷三年"，克殷当年亦计入，此与《逸周书》"越某日"类似，将起始年计入。
1044		3	15	称王六年		
1043		4	16	称王七年 十二月武王崩	《逸周书·作雒解》：武王克殷，乃立王子禄父，俾守商祀，建管叔于东，建蔡叔、霍叔于殷，俾监殷臣，王既归，乃岁十二月崩镐，殡于岐周，周公立，相天子。	周公立，指周公摄政。

（续表）

公元前	商纪年	周纪年	受命年	大事记	文献记载	说明
1043		4	16	称王七年 十二月武王崩	《逸周书·明堂解》：既克纣六年而武王崩，成王嗣，幼弱未能践天子之位，周公摄政君天下，弭乱六年而天下大治。	六年而武王崩，六年指武王在位年，即文王驾崩之后武王在位六年，即位当年未记入（该年三月文王驾崩）。六年而天下大治，六年指周公摄政年数。周公摄政实为七年，第七年还政于成王，该年未计入。
					《管子·小门》：武王伐殷，克之，七年而崩。	七年，指武王在位年，起始年计入，即文王三月驾崩的当年为一年。
					（武王）十七年，命王世子诵于东宫。冬十有二月，王陟，年五十四。	武王纪年多计十年，应为七年，指武王在位年。
1042		1	17	周公摄政元年 成王即位元年	《逸周书·作雒解》：元年夏六月，葬武王于毕。	元年，指周公摄政元年。武王驾崩后成王继位，成王年幼，周公摄政，周公非天子，所以不称为"王元年"。
1041		2	18	周公摄政二年	《逸周书·作雒解》：二年，又作师旅，临卫政殷。	二年，指周公摄政二年，周公东征平三监之乱。
1040		3	19			
1039		4	20			

（续表）

公元前	商纪年	周纪年	受命年	大事记	文献记载	说明
1038		5	21		（成王）五年春正月，王在奄，迁其君于蒲姑。夏五月，王至自奄。迁殷民于洛邑，遂营成周。	五年，指周公摄政五年。洛邑、成周，指武王选址的度邑（《逸周书·度邑解》）。
1037		6	22			
1036		7	23	周公摄政七年 腊月初一戊辰	（成王）七年，周公复政于王。	七年，指周公摄政七年。
					《尚书·洛诰》：戊辰，王在新邑烝，祭岁，文王骍牛一，武王骍牛一。王命作册逸祝册，惟告周公其后。王宾杀禋咸格，王入太室，裸。王命周公后，作册逸诰，在十有二月。惟周公诞保文武受命，惟七年。	用时两年，洛邑告成。此时的洛邑指度邑（《逸周书·度邑解》）。前1035年1月26日为腊月初一戊辰，干支与月均相合。周公建议成王迁居洛邑，成王未同意，在洛邑祭祀后仍返回宗周。惟七年，指周公摄政七年，与《逸周书》中元年、二年一样，都只说纪年而不说"王某年"。
1035		1	24	成王亲政元年 成王即位八年	（成王）八年春正月，王初莅阼亲政。	八年，指成王即位八年，实即成王亲政元年。该年为五星聚出现的24周年，两个木星周期。
1034		2				

公元前	商纪年	周纪年	受命年	大事记	文献记载	说明
1033		3		成王亲政三年 二月初一丙辰	《逸周书·宝典解》：维王三祀，二月丙辰朔，王在鄗。	王三祀，指成王亲政三年。 前1033年3月4日为二月初一丙辰，干支相合。 鄗，通镐，"王在鄗"，指成王在镐京。
					（成王）十年，王命唐叔虞为侯。越裳氏来朝。周文公出居于丰。	十年，指成王继位十年，包括周公摄政七年。 周文公，指周公旦。"周文公出居于丰"，指周公旦离开镐京迁居河对岸的丰京。
1032		4			（成王）十一年春正月，王如丰。唐叔献嘉禾，王命唐叔归禾于周文公。王命周平公治东都。	十一年，指成王继位十一年，包括周公摄政七年。 "王如丰"，此时周公旦或居于丰。 周平公，指周公旦次子君陈（长子伯禽封于鲁国）。
1031		5		成王亲政五年 二月廿二乙未 三月初四丙午	《尚书·召诰》：惟二月既望，越六日乙未，王朝步自周，则至于丰。惟太保先周公相宅，越若来三月，惟丙午朏。	"相宅"，指在原洛邑（度邑）旁边勘察地形以兴建另一座城，该城与原有度邑合称洛邑。 洛邑双城格局与沣水河畔的丰京与镐京类似。

（续表）

公元前	商纪年	周纪年	受命年	大事记	文献记载	说明
1031		5		成王亲政五年 二月廿二乙未 三月初四丙午	《尚书·召诰》：惟二月既望，越六日乙未，王朝步自周，则至于丰。惟太保先周公相宅，越若来三月，惟丙午朏。	前1031年3月27日为二月十六既望，越六日为4月2日，即二月二十二乙未，干支相合。4月13日为三月初四丙午，朏为初三，此处不合。若二月大（30天），三月初三即为丙午，干支相合。
					何尊铭文：唯王初壅，宅于成周。复禀王礼福自天。在四月丙戌，王诰宗小子于京室……唯王五祀。	王五祀，指成王亲政五年。四月丙戌为十四日。
1030		6				
1029		7			（成王）十四年，秦师围曲城，克之。冬，洛邑告成。	十四年，指成王继位十四年，包括周公摄政七年。
1028		8			（武王）十五年，肃慎氏来宾。初狩方岳，诰于沬邑。冬，迁九鼎于洛。	"迁九鼎于洛"，肯定在成王迁居洛邑之后，武王驾崩前洛邑都未完成营建，不可能迁九鼎。该年纪事不可能是武王之事，应为成王纪事。十五年，指成王继位十五年，包括周公摄政七年。
1027		9				
1026		10				

（续表）

公元前	商纪年	周纪年	受命年	大事记	文献记载	说明
1025		11			（成王）十八年春正月，王如洛邑定鼎。凤凰见，遂有事于河。	十八年，指成王继位十八年，包括周公摄政七年。实即成王亲政十一年。
1008		28			尧公簋铭文：命易（唐）伯侯于晋，唯王廿又八祀。	廿又八祀，指成王亲政二十八年。唐伯，指唐叔虞之子燮父。唐叔虞为成王之弟，成王亲政三年封于唐，其子燮父继位后改唐为晋。
1007		29			（康王）九年，唐迁于晋，作宫而美，王使人让之。	该纪事应属成王而非康王，九年，为二十九年之误，指成王亲政二十九年。上年唐伯被封于晋，该年"唐迁于晋"，可知唐国改晋国后有迁都之举。
1006		30		成王三十年	《尚书·顾命》：成王将崩，命召公、毕公率诸侯相康王，作《顾命》。惟四月，哉生魄，王不怿。甲子，王乃洮颓水……越翼日乙丑，王崩。	该年6月19日为闰四月十七甲子。周代置闰或在年末，则闰月应在上一年，该年历日后移一个月，正是四月。
					（成王）三十七年，夏四月乙丑，王陟。	三十七年，指成王继位三十七年，包括周公摄政七年。"王陟"，成王驾崩。

注：文献记载中未标明出处的均出自今本《竹书纪年》。

（一）四个主要年代定位

1. 月食

《逸周书·小开解》："维三十有五祀，王念曰：'多□，正月丙子拜望，食无时。'"

公元前 1065 年 3 月 12 日为正月十五丙子，该日夜间发生月全食，且该年为文王三十五年。

岐山地区观测，月全食在 3 月 13 日（正月十六）凌晨 1:38 开始，5:26 结束。虽在次日凌晨，但按习惯将其记在正月十五更合适。

2. 五星聚

今本《竹书纪年》："三十二年，五星聚于房。"

公元前 1059 年 5 月 28 日，四月初九甲子日，傍晚时在西方地平线上方可见五星聚。本轮五星聚持续月余，该日为五大行星间距最小的时候（赤经差约 7°）。

在此之前，上一次观测可见的五星聚发生在公元前 1178 年 7 月（赤经差约 29°），位置也在南方朱雀七宿（井宿、鬼宿），但提前 120 年，因年代过早而不可能成为姬周天命。

在此之后，公元前 1039 年 3 月、公元前 1019 年 9 月、公元前 961 年 11 月都有五星聚，但五星间距都很大（赤经差分别约 19°、26°、22°）。更重要的是，五星聚所在位置并不在南方朱雀七宿，不能引申出"凤鸣岐山"天命神话。

简而言之，公元前 1178 年到公元前 961 年，前后 218 年中，仅有公元前 1059 年的五星聚可谓名副其实并且能与"凤鸣岐山"相吻合。

有两个问题，一是该年应为帝辛二十一年而非三十二年，二是五星聚的位置应在鬼宿而非房宿。前者可能是今本《竹书纪年》整理编写者推算错误，除此以外另有多处可确认的纪年错误；后者可能源自西汉末年王莽新朝时期对五行德运的篡改，可参阅本书第三章《炎汉三德：政治操弄中隐匿的天文背景》、第九章《凤鸣岐山：商周之变中天命神话的源起》。

3. 丙辰朔

《逸周书·宝典解》："维王三祀，二月丙辰朔，王在鄗。"

《逸周书·周书序》："武王评周公维道以为宝，作《宝典》。"

《宝典解》主要是周公旦阐述四位、九德、十奸、十散、三信等治国之道，之后"王拜曰：'格而言……'"。

《周书序》认为该篇为武王纪事，但从内容看，理解为成王亲政后周公给予教导更为妥当，即该篇应为成王纪事。

二月丙辰朔，即二月初一为丙辰。

公元前 1033 年 3 月 4 日为二月初一丙辰，且该年为成王亲政三年。

上一个二月初一为丙辰，在公元前 1059 年 3 月 21 日；下一个二月初一为丙辰，在公元前 1002 年 3 月 22 日。两者都无法衔接文王、武王或成王三代纪年。

4. 迁九鼎时间

《尚书·召诰》："惟二月既望，越六日乙未，王朝步自周，则至于丰。惟太保先周公相宅，越若来三月，惟丙午朏。"

既望为十六日，公元前 1031 年 3 月 27 日为二月十六既望，该日为己丑。

《尚书·召诰》的"越某日"与《逸周书·世俘解》一致，都是将起始日计入，以此推之，则"越六日"为 4 月 1 日，即二月二十一甲午日。若要"越六日"为乙未，则起始日的二月既望应该是庚寅日（二月十七），也就是说，《尚书·召诰》的干支与实际历日有一日之差。

一日之差，在《尚书·召诰》中还有一处。

"三月，惟丙午朏。"朏指初三，但该年三月初四才是丙午，若要初三为丙午，则历日需要前移一天。

历日前移一天，则《尚书·召诰》中既望与朏这两天的干支都能相合。

公元前	农历	调整后农历	干支	《召诰》纪日
1031.3.27	二月十六	二月十五	己丑	
1031.3.28	二月十七	二月十六	庚寅	二月既望
1031.3.29	二月十八	二月十七	辛卯	
1031.3.30	二月十九	二月十八	壬辰	
1031.3.31	二月二十	二月十九	癸巳	
1031.4.1	二月廿一	二月二十	甲午	
1031.4.2	二月廿二	二月廿一	乙未	越六日乙未
1031.4.3	二月廿三	二月廿二	丙申	
1031.4.4	二月廿四	二月廿三	丁酉	
1031.4.5	二月廿五	二月廿四	戊戌	
1031.4.6	二月廿六	二月廿五	己亥	
1031.4.7	二月廿七	二月廿六	庚子	
1031.4.8	二月廿八	二月廿七	辛丑	
1031.4.9	二月廿九	二月廿八	壬寅	
1031.4.10	三月初一	二月廿九	癸卯	
1031.4.11	三月初二	三月初一	甲辰	
1031.4.12	三月初三	三月初二	乙巳	

（续表）

公元前	农历	调整后农历	干支	《召诰》纪日
1031.4.13	三月初四	三月初三	丙午	三月丙午朏
1031.4.14	三月初五	三月初四	丁未	
1031.4.15	三月初六	三月初五	戊申	越三日戊申
1031.4.16	三月初七	三月初六	己酉	
1031.4.17	三月初八	三月初七	庚戌	越三日庚戌
1031.4.18	三月初九	三月初八	辛亥	
1031.4.19	三月初十	三月初九	壬子	
1031.4.20	三月十一	三月初十	癸丑	
1031.4.21	三月十二	三月十一	甲寅	越五日甲寅
1031.4.22	三月十三	三月十二	乙卯	若翼日乙卯
1031.4.23	三月十四	三月十三	丙辰	
1031.4.24	三月十五	三月十四	丁巳	越三日丁巳
1031.4.25	三月十六	三月十五	戊午	越翼日戊午
1031.4.26	三月十七	三月十六	己未	
1031.4.27	三月十八	三月十七	庚申	
1031.4.28	三月十九	三月十八	辛酉	
1031.4.29	三月二十	三月十九	壬戌	
1031.4.30	三月廿一	三月二十	癸亥	
1031.5.1	三月廿二	三月廿一	甲子	越七日甲子

注：该年为成王亲政五年。

周公摄政七年时还政于成王，当年十二月，周公曾建议成王迁居洛邑，但成王未同意（见《尚书·洛诰》）。成王亲政逐步稳定局势后才东迁成周并迁九鼎，是符合政治逻辑的做法。

迁九鼎于成周，今本《竹书纪年》记入武王纪年："十五年，肃慎氏来宾。初狩方岳，诰于沫邑。冬，迁九鼎于洛。"

显而易见的是，武王驾崩时在关中，成周洛邑即便已经开始营建也尚未落成，此时绝不可能"迁九鼎于洛"。成王亲政并迁居洛邑后再迁九鼎才顺理成章。

成王五年迁九鼎，又可与何尊铭文互证：

> 唯王初壅，宅于成周。复禀王礼福自天。在四月丙戌，王诰宗小子于京室……唯王五祀。

综上，四个可以确定的年代贯穿文王、武王及成王三代，见载文献的三代纪年各种记载均能次第相续。

（二）丰京营建于何时

文王建丰京，武王建镐京，位于现西安市西南的沣水两岸，河西为丰，河东为镐，合称丰镐，又称宗周。

> 维二十三祀，庚子朔，九州之侯咸格于周，王在酆。昧爽，立于少庭，王告周公旦曰："呜呼！诸侯咸格来庆，辛苦役商，吾何保守？何用行？"[1]

酆，即丰京。"王在酆"，说明周人已经从岐山下的周原故地迁居到丰京。

"辛苦役商"，或有歧义。

《说文解字》："役，戍边也。"周人偏居西部边陲，正是为殷商戍边的诸侯，以此推之，则"辛苦役商"实即"辛苦役于商"，指周人为殷商守护边境之辛苦，那么，此时尚未灭商。

"役"，甲骨文从"人"从"殳"，殳是一种兵器。从字形看，役的本义是持兵器驱役、役使他人。

"役"为驱役，按本义理解，"辛苦役商"就是指灭商过程之辛苦，可知此时在武王伐纣之后。

---

[1] 《逸周书·酆保解》。

该篇纪事或为文王，或为武王。

若为武王，"二十三祀"的在位年数未免太长，与武王"七年崩"或"六年崩"的相关记载冲突。

　　文王在酆，命周公谋商难，作《酆保》。[1]

"文王在酆"，可知《酆保解》确为文王纪事。

公元前 1077 年 6 月 7 日为五月初一庚子，且该年为文王二十三年。

若考虑历日调整（基于大小月问题，偏移一天具较大可信度），该年还有一个可能。8 月 6 日为闰六月初二庚子，历日前移一天，即为六月初一庚子，符合庚子朔（西周闰年应在年末，故六月之后闰六月实为七月）。

不论是否作历日修正，公元前 1077 年（文王二十三年）均与《逸周书》相合（上表"酆 A"）。

此年以后还有公元前 1072 年六月初一、公元前 1062 年八月初一、公元前 1046 年三月初一等干支为庚子，但均无法与文王纪年及受命纪年等同时吻合。

若考虑历日调整，则还有两种可能。

公元前 1067 年 6 月 15 日为四月廿九庚子，历日后移一天，即为五月初一庚子，符合"庚子朔"。该年为文王三十三年，则"二十三祀"为"三十三祀"之误。"二"与"三"形近易讹，有可能（上表"酆 B"）。

公元前 1057 年 12 月 19 日为十月三十庚子，历日后移一天，即为冬月初一庚子，符合"庚子朔"。该年为文王四十三年，则"二十三祀"为"四十三祀"之误，"三"（四）误为"二"，也有

---

[1] 《逸周书·周书序》。

可能（上表"酆 C"）。

另外，公元前 1056 年 2 月 17 日为正月初一庚子。该年为文王四十四年，"四十四年"误为"二十三年"可能性较低但未尝不可。不过，若是正月初一，按理说史官纪事不应该只记为"庚子朔"而回避正月年首的重要信息，故该选项应予排除。

综上，《酆保解》"文王在酆"的年代有三种可能。

酆 A：公元前 1077 年，文王二十三年。

酆 B：公元前 1067 年，文王三十三年。

酆 C：公元前 1057 年，文王四十三年。

以上三种可能选项中，"酆 A"与文献记载完全相合，"酆 B"与"酆 C"都需要调整历日安排且文献记载有误。

其中"酆 A""酆 B"两种可能都在五星聚出现（公元前 1059年）以前。这就意味着早在所谓天命神话"凤鸣岐山"出现之前，周人已经从岐山迁居到了沣水河畔。

照常理推测，如果周人早已迁居于丰又经营多年，当五星聚天象出现的时候，"凤鸣岐山"的故事按说就不应该再以岐山作为参照。

岐山与凤凰山

如图所示，周原遗址是古公亶父率领周人迁居岐山的故地，丰镐遗址是沣水河畔的宗周所在地。

岐山在周原遗址西北方向，这里是天命神话"凤鸣岐山"之所在。

从丰镐遗址望向岐山，虽然仍在西北方向，但更为偏西。

有意思的是，丰镐遗址的西北方向，有一座凤凰山。周原遗址望向岐山的方向，与丰镐遗址望向凤凰山的方向，二者角度竟然一模一样，俨然就是将周原遗址的岐山平移到了丰镐遗址的凤凰山。

虽然不能明确凤凰山得名的时间，但完全可以推测，其命名在"凤鸣岐山"的故事之后，而且很可能就是由这个天命神话所衍生而来。

由此推知，周人在五星聚出现之前就迁居于丰，虽然并不能完全排除可能，但合理性稍差，缺乏足够说服力。

可资参照的是，周人从岐山迁居丰京，有说在文王驾崩之前一年，如《史记·周本纪》："明年，伐崇侯虎而作丰邑，自岐下而徙都丰。明年，西伯崩，太子发立，是为武王。"

《史记》之说当然未必可靠，不过，在都有可能性的选项中，相较于文王驾崩前二十八年或十八年，八年之数或许更为合理，故事传播中可能的合并与压缩也能得到更好的解释。

文王驾崩前八年，即"鄩C"所指的公元前1057年，文王四十三年。

公元前1057年，在公元前1059年出现五星聚之后两年。

可以设想，随着实力的增长，周人也许早有挑战殷商王权的想法，而五星聚的出现，以天命和天意的方式，让兴周灭商的意图成为更为明确的战略方向，于是周人选址东进，开始在沣水河畔营建新都。

小邦周要成长为大邦周，沣水两岸广阔而肥沃的土地能够提供更大的发展空间。

经略关中，东进中原，沣水流域当然也比偏于西部的岐山之下更得地利之便。

甚至还有更为戏剧性的可能。也许在五星聚将要出现之前，因为发展之需，周人已经开始着手建设丰京，就在工程进行期间，五星聚出现了，新都肇宏图，天命启大业，正所谓上得天时，下得地利，何其完美。

丰邑的营建可能开始于五星聚出现之后也可能在此之前，但可以肯定，五星聚出现后第二年，西伯侯姬昌就迁居到了丰邑所在的渭河平原。

> （帝辛）三十三年，密人降于周师，遂迁于程。王锡命西伯，得专征伐。[1]

如上表，该年实为帝辛二十二年。程，位于现陕西咸阳东，渭河北岸，丰邑则在渭河南岸。"迁于程"，目的正是丰邑的营建。

两年后，丰京初成。这年的冬月初一庚子朔，文王在丰，"九州之侯咸格于周"。

之所以各国诸侯齐聚于周，很可能就是参加姬周从岐山迁居于沣水河畔的乔迁之喜，"诸侯咸格来庆"，庆的就是丰京新都的落成。

作为一方诸侯的西伯姬昌迎来各国诸侯的齐聚庆贺，迁都无疑是一个正当合理的理由。

---

[1]　今本《竹书纪年》。

不出意外的话，与姬周是姻亲关系的商王应该也会应邀而派人来参加。喜庆之后，新春在即，文王随商王代表团一起赴朝歌向天子答谢，不承想就此被留驻于商而不得返回，这就是后来所说的文王囚羑里。

七年后文王因年老而获允归周，归来后不过一年多就驾崩了，所以，文王在丰的时间其实非常有限，《史记》所说驾崩前一年才"作丰邑"，或许就是因此而发生了时间的压缩。

尤为重要的是，文王获释归周后在丰邑建造灵台，作为社稷象征的灵台确是建于文王驾崩之前一年，以此传为文王驾崩前"而作丰邑"也有其事实基础。

末代商王帝辛已在位二十余年，五星聚天命又已出现，这时候讨论"辛苦役商""商为无道"，显然更为合乎逻辑。这场讨论如果出现在帝辛三年（"酆 A"）或十三年（"酆 B"），也许过早了一点。

简而言之，以文王纪事而论，"酆 C"是断代最优解，即《逸周书·酆保解》的"二十三祀"实为"四十三祀"之误，为公元前 1057 年。

需要说明的是，该年恰好是帝辛二十三年，虽然与"二十三祀"正相合，但应该视其为巧合，因为《逸周书》中并不会使用帝辛纪年。

不过，或许正因为文王四十三年也是帝辛二十三年，才导致帝辛纪年与文王纪年相混，最后在辗转传抄或整理校注时发生讹误也未可知。

此外还有一种可能。

"二十三祀"或为"王十三祀"之误，王指武王而非文王。如此则"十三祀"只能是受命纪年，为五星聚出现后第十三年，武王伐纣之后一年，即公元前 1046 年。

上一年的牧野之战在二月十八甲子日，"十三祀"的三月初一（4 月 26 日）为庚子（"庚子朔"），正是伐纣成功周年庆典之时。

此时九州诸侯齐聚来庆，《逸周书·酆保解》全篇可文通字顺而且更为合理。其中周公旦长篇论述五祥、六卫、七厉、十败、四葛以及四蠹、五落、六容、七恶等治国之道，之后还强调："深念之哉！重维之哉！"如果该篇为文王纪事，作为父子，周公旦如此说或有不妥，而周公旦与武王为兄弟，出现这种语气更为合适。

因此，《逸周书·酆保解》或为武王纪事，"二十三祀"为"王十三祀"之误（上表"酆 D"），其中"辛苦役商"之说指的是牧野之战而灭商成功，"役"指战役、征伐，姬周灭商前后历三代数十年，其间辛苦不言而喻；九州诸侯齐聚于丰邑的时间"庚子朔"为三月初一庚子日（公元前 1046 年 4 月 26 日），历日密合。

《逸周书·酆保解》为武王纪事，还可以更合理地解释《逸周书·程典解》。

> 维三月既生魄，文王令六州之侯，奉勤于商。商王用宗谗，震怒无疆，诸侯不娱，逆诸文王。文王弗忍，乃作《程典》，以命三忠。[1]

五星聚出现后，受命一年，文王由岐山迁居到程，开始营建丰邑。受命二年三月初一（既生魄），六州之侯齐聚于程邑，此时之聚可能就是因为姬周迁都丰邑，商王也知道了姬周东进之事

---

[1]《逸周书·程典解》。

而震怒，此后文王赴朝歌向商王面呈自辩，然后是文王囚羑里七年。

如果《逸周书·酆保解》也是文王纪事，则当年三月初一已经商王震怒，半年后的冬月初一又"九州诸侯咸至"，并非不可能，但合理性稍差。

综上所述，《逸周书·酆保解》更有可能是武王纪事，发生在受命十三年，牧野之战灭商成功的次年，即公元前 1046 年。

《逸周书·酆保解》非文王纪事，则文王迁都于丰邑就不是受命二年（公元前 1057 年）的冬月初一而是《逸周书·程典解》所说的三月初一（既生魄）。

值得注意的是，五星聚出现在两年前的四月初九甲子日，受命二年三月廿一日也是甲子日（公元前 1057 年 5 月 17 日），而且该日又恰逢立夏，显然，这是一个非常适合迁都的黄道吉日。

此外，《逸周书·程典解》是"文王合六州之侯"，《逸周书·酆保解》是"九州诸侯咸至"，六州与九州，正可与孔子所说文王"三分天下有其二"（《论语·泰伯》）相参照。其实六州之说未必是实数。九州是天子之制，所谓六州，不过是表示天子无道而失去多数诸侯的支持，如商汤灭夏也有六州之说：

> 殷汤即位，夏为无道，暴虐万民，侵削诸侯，不用轨度，天下患之。汤于是率六州以讨桀罪，功名大成，黔首安宁。[1]

（三）周公与成王纪年

武王驾崩后，成王继位。

---

[1] 《吕氏春秋·古乐》。

成王年幼，周公辅政，辅政实为摄政，即一切王权都由周公掌握，《逸周书》使用了“周公立”“周公摄政”的说法，此时的周公，除了没有称王之名以外，一切都与天子无异。

> 周公立，相天子。[1]
>
> 成王嗣，幼弱未能践天子之位，周公摄政君天下。[2]

周公摄政，换句话说，也就是由周公代替成王主政，一定意义上，可以理解为周公即成王。

周公摄政的七年当中，史官记事仅记为某年而不称王，如《逸周书·作雒解》：“元年夏六月，葬武王于毕。二年，又作师旅，临卫政殷。”《尚书·洛诰》：“王命周公后，作册逸诰，在十有二月。惟周公诞保文武受命，惟七年。”

周公摄政七年还政于成王，此后才开始成王纪年，即成王继位第八年才是成王元年，如《逸周书·宝典解》：“维王三祀，二月丙辰朔，王在鄗。”王三祀，即成王三年，指成王亲政三年，实即成王继位十年。

简而言之，周公与成王的纪年在《尚书》《逸周书》中均为分别计算，如成王迁居成周洛邑并迁九鼎，《逸周书》、何尊铭文都将其记为成王五年（指成王亲政五年，实为继位十二年）。不同的是，今本《竹书纪年》将周公摄政七年合并计入成王纪年，如“成王八年”实为“成王亲政元年”。

---

[1] 《逸周书·作雒解》。

[2] 《逸周书·明堂解》。

（四）洛邑双城

武王驾崩后，末代商王帝辛之子武庚反叛，发生"三监之乱"。周公摄政三年平乱，周公摄政五年开始营建洛邑，将殷商遗民迁入。两年后，周公摄政七年洛邑建成，作《尚书·洛诰》。

此时的洛邑，在《尚书·洛诰》中称为"新邑"：

> 祀于新邑……惟以在周工往新邑……王在新邑烝……

此"新邑"实即武王伐纣之后所选址的"度邑"，见《逸周书·度邑解》：

> 王曰："呜呼！旦，我图夷兹殷，其惟依天，室其有宪，命求兹无远，天有求，绎相我不难，自雒汭延于伊汭，居易无固，其有夏之居，我南望过于三涂，我北望过于岳鄙，顾瞻过于有河，宛瞻延于伊洛，无远天室，其名兹曰度邑。"

今本《竹书纪年》虽在"新邑"营建之初称其为"洛邑"，但落成时亦称"度邑"：

> （成王）五年春正月，王在奄，迁其君于蒲姑。夏五月，王至自奄。迁殷民于洛邑，遂营成周。

> （成王）七年，周公复政于王。春二月，王如丰。三月，召康公如洛度邑。甲子，周文公诰多士于成周，遂城东都。王如东都，诸侯来朝。冬，王归自东都。立高围庙。

此时的"度邑"称其为"洛邑"当然没错，但与成王东迁的"洛邑"并不是一回事。

成王亲政五年，召公又前往洛水河畔勘察选址，准备营建

"洛邑"，见于《尚书·召诰》。同样历时两年，成王亲政七年，"洛邑"告成，第二年，成王迁都并"迁九鼎于洛"。

后世所称"洛邑"，其实是两座城，一座是当年武王选址由周公主持营建的"度邑"，另一座是成王亲政以后主持营建的"洛邑"，后来两者又合称"洛邑"。

成周"洛邑"的双城布局，显然是要复制宗周的布局以及历史。

丰京和镐京在沣水两岸，分别由文王和武王主持营建；度邑和洛邑则分别由周公和成王主持营建（其中度邑虽由周公主持，但实为武王遗命）。

关中平原的宗周与河洛平原的成周，都由父子两代相继营建，想必洛邑双城也和丰镐二京一样，都是隔河相望。

《尚书》中《召诰》《洛诰》两篇互不相干，前者发生在成王营建"洛邑"之前的相宅选址，后者发生在周公营建"度邑"落成之后的祭祀庆典，后人或以为两篇所记是营建"洛邑"前后相续之事，其时序被完全颠倒，相关纪事扞格不通自然也就难免。

三、西周月相术语

农历	月相名	公元前	农历干支	纪事	备注
十四	既死魄	1047.3.22	二月十四庚申	《逸周书·世俘解》：越若来，二月既死魄。越五日甲子，朝至接于商，则咸刘商王纣。	
十五	旁死魄	1047.2.22	正月十五壬辰	《尚书·武成》：惟一月壬辰旁死魄。越翼日癸巳，王朝步自周，于征伐商。	

（续表）

农历	月相名	公元前	农历干支	纪事	备注
大月三十小月廿九	旁生魄	1047.3.8	正月廿九丙午	《逸周书·世俘解》：维一月丙午旁生魄。若翼日丁未，王乃步自于周，征伐商王纣。	
初一	既生魄	1049.2.29	正月初一戊子	清华简《程寤》：惟王元祀，正月既生霸，大姒梦，见商廷唯棘……受商命于皇上帝。	"魄"又写作"霸"，"既生霸"即"既生魄"。
		1047.6.5	五月初一乙亥	天亡簋铭文：乙亥，王又（有）大丰（礼）。	
		1047.7.5	六月初一乙巳	《尚书·武成》：既生魄，庶邦冢君暨百工，受命于周。	
		1035.1.26	腊月初一戊辰	《尚书·洛诰》：戊辰，王在新邑烝……在十有二月……惟七年。	
初三	哉生明	1047.7.7	六月初三丁未	《尚书·武成》：厥四月，哉生明，王来自商，至于丰……祀于周庙。	四月均为六月之误。
				今本《竹书纪年》：夏四月，王归于丰，飨于太庙。	

（一）复原纪年所得月相

相关月相名称是在纪年复原后直接提取而得，是纪年复原的结果，并非根据预设的月相含义去反推相关纪年。

上表公历、农历、干支均使用寿星天文历（V5.05Plus），不做任何修正、拟合，按此排列所得月相术语的组合称为"月相A"。

初一为既生魄，十四为既死魄，与日常生活中初一与十五相对的直观感觉不符，也就是说，以十五为既死魄或许会更为合理。

上表历日中，公元前 1047 年正月十五壬辰、二月十四庚申，如果将日期后移一天，也就是将历日安排为正月十六壬辰、二月十五庚申，则正好是十六日为旁死魄，十五日为既死魄。相应地，正月廿九丙午也要后移一天为正月三十丙午，旁生魄仍是月末最后一天（正月要从小月改为大月，否则后移一天成为二月初一丙午，初一旁生魄将与初一既生魄相冲突）。

一日之差的历日微调，是完全可能的。

简而言之，初一为既生魄，廿九或三十为旁生魄（既生魄前一天），十五为既死魄，十六为旁死魄（既死魄后一天）。这是西周时期月相术语的另一种可能，该组合为"月相 B"，如下表。

此外，哉生明为初三，与之相对，哉生魄应为十七日。考虑到历日偏移一天的问题，哉生明也可能是初二，哉生魄也可能是十六日（这种可能仅适用于月相 A）。

月相	旁生魄	既生魄	哉生明	既死魄	旁死魄	哉生魄
A	廿九 / 三十	初一	初三 / 初二	十四	十五	十七 / 十六
B	廿九 / 三十	初一	初三	十五	十六	十七

既生魄与旁生魄为一组，既死魄与旁死魄为一组，无论月相 A 还是月相 B，可以发现其命名在时间序列上呈相反方向——旁生魄为既生魄前一天，旁死魄为既死魄后一天，这种命名方式正可与阴阳理论中阳顺阴逆之说相参照。

（二）魄、霸与月光

生魄、死魄究竟为何意，历来说法不一，未有定论。

有定点说：既生魄、既死魄等均指每个月固定的某个日期；也有区间说：相关月相术语指一个月的不同阶段，即每个阶段都包括数天在内。

魄，至少自东汉以来都是指月亮不发光的部分，如东汉张衡《灵宪》：

> 月光生于日之所照，魄生于日之所蔽。当日则光盈，就日则光尽也。

张衡已发现月亮发光来自太阳照射，"日之所蔽"即没有太阳照射而不发光的部分称为"魄"。

唐代孔颖达："魄者，形也，谓月之轮郭无光之处名魄也。"

南宋毛晃《增韵》："月体黑者谓之霸。"（魄与霸同义）

魄指月亮不发光的本体，其义可与魄字本身含义相通。

古人将精神分为魂魄，魂与魄都是精神、灵魂之意，但魂与魄又各有所指，其中魂特指精神，魄则代表形体，如《左传·昭公七年》：

> 人生始化曰魄，既生魄，阳曰魂。

人受孕发育，长成可见的形体为魄，阴阳互根，依附于形体的是灵魂。

魄，就是人的身体，后有体魄之说。

既，本义为吃过饭了，引申表示完成、已经。十五月圆为望，十六为既望，表示已经过了月圆。

"魄"为月亮无光部分，"既"为完成时，所以，既生魄，应该指月圆之后逐渐亏蚀无光以至完全没有月光之后；既死魄，应该指月亮发光部分逐渐扩大以至于月圆之后。

显然，既生魄应该在初一左右，既死魄则在十五左右，上述由修复的商周之交相关纪年而得出的月相名称确实如此，文通字顺，毫无龃龉。

《尔雅·释诂一》："哉，始也。"如《清华简·管仲》简17："汤之行正，而蓮（勤）事也，必哉于宜（义），而成于厇（度）。""哉于义"即始于义。哉即始，所以，哉生明即月亮开始有光亮，哉生魄即月亮无光部分开始出现。

月亮本身不发光，无光的月亮为魄，与魄指形体的含义一脉相承。由西周时所使用的月相名称，或可推知其时早已发现月亮不发光的事实。

当然，也有与此完全相反的说法，如西汉刘歆认为："死霸，朔也。生霸，望也。"（见《汉书·律历志》；"霸"与"魄"同）

"死霸"为朔，此时无月光而称其为死，所死之物当为月光；"生霸"为望，月圆之时称其为生，所生之物也是月光，所以，这里的"霸"无疑指月亮发光部分。

如果此说为真，那么从"霸"字含义的翻转可以推知，西周时人并不知道月亮本身不发光。如此一来，上述复原的商周之交相关纪年就有抵牾之处——干支年月可与文献记载相合，唯月相不符。

目前尚无更多证据可以证明西周时已经发现月亮本身不发光的事实，也许可以期待有朝一日在地下找到答案。

第十二章 殷命有夏：
天命镳宫与金刃生水的原形

公元前 1047 年的春天，雨水很多。

生机盎然的时节，看起来一切都很美好，应该是个不错的年景。

没想到，偏处西部边陲的姬周在滂沱大雨中千里奔袭发起决战。青青牧野，就此成为末代商王帝辛最后一次出征的疆场。

当烈火在鹿台上燃起，殷商王朝数百年基业，旦夕之间，灰飞烟灭。

"我生不有命在天？"[1] 帝辛昔日的自负，在熊熊火光中化作巨大的讽刺，也成了后来者反躬自省的镜鉴。

遗憾的是，透过烟尘望去，先商时代筚路蓝缕的历程已成神话，商汤灭夏的建基大业也早就变得模糊不清。

商汤伐夏桀，发生在何年何月？

鸣条之战，古战场又在何方？

一个原本简单至极的历史事实，却消散在岁月尘埃里，成了

---

[1] 《尚书·西伯戡黎》。

一道谜。早在春秋战国时代，就已经没人说得清楚。

> 由汤至于文王，五百有余岁。[1]

> 自汤已下，五百余年而武王起。[2]

汤，即商汤，子姓，名履，又称武汤、成、成汤、成唐、唐、天乙、大乙、太乙等，是灭夏建商的开国之君。

商汤灭夏，在武王伐纣、姬周灭商之前五百余年。

五百余年，当然不是确数，但可以给我们一个大致区间。

牧野之战在公元前 1047 年，上溯五百，应该在公元前 1500 年前后。

和姬周王朝讲究天命一样，灭夏之前以及建立殷商之后，关于天命的讲述，也是一以贯之的舆论母题，略引数例如下：

> 王曰："……有夏多罪，天命殛之……予惟闻汝众言，夏氏有罪，予畏上帝，不敢不正……"
>
> ——《尚书·汤誓》

> 天道福善祸淫，降灾于夏，以彰厥罪。肆台小子，将天命明威，不敢赦……
>
> ——《尚书·汤诰》

> 夏王有罪，矫诬上天，以布命于下。帝用不臧，式商受命，用爽厥师……钦崇天道，永保天命。
>
> ——《尚书·仲虺之诰》

---

[1] 《孟子·尽心下》。

[2] 西汉贾谊《新书·数宁》。

> 古有夏先后……于其子孙弗率，皇天降灾，假手于我有命，造攻自鸣条，朕哉自亳。
>
> ——《尚书·伊训》

> 故汤受命而王，应天变夏作殷号，时正白统。
>
> ——《春秋繁露·三代改制质文》

> 成汤卒受天命，不忍天下粒食之民刈戮，不得以疾死，故乃放移夏桀，散亡其佐。
>
> ——《大戴礼记·少闲》

姬周代商的天命神话，其核心故事是"凤鸣岐山"，承载殷商天命的又是什么呢？

殷商天命，有两个故事，一是"天命于镳宫"，二是"金刃生于水"。

> 逮至乎夏王桀，天有诰命，日月不时，寒暑杂至，五谷焦死，鬼呼国，鹤鸣十夕余。天乃命汤于镳宫，用受夏之大命："夏德大乱，予既卒其命于天矣，往而诛之，必使汝堪之。"[1]

> 及汤之时，天先见金刃生于水。汤曰："金气胜。"金气胜，故其色尚白，其事则金。[2]

这两个故事，在战国时代被讲述时也许还知道其本来面目，也许口口相传中只知其名而失其本意，但可以肯定的是，秦汉以降，历来都不明所以，已经没人说得清楚故事真相和其中原委。

稍后我们将揭示，虽然"镳宫"并非现实世界的某栋建筑，

---

[1]　《墨子·非攻下》。

[2]　《吕氏春秋·有始览》。

"金刃"也不是什么稀世兵器，但是，这两样东西都并非无中生有。

"镳宫""金刃"，和"凤鸣岐山"一样，有如密码的隐语背后，其实都有具体而真实的指向。

镳，"马衔也"[1]，俗称马嚼子，是套在马嘴上用以控制方向的金属器具，如分道扬镳，缰绳连着马衔，"扬镳"就是纵马奔驰的意思。

显而易见，"镳"的字根是"麃"。事实上，"镳"原本就是"麃"，后来才加上金字旁成为"镳"，如西周中期的铭文中就有"帛綦乘，金麃□"[2]，綦是缰绳，"帛綦"就是布帛材质的缰绳，同理，"金麃"也就是黄铜材质的镳。由此可见，西周时仍将"镳"写为"麃"。

"麃"就是"镳"，是马衔。除此以外，"麃"也是一种鹿[3]：

> 麃，麠属。
>
> 麠，大鹿也，牛尾一角。[4]
>
> 楚人谓麋为麃。[5]

或是大鹿，或是麋鹿，麃究竟是哪种鹿其实并不重要，毫无疑问的是，麃就是鹿。

其实从字形就可以发现，"麃"字本身就是从"鹿"从"火"，

---

[1] 《说文解字》。

[2] 九年卫鼎，作于西周中期周共王时代。□为阙字。

[3] 麃，表示"马衔"时读为"镳"（biāo），表示"鹿"时读为"狍"（páo），读音分化为后起之事。

[4] 均见于《说文解字》。

[5] 南朝宋裴骃《史记集解》。

这个字的主体意象本来就是鹿。鹿在火上，说不定原本还有鹿肉烧烤的意思也未可知。

鹿，是鹿科动物的总称，目前全世界还有 18 属 41 种，古代当然更多。

种类繁多的鹿各有专名，如麋（mí）、麇（jūn）、麕（jūn）、麠（jīng）、麏（jūn）、麈（zhǔ）等，这些字究竟指哪种鹿，恐怕在古代就已经歧说颇多，为免繁复，我们不妨笼统地都称之为鹿。

鹿在中国的存在已有数百万年历史，比如被称为"四不像"的麋鹿，两百万年前就在中国境内广泛分布，北到辽宁甚至黑龙江，南到海南，在考古发掘中都有麋鹿的存在。

新石器时代以来，直到三千多年前的商周时期，数量多，分布广，攻击性不强但又难以驯化，包括麋鹿在内的大量野生鹿无疑是极其理想的狩猎对象。

在殷商时代的狩猎中，鹿，尤其是麋鹿，堪称最为大宗的猎物，动辄就是几十、数百头的收获。

擒获虎一鹿四十狐百六十四麇百五十九

——《甲骨文合集》（10198 正 .1）

允获麋四百五十

——《甲骨文合集》（10344 反 .4）

获麋二百

——《甲骨文合集》（10990）

擒获鹿百六十二

——《甲骨文合集》（10307）

狩获擒鹿五十又六

————《甲骨文合集》（10308.4）

麋七十麑四十麂百

————《甲骨文合集》（20723）

河南安阳殷墟遗址就有大量麋鹿遗骨出土，比梅花鹿以及牛、獐、虎等动物都要多。牧野之战，武王伐纣取得成功之后，曾在殷商故地大肆狩猎，捕获的鹿类更是多达千计。

武王狩，禽虎二十有二，猫二，麋五千二百三十五，犀十有二，氂七百二十有一，熊百五十有一，罴百一十有八，豕三百五十有二，貉十有八，麈十有六，麝五十，麋三十，鹿三千五百有八。[1]

麋、麈、麝、麋、鹿，这些都算鹿[2]，总数将近九千，其中最多的还是麋鹿，猎获之丰，可见其数量之多。

到周代，在王宫的日常膳食中，鹿仍然占有重要比重。

庖人：掌共六畜、六兽、六禽，辨其名物。凡其死生鲜薧之物，以共王之膳。[3]

六畜，指马、牛、羊、豕、犬、鸡。六兽，指麋、鹿、熊、麕、野豕、兔。六禽，指雁、鹑、鷃、雉、鸠、鸽。[4]

六兽之中，麋、鹿、麕，都是鹿，所谓六兽，其实鹿就占了

---

[1] 《逸周书·世俘解》。

[2] 在现代动物分类中，麝不属鹿科。

[3] 《周礼·天官冢宰》。

[4] 《周礼注疏》，东汉郑玄注，唐贾公彦疏。

一半。不难想见，"呦呦鹿鸣，食野之苹"，当真就是那个时代最为寻常的景致。

鹿的广泛存在，为我们提供了一条若隐若现的线索，贯穿三代以至秦汉并及于后世。

黄帝与蚩尤大战，在涿鹿之野[1]。

末代商王帝辛建有观天祭天之台，叫鹿台[2]。

周文王在驾崩前建起了灵台，灵台周边是灵囿，里面有很多鹿[3]。

秦末大乱，天下群雄纷起，被称作"秦失其鹿，天下共逐之"[4]，后来争霸天下就叫"群雄逐鹿""逐鹿中原"，并沿用至今。

不难发现，之前的涿鹿、鹿台等，鹿仍然只是原生态的六兽之一，到秦汉之际，鹿，俨然已经蜕变成王权的代名词，有了和九鼎一样的重量。

九鼎独一无二，王权天下独尊，把九鼎作为政治符号不难理解，而鹿这种动物并不稀有，在古代更是数量众多极其常见，鹿竟然与九鼎有了同等地位，未免有点奇怪，何以如此呢？

周文王的灵囿可以告诉我们答案。

囿，是放养动物以供观赏及狩猎的地方，面积很大，"天子百里，诸侯四十里"[5]。简而言之，就是王室专属的林场。

春秋时期，齐宣王曾向孟子抱怨，我的园囿不过方圆四十里，

---

[1] 《庄子·盗跖》："然而黄帝不能致德，与蚩尤战于涿鹿之野，流血百里。"

[2] 《逸周书·克殷解》："商辛奔内，登于鹿台之上，屏遮而自燔于火。"

[3] 《诗经·大雅·灵台》："王在灵囿，麀鹿攸伏，麀鹿濯濯，白鸟翯翯。"麀（yōu）鹿，指牝鹿，也就是雌鹿。

[4] 《史记·淮阴侯列传》。

[5] 《毛诗正义》。

文王当年做西伯侯的时候就有七十里之囿，可大家却说我的园囿过大而文王之囿还太小，你说说，这像话吗？

孟子告诉他，文王之囿与民同享，百姓们可以去砍柴打猎，你齐国的园囿可真是禁区，谁要是敢到里面去猎捕一头鹿，那就是杀人之罪。文王之囿"与民同之"，所以"民以为小"，齐国之囿，不过是王室的私家园林，当然就"民犹以为大"[1]。

天子诸侯都有囿，可想而知，和周文王的灵囿一样，这些囿里肯定也都有很多鹿，比如春秋时期鲁国有鹿囿[2]，直接就以鹿为名。

后来囿被称为苑[3]，鹿囿就成了鹿苑。天子轮流坐，鹿苑代代传，中国最后的鹿苑就是清朝时北京南海子的皇家猎苑，也就是南苑，里面有中国最后一群麋鹿。

没错，在中国土生土长，曾经种群数量极其庞大的麋鹿，在数千年的围猎中已经濒于灭绝，等到八国联军把南苑里最后一群麋鹿带走，这种动物就在中国彻底消失了。直到20世纪80年代，麋鹿才被送回部分个体，得以在家乡继续繁衍。

事实上，被称为"四不像"的麋鹿在商周之后种群数量就急剧萎缩，汉代末期就已经难觅其踪近于绝迹。

在皇家猎苑里养鹿始于周文王吗？当然不是。

末代商王帝辛观天祭天之处原本名为南单之台，也叫灵台[4]，

---

[1] 《孟子·梁惠王下》。

[2] 《左传·成公十八年》："十有八年……八月，邾子来朝。筑鹿囿。"

[3] 《康熙字典》："古谓之囿，汉谓之苑。"

[4] 今本《竹书纪年》："（帝辛）五年夏，筑南单之台。雨土于亳……（武王）十二年辛卯，王率西夷诸侯伐殷，败之于坶野。王亲禽受于南单之台，遂分天之明。"北魏郦道元《水经注》："南单之台，盖鹿台之异名也。"《晏子春秋·谏下》："殷之衰也，其王纣作为顷宫灵台。"

之所以又被称为鹿台，当然是因为和周文王灵台下的灵囿一样，在鹿台下的园囿之中也有数量可观的鹿群存在。武王伐纣之后猎获数以千计的鹿，十之八九就出自这里，所谓鹿台，绝对名不虚传。

商代也未必就是养鹿的源头，继续向上追溯，传说中的黄帝与蚩尤在涿鹿大战，其中也隐约有鹿的影子。

涿，指流下的水滴[1]，但是，从字形可知，"涿"从"水"从"豖（chù）"，应当与"豖"有关系而不只是水滴才对，"豖"是什么意思呢？

商代甲骨文中有大量祭祀用牲的记录，其中就有"豖"。

燎三羊二豖三犬

——《甲骨文合集》（00738 正 .3 ）

燎二豖卯二牛

——《甲骨文合集》（2441）

百羊百牛百豖

——《英国所藏甲骨集》（1256.2 ）

八豕八豖

——《英国所藏甲骨集》（1288 ）

不难发现，商人祭祀中豕与豖同时出现，豕豖连用，说明二者有区别。

豕是猪，豖是什么呢？

豖，"豕"字多一点，是公猪生殖器的指事符号，也就是说，

---

[1] 《说文解字》："涿，流下滴也。"段玉裁注："今俗谓一滴曰一涿，音如笃。"

“豕”的本义特指被阉割的公猪。阉割的猪，当然是人工养殖的。

豖有阉割之义，加上木字旁的“椓（zhuó）”就是指古代的宫刑，如：“苗民弗用灵，制以刑，惟作五虐之刑曰法。杀戮无辜，爰始淫为劓刵椓黥。”[1]

劓、刵、椓、黥，是四种刑罚，分别是割鼻、切耳、椓阴、黥面。

椓是宫刑，所以太监也可以称之为“椓”。

椓与涿，构形相似，读音相同，所以，“涿”也有“椓”的含义是非常合理的推论。

如此一来，“涿鹿”一词究竟是什么意思就显而易见了——涿鹿，本义就是阉割之鹿。

家养的猪要阉割，是为了更好地长肉；宠物猫狗要阉割，是为了避免闹腾。同理，鹿被阉割，要么是为了蹲膘吃肉，要么是为了调教温顺萌宠，比较而言，前者可能性更大。

以此推知，不论黄帝、蚩尤是否真有其人，在皇家园囿中养殖鹿，都是源远流长的传统，早到殷商之前的夏或者更久远之前，并非不可想象。

黄帝与蚩尤大战于涿鹿之野，这个涿鹿应当就像末代商王鹿台下的园囿和周文王的灵囿一样，都有鹿群在里面悠游，当然，这里也就是王都所在——武王伐纣的牧野在殷商王都朝歌的郊外，涿鹿之野当然也就是黄帝或蚩尤的王都郊外[2]。

皇家园囿中养鹿的传统千年不变，既可赏玩，又可围猎，既是供应宫廷庖厨的养殖场，也是田猎演武的阅兵场，养鹿、猎鹿，

---

[1] 《尚书·吕刑》。

[2] 《尔雅·释地》：“邑外谓之郊，郊外谓之牧，牧外谓之野，野外谓之林，林外谓之坰。”

成了王室专属并颇具规模与特色的活动，鹿的形象就这样逐渐与宫廷王权联系起来，最终沉淀为"逐鹿天下"的王权符号。

问题来了，"镳/麃"明明是用在"马"身上的马衔，为什么要用"鹿"来造字而完全不见"马"的踪影呢？这不就是"指鹿为马"吗？

与鹿比起来，马在中国的出现要晚得多[1]。

目前所知有家马骸骨出土的哈萨克斯坦境内的柏台遗址也不过距今 5500 年，中国境内甘青地区最先出现相关遗迹，已经晚了约 1500 年，而中原地区出现马，已是殷商中晚期，距今约 3300 年。

尽管家马在中国的起源尚不明确，但可以肯定的是，殷商王族在狩猎的时候已经开始用马。

王其往逐鹿获

——《甲骨文合集》（10292.2）

丙申卜争贞王其逐麋遘

——《甲骨文合集》（10345 正 .4）

呼多马逐鹿获

——《甲骨文合集》（05775 正 .14）

惟多马呼射擒

——《甲骨文合集》（27942.3）

庚午卜贞翌日辛王其田马其先擒不雨

——《甲骨文合集》（27948.1）

---

[1]　原产蒙古国西部科布多盆地与中国新疆准噶尔盆地东部的普氏野马与家马不同种，中国的家马可能由中亚传入，也可能是本土驯化，目前尚不确定。

　　扬镳纵马以逐鹿，在商代是真实而频繁上演的场景。作为田猎中最为大宗的猎物，用在马身上的马衔以鹿为名也就没那么奇怪了，只是后来鹿越来越少，"镳／麀"以鹿为名却早已约定俗成，断开了与原有生活场景的联系，后人看来就显得有点莫名其妙[1]。

　　镳是马衔，与以鹿为主要目标的围猎有关，而这些被纵马追捕的鹿，就在皇家园囿里面，比如帝辛的鹿台之下，比如文王的灵囿之中。

　　现在，讲述殷商天命的"天乃命汤于镳宫"开始有了些许眉目。

　　帝辛的鹿台和文王的灵台，都是观天祭天的地方，也是祭祖的太庙所在，我们不妨都称其为灵台。就像帝辛的"灵台"因为鹿的存在而被称为"鹿台"一样，所谓"镳宫"，其实就是指在夏王祭天的灵台[2]之下那片园囿，当然，里面也有"呦呦鹿鸣，食野之苹"。

　　那时可能还没有马，那么，所谓"镳宫"要么是后人追述，要么"镳宫"的"镳"与马衔无关，只不过是射猎奔鹿、炙烤鹿肉的生活写照。

　　当然，夏商之交，家马很可能已经进入了人们的生活，起码有文献记载可以佐证。

　　　　（帝相）十五年，商侯相土作乘马。遂迁于商丘。[3]

---

[1]　事实上，马与鹿还有更多纠缠不清的关系，如四灵之一的麒麟以鹿为主体，但也可写作"骐驎"，鹿或者马，完全等效，换句话说，有的鹿会被当成麒麟，有的马也可以是麒麟。

[2]　夏代的灵台可能名为璇室、倾宫、瑶台等，《晏子春秋·谏下》："及夏之衰也，其王桀背弃德行，为璇室玉门。"《汲冢琐语》："桀筑倾宫，起瑶台。"

[3]　今本《竹书纪年》。

帝相，从大禹算起，是夏王朝的第五代，在商汤灭夏之前三百来年。那时的殷商王族已经开始用马，到商汤的时候，狩猎以及征战都使用马，并不让人意外。

不难想见，随着马的出现，最先掌握"乘马"技术的商人，战斗力必然会有大幅提升。

为了理解"天命于镳宫"的真相，还有一个关于夏商两代"参商不相见"的故事必须先作交代，以为背景。

> 昔高辛氏有二子，伯曰阏伯，季曰实沈，居于旷林，不相能也。日寻干戈，以相征讨。后帝不臧，迁阏伯于商丘，主辰。商人是因，故辰为商星。迁实沈于大夏，主参。唐人是因，以服事夏商……故参为晋星。由是观之，则实沈，参神也。[1]

参，指参宿，属西方白虎七宿；商，指心宿，属东方苍龙七宿。

参与商，赤经差约 170°。这就意味着，当商星从东方升起的时候，参宿即将星落西山。也就是说，参商二星分列东西，一个升起，一个落下，所以称之为"参商不相见"。

在希腊神话中，猎人俄里翁（Orion）被蝎子蜇咬而死，所以猎户座与天蝎座是仇人而互不相见。

商星属天蝎座，参宿属猎户座，希腊神话中两个星座互为仇敌，与"参商不相见"如出一辙——在希腊神话中，蝎子咬死猎人，天蝎座是胜利一方；在"参商不相见"所隐含的夏商更替之中，殷商灭夏，是东升的商星（商／天蝎）取代了西落的参宿（夏／猎户）。

在这个故事中，阏伯和实沈是否真有其人大可怀疑，而且十

---

[1] 《左传·昭公元年》。

之八九是虚构的，甚至有可能是后世编造而并非夏末商初之说[1]。但是，正如小说是现实的反映，虚构的故事并不影响真实的历史背景，其中所包含的信息是非常明确的——殷商与心宿相对应，大夏与参宿相对应。

这不就是流传后世的星占分野吗？

在传世文献中，星占分野所建立的星宿与地理的对应关系相当固定，古代知识与观念传承的这种连续性和稳定性，为我们追溯上古历史提供了不可多得的线索与背景。

姬周天命的"凤鸣岐山"来自五星会聚的天象，殷商代夏的"天命于镳宫"是否也与五星会聚有关呢？

答案是肯定的。

> （帝癸）十年，五星错行，夜中星陨如雨。地震。伊、洛竭。[2]

帝癸，即夏桀，是夏王朝的最后一代王，那时一般称为"后"。

帝癸十年的"五星错行"，也是一次五星聚。

公元前1536年冬天，冬至（公元前1535年1月3日）前后，在太阳落山以后，木、土、火、金四星已经可以同时看见，此时相互间距还比较远。

---

[1] 阏伯与实沈的名称应当来源于古代天文术语：心宿在十二次中属大火，配属十二地支为卯，又名单阏，地支中寅卯辰为春，春为四季之首，由单阏衍生出阏伯，伯即排行为长（伯仲叔季，伯为长子）；参宿在十二次中即属实沈，直接移用为人名。值得注意的是，地支卯的古名单阏被称为伯，也就是以寅卯辰为春，如果阏伯之说出夏末商初，那么，说明其时已经是"正月建寅"。阏伯、实沈的神话事关殷商代夏的法统问题，上升到意识形态领域，理论上必然要维持其稳定性，所以，殷商"正月建丑"之说颇为可疑。

[2] 今本《竹书纪年》。

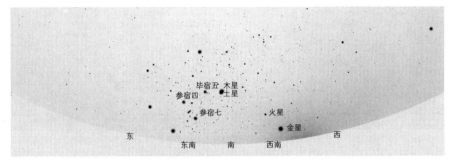

观测地区：河南安阳／海拔：70 米

观测时间：公元前 1535 年 1 月 3 日（九月初一）18: 20

日落时间：18: 09: 33 ／天黑时间：18: 34: 50

随着时间推移，木、土、火、金四星间距逐渐缩小，到立春（2 月 17 日）前后，在落日余晖中，水星也开始隐约可见。

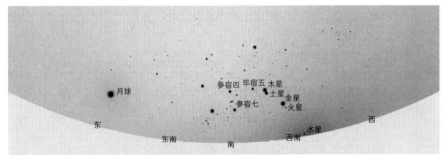

观测地区：河南安阳／海拔：70 米

观测时间：公元前 1535 年 2 月 17 日（闰腊月十五）18: 35

日落时间：17: 56: 48 ／天黑时间：18: 23: 42

此后五大行星继续相互靠拢，公元前 1535 年 3 月 8 日，到达本轮五星聚间距最小（赤经差约 22°）。

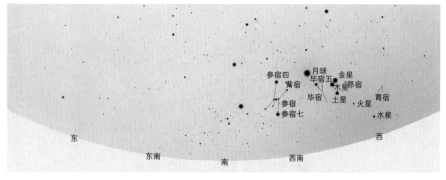

观测地区：河南安阳 / 海拔：70 米
观测时间：公元前 1535 年 3 月 8 日（正月初五）19: 10
日落时间：18: 13: 25 / 天黑时间：18: 39: 25

如果单论五星间距，与"凤鸣岐山"的 7°间距比起来，其实这一轮五星聚根本算不上多么特别，也许称其为"五星并见"才更为准确。但是，如果结合星占分野，我们就会发现，本轮五星聚所在的位置及其形态就别有意味甚至堪称完美。

如图所示，五星聚在毕宿附近。

"毕"是什么？"田罔也"[1]，"毕"的字形就是一种长柄网的象形，这个网是用来捕捉鸟兽用的，"网小而柄长谓之毕"[2]，其本义即田猎所用的长柄网。

毕–甲骨文
《英国所藏甲骨集》（2301）
《周原甲骨文综述》（先周．周甲 45）
《新甲骨文编》（西周 H11: 45）
《新甲骨文编》（西周 H11: 86）

---

[1] 《说文解字》。

[2] 《礼记·月令》郑玄注。

比如"夫弓、弩、毕、弋、机变之知多，则鸟乱于上矣"[1]，和弓、弩、弋等并列，毕当然也是用来捕鸟的工具。

再如"鸳鸯于飞，毕之罗之"[2]，毕和罗，本义都是用来捕捉鸟兽的网，这里用为动词。

显而易见，天上的毕宿之所以被称为"毕"，正是因为其形状很像长柄网的"毕"。

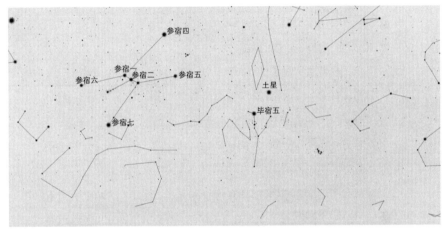

参宿与毕宿

"迁实沈于大夏，主参"，"参商不相见"的故事告诉我们，参宿与夏相对应。

在地上，天子的灵台既是观天祭天的地方，也是朝会诸侯的明堂，而灵台旁边的园囿，里面有鹿，也有各种鸟兽，王室每年都要举行的狩猎就在这里进行。

在天上，参宿对应夏的王都，参宿旁边，是毕宿，毕是捕捉

[1] 《庄子·胠箧》。
[2] 《诗经·小雅·鸳鸯》。

鸟兽用的网，也就相当于王室的园囿。

在夏王室举行狩猎的园囿里，鸟飞兽走，纵马逐鹿，这片园囿就是所谓"镰宫"，五星聚出现在与之对应的毕宿附近，这就是商人所说的"天乃命汤于镰宫"。

和周人一样，殷商天命也来自五星聚。前者出现在朱雀鸟嘴的位置，被演绎成"凤鸣岐山"的神话；后者出现在代表夏王朝的参宿旁边的毕宿附近，毕宿是王室园囿，是皇家猎场，所以就有了"天乃命汤于镰宫"的故事。

"金刃生于水"又作何解？

金刃，顾名思义就是金属刀具，如"若刃伤，谓以金刃伤人"[1]。

刃伤，就是金属器刃损伤肢体所致的创伤，又名金疮、金创、金伤、金疡，也叫金刃伤。约成书于战国时期的《五十二病方》[2]就有关于刃伤的处置办法，周代的医学分科里还有专门分管金刃伤的"疡医"[3]。

金刃是刀具，一望可知，有意思的是，"金刃"这两个字合起来就是"釖"，"釖"是"剑"的异体字，所以，"金刃"还可以特指剑，或者说，关乎殷商天命的"金刃"像个谜语一样，隐含的意象是一把剑。

剑在何处呢？

公元前 1535 年 3 月 8 日，是本轮五星聚间距最小的时候，22°的间距委实算不上神奇。但是，除了由五星聚所在位置演绎出的"镰宫"以外，其实还有一个指向更加明确也更为形象的意象——把相互聚拢的五大行星连起来，就是一把硕大无朋的天赐长剑。

---

[1] 《唐律疏议·斗讼·兵刃斫射人》。

[2] 《五十二病方》，汉墓帛书，1973 年出土于湖南长沙马王堆三号墓。

[3] 《周礼·天官冢宰》。

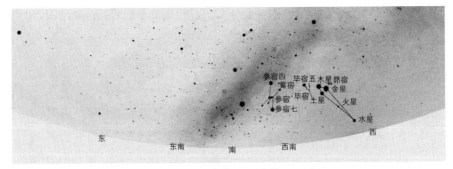

观测地区：河南安阳 / 海拔：70 米
观测时间：公元前 1535 年 3 月 4 日（正月初一）19：15
日落时间：18：10：06 / 天黑时间：18：36：15

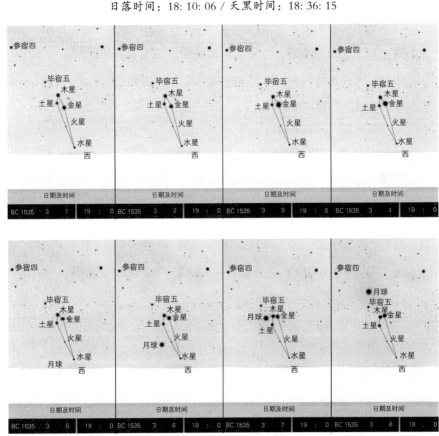

河南安阳地区所见公元前 1535 年 3 月 1 日至 8 日五星聚变化图

如图所示，虽然 3 月 8 日才是五星间距最小的时候，但四天前的 3 月 4 日，五星连线所构成的剑形最为完美。

非常巧的是，这一天恰好是正月初一，而且还是雨水节气。

请注意，汉代以前惊蛰在雨水之前。惊蛰和雨水这两个节气的位置对调，也就是说，当时的正月初一这天其实是惊蛰。而先秦以前，"惊蛰"一直被称为"启蛰"，后来是因为汉景帝名为刘启，为了避讳才将"启蛰"改为"惊蛰"。

大禹建立夏，之后继位的是谁呢？启。

正是从夏启开始，中国进入了家天下的王权继承模式。

当然，这只是巧合中的巧合，启蛰时出现五星聚，由此比附到夏启之名以做文章，多少有些强为捏合的牵强，但可以肯定，由五星聚在正月初一时所呈现的特殊意象，引发关于天命转移的联想，是顺理成章的事情。

正月初一，正当除旧布新。金刃长剑，正可直捣黄龙。

五星聚在启蛰这天变成一把剑，剑锋所指，正是代表大夏的参宿，对本就有意开疆的殷商来说，一切都很巧合，而且巧得恰如其分，作为夏启后裔的帝癸行将终结，这不是天意还能是什么呢？

还有更有意思的。

在剑尖旁边有一小撮亮星，那是昴宿。

"昴"是何义？"昴曰旄头。"[1]

"旄"又是什么？"旄"，金文从"㫃（yǎn）"，"㫃"就是飘扬的旗帜，"旄"就是旗杆顶上有牦牛尾装饰的旗帜，"本用牦牛尾，

[1] 《史记·天官书》。

注于旗之竿首，故曰旄"[1]。

"旄"后来又特指一种垂筒形、饰有羽毛和锦绣的旗帜，称为"幢"，"旄，幢也"[2]。

简而言之，旄、幢，本义都是指古代用牦牛尾在旗杆头上做装饰的旗帜，后来泛指旌旗，在古代战争、天子仪仗以及舞蹈表演中都会使用，如"幢队"是行军时举着旗帜作先导的部队，"幢牙"是军营前饰有羽毛的大旗，古代皇帝出行的仪仗中有一种担任先驱的骑兵，就叫"旄头"。

东方朔曾经拍马屁，把汉武帝捧到五帝三王之上，"陈五帝之上，在三王之右"，还给汉武帝组织了一个梦幻组合的执政团队，把一众历史名人悉数纳入，商代的伊尹，周朝的周公、姜太公，春秋时期的孔子，乃至尧舜时代的皋陶、羿，殷商先祖契，姬周先祖后稷等都向武帝称臣，其中给羿安排的职位就是"旄头"。

昴宿由七颗极为密集的中度亮星和无数光度微弱的小星组成，又被称为"七姊妹"，看起来就是一小撮光点，所以又被想象成用牦牛尾装饰的旗杆头而称为"旄头"。

"旄"在古代战争中的存在可谓历史悠久，武王伐纣的时候要用："王左杖黄钺，右秉白旄以麾。"[3] 东汉末年袁绍登台拜将也要用："次日筑台三层，遍列五方旗帜，上建白旄黄钺，兵符将印，请绍登坛。"[4]

显而易见，不论是商末周初的武王还是东汉末年的袁绍，白

---

[1] 清朱骏声《说文通训定声》。

[2] 《说文解字》。

[3] 《尚书·牧誓》。

[4] 《三国演义》。

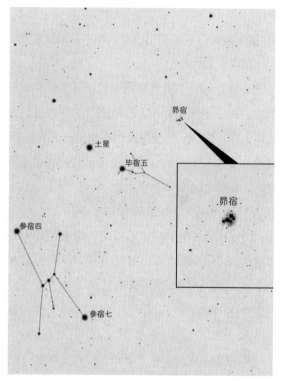

参宿、毕宿与昴宿

旄黄钺都代表着最高军权，是出征讨伐的标志。

在和平年代，白旄也是王权的象征。

如春秋时期，卫国的太子伋准备迎娶的齐国美女宣姜被卫宣公看上而收为夫人，后来又生了俩儿子。立储之争上演，卫宣公有了废立太子之意，就派太子伋出使齐国，暗地里又派出刺客，打算在卫国边境劫杀太子伋。刺客并不认识太子，于是，太子出使所持的白旄就成了醒目且唯一的标志，"见持白旄者杀之"[1]。

---

[1] 《史记·卫康叔世家》。

白旄是军权及王权的象征，所以，夏末商初的公元前1535年，当五星聚把剑锋指向当朝夏后帝癸的时候，旁边的昴星自然就成了挥师出征的猎猎旌旗。

剑锋所指，旌旗所向，这不就是上天赐予商汤的黄钺白旄吗？

人间政治的走向已经在九天之上由星宿给出了预演，天命显现，灭夏兴商，如此清晰又明确的征兆，为实力日盛的殷商提供了绝佳的舆论素材以及无比强大的神秘力量，取而代之的暴力扩张自然也有了替天行道式的天然正义。

五星聚化身长剑指向参宿，沿着长剑的方向看去，在参宿旁边紧挨着有一道朦胧的光带，那就是横亘天穹的浩瀚银河。

长剑横空银河畔，"金刃生于水"，堪称完美而忠实地记录下了本轮五星会聚的天象。

参宿在银河边上，参宿与夏对应，所以，大夏的王都想必也是如此，多半会选址在大河之畔。从参宿与银河的位置关系来看，如果银河流向是由西向东或由北向南，那么参宿在银河左侧，以此推之，大夏的王都有可能也是在大河左岸。

如果银河与黄河相对应——中国境内能比附银河的也只有黄河或长江才有资格，那么最理想的地区也许就在晋中盆地的南部。

黄河先是在其西侧由北向南流，在潼关转头后在其南侧由西向东流，不论流向是由北向南还是由西向东，这片地区都可以完美模拟银河与参宿的关系。当然，这只是一个假设性的猜想，现在并不清楚星占分野中参宿与大夏是如何建立对应关系的 [1]。

---

[1] 除了参宿与大夏对应以外，在传世文献中，大禹与昴宿还有密切关系，如今本《竹书纪年》："帝禹夏后氏，母曰修己，出行见流星贯昴，梦接意感，既而吞神珠，修己背剖而生禹于石纽。"西晋皇甫谧《帝王世纪》："禹，姒（接下页）

黄河部分流域

我们再来完整地回顾一下这次五星会聚的过程。

公元前 1535 年 1 月 3 日冬至，木星和土星紧挨着，在胃宿和昴宿之间，火星在壁宿附近。日落时分，金星在西边地平线上方，在能被看到后不久就也要西沉。

（接上页）姓也。其先出颛顼。颛顼生鲧，尧封为崇伯，纳有莘氏女曰志，是为修己，见流星贯昴，又吞神珠，意感而生禹于石纽。"昴宿正位于夏代末年五星聚所形成长剑的剑尖位置，如果昴宿与大禹相对应，也就意味着大禹化身成了出征的旌旗，那么大夏的天命不再甚至还得到了大禹的授意和首肯。至于大禹与昴宿的对应关系起于何时，当然仍未可知，但与殷商灭夏所讲述的天命神话显然是非常契合的。

此后，金星在日落时距离西方地平线越来越远而升得越来越高，并快速向木星和土星靠拢。到 2 月 10 日，金星已经追上火星。

再过一周，落日余晖中，水星也在西边地平线上开始隐约可见。

再往后，水星和金星以几乎相同的速度在日落时升得越来越高。

到 3 月 4 日，正月初一启蛰，金星已经与木星和土星会合，旁边紧挨着的是昴宿，此时的五大行星连线成一把覆盖 22°天区的长剑——五星间距偏大，不仅不是问题，反倒还让这把剑变得更有气势更令人震撼。

再往后，金星将继续升高。有趣的是，原本追着金星一起上升的水星却开始和另外三大行星一起掉头向西，向着地平线下落。

到 3 月 18 日左右，水星在日落时已经跟着太阳隐落西山，而金星仍然在向东运行，此时已经到了银河边上。

到 4 月初，金星越过银河并将继续向前，把另外四星远远地落在后面与之隔河相望，它们在日落之后很快就跟着太阳一起西沉，只剩下金星仍在满天繁星中熠熠生辉。

不难发现，在这次天象变化中，金星的表现最为特别，开始是水星与金星一起向另外三星靠拢，之后只有金星继续向前，越过另外三星后仍将继续向东，在天穹上升得越来越高，水星和另外三星则在日落后紧跟着向西沉没。

金星向东，另外四星向西，相错而行，这就是"五星错行"。

错，是交错，错行就是相向而行并交错而过。如"昭昭如日月之代明，离离如参辰之错行"[1]，参与辰，即"参商不相见"的参

---

[1] 《尚书大传》。

与商（参宿与心宿）。

参和商这两个星宿分布在东西两边，一个东升时另一个西落，永远不可能有相聚的时候。显而易见，此东升而彼西落就是错行，这里的"错行"毫无疑问是指相错而行。

公元前1535年正月初一，五星错行，会聚在毕宿和昴宿附近。长剑当空，银河在望，"金刃生于水"；天命显现，殷商代夏，"天乃命汤于镳宫"。

夏德走衰，天命向商人转移，家族传承数百年的大夏开始了走向终结的倒计时。

九年之后，鸣条之战将上演中国王朝史上的第一场革命。

第十三章　鸣条逐鹿：
　　　　　商汤伐夏桀的时空回溯

一、夏商之交纪年复原表

干支	公元前	夏纪年	商纪年	大事记	文献记载	说明
乙丑	1556	1		帝癸元年	（帝癸）元年壬辰，帝即位，居斟鄩。	帝癸，名履癸，又称夏桀，夏朝最后一代君主。
丙寅	1555	2				
丁卯	1554	3			（帝癸）三年，筑倾宫，毁容台。畎夷入于岐以叛。	
戊辰	1553	4				
己巳	1552	5				
庚午	1551	6			（帝癸）六年，岐踵戎来宾。	
辛未	1550	7				
壬申	1549	8				
癸酉	1548	9				
甲戌	1547	10				

干支	公元前	夏纪年	商纪年	大事记	文献记载	说明
乙亥	1546	11			（帝癸）十一年，会诸侯于仍，有缗氏逃归，遂灭有缗。 《左传·昭公十一年》：桀克有缗而丧其身。	
丙子	1545	12		主癸崩		主癸，商汤之父，甲骨文称示癸。 注意，夏桀为帝癸，商汤之父为主癸，都以"癸"为名。
丁丑	1544	13		汤继位	（帝癸）十三年，迁于河南。初作辇。	汤继位后有三年居丧期（实为二十五个月，即主癸崩之后两年为居丧期）。帝癸元年居斟𬩽，十三年迁于河南。以河南为名，疑在今河南三门峡境内的黄河南岸，斟𬩽或在河南洛阳/偃师一带。
戊寅	1543	14			（帝癸）十四年，扁帅师伐岷山。癸命扁伐山民，山民女于桀二人，曰琬，曰琰。后爱二人，女无子焉，斫其名于苕华之玉。苕是琬，华是琰，而弃其元妃于洛，曰妹喜，于倾宫饰瑶台居之。	

（续表）

干支	公元前	夏纪年	商纪年	大事记	文献记载	说明
己卯	1542	15	1	汤迁于亳　商汤元年	（帝癸）十五年，商侯履迁于亳。（四库本原注：成汤元年）	商侯履，指商汤，子姓，名履。汤迁于亳为商汤元年，至公元前1047年武王伐纣，殷商国祚共496年。
					《尚书》：自契至于成汤八迁，汤始居亳，从先王居。作《帝告》《厘沃》。	最初定都于亳的是帝喾，帝喾为商人先祖，所以称商汤居亳为"从先王居"。今本《竹书纪年》：（帝喾）元年，帝即位，居亳。商汤迁于亳，之前约40—50年，殷商由殷迁回商丘，商汤是由商丘迁到亳。亳的具体地望歧见颇多，本文认为商汤所迁之亳在河南安阳的殷墟地区（见帝癸三十年）。今本《竹书纪年》：（芒）三十三年，商侯迁于殷。（孔甲）九年，殷侯复归于商丘。
庚辰	1541	16	2			
辛巳	1540	17	3			
壬午	1539	18	4			
癸未	1538	19	5			
甲申	1537	20	6			

（续表）

干支	公元前	夏纪年	商纪年	大事记	文献记载	说明
乙酉	1536	21	7	征有洛 征荆	（帝癸）二十一年，商师征有洛，克之。遂征荆，荆降。	八年前帝癸已经从洛水流域的斟鄩迁到河南，帝癸退出，商汤征有洛，对天下诸侯而言，有一种微妙的心理暗示和影响。 征有洛之后征荆，扩张方向是由北向南。此时的征，既是影响力的扩张，也是对夏的试探，其目的未必在于占有土地。
丙戌	1535	22	8	五星聚 商汤八年 商汤继位十年	（帝癸）二十二年，商侯履来朝，命囚履于夏台。	3月4日为正月初一，在此前后出现五星聚天象。 商汤被夏桀囚禁，可能与年前商征有洛和荆有关，又恰逢五星聚随后出现，现实的军事行动与天象相联系，商人的扩张意图有了取代夏桀的嫌疑，因此强化了夏桀对商汤的警惕和不信任。
						具有代表殷商灭夏的星占意义的五星聚出现在3月4日（正月初一）傍晚。 作为天文现象，五星聚有一个持续多天的过程，年前即已开始（即开始于帝癸二十一年年底），但正

（续表）

干支	公元前	夏纪年	商纪年	大事记	文献记载	说明
丙戌	1535	22	8	五星聚 商汤八年 商汤继位十年	（帝癸）十年，五星错行，夜中星陨如雨。地震，伊、洛竭。	月初一时的星象最具星占意义，而且恰好是一年之首，本身就有革故鼎新之意。 帝癸十年，应为商汤八年，指商汤继位十年（商汤之父主癸驾崩后商汤继位，有两年居丧期未记入商汤纪年），该条纪事应属商汤而并非帝癸（夏桀）。 巧合的是，商灭夏与周克商之前都有五星聚出现，复原后的纪年显示，前者在帝癸（夏桀）二十一年的十二月（文献记载为帝癸十年），后者在帝辛（商纣）二十一年的四月（文献记载为帝辛三十二年），两者都出现在末代天子的二十一年。如果周文王知道这一点，可想而知，对于周人来说，商末出现的五星聚，除了星占意义以外，所谓天命定数，不能不让人极为震惊。

干支	公元前	夏纪年	商纪年	大事记	文献记载	说明
丁亥	1534	23	9		（帝癸）二十三年，释商侯履，诸侯遂宾于商。	商汤被囚仅一年。商汤当然不可能公开承认取而代之的灭夏意图。另一方面，基于实力对比，夏桀恐怕也不敢与殷商决裂，所以，商汤表示臣服，虽然未必能让夏桀信服，但最终还是妥协。
戊子	1533	24	10			
己丑	1532	25	11			
庚寅	1531	26	12	商灭温	（帝癸）二十六年，商灭温。	
辛卯	1530	27	13	伊尹朝	（帝癸）十七年，商使伊尹来朝。	帝癸十七年，或为帝癸二十七年之误。上一年灭温，商汤开始攻伐兼并，为灭夏做准备，此时派伊尹出使以消除夏桀的顾虑，可能性更大。
壬辰	1529	28	14	商征韦	（帝癸）二十八年，昆吾氏伐商。商会诸侯于景亳，遂征韦。商师取韦，遂征顾。太史令终古出奔商。	
癸巳	1528	29	15	商取顾	（帝癸）二十九年，商师取顾。三日并出。费伯昌出奔商。冬十月，凿山穿陵，以通于河。	

（续表）

干支	公元前	夏纪年	商纪年	大事记	文献记载	说明
甲午	1527	30	16	伊尹归	（帝癸）三十年，瞿山崩。杀其大夫关龙逄。商师征昆吾。冬，聆隧灾。	
					（帝癸）二十年，伊尹归于商，及汝鸠、汝方，会于北门。	帝癸二十年，或为帝癸三十年之误。伊尹出使于夏共三年。
					《尚书》：伊尹去亳适夏，既丑有夏，复归于亳。入自北门，乃遇汝鸠、汝方。作《汝鸠汝方》。	《尚书》的汝鸠、汝方，就是《史记》的女鸠、女房，《汝鸠汝方》为《尚书》佚文，仅存篇目。北门，一般认为指殷商王都的北门，但从记事内容看，伊尹与汝鸠、汝方在北门相会并被史官记录为《汝鸠汝方》，如果此北门只是都城之北门，未免有些奇怪。疑北门实为地名。以北为名，西周初的诸侯国中有邶国或可参考，其位置在河南汤阴县东南方，从这里向北约30公里，是

（续表）

干支	公元前	夏纪年	商纪年	大事记	文献记载	说明
甲午	1527	30	16	伊尹归	《史记·殷本纪》：伊尹去汤适夏。既丑有夏，复归于亳。入自北门，遇女鸠、女房，作《女鸠女房》。	殷墟（河南安阳），向南约30公里，是朝歌（河南淇县），向东约60公里，是上古帝王颛顼的王都所在（河南濮阳，境内有距今6400年的西水坡遗址），以此推之，商汤灭夏时所在的亳或有可能在殷墟附近地区，甚至有可能就在殷墟。后来的盘庚迁殷，就像商汤迁于亳一样，其实都是回归先王之都（商有三亳见于文献，其中南亳、北亳均在河南商丘，西亳在河南偃师，三亳都在黄河以南。亳在殷墟地区，在黄河以北，此为不同于旧说的假设，为示区别，可称之为殷亳或汤亳）。
乙未	1526	31	17	汤灭夏	（帝癸）三十一年，商自陑征夏邑。克昆吾。大雷雨，战于鸣条。夏师败绩，桀出奔三朡，商师征三朡。战于郕，获桀于焦门，放之于南巢。	

（续表）

干支	公元前	夏纪年	商纪年	大事记	文献记载	说明
乙未	1526	31	17	汤灭夏	《尚书·汤誓》：伊尹相汤伐桀，升自陑，遂与桀战于鸣条之野，作《汤誓》。 上博简《容成氏》：（汤）降自戎（陑）遂，内（入）自北门，立于中囗。桀乃逃之鬲（历）山氏，汤又从而攻之，降自鸣条之遂……	参照上博简，"升自陑，遂与桀战于鸣条之野"应为"升自陑遂，与桀战于鸣条之野"，陑遂为地名，又称戎遂。
丙申	1525	32	18	汤即位	（商汤）十八年癸亥，王即位，居亳。始屋夏社。 《尚书》：汤既胜夏，欲迁其社，不可。作《夏社》《疑至》《臣扈》。	商汤即位可能在正月初一，正好是五星聚出现十周年。
丁酉	1524	33	19		（商汤）十九年，大旱。氐、羌来宾。	
戊戌	1523	34	20	夏桀崩	（商汤）二十年，大旱。夏桀卒于亭山。禁弦歌舞。	
己亥	1522		21		（商汤）二十一年，大旱。铸金币。	
庚子	1521		22		（商汤）二十二年，大旱。	
辛丑	1520		23		（商汤）二十三年，大旱。	

（续表）

干支	公元前	夏纪年	商纪年	大事记	文献记载	说明
壬寅	1519		24		（商汤）二十四年，大旱。王祷于桑林，雨。	
癸卯	1518		25		（商汤）二十五年，作《大濩乐》。初巡狩，定献令。	《尚书·舜典》称"五载一巡守（狩）"，假设商初也遵循这一古制，那么，商汤"初巡狩"已是即天子位的第八年，但正好是"夏桀卒于亭山"之后的第五年。由此推之，商汤虽然灭夏即位，但之后夏桀还在世的三年，夏桀很可能仍然还是名义上的天子。另一方面，在此期间数量众多的诸侯方国可能也尚未臣服于商。商汤灭夏后到初巡狩，七年间连续大旱。所谓大旱，无非农事歉收而少粮，可能大旱确为事实，但背后真实原因也许还叠加数年间频繁征战的影响。
甲辰	1517		26			

（续表）

干支	公元前	夏纪年	商纪年	大事记	文献记载	说明
乙巳	1516		27		（商汤）二十七年，迁九鼎于商邑。	商汤二十七年，即汤继位二十九年，该年年底迁九鼎，正是五星聚出现的二十周年。迁九鼎已在商汤灭夏之后十年，除了刻意的十年周期以外，也可推知灭夏后数年间仍有持续的战争，直到商汤"初巡狩"才告稳定。
丙午	1515		28			
丁未	1514		29	商汤崩	（商汤）二十九年，陟。 西汉刘歆《汉书·律历志·世经》：成汤方即世，崩没之时，为天子用事十三年矣。	成汤在位十三年，从商汤灭夏之年（商汤十七年）起算，从即位起算，应为十二年。
戊申	1513		1	外丙元年	（外丙）元年乙亥，王即位，居亳，命卿士伊尹。	
己酉	1512		2		（外丙）二年，陟。	按居丧三年之制，外丙应在次年才即位，亦即外丙实际上并未即位。外丙并未即位，所以随后由仲壬即位，不需要再为外丙居丧三年。

（续表）

干支	公元前	夏纪年	商纪年	大事记	文献记载	说明
己酉	1512		2		《史记·夏本纪》：帝外丙即位三年，崩。	三年，或为二年之误。
庚戌	1511		1	仲任元年　太甲元年	（仲壬）元年丁丑，王即位，居亳，命卿士伊尹。 （太甲）元年辛巳，王即位，居亳，命卿士伊尹。伊尹放太甲于桐，乃自立。 《尚书·伊训》：成汤既没，太甲元年，伊尹作《伊训》《肆命》《徂后》。惟元祀十有二月乙丑，伊尹祠于先王。 西汉刘歆《汉书·律历志·世经》：商十二月乙丑朔旦冬至，故《书序》曰："成汤既没，太甲元年，使伊尹作《伊训》"《伊训》篇曰："惟太甲元年十有二月乙丑朔，伊尹祀于先王，诞资有牧方明。"	12月28日为十月三十乙丑，历日前移一天即十一月初一乙丑，殷历即为十二月初一。不过，该年冬至在初六，调整历日后实为初七，冬至差七天，误差过大，其时历法不至疏阔如此。西汉刘歆将"十有二月乙丑朔"推为冬至，有强为捏合之嫌，不可信。该年发生王位之争。外丙驾崩后，太甲要继位，但伊尹立仲壬为天子，遂有"放桐"之事。 仲壬元年，亦即七年后太甲即位所自认的元年，并称伊尹为"乃自立"，实

（续表）

干支	公元前	夏纪年	商纪年	大事记	文献记载	说明
庚戌	1511		1	仲任元年 太甲元年	《孟子·万章上》：伊尹相汤以王于天下。汤崩，太丁未立，外丙二年，仲壬四年。太甲颠覆汤之典刑，伊尹放之于桐。三年，太甲悔过，自怨自艾，于桐处仁迁义；三年以听伊尹之训己也，复归于亳。	为伊尹坚持祖制扶立仲壬。太丁、外丙、仲壬均为商汤之子，太甲为商汤长孙。
辛亥	1510		2			
壬子	1509		3			
癸丑	1508		4		（仲壬）四年，陟。 《史记·夏本纪》：帝中壬即位四年，崩。	
甲寅	1507		5			
乙卯	1506		6			
丙辰	1505		7		（太甲）七年，王潜出自桐，杀伊尹。天大雾三日，乃立其子伊陟、伊奋，命复其父之田宅而中分之。	太甲放桐共七年。仲壬驾崩后居丧三年，该年本来就应由太甲即位，所以伊尹前往桐宫迎回太甲，按《竹书纪年》所说，太甲即位后杀伊尹。

（续表）

干支	公元前	夏纪年	商纪年	大事记	文献记载	说明
丙辰	1505		7		《尚书·太甲上》：太甲既立，不明，伊尹放诸桐。三年复归于亳，思庸，伊尹作《太甲》三篇。	《尚书》《史记》认为太甲继位三年后再被放逐三年，回归复政为第七年，与《竹书纪年》太甲放桐共七年之说时间一致，疑前者为美化篡改之说，隐藏了太甲的王位之争。
					《尚书·太甲中》：惟三祀十有二月朔，伊尹以冕服奉嗣王归于亳。	
					《史记·殷本纪》：帝太甲既立三年，不明，暴虐，不遵汤法，乱德，于是伊尹放之于桐宫。三年，伊尹摄行政当国，以朝诸侯。帝太甲居桐宫三年，悔过自责，反善，于是伊尹乃迎帝太甲而授之政。帝太甲修德，诸侯咸归殷，百姓以宁。伊尹嘉之，乃作《太甲训》三篇。	

注：文献记载中未标明出处的均出自今本《竹书纪年》。

二、殷商国祚

传世文献中，殷商国祚延续年数说法不一，列引如下：

汤之治天下也，得庆诵、伊尹、湟里且、东门虚、南门蝡、西门疵、北门侧，得七大夫佐以治天下，而天下治。

二十七世，积岁五百七十六岁至纣。

——《鬻子》

《传》曰："大火，阏伯之星也，实纪商人。"后为成汤方即世，崩没之时，为天子用事十三年矣。商十二月乙丑朔旦冬至，故《书序》曰："成汤既没，太甲元年，使伊尹作《伊训》。"《伊训》篇曰："惟太甲元年十有二月乙丑朔，伊尹祀于先王，诞资有牧方明。"自伐桀至武王伐纣，六百二十九岁，故传曰殷"载祀六百"。

殷历曰，当成汤方即世，用事十三年，十一月甲子朔旦冬至，终六府首。当周公五年，则为距伐桀四百五十八岁，少百七十一岁，不盈六百二十九。又以夏时乙丑为甲子，计其年乃孟统后五章，癸亥朔旦冬至也。以为甲子府首，皆非是。凡殷世继嗣三十一王，六百二十九岁。

——西汉刘歆《汉书·律历志·世经》

汤伐桀，王天下，号曰殷，为水德，六百二十九年。

——东汉荀悦《前汉纪·高祖皇帝纪一》[1]

《汲冢纪年》[2]：汤灭夏以至于受，二十九王，用岁四百九十六年也。

——南朝宋裴骃《史记集解》所引

汤灭夏以至于受，二十九王，用岁四百九十六年（起癸亥，终戊寅）。

——今本《竹书纪年》

---

[1] 《前汉纪》内容基本来自《汉书》。
[2] 下称古本《竹书纪年》。

今本《竹书纪年》记殷商 496 年，起于癸亥，终于戊寅，但是，其实际记录的历代纪年并非如此——历代商王纪年前后相续，最后武王伐殷在庚寅，灭商成功在辛卯，如果终于武王伐纣的庚寅，应为 508 年；如果终于灭商成功的辛卯，应为 509 年。

为便于阅读，诸说列表如下：

出处	《鬻子》	《汉书》	古本《竹书纪年》	今本《竹书纪年》
王世	27 王	31 王	29 王	29 王
国祚	576 年	629 年	496 年	496 年 /509 年

今本《竹书纪年》与古本《竹书纪年》均记殷商国祚为 496 年，但前者又在实际纪年中记为 509 年，多出 13 年。

今本《竹书纪年》记殷商起止于癸亥和戊寅，以六十甲子推算，从癸亥到戊寅，除了 496 年以外，多算一个甲子，是 556 年；多算两个甲子，是 616 年。其中《鬻子》所说 576 年比可能的 556 年多 20 年，而《汉书》所说 629 年比可能的 616 年正好也是多出 13 年。

值得注意的是，商汤灭夏到商汤驾崩，正好是 13 年。今本《竹书纪年》和《汉书》多出的 13 年，出处可能就在于此——殷商总年数重复加了 13 年，但这 13 年的纪事并不在商汤名下而是分配给了其他商王，如仲壬的 4 年就属重复计算（详后），其余 9 年未详。

更需注意的是，多算一个或两个完整的六十甲子，可以让既有的某年干支保持一致，所以，疑《鬻子》和《汉书》都是在起止于癸亥和戊寅的 496 年基础上膨胀而来（《鬻子》多出的 20 年未明出处）。

本文采信 496 年之说。

三、十年周期

按殷商国祚 496 年复原后，商汤元年在公元前 1542 年，该年商汤迁都于亳。

五星聚出现在公元前 1535 年 3 月 4 日（正月初一[1]），该年为帝癸（夏桀）二十二年、商汤八年。今本《竹书纪年》记为帝癸十年[2]，推测所谓十年应该是商汤纪年。商汤迁亳之年记为元年，按古代居丧三年之制，此前还有两年属居丧期，商汤八年亦即商汤继位十年。

商汤继位十年出现五星聚，五星聚之后第九年商汤灭夏，次年正式即位为天子（商汤十八年，继位二十年）。五星聚出现在正月初一，推测商汤正式即位也是在正月初一，正好是五星聚出现的十周年。

商汤二十七年迁九鼎[3]，因为五星聚出现在年底，推测迁九鼎也在年底，正月初一当有祭祀等相关仪式，恰合五星聚出现的二十周年。

商汤重视十的周期，其起点正是预示殷商天命的五星聚天象——五星聚之后十年，商汤灭夏即天子位；五星聚之后二十年，商汤迁九鼎宣示天命王权归于殷商。

之所以特别重视十的周期，或与十日历[4]有关，即一年分为十

---

[1]　五星会聚并非只出现在某一天而是持续一段时间，但该年的五星聚在正月初一时呈现的形态最为特别，详见前文。

[2]　今本《竹书纪年》："（帝癸）十年，五星错行，夜中星陨如雨。地震。伊、洛竭。"

[3]　今本《竹书纪年》："（商汤）二十七年，迁九鼎于商邑。"

[4]　十日历，一年分十个月，顺次以十天干为名，每月 36 天，年末另加 5 天。

个月，传为夏代历法的《夏小正》实际就是十日历。

十年，恰是十天干之数，殷商历代先王多以天干为名，或与此有关。

从祭祀角度推测，所谓"事死如事生"[1]，"死"是指人，"生"是指神，先王崩逝之日，也就是升天成神陪侍上帝之时，商王死而成神，人死之日即神生之日，所以，崩逝之日或许就是后世予以周年祭的时候。

商王崩逝的时间，以十日历推算在某个月就意味着该商王在这个月升天成神，所以就用这个月的天干作为商王的名称。如商汤又名太乙，则商汤崩于乙月，也就是作为神的商汤生于乙月；太甲是商汤之孙，但崩于甲月，所以被称为太甲，也就是作为神的太甲生于甲月。

当然，同样的逻辑，也可能入葬的时候才算作由人变成神的时间，"天子崩，七月而葬"[2]，崩逝到入葬之间的七个月，也许就是对怀胎十月的模拟。以此推之，商汤名为太乙，则商汤入葬于乙月、崩逝于年前的己月。

崩逝之日与入葬之日，究竟以哪个作为祭祀的时间呢？窃以为后者可能性更大。

简而言之，殷商先王以天干为名，其含义就是以十日历计算的入葬之月。

四、太甲杀伊尹

商汤有三子，长子太丁先于商汤去世。

---

[1]　见《中庸》《左传·哀公十五年》《孔子家语》等。

[2]　《礼记·礼器》。

公元前1514年，商汤驾崩后，应由次子外丙继位。

按三年居丧之制，外丙将在公元前1511年正式即位，但遗憾的是，外丙于公元前1512年驾崩，也就是说，外丙并未正式即位。

外丙驾崩后，应由商汤三子仲壬继位。因为之前外丙在居丧期驾崩而未正式即位，所以，外丙驾崩后不必再有居丧三年，之后仲壬继位，实即直接继位于商汤而非外丙。

外丙驾崩，按兄终弟及，应由仲壬继位，但商汤长孙即太丁之子太甲并不同意，由此出现王位之争。

太甲之所以不同意由叔父仲壬继位，很可能因为外丙在居丧期就驾崩，推测此时仲壬身体状况也已不佳。仲壬继位，可能短短数年又将有王权更替——殷商初建，王权频繁更替当然不会是好事。与其如此，不如一步到位，直接由太甲继位。

另一方面，作为殷商重臣，伊尹可谓一人之下。商汤驾崩后，外丙两年而崩，未及即位，伊尹实际上处于摄政王的地位，倘若由身体欠佳的仲壬即位，势必由伊尹继续把持朝政。于太甲而言，不同意仲壬继位，真正的原因或许是出于对位极人臣的伊尹的不信任。

事实证明，确实如此，仲壬继位仅四年就驾崩。

伊尹坚持按祖制扶立仲壬继位，并将太甲放逐到桐宫。

仲壬四年驾崩后，按居丧三年之制，仍需再过两年才能由太甲继位。显然，坚持祖制的伊尹一如既往地忠实执行居丧三年。

仲壬驾崩后第三年，居丧期满，应由太甲继位，此时已是太甲放逐桐宫的第七年，太甲继位，名正言顺。

关于太甲继位，文献记载相互矛盾，《尚书》说伊尹亲自迎回太甲："伊尹以冕服奉嗣王归于亳。"今本《竹书纪年》则说太甲逃出桐宫并杀了伊尹："王潜出自桐，杀伊尹。"

事实上，太甲继位有两个完全不同的故事。

以《尚书》为代表，说太甲在仲壬之后继位，继位三年，因为不守祖制而被伊尹放逐到桐宫思过。桐宫三年，太甲悔悟，在第三年的十二月被伊尹迎回继续执政。

以《竹书纪年》为代表，说仲壬驾崩后伊尹自立并将太甲放逐到桐宫七年，第七年时太甲潜回杀了伊尹夺回王位。

以上两种版本不能兼容，但有一点是相同的，仲壬之后第七年，太甲继位成为商王。

第七年应由太甲继位，按惯例应在正月初一举行即位仪式。

既然居丧期满后本该由太甲继位，那么，更合理的应该是按《尚书》所说，在年前的十二月将太甲迎回以准备即位；倘若如今本《竹书纪年》所说，太甲在第七年才"潜出自桐"，那么太甲潜回的时间必然已经过了正月初一。

本该太甲继位，但伊尹仍然将太甲困在桐宫，不论动机如何，实际上都已经有了篡位之实。

事实并非如此，甲骨卜辞告诉我们，后世历代商王都像对待先王先祖一样祭祀伊尹，说明伊尹并无篡夺之事。

由此可知，第七年正月初一本该太甲继位，忠事于殷商的伊尹理应在年前迎回了太甲，也就是说，《尚书》所说十二月太甲归于亳是真实的。

如果今本《竹书纪年》所说太甲杀伊尹是真的，那也应该发生在伊尹迎回太甲之后。究竟因为什么爆发冲突而杀了伊尹不得而知，但从纪事用语以及后续发展能看出，伊尹是被冤枉，太甲多有抱愧。

（太甲）七年，王潜出自桐，杀伊尹。天大雾三日，乃立其子伊陟、伊奋，命复其父之田宅而中分之。

"天大雾三日"，是伊尹含冤被杀。

"乃立其子"，是太甲事后补偿。

大雾三日，虽然并非不可能，但出现在伊尹被杀之后，多半就是为了暗示其冤屈。

如果真的出现大雾，因为其巧，所以显出伊尹之冤天亦怜见；如果大雾并非真实发生也无妨，文本所要传达的意思无非是伊尹含冤，正如后来的六月飘雪以明窦娥之冤，大雾和六月飘雪一样，都是一种传达天意的载体。纪事文本中的大雾作为一种符号，是否真实发生其实并不重要。

太甲即位为商王后，仍然坚持在外丙驾崩后就应由自己继位，于是将被放逐桐宫那年作为太甲元年，也就是伊尹扶立仲壬的元年实即太甲元年。

因为外丙未能正式即位，所以，太甲成为商王，既不是继位于外丙，也不是继位于仲壬，而是直接继位于祖父商汤。

太甲直接继位于商汤，可以让我们理解《尚书》本身的矛盾。

虽然《尚书·太甲上》说在仲壬之后太甲继位三年才被放逐三年："太甲既立，不明，伊尹放诸桐。三年复归于亳，思庸，伊尹作《太甲》三篇。"但《尚书·伊训》同时又说："成汤既没，太甲元年，伊尹作《伊训》。"显然，按前者所说，这里就应该是"仲壬既没，太甲元年"。成汤之后就是太甲元年，中间的外丙和仲壬俨然已经不存在。

之所以越过外丙和仲壬，正因为太甲认为自己是继位于商汤，换句话说，仲壬在位的四年，太甲即位后并不承认——还有一个可资佐证的事实是，甲骨卜辞所反映的商代周祭制度中所祭祀的历代先王，目前尚未发现有仲壬。

所谓太甲继位三年后因为乱政而被放逐三年，悔过以后又被伊尹接回来还政于太甲，恐怕是后世予以美化的再创作——在这个版本的故事里，伊尹是贤相，太甲改过成了明君。明君贤相，堪为当朝天子的镜鉴和所有臣子的楷模。

孔子说"知我罪我，其唯春秋"[1]，恐怕就是因为对于类似太甲杀伊尹这样的历史进行包装改易和所谓春秋笔法。在真实的历史演进中，臣弑其君，子弑其父，都曾重复上演，但是，价值在于传播与教育的春秋大义，当然只能是也必须是有垂范意义的明君养成以及贤臣佐政的和谐故事。

某种意义上说，历史就是以今说古，或者更直白一点，历史为现实服务，所以，立足于现实需要的历史发生扭曲变异也就没什么可奇怪的。所谓真伪，也不过就是"假作真时真亦假"罢了。

当然，我们要回溯的三代历史绝非这样的历史。

五、商汤灭夏之地望

末代夏后是帝癸，又称夏桀，即位元年"居斟鄩"，十三年"迁于河南"[2]。

夏后所居即是夏都，不过请注意，商周两代的都城都并非一城一地。

殷商曾频繁迁都，有"前八后五"[3]之说，即商汤灭夏之前后

---

[1] 《孟子·滕文公下》："世衰道微，邪说暴行有作，臣弑其君者有之，子弑其父者有之。孔子惧，作《春秋》。《春秋》，天子之事也。是故孔子曰：'知我者，其惟《春秋》乎！罪我者，其惟《春秋》乎！'"

[2] 今本《竹书纪年》："（帝癸）元年壬辰，帝即位，居斟鄩。……（帝癸）十三年，迁于河南。初作辇。"

[3] 东汉张衡《西京赋》："殷人屡迁，前八而后五。"

各有八次与五次迁都。武王伐纣时在朝歌决战，但正式都城仍然在殷商中期盘庚所迁之殷（即殷墟，今河南安阳境内）。

先周时代周人也多次搬迁，迁居岐山后经历三代人而逐渐崛起取代殷商。灭商之前，周人即从岐山东迁到渭河南岸的丰镐，也就是宗周。伐纣成功后又在伊洛河谷营建洛邑，是为成周。宗周与成周，都是周朝都城。

上溯到夏代，也是如此。夏桀所居的斟鄩（又作斟寻）、河南当然是夏都，但除此以外，夏代还有一个持续经营数百年的都城。

帝癸三十一年，商汤举兵西进，奔袭夏邑。

夏邑，才是真正的夏都——大禹驾崩后，夏启就是在夏邑即位[1]，此后历代都以此为都。

夏邑在殷商之西，所以又被称为西邑夏。

> 伊尹作书曰：……惟尹躬先见于西邑夏，自周有终，相亦惟终……
>
> ——《尚书·太甲上》

> 《尹吉》曰："惟尹躬天，见于西邑夏，自周有终，相亦惟终。"[2]
>
> ——《礼记·缁衣》

> 惟尹既及汤咸有一德，尹念天之败西邑夏。
>
> ——清华简《尹诰》

除此以外，商人也称其为西邑。

---

[1] 今本《竹书纪年》："（启）元年癸亥，帝即位于夏邑，大飨诸侯于钧台。"
[2] "尹吉"为"尹告"之误，"躬天"为"躬先"之误。

> 夏有祥，在西在东，见章于天。其有民率曰"惟我速祸"，咸曰"曷今东祥不章?"……自西剪西邑，戕其有夏。
>
> ——清华简《尹至》

> 贞燎于西邑
>
> ——《甲骨文合集》(06156 正 .7)

> 贞于西邑
>
> ——《甲骨文合集》(7863.2)

> 贞侑于西邑
>
> ——《甲骨文合集》(7865.1)

夏邑在西，殷商在东，奇怪的是，清华简说"自西剪西邑，戕其有夏"，这不应该是殷商在西而夏在东吗？

夏商之变中神秘而极其重要的人物该出场了，他就是伊尹。

作为商汤之臣，伊尹有三年出使于夏。曾为夏桀宠妃的末嬉（妹喜）告诉伊尹，说夏桀梦见两个太阳，一个在东，一个在西，两日相斗，结果是西方的太阳赢了，东方的太阳败下阵来[1]。

显然，夏商关系越来越紧张，夏桀这个梦无非是自我安慰——夏有天命，不会被取代。

有趣的是，伊尹把两日相斗的故事回报给商汤以后，商汤发兵灭夏，真就按照西方胜而东方不胜的逻辑来操作。

"令师从东方出于国，西以进"[2]，从殷亳（见上表帝癸三十年）的东门出发，由西向东发兵，这样殷商就在西方，然后掉头向西

---

[1] 《吕氏春秋·慎大览》："末嬉言曰：'今昔天子梦西方有日，东方有日，两日相与斗，西方日胜，东方不胜。'"

[2] 《吕氏春秋·慎大览》。

进军，再然后"自西剪西邑"，再次掉头从西向东发起进攻，翦灭
西邑夏。

　　夏桀做梦的故事多半靠不住，不过，故事本身的真假其实并
不重要，重要的是其中包含的行军路线得以保留并流传下来——
向东出征、向西进军、向东进攻，出征和进攻，殷商都位于西
方——这不就是一个迂回包抄的战术吗？

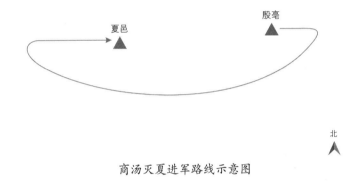

商汤灭夏进军路线示意图

　　战争不是儿戏，何时出兵，何处突破，都关乎生死存亡。商
汤灭夏的进军路线提示我们，所谓"两日相斗西方胜"只是故事
的表层，包裹其中的真正内核其实是在说——灭夏之战是从夏邑
的西边发起进攻。

　　更准确地说，这就是出使于夏而实为间谍的伊尹为商汤谋划
和拟定的灭夏攻略。这个计划之所以得以实现，伊尹功不可没。

　　出土甲骨告诉我们，伊尹受到历代商王的祭祀，而且规格与
殷商先王一样[1]，另一方面，其身份又颇为模糊，早在春秋战国时

[1]　《甲骨文合集》："（辛）亥卜，至伊尹用一牛。"（21575）"乙亥贞，其侑伊
尹二牛。"（33694）

代就已经众说纷纭。

有的说他既做过夏桀之臣，也曾效力于商汤麾下，而且在夏商之间多次反复，"五就汤，五就桀"。

> 古之善背向者，乃协四海，包诸侯忤合之地而化转之，然后以之求合。故伊尹五就汤，五就桀，而不能有所明，然后合于汤。吕尚三就文王，三入殷，而不能有所明，然后合于文王。此知天命之箝，故归之不疑也。
>
> ——《鬼谷子·忤合》

> 孟子曰：居下位，不以贤事不肖者，伯夷也；五就汤，五就桀者，伊尹也；不恶污君，不辞小官者，柳下惠也。三子者不同道，其趋一也。一者何也？曰：仁也。
>
> ——《孟子·告子下》

> 伊尹再逃汤而之桀，再逃桀而之汤，果与鸣条之战，而以汤为天子。
>
> ——《战国策·燕策》

> 伊尹忧天下之不治，调和五味，负鼎俎而行。五就桀，五就汤，将欲以浊为清，以危为宁也。
>
> ——《淮南子·泰族训》

有的说他本是夏臣，因为夏桀不听劝谏而失望，于是弃夏桀而反夏入商。

> 桀作瑶台，罢民力，殚民财，为酒池糟堤，纵靡靡之乐，一鼓而牛饮者三千人，群臣相持歌曰："江水沛沛兮，舟楫败兮，我王废兮，趣归薄兮，薄亦大兮。"又曰："乐兮乐兮，四

牡蹶兮，六辔沃兮，去不善而从善，何不乐兮？"伊尹知天命
之至，举觞而告桀曰："君王不听臣之言，亡无日矣。"桀拍然
而作，唾然而笑曰："子何妖言，吾有天下，如天之有日也，
日有亡乎？日亡吾亦亡矣。"于是接履而趣，遂适汤，汤立为
相。故伊尹去官入殷，殷王而夏亡。

——西汉刘向《新序·刺奢》

昔者桀为酒池糟堤，纵靡靡之乐，而牛饮者三千，群臣皆
相持而歌，"江水沛兮！舟楫败兮！我王废兮！趣归于亳，亳
亦大兮！"又曰："乐兮乐兮！四壮骄兮！六辔沃兮！去不善兮
善，何不乐兮！"伊尹知大命之将去，举觞造桀曰："君王不听
臣言，大命去矣，亡无日矣。"桀相然而拼，盍然而笑曰："子
又妖言矣。吾有天下，犹天之有日也，日有亡乎？日亡，吾
亦亡也。"于是伊尹接履而趋，遂适于汤，汤以为相。可谓适
彼乐土，爰得其所矣。《诗》曰："逝将去汝，适彼乐土；乐
土乐土，爰得我所。"伊尹去夏入殷，田饶去鲁适燕，介之
推去晋入山……客又说春申君曰："昔伊尹去夏之殷，殷王而
夏亡。"

——西汉韩婴《韩诗外传》

**有的说他本就是商汤之臣，与商汤合谋一出苦肉计后逃奔
夏桀。**

桀为无道，暴戾顽贪，天下颤恐而患之，言者不同，纷
纷分分，其情难得。干辛任威，凌轹诸侯，以及兆民，贤良郁
怨。杀彼龙逢，以服群凶。众庶泯泯，皆有远志，莫敢直言，
其生若惊。大臣同患，弗周而畔。桀愈自贤，矜过善非，主道
重塞，国人大崩。汤乃惕惧，忧天下之不宁，欲令伊尹往视旷

夏，恐其不信，汤由亲自射伊尹。伊尹奔夏三年，反报于亳。

——《吕氏春秋·慎大览》

除此以外，还有说伊尹以商臣身份出使于夏长达三年，与夏桀失宠的元妃妹喜交往，施展离间计，最终灭夏成功。

（帝癸）十七年，商使伊尹来朝。二十年，伊尹归于商。

——今本《竹书纪年》

《竹书纪年》：后桀伐岷山，岷山女于桀二人，曰琬、曰琰。桀受二女，无子，刻其名于苕华之玉，苕是琬，华是琰，而弃其元妃于洛，曰末喜氏。末喜氏以与伊尹交，遂以夏亡。

——《太平御览·皇亲部》所引

伊尹去亳适夏，既丑有夏，复归于亳。

——《尚书》

昔殷之兴也，伊挚（伊尹）在夏。周之兴也，吕牙在殷。故明君贤将，能以上智为间者，必成大功。

——《孙子兵法·用间篇》

伊尹在夏商之间的真实身份扑朔迷离，通观各种相互矛盾的说法不难发现，不论伊尹原来的真实身份是什么以及原本属于哪个阵营，可以肯定的是，游走于夏商之间的伊尹最终帮助商汤完成了灭夏大业。

伊尹或是夏臣，或是商臣，甚至不排除双面间谍的可能，在没有更多证据的情况下只能存疑。难得的是，关于其出身却有基本共识，大多说他是有莘氏的"媵臣"，也就是随嫁的臣仆，因为商汤娶妻有莘氏而陪嫁入商，先给商汤做厨子，后来得到商汤赏识而出将入相。

> 伊挚，有莘氏女之私臣，亲为庖人，汤得之，举以为己相，与接天下之政，治天下之民。
>
> ——《墨子·尚贤中》

> 昔伊尹为莘氏女师仆，使为庖人，汤得而举之，立为三公，使接天下之政，治天下之民。
>
> ——《墨子·尚贤下》

> 汤举伊尹于庖厨之中，授之政，其谋得。
>
> ——《墨子·尚贤上》

> 汤处于唐丘，取妻于有莘，有莘媵以小臣。小臣善为食，烹之和……乃与小臣，谷谋夏邦。
>
> ——清华简《汤处于汤丘》

> 伊尹，有莘氏媵臣也，负鼎俎调五味而佐天子，则其遇成汤也。
>
> ——西汉刘向《说苑·杂言》

当然，除了媵臣之说，还有说伊尹本是平民，商汤三顾茅庐才请其出山 [1]。

> 伊尹耕于有莘之野……汤三使往聘之……故就汤而说之以伐夏救民。
>
> ——《孟子·万章上》

---

[1]　上博简《容成氏》："尧于是乎为车十有五（乘），以三从舜于畎亩之中。" 尧三得舜，商汤三顾得伊尹，刘备三顾得诸葛卧龙，三顾求贤，可能是一种作文范式，实为演义故事而非真实历史。

> 昔者，汤将往见伊尹，令彭氏之子御。彭氏之子半道而问曰："君将何之？"汤曰："将往见伊尹。"彭氏之子曰："伊尹，天下之贱人也。若君欲见之，亦令召问焉，彼受赐矣。"汤曰："非女所知也。今有药此，食之则耳加聪，目加明，则吾必说而强食之。今夫伊尹之于我国也，譬之良医善药也。而子不欲我见伊尹，是子不欲吾善也。"因下彭氏之子，不使御。
>
> ——《墨子·贵义》

究竟是媵臣还是平民，西汉时的司马迁也莫衷一是，干脆把两种说法并列出来。

> 伊尹名阿衡。阿衡欲奸汤而无由，乃为有莘氏媵臣，负鼎俎，以滋味说汤，致于王道。或曰伊尹处士，汤使人聘迎之，五反然后肯往从汤，言素王及九主之事。汤举任以国政。伊尹去汤适夏。既丑有夏，复归于亳。入自北门，遇女鸠、女房，作女鸠女房。……汤乃兴师率诸侯，伊尹从汤，汤自把钺以伐昆吾，遂伐桀。
>
> ——《史记·殷本纪》

不难发现，媵臣也好，平民也罢，虽然歧说难断，但伊尹来自有莘并无疑议。

有莘，是一个看似默默无闻，实则影响深远的部族。

> 鲧娶于有莘氏之子，谓之女志氏，产文命。
>
> ——《大戴礼记·帝系》

> 禹之母有莘氏之女也。
>
> ——清华简《子羔》

太姒者，武王之母，禹后有莘姒氏之女。

——西汉刘向《列女传》

夏禹之母，出自有莘氏；周文王所娶之太姒，出自有莘氏。伊尹为有莘媵臣已告诉我们，商汤之妻，同样也出自有莘氏。

夏商周三代肇始之初，都有这个有莘氏的身影，对于时局变化的影响真可谓举足轻重。

商末周初时，文王之妻太姒是"禹后有莘姒氏之女"，这意味着有莘实为夏禹之后，也是姒姓。另一方面，鲧娶于有莘的故事又说有莘是夏禹的母族。有莘究竟是夏禹的母族还是后裔，抑或兼而有之，难有定论。

有莘氏，又作有侁氏、有姺氏，莘、侁、姺，同音通假（都读如深）。

有趣的是，从文字本身来看，"侁"和"姺"都是从"先"，与夏禹的"姒"姓其实同源。

兄弟之妻互为妯娌，古代称妯娌为娣姒，关中地区又称为先后[1]，姒为长，为先，娣为小，为后。娣姒又称先后，也就是说，姒就是先，先加上单人旁或女旁，就是侁、姺。

"姒"与"侁/姺"有重合，有侁、有姺就是有莘，所以，从文字角度看，有莘与姒夏其实同出一源。

有莘历史悠久，分布地域很广，到春秋战国时代，见于文献就有卫国之莘（今山东莘县）、郑国之莘（今河南开封）、蔡国之莘（今河南汝南）、虢国之莘（今河南陕县）。山东曹县的莘冢集在后世被传为有莘故地，但在先秦时期的文献中反倒没有提及。

---

[1] 《康熙字典》："孟康曰：'兄弟妻相谓先后。'师古曰：'古谓之娣姒，今关中俗呼为先后，吴楚呼之为妯娌。'"

除此以外，从崤函古道西进关中，陕西境内也有一个有莘国，在渭南合阳县境内。黄河穿越百余公里的晋陕大峡谷后继续由北向南流，曾经的有莘国就在黄河西岸。

黄河西岸是有莘，向西南方向延伸，是八百里秦川的关中平原；黄河东岸是晋南，向东北方向扩展，是汾河平原的三晋大地。

关中与晋中，其实就是连为一体的汾渭平原，汾渭平原四周被太行山、吕梁山、六盘山、秦岭、中条山等群山环绕，所以又称为晋陕盆地带。

黄河由北向南流，将关中与晋中一分为二，分别贯穿两地的汾水和渭水，最后也都汇入黄河。双方之间除了这条大河，东西两边都可以说是一马平川，没有任何天险可守。

从西岸的有莘渡过黄河，从河谷滩涂爬上去，眼前所见也是与彼岸地貌别无二致的黄土塬。

塬，是平坦广阔而土层深厚的黄土高原被冲刷侵蚀出许多大大小小沟壑的特别地貌，黄土塬下无数的沟壑曲折蜿蜒，千沟万壑，就像千年古树四通八达的根须。

黄土塬在黄河两岸的陕西和山西极其常见，著名的五丈原、白鹿原以及姬周龙兴之地的周原，都是大大小小的黄土塬；黄河东岸向东北方向去，有一道绵延长达百余公里的黄土塬，这就是晋原，又称峨眉原[1]，俗称峨眉岭。

峨眉岭，名为岭，其实并不是山。但是，如果不登上塬面而是在千沟万壑里游走，那么，黄土崖高耸壁立，崖间山谷曲折幽深，在这些沟谷之间，有长长短短的黄土梁，以及大大小小的黄

---

[1]　清顾祖禹《读史方舆纪要·山西三》："峨眉原，在州东五里，自西而东，绵亘逶迤，跨临晋猗氏之境……山迤逦连闻喜、夏、猗氏、临晋、荣河诸县界，西抵黄河，东抵曲沃西境。亦曰峨眉坡，亦曰峨眉原，即中条之坡阜也。"

土峁，峰峦叠嶂，群山连绵，一山转出又一山，宛似身在万山里，只不过满眼所见，都是黄土。

　　所谓峨眉，其实就是蛾眉，黄土塬四周的那些沟壑，就像娇柔黛玉的眉毛弯弯，又或者是猛张飞的一副虬髯，比如黄河两岸的那些黄土梁。

晋南地区的峨眉岭

晋陕之间的黄河两岸

晋陕两地黄土塬无数的沟壑，就是三千多年前商汤灭夏的见证者，商汤的六千死士[1]，就是在这些沟壑里含枚潜行奔向夏都。

> （帝癸）三十一年，商自陑征夏邑。克昆吾。大雷雨，战于鸣条。夏师败绩，桀出奔三朡，商师征三朡。战于郕，获桀于焦门，放之于南巢。[2]

"商自陑征夏邑"，陑是何义？

陑，从"阝"从"而"。

"阝"，是"阜"的变形[3]，"阜，大陆山无石者"[4]，阜的本义就是土山。

"而"，现在用为连词，但本义其实是个象形字："而，颊毛也，象毛之形。"[5]

而—甲骨文

《甲骨文合集》（CHANT: 3357）

颊发，也就是脸上的毛。人脸上的胡须，猪头颈上的鬃毛，都是"而"。事实上，被斩首的人脑袋上的头发不也是"而"吗？

人头或猪头，都是供奉上帝或祖先的祭品，所以，"而"也是

---

[1] 《吕氏春秋·简选》："殷汤良车七十乘，必死六千人，以戊子战于郕遂。"

[2] 今本《竹书纪年》。

[3] "阝"在左侧是阜的变形，表示梯级、高地；"阝"在右侧是邑的变形，表示都邑、城市。

[4] 《说文解字》。

[5] 《说文解字》。

祭名，如甲骨文"而匕壬"[1]即"腼妣壬"，指对妣壬进行腼祭。腼祭的供品，就是猪头、牛头、羊头之类。

陑，从"阝"，为阜，是土山；从"而"，为颊毛，是须发。不难想见，作为地名的陑，对于黄土塬那无数的沟壑来说，实在是再形象不过了。

商汤发起进攻的"陑"又称"陑遂""戎遂"。

> 伊尹相汤伐桀，升自陑遂，与桀战于鸣条之野。[2]

> （商汤）然后从而攻之，降自戎（陑）遂，内自北门，立于中口。[3]

遂，本义为水沟。

> 匠人为沟洫……广尺深尺谓之畎……广二尺、深二尺谓之遂……广四尺、深四尺谓之沟……广八尺、深八尺谓之洫。[4]

由水沟稍作引申，"遂"也是水道。"迷者不问路，溺者不问遂"[5]，"阻其路，塞其遂"[6]，陆上为路，水下为遂，"遂"为水沟的本义清晰可见。

再如周代还将"遂"作为行政区划单位，"五县为遂"[7]，遂与

---

[1] 《甲骨文合集》（10989）。

[2] 《尚书·汤誓》。

[3] 上博简《容成氏》。

[4] 《周礼·冬官考工记》。

[5] 《荀子·大略篇》。

[6] 《管子·宙合》。

[7] 《周礼·地官司徒》："遂人：掌邦之野。以土地之图经田野，造县鄙形体之法。五家为邻，五邻为里，四里为酂，五酂为鄙，五鄙为县，五县为遂，皆有地域，沟树之。"

遂之间挖沟植树以为边界，“遂”为水沟的本义也还在。

抽刀断水水更流，由水路的流通，“遂”衍生出通达、顺利、成功等引申义，于是，原来“遂”为水沟的本义也就慢慢地被遗忘了。

“遂”为水沟，黄土塬的千沟万壑，不正是被水流冲刷侵蚀而形成的吗？

陑是沟壑，遂也是沟壑，所谓陑遂，地貌特征完美指向汾渭平原的黄土塬。

陑遂的具体位置很难指认，但十之八九就在黄河西岸的有莘国境内（今陕西合阳县东南）。所谓陑遂，是以地貌为名；所谓戎遂，称黄河西岸为戎，本质上就是一种自我优越和地域歧视。

夏桀的西邑夏，就在黄河东岸晋南地区的涑水平原，商末周初时称为“夏墟”[1]。具体位置尚未可知，很可能在山西运城境内背靠中条山的夏县（先秦称安邑）与盐湖一带。

夏阳、有莘与临晋渡口

[1] 《史记·吴太伯世家》：“乃封周章弟虞仲于周之北故夏虚，是为虞仲，列为诸侯。”

商汤绕道于黄河西岸渡河奇袭，真可谓神兵天降，打得夏桀措手不及。

一千多年后，楚汉相争，韩信也曾经采取同样的策略，先在南边的临晋渡口（今陕西大荔县东，靠近黄河拐弯处）摆出强渡架势，然后北上到夏阳（今陕西韩城南）木罂渡河[1]，声南击北，奇袭安邑，俘虏了叛归项羽的魏王豹。

商汤在陑遂渡黄河，韩信在夏阳渡黄河，几乎就是同一个故事的重演。

从太行山东边劳师远征的商汤，或许也像韩信一样在夏商对峙中声东击西，或许压根儿就没有公开竖起反旗，在夏桀并未察觉之下就悄无声息地渡过黄河发动进攻。但可以肯定的是，"汤有七名而九征"[2]，"（汤）十一征而无敌于天下"[3]，"凡二十七征，而德施于诸侯"[4]，面对不断扩张的殷商，夏桀不可能不戒备乃至恐惧，中条山东南方向的陑口以及后来的临晋渡口，势必严密布防。也不难想见，殷商军队的突然出现，夏桀一方完全出乎意料而猝不及防。

商汤借道有莘境内的陑遂，出身有莘的伊尹在其中的作用想必不容小觑——当然，商汤本就与有莘联姻，得到有莘的支持其实也在情理之中。

除了陑遂以"遂"为名之外，灭夏之战的另外几个地点其实

---

[1]　《史记·淮阴侯列传》："以信为左丞相，击魏。魏王盛兵蒲坂，塞临晋，信乃益为疑兵，陈船欲度临晋，而伏兵从夏阳以木罂缻渡军，袭安邑。魏王豹惊，引兵迎信，信遂虏豹。"

[2]　古本《竹书纪年》，见宋代《太平御览》所引。

[3]　《孟子·滕文公下》。

[4]　西晋皇甫谧《帝王世纪》，见唐代《艺文类聚》所引。

也是如此。

"战于鸣条"，上博简《容成氏》称为"降自鸣条之遂"；"战于郕"，《吕氏春秋·简选》称为"战于郕遂"。陑遂、鸣条之隧、郕遂，尽管还不能指认其具体位置，但有理由相信，这些地方都以"遂"为名，指向的正是黄土塬周边那些深沟浅壑。

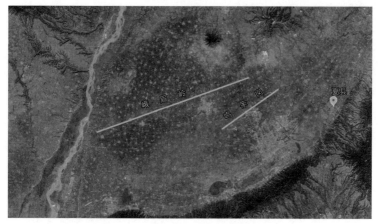

峨眉岭与鸣条岗

从黄河西岸的有莘渡河，爬上河谷就是南北宽 20 余公里、西南向东北绵延长达百公里的峨眉原。塬面的东南面，从黄河东岸向东北方向延伸，就是峨眉原边缘如眉如须的道道沟壑。

从峨眉原下来，其东南方是涑水平原。在这片一马平川的黄土地上，夏县西边有一道黄土梁也是西南—东北走向，被称为鸣条岗。

商汤灭夏已是三千五百多年前的事，和今天比起来，所谓山河巨变，山还是那些山，但有的河已经消失，黄河在流入中原后也曾多次改道。同样地，峨眉原这道土层深厚的黄土塬，在千年时光中水土流失何其多也。

今天的峨眉原南北宽20余公里，三千多年前，这里的塬面一定更加宽广，那些沟壑肯定更为靠近东南边的中条山。

今天的鸣条岗，大概率并非商汤灭夏时鸣条决战的鸣条之遂。那时的鸣条，早已随水而去，淤积在黄河底。但是，作为一种模糊历史记忆的见证，鸣条岗这一名称的存在，可以提示我们，三千多年前的灭夏之战，或许就在这一地区。

鸣条之战，夏桀大败，"夏师败绩，桀出奔三朡。商师征三朡，战于郕，获桀于焦门"[1]。商汤乘胜追击，出征三朡。

三朡，往往被指向今山东菏泽境内的定陶，连带着商汤灭夏的故事都挪到了山东境内。

其实三朡就在山西境内，而且距离夏桀的西邑夏不远。

> 昔有飂叔安，有裔子曰董父，实甚好龙，能求其耆欲以饮食之，龙多归之，乃扰畜龙以服事帝舜。帝赐之姓，曰董氏，曰豢龙，封诸鬷川，鬷夷氏其后也，故帝舜氏世有畜龙。[2]

帝舜时代，董父擅长养龙，帝舜将他封到鬷川专门为王室养龙——可以被人工养殖的龙，其实就是鳄鱼。

鬷川在哪里呢？

> 闻喜东北有董池陂，是鬷川，即董泽，舜所封董父之国也。[3]

鬷川即董泽，因董父而得名，在山西闻喜境内，现在还有董泽湖。当然，比起三千多年前的董泽，现在的董泽湖充其量也只

---

[1]　今本《竹书纪年》。

[2]　《左传·昭公二十九年》。

[3]　《左传》杜预注。

能算是池塘而已。

　　翪、朡，都读如宗，三朡实即翪川，山东菏泽的三朡，其实是董父后人东迁带过去的地名。

　　翪从"鬲"，鬲与历同音通假，所以，鬲山氏，即历山氏。如"舜耕历山"[1]，上博简《容成氏》称为"昔舜静（耕）于鬲丘"，郭店楚简《穷达以时》称为"舜耕于鬲山"。

　　鸣条之战败北后，夏桀逃奔三朡又被说成"逃之鬲山氏"[2]，由此可知，三朡与鬲山氏/历山氏，其实两地紧邻相隔不远，甚至有可能就是一个地方。

　　时光千年，昔日的翪川大泽早已干涸不再，虽然不能确定其曾经的具体位置和边界，但可以大致推测，翪川在夏邑以北最多50来公里。

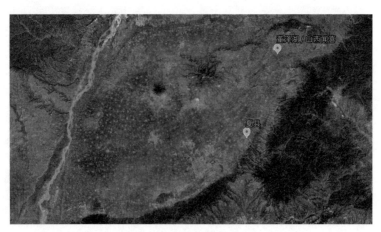

董泽湖与夏县

---

[1]　见《墨子》《管子》《史记》等。

[2]　上博简《容成氏》。

商汤从西方进攻，受地形所迫，夏桀败于鸣条后只能向北逃跑。随后与尾随追击的商汤在郕遂再次交战，"战于郕，获桀于焦门"[1]，最终在焦门被生擒。

焦门，又被称为"高神之门"[2]"巢门"[3]"蟎门"[4]，疑为三朡东南或东北方向下山的隘口。所下之山，就是中条山东端的历山——东南方向，去往历山南面的山西垣曲，这是太行八陉由南往北的第一陉轵关陉；东北方向，去往历山北面的山西阳城。

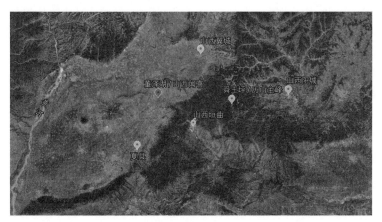

历山及周边地区

历山主峰为舜王坪，海拔 2358 米，是晋南最高峰，每天都能在这里迎来日出东方的第一缕阳光。

有趣的是，历山的很多山峰都顶部平坦，整个山就是削去尖

---

[1]　今本《竹书纪年》。

[2]　上博简《容成氏》："汤又从而攻之，降自鸣条之遂，以伐高神之门。"

[3]　《吕氏春秋·简选》："登自鸣条，乃入巢门，遂有夏。"

[4]　《墨子·明鬼下》："汤以车九两，鸟陈雁行。汤乘大赞，犯遂（逐）下（夏）众，入之蟎遂，王乎禽推哆、大戏。"

顶的大台。或许因为山顶平坦，古代先民将其形容为厨房中作烧煮之用的鬲 [1] 而称为鬲山，鬲、历同音通假，这就是历山之名的由来。

舜王坪以坪为名，当然也是如此，其坪顶面积达 260 万平方米。

高峰平顶，俨然就是一个天然的硕大祭台，整座山也相当于盛装供品以祭天的大鬲。

夏桀"奔三朡"，与商汤"战于郕"，在焦门被擒之后，《竹书纪年》《尚书》等说"放之于南巢" [2]，但是，还有一种说法是在南巢又有一战。

> 汤乃以革车三百乘，伐桀于南巢，放之夏台。
>
> ——《淮南子·本经训》

> （汤）乃整兵鸣条，困夏南巢，谯以其过，放之历山。
>
> ——《淮南子·修务训》

> 桀乃逃之南巢氏，汤又从而攻之。
>
> ——上博简《容成氏》

"鸟在木上曰巢" [3]，巢本义就是鸟窝。

巧的是，历山西北侧，山下是山西翼城，其北、东、南三面都被群山怀抱，山形如鸟展翅，所以以"翼"为名。

---

[1] 鬲为炊器，也是祭器。鬲类似鼎，但三足中空如口袋，鼎可能是鬲发展而来。《说文解字》："鬲，鼎属。"《汉书·郊祀志》："（鼎）空足曰鬲。"《梦溪笔谈》有："古鼎中有三足皆空，中可容物者，所谓鬲也。"

[2] 见今本《竹书纪年》，《尚书·仲虺之诰》也有相同记载："成汤放桀于南巢，惟有惭德。"

[3] 《说文解字》。

　　翼城之名起于何时难有定论，不过，翼与鸟的意象其实并不单单因为山势地形，甚至根本不是主因。

　　山西东边是太行山，西边是吕梁山，中间是太岳山，均为南北走向。太岳山南部与中条山东端的历山相接，西南方向又伸出一个小角，其尾端是塔儿山。

　　塔儿山南边就是翼城，山的另一边，是陶寺遗址所在的襄汾。

　　陶寺遗址年代在公元前 2300 年至公元前 1900 年，废弃年代正是大禹所创建夏朝的初期。

　　陶寺遗址发现了目前最古老的天文台，通过观测太阳在塔儿山上升起的位置变化，可以测定每年的冬至、夏至等节气进而制定历法。

　　我们都知道，太阳又被称为金乌——之所以以鸟为名，其实也来自上古时代的天文实践，此不赘述。

　　太阳从东方升起的位置，冬至在最南端，夏至在最北端，南北往返的中点，就是春分和秋分。秋去鸟南飞，春来鸟北回，候鸟迁徙，仿佛就是在追随九天之上的金乌太阳鸟。

　　在陶寺遗址观象台观测（如下表），太阳就在东边南北走向太岳山的山岭之间往返。

观测原点	东经 111° 29′ 54″.99635，北纬 35° 52′ 55″.84645，海拔 572 米 [1]
太阳方位角	2020 年 6 月 21 日，夏至，日出方位角 59.9°，日落 300.1°
	2020 年 12 月 21 日，冬至，日出方位角 118.71°，日落 241.28° [2]

---

[1]　东华大学人文学院武家璧、中国科学院自然科学史研究所陈美东、中国科学院国家授时中心刘次沅，《陶寺观象台遗址的天文功能与年代》，《中国科学》（G 辑：物理学、力学、天文学），2008 年第 38 卷第 9 期。

[2]　数据来源：https://www.sunearthtools.com。因为岁差的关系，三千多年前的日出点、日入点相较于现在有所偏移，但偏移量有限，不影响本文立论。

　　冬至日出所在的南边，是历山主峰舜王坪；夏至日出所在的北边，是太岳山主峰霍山。

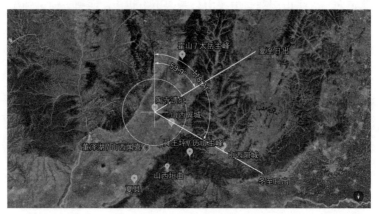

历山及周边地区

　　入秋后候鸟随着金乌太阳南飞，飞入南边历山中；开春后候鸟随着金乌太阳北回，回到北边霍山里。

　　南边的历山，北边的霍山，不就是百鸟投林的两个鸟巢吗？不也是金乌太阳鸟栖息落脚的两个鸟巢吗？

　　所以，历山就是南巢，霍山就是北巢。讲故事，编神话，这是再自然不过的事。

　　看似虚无缥缈的神话传说，往往不过就是先民们朴素的自然认知和生活经验。

　　历山是南巢，从三朡（朡川，今山西闻喜）或翼城进入历山的隘口，自然也就是所谓巢门。

　　　　殷汤良车七十乘，必死六千人，以戊子战于郕遂，禽推移、大牺，登自鸣条，乃入巢门，遂有夏。[1]

鸣条败北，三朡又失利，麾下两员大将推移和大牺被擒，夏桀不得不再次逃跑，于是退入历山，凭借地利之险做最后的无望抵抗，或者只是在崎岖山路上仓皇奔逃，毕竟大局已定，无力回天。

南巢之战，其实就是三朡之役的尾声。

三朡失败后，夏桀只能进入东边的历山并有两条路线可选——从历山南边下来是山西垣曲，再沿着山谷出来，横亘在眼前的是黄河天堑，彼岸则是迁居多年的河南，也是历代先祖深耕的故土，也许那是最后的依靠；从历山北面下去是阳城，继续向东，是晋城，东边则是巍巍太行，是阻挡山那边殷亳（河南安阳地区）势力的天然屏障，太岳与太行之间的阳城、晋城，想必也是夏后能够控制的传统地盘。两者都有可能性，所谓巢门以及焦门、蝙门、高神之门，究竟是在北边的翼城还是南边的三朡（飂川，今山西闻喜），未可定论。

历山就是南巢，所以，夏桀被生擒后，"放之于南巢""放之历山""放之夏台"，古代文献中看似相互矛盾的记载，其实指向的都是同一个地方。

（帝癸）二十二年，商侯履来朝，命囚履于夏台。[2]

帝癸即夏桀，履即商汤。十年前商汤被夏桀囚禁在夏台，现在夏桀又被商汤放逐到夏台，故国不堪回首，当真是颇为讽刺。

夏台，极其可能就在舜王坪这座天然的大台。

作为历山最高峰，舜王坪顶部平坦，整个山就是一座祭台，

---

[1]　《吕氏春秋·简选》。《墨子》称推移、大牺为推哆、大戏。

[2]　今本《竹书纪年》。

绝对是祭天的好地方。以后在这里发现夏代及更早前的祭坛遗迹，完全顺理成章并值得期待。

　　嵩山、泰山等都是古代帝王封禅祭天的地方，但登山而祭，往往只是偶发性的行动，连祭坛都是临时搭建。舜王坪上有夏台，商汤、夏桀先后都被囚禁于此，说明这里除了有祭天的祭坛之外，很可能还有常设的驻地机构，也就是说，这里是定期举行祭祀活动的地方。

　　冬至祭天，太阳鸟归于南巢，由此可知，天人相应的政治理念与传统，早在至少四千年前就已经诞生。前者成为千年固守的政治传统，后者和鸣条的黄土一样，消散湮没在历史长河，只留下只言片语的传说或支离破碎的神话。

　　在星光指引下，终于穿越千年溯及源头，不胜欣喜与欣慰。

　　南巢就在历山，这是由古代天文与政治相互交织产生的概念，至于后世在传说中将其指向遥远的安徽巢湖地区，完全是望文生义式的演义之说。

　　商汤灭夏战役表如下：

出处	地点						记载
	出发	一战	二战	三战	后续		
今本《竹书纪年》	陑	鸣条	三朡	郕	焦门	南巢	（帝癸）三十一年，商自陑征夏邑。克昆吾。大雷雨，战于鸣条。夏师败绩，桀出奔三朡，商师征三朡。战于郕，获桀于焦门，放之于南巢。

（续表）

出处	地点						记载
	出发	一战	二战	三战	后续		
《墨子·明鬼下》				蠤遂			汤以车九两，鸟陈雁行。汤乘大赞，犯遂（逐）下（夏）众，入之蠤遂，王乎禽推哆、大戏。
《吕氏春秋·简选》		鸣条	郕遂	巢门			殷汤良车七十乘，必死六千人，以戊子战于郕遂，禽推移、大牺，登自鸣条，乃入巢门，遂有夏。
《尚书·仲虺之诰》					南巢		汤归自夏，至于大坰，仲虺作诰。成汤放桀于南巢，惟有惭德。
《说苑·权谋》					南巢氏		汤乃兴师，伐而残之，迁桀南巢氏焉。
《淮南子·修务训》		鸣条			南巢	历山	(汤)乃整兵鸣条，困夏南巢，谯以其过，放之历山。
《淮南子·本经训》					南巢	夏台	汤乃以革车三百乘，伐桀于南巢，放之夏台。

（续表）

出处	地点						记载
	出发	一战	二战	三战	后续		
上博简《容成氏》	陑遂	鸣条之遂	鬲（历）山氏	高神之门	南巢氏	苍梧之野	然后从而攻之，降自戎（陑）遂，内（入）自北门，立于中□。桀乃逃之鬲（历）山氏，汤又从而攻之，降自鸣条之遂，以伐高神之门。桀乃逃之南巢氏，汤又从而攻之。遂逃去，之苍梧之野。

南巢、北巢，所谓南北是相对于塔儿山下的陶寺遗址。

陶寺遗址，可能就是尧舜禹三代都曾定都于此的冀都[1]，但是，禹之后夏启即位就已经是在夏邑，有夏一代，冀都不再是政治中心。

问题来了，对陶寺遗址来说，东南方的历山称之为南巢名正言顺，但对于位于晋南的夏邑来说，历山在其东北方向，并非冬至时的日出之山。

根据冬至和夏至的日出方位命名南巢、北巢，同样的逻辑，以夏邑为坐标原点会如何？

夏邑的具体位置未能确定，但夏县东北方不远处是东下冯遗址或可参考。

---

[1]　见今本《竹书纪年》，尧、舜、禹三代的元年都是"帝即位，居冀"。

东下冯遗址年代在公元前 1900 年至公元前 1500 年左右，正好与陶寺遗址相衔接，巧的是，以此为中心，历山在其东北，夏至日出的方位已越过舜王坪但仍在历山与太岳山之中；冬至日出在背后的中条山上，越过中条山向东南方遥望，冬至日出的方位恰好就在黄河以南的嵩山方向。

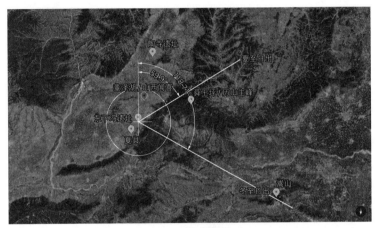

历山及周边地区

嵩山又名崇山[1]，夏禹之父是崇伯鲧[2]，崇伯亦即嵩伯，嵩山地区原本就是夏禹一族繁衍生息的故地。

夏禹继虞舜之后，建立家天下模式的夏，于是政治中心由冀都南移到夏邑。从夏邑背后的中条山下来就是黄河，东南方百多公里就是嵩山。

以夏邑为都，既未远离原来的冀都又更为靠近嵩山地区，既

---

[1]　三国吴韦昭《国语注》："嵩，古通用崇字。"

[2]　今本《竹书纪年》："（帝尧）六十一年，命崇伯鲧治河。六十九年，黜崇伯鲧。"

能满足经略东方平原的发展所需又据有河山之险以为屏障。

更重要的是，冬至过后，日出位置开始北移，冬至即太阳北回之始，尽管仍是隆冬时节，但草长莺飞的春天就是从这时候开始孕育生长，百鸟归来，草木复苏，万物生机其实都始于此时，所以，禹建立夏，嵩山是冬至日出所在，来自嵩山的禹以及世袭的夏，自然也就有了受命于天的天命色彩。

以此为背景，再来看夏桀以太阳自况[1]以及百姓们以"与日皆亡"咒骂夏桀等故事[2]就不难发现，夏与太阳的关系以及殷商先王以天干为名，原本就是从夏禹乃至更早时候就已经开始塑造并不断重复的王权神话和政治意识形态。

冬至祭天，夏至祭地。祭地，祭的是土地和五谷，也就是后世所谓"社稷"。社，是社神，即土地神；稷，本义特指黍，即小米，为"五谷之长"[3]，所以，稷也是五谷总称。

如果说祭天更多地指向王权与意识形态，祭地则更为关乎生产与生活。天子王权通达于天，替天牧民，管理天下江山与子民。传承数千年的中国王朝史，几乎从一开始就奠定了底层的基础逻辑，所谓"国之大事，在祀与戎"，既是古代中国的政治面貌，也堪称中华文明的底色。

东下冯遗址未必就是夏邑，不过，从特别的日出方位来看，这里很可能有像陶寺遗址那样的观象台。当然，这只是猜测。

冬至祭天，夏至祭地。尧舜时代在历山中的舜王坪祭天，因为那是冬至日出之山，所以历山就是南巢；夏代在历山中的舜王

---

[1]　西汉刘向《新序·刺奢》："桀拍然而作，唖然而笑曰：'子何妖言，吾有天下，如天之有日也，日有亡乎？日亡吾亦亡矣。'"

[2]　《尚书·汤誓》："夏王率遏众力，率割夏邑。有众率怠弗协，曰：'时日曷丧？予及汝皆亡。'"

[3]　《说文解字》。

坪祭地，因为那是夏至日出之山，所以历山就是夏台。

以冀都为坐标原点，历山是南巢（冬至日出）。以夏邑为坐标原点，历山是夏台（夏至日出）。由此可知，南巢之名可能产生在夏禹之前，夏台则是夏代建都于夏邑以后才有的名字。

南巢或夏台，都在历山。

夏桀生命中的最后时光，就在这里度过。

嵩山由少室山和太室山组成，其中连天峰为嵩山最高峰，位于少室山，高1512米；峻极峰为嵩山主峰，位于太室山，高1491.7米。

有意思的是，东下冯遗址冬至日出在嵩山的少室山方向，伊洛河谷发现了二里头遗址（河南偃师市翟镇二里头村），这里的冬至日出则在嵩山的太室山方向。

嵩山地区是崇伯鲧的封国所在地，鲧为夏禹之父，"夏后氏亦禘黄帝而郊鲧，祖颛顼而宗禹"[1]。嵩山之于夏人，无异于岐山之于姬周，正是夏王朝的龙兴之地。

更有意思的是，山西境内的陶寺遗址和历山舜王坪，河南境内的二里头遗址和嵩山，这四个地方几乎就在一条直线上（其中嵩山位于同一直线上的是少室山一侧，比东下冯遗址冬至日出方位向西南偏移约1°—2°）。当然，也许这只是巧合。

但可以肯定的是，东下冯遗址与二里头遗址，这两座古代城邑之所以选址于此，如果说背后的逻辑与冬至日出的方位毫无关系，恐怕很难让人相信。

尽管夏邑的具体位置未知，二里头遗址为夏都也不无争议，但从本文所述商汤灭夏相关地点以及太阳观测的角度看，夏邑应与东下冯遗址相距不远，二里头遗址为夏都也不无可能（或即斟鄩）。

---

[1]　《礼记·祭法》。

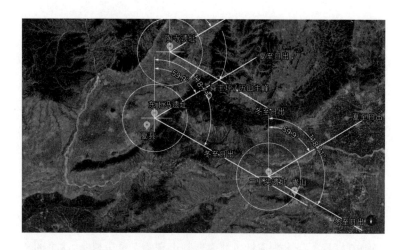

历山及周边地区

　　至于夏邑与二里头遗址的关系，也许类似于后来西周时的宗周与成周——晋南中条山下的夏邑，是成夏；河洛地区的斟鄩（或即二里头遗址），是宗夏。

　　周成王时定鼎洛邑成周，传说中夏禹所铸九鼎则是在夏邑。除了太康失国曾短暂失去夏邑，有夏一代四百余年，都城都在夏邑。

六、商汤灭夏之时间

根据殷商得天命的五星聚天象与殷商国祚，可以将商汤灭夏定位于公元前 1526 年，能进一步追溯更为具体的时间吗？

商汤灭夏在传世文献中语焉不详，和那些看起来相互抵牾的地名比起来，关于时间的信息更加稀缺。

尽管信息有限，但顺藤摸瓜，其实也可以复原。

> 天乃命汤于镳宫，用受夏之大命，夏德大乱，予既卒其命于天矣，往而诛之，必使汝堪之。汤焉敢奉率其众，是以乡有夏之境，帝乃使阴暴毁有夏之城。少少有神来告曰："夏德大乱，往攻之，予必使汝大堪之。予既受命于天，天命融隆（降）火于夏之城闲（间）西北之隅。"汤奉桀众以克有，属诸侯于薄，荐章天命，通于四方，而天下诸侯莫敢不宾服。[1]

商汤天命镳宫，其实就是五星聚天象（详见前文），之后又以神的名义告知："天命融降火于夏之城间西北之隅。"

千万不要以为这只是荒诞不经的神话故事，商汤灭夏的时间信息就隐藏其中。

融，即祝融，是古代的火神。夏之城，即夏邑，又称西邑夏。

祝融降火在夏邑城池西北角的时候，就是时机成熟起事灭夏的信号。

天命镳宫是星象，同样地，祝融降火其实也是星象。

星宿火相，有两个。南方朱雀七宿的柳、星、张三宿，称为鹑火，鹑火尤其特指柳宿，当然，整个南方朱雀七宿（井、鬼、柳、星、张、翼、轸）也属火，此其一；其次，属于东方苍龙七

---

[1] 《墨子·非攻下》。

宿的心宿又名大火星，也是火相。

请注意，参商不相见的故事告诉我们，名为大火的心宿又被称为商星，与殷商相对应。

在星占系统中，天象变化预示人间祸福，人事变化也会表现为各种天象祥瑞或灾异，也就是说，心宿的状态与殷商的命运息息相关，其位置、明暗、出没时间、受其他星体或天象的影响与干扰等，都会影响殷商运势，当然也是战争决策中不可忽视的重要依据。

公元前 1526 年 4 月 14 日，二月二十二日戊子，日落之后，繁星满天，南方朱雀七宿排列在南中天偏西的天空，打头的井宿距离西方地平线还比较远。东方的心宿，此时尚未升上地平线。

公元前 1526 年 6 月 13 日，四月二十三日戊子，日落之后，南方朱雀七宿也随着太阳西沉，名为大火的柳宿已经落入西方地平线。此时的心宿，已经从东方升起很高，接近南中天。

以柳宿为首的鹑火隐没西山，这就是“天命融降火于夏之城间西北之隅”，祝融之火即鹑火，也可以说是鹑火所在的南方朱雀之火。

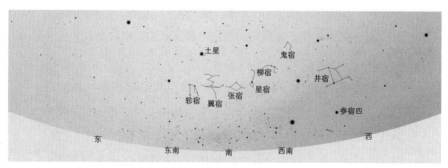

观测地区：河南安阳／海拔：70 米
观测时间：公元前 1526 年 4 月 14 日（二月廿二）19：30
日落时间：18：40：33／天黑时间：19：06：21

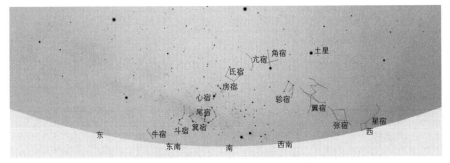

观测地区：河南安阳 / 海拔：70 米
观测时间：公元前 1526 年 6 月 13 日（四月廿三）20: 15
日落时间：19: 25: 19 / 天黑时间：19: 54: 59

殷汤良车七十乘，必死六千人，以戊子战于郕遂，禽推移、大牺，登自鸣条，乃入巢门，遂有夏。[1]

"战于郕遂"，是鸣条之战失败，夏桀向北奔逃到三朡后发生的。

如上所述，从夏邑到三朡（鄬川，今山西闻喜），最多 50 公里。正常行军日行 30 公里左右，此时一个仓皇逃跑，一个乘胜追击，跑到三朡充其量也就是一早一晚的事。以此推知，此前的鸣条之战，或许就在之前一两天。至于之后的巢门之战，不过是"战于郕遂"的尾声，或许就在戊子日当天。

从殷亳（今河南安阳地区）发兵，经崤函古道西进关中，过潼关后沿黄河北上到有莘（今陕西合阳东南），东渡黄河，直趋夏邑（今山西夏县地区），全程直线距离约 600 公里，估计行军时间约一个月。

也就是说，商汤出征应在 5 月初（农历三月中下旬）。

[1] 《吕氏春秋·简选》。

公元前1526年5月21日，三月二十九日，立夏，这是商汤
发兵十余天的时候。

日落之后，南方朱雀七宿开始西沉，打头的井宿已经落入西
山，东方的心宿已经升起。此后的日子里，每天日落之后繁星出
现，柳宿、鹑火及南方朱雀七宿向西方落下得越来越多，代表殷
商运势的大火心宿则升得越来越高。

此时的夏桀在夏邑茫然不知，背后中条山下南面的河谷里，
商汤与出征将士们正在向西挺进。自诩天命在身"日亡吾亦亡"
的夏桀，很快将遭受来自东方商人的暴击。

有莘本是与夏联姻的盟友，此时已完全投入殷商阵营。

时移势易，众叛亲离，夏桀狼狈不堪的失败结局，早已注定
无可挽回。

商汤灭夏出兵时机的选择，在占星逻辑中其实一目了然——
参商不相见，在参星（参宿）西落的时候，商星（心宿）开始东
升；商星逐渐升上南中天，随后鹑火（柳宿）也星落西山。

商星分野在殷商，参星和鹑火则分别是成夏与宗夏的分

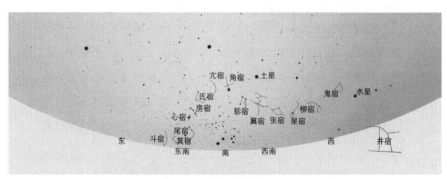

观测地区：河南安阳／海拔：70米
观测时间：公元前1526年5月21日（三月廿九）20：00
日落时间：19：07：51／天黑时间：19：35：46

星[1]——殷商如日中天, 以太阳自居的夏桀日薄西山, 显而易见, 这正是出兵灭夏极为有利的时机。

出征之前, 除了观星祭祀, 商汤少不了还要龟卜占筮向神灵问计。尽管出土甲骨中尚未发现这样的内容, 但可以肯定, 必然有。

---

[1]　参星 (参宿) 分野为赵 / 魏 / 益州, 昴宿分野为赵 / 魏 / 冀州, 鹑火 (柳宿) 分野为周 / 三河。周指成周所在的河洛地区, 三河指河南、河内、河东, 黄河南为河南, 即伊洛地区; 黄河北为河内, 即中条山以南、太行山以东地区; 黄河出吕梁后向南流, 东岸为河东, 即夏邑所在的晋南地区。参、昴、柳三宿分野互有交叉, 是先秦时期列国分合变迁的结果。除益州 (四川、汉中一带) 以外, 以上分野均在中条山 / 黄河的南北两侧。中条山 / 黄河以北, 为成夏; 中条山 / 黄河以南, 为宗夏。对照星宿位置, 柳宿、参宿分列银河两侧, 以此类推, 柳宿分野主要在黄河南 (河洛地区), 参宿分野主要在黄河北 (晋南地区), 在参宿一侧离银河更远的昴宿其分野主要在晋中、晋北, 由此可推知, 昴宿到参宿, 其分野原本都是冀州 (包括晋北到晋南)。

第十四章　天命玄宫：
　　　　夏禹受禅与夏王朝的建立

时光逆流，溯源千年。

循着古代占星逻辑，跟随夜空中星光指引，我们从秦汉往上，寻踪岐山下的姬周以及在黄河两岸往返迁居的殷商。

走得越来越远，一切都变得越来越模糊。

神人不分的故事，往往充满荒诞。

神话与史事的分野，剪不断，理还乱，当真是一团乱麻。

好在星象不会说谎，上溯千年也仍然历历在目。

成为中华文明底色的天人合一思想，就是我们解码上古迷局的金钥匙。

早在战国时代，人们认为夏商两代都延续五百年左右，于是有了五百年王朝更替的周期论："五百年必有王者兴"[1]"五百岁而圣人出"[2]"三十岁一小变，百年中变，五百载大变"[3]。

五百年将革故鼎新，进入战国时代正当其时——武王伐纣到

---

[1]　《孟子·公孙丑下》。

[2]　西汉扬雄《扬子法言·五百》。

[3]　《史记·天官书》。

周幽王时犬戎之祸为西周，平王东迁为东周，东周前半段，诸侯称霸，史称春秋。西周到春秋，已经约五百年，所以，延续两百余年的战国乱世[1]，那时的人们对于有如商汤与文武王的圣人再次出世以结束当下礼崩乐坏的混乱时局充满期待。

前文我们复原商汤灭夏的鸣条之战发生在公元前1526年（五星聚出现之后第九年），上推五百年，可知夏的建立应在公元前2000年左右。当然，五百年绝非确数，要确定具体年代，还得靠九天之上的星宿帮忙。

古代占星理论是天人合一思想的产物，也是我们复原夏商周断代的路径和地图。夜空中的星宿，就是不灭的路标，穿越千年，有如昨日。

作为中国历史上第一个世袭王朝，与殷商代夏以及姬周代商通过惨烈战争实现王朝更替不一样，夏禹走向权力中心的方式相对平和——所谓尧舜禹三代禅让，不论当事人是否心甘情愿，看起来权柄交接都是一个主动让渡的过程，至少形式上如此。

（舜）十四年，卿云见，命禹代虞事。[2]

虞舜十四年，"乃荐禹于天，使行天子事也"[3]，夏禹代替虞舜执政，夏禹也就相当于后世的摄政王。只不过虞舜还健在，可能夏禹并无天子名分[4]；虽然虞舜还健在，但夏禹已经是事实上的权力中枢。

---

[1]　春秋、战国合称东周，战国起始年代有多种不同划分方法，所以持续时间有长有短，但均为两百年左右。

[2]　今本《竹书纪年》。

[3]　今本《竹书纪年》。

[4]　今本《竹书纪年》："乃受舜禅，即天子之位。"以此推之，禹代舜已经不是代理而是取代。

舜禹之间，或是禅位让贤的一派和谐，或者"禹逼舜"[1]，是斗争胁迫的结果，究竟哪个才是真相，后人各执一词殊难定论，又或者，其实还有第三种可能——看似矛盾的两种说法，都是对的，不过是真实历史的不同面相。

毕竟尧舜禹时代并非父子相代、家族世袭的王朝政治，本质上就是四方联盟的关系。所谓禅让，不过就是在相互联盟的组织中轮流掌权。

贤能也许可以服众，强者胜出当然更符合生活经验，作为前王朝时代的政治模式，禅让制本身未必假，但温情面纱背后也很可能是"尧幽囚，舜野死"[2] 这种并不美好的冰冷事实，一如后来的王莽篡汉、曹丕代汉等不断重复上演的故事。末代王朝大清逊位，说起来也是禅让。

禅让，当真就是近于理想而并不现实的政治想象吗？

　　禅，祭天也。

　　让，相责让。[3]

禅，本义为祭祀；让，本义为责备。

禅让，本义是当政者失去上天垂青而受天谴、天责，王权天授，上天将王权赋予他人，这就是禅让。

换句话说，所谓禅让，其实就是"天命转移"，也就是原初意义上的"革命"——变革天命。

---

[1]　《韩非子·说疑》："舜逼尧，禹逼舜，汤放桀，武王伐纣，此四王者，人臣弑其君者也，而天下誉之。"

[2]　见李白《远别离》，典出《史记正义》："竹书云：'昔尧德衰，为舜所囚也。'"《国语·鲁语上》："舜勤民事而野死。"

[3]　均见于《说文解字》。

受命于天，天命有变，就是"革命"，就是"天命转移"，就是所谓"禅让"。

不论成王败寇还是选贤让能，没有天命的加持，都不能成其法统。

> 有夏多罪，天命殛之。[1]

> 商罪贯盈，天命诛之。[2]

历史记忆中的商代夏、周代商，都是天命指引下的革故鼎新，其实也都是"禅让"。

禅让之所以成为上古政治传统，并非来自春秋战国时代后人的想象和编造，此前上千年的政治实践中以"天命"作为王权的最终来源与法统认证，才是禅让概念得以成形并流传的原因。

先秦以降，不论君临天下的汉唐王朝还是割据一方的后唐后汉，历朝历代无不将"天命"作为论证自身合法性与必然性的根本路径。

天命，是舆论构建的母题，是暴力革命的道义制高点，是古代政治中至高无上的游戏规则，是不容置疑的意识形态，是登极后不能无视的社会共识。

禅让，本质上就是古代政治语境中将权力来源诉诸天，天意、天命成为王权合法性的基础以及唯一认证。

简而言之，所谓禅让，就是贯穿中国历史数千年的天命政治。

武王伐纣成功之后登嵩山太室祭天[3]，秦王扫六合成为始皇帝

---

[1]　《尚书·汤誓》。

[2]　《尚书·泰誓上》。

[3]　天亡簋铭文："乙亥，王又（有）大丰（礼）。王凡三方，王祀于天室。"天室即太室山。

后东巡泰山封禅，喋血玄武门之后唐太宗心心念念也要去登泰山。"自古受命帝王，曷尝不封禅？"[1]

后世所谓"封禅"，其实就是"禅让"的延续，只不过语义迁移，后人将"封禅"理解为祭天祭地，"封"是祭天，"禅"由祭天变成祭地。

事实上，从"禅让"就是受命于天的思想脉络可以发现，所谓"封禅"之"禅"，本义仍然应该是祭天，"封"也仍旧是原本的分封之意。

> 封，爵诸侯之土也。[2]

更准确地说，封的本义是边界、界标，甲骨文的封就是一棵树的造型。植树为界、以木为记，边界两侧，就是封地。

封–甲骨文

《甲骨文合集》（CHANT: 1384）
《甲骨文合集》（CHANT: 1384A）
《甲骨文合集》（CHANT: 1384B）
《英国所藏甲骨集》（CHANT: Y1926C）

一般意义上，封是天子赐予爵位、分封诸侯。所不同的是，封禅，受封之人就是天子，所封之地则是天下，正所谓"普天之下，莫非王土"[3]。

---

[1] 《史记·封禅书》。

[2] 《说文解字》。

[3] 《诗经·小雅·北山》。

天下为天子所有，其法理基础就是所谓天命。

同样的道理，"率土之滨，莫非王臣"，天下之人均为天子治下的子民。万民之上为天子，天子之上就是天，天子是天与人之间唯一的连接通道。

传世文献中商周天子自称"予一人、余一人"[1]，就是指天子在天人之间独一无二的地位。这也是为什么祭天是天子专属的权力，任何人不得染指的原因。

以天命为基础的天下观，就是中国由成千上万的方国最终走向大一统并在分分合合中始终追求大一统的思想渊源和内在动力。

四海万民，天命以治。天人之际，唯予一人。

只有封禅之后，天子名分才得以最终确认，天命转移才能最终就位，这就是古代帝王热衷封禅的原因。

也正是这个原因，新王朝建立后承认和接受谁是自己的上家就成了重要而敏感的政治议题。

西汉越过始皇帝的秦和霸王项羽的楚而接续姬周天命[2]，唐玄宗就"二王三恪"问题上下其手[3]，大金灭北宋之后以北宋为正统，自认土德而生于北宋之火德[4]，也许决策者各有其出发点和现实考虑，但所谓天命以及天命如何转移绝对是不容忽视的重要背景。

换句话说，正因为有天命政治的文化传统和社会共识在前，

---

[1]　《尚书·汤诰》："其尔万方有罪，在予一人；予一人有罪，无以尔万方。"《尚书·泰誓中》："百姓有过，在予一人。"

[2]　参见本书第三章《炎汉三德：政治操弄中隐匿的天文背景》。

[3]　参见本书第一章《命燕革唐：改朝换代失败背后的秘辛》。

[4]　《金史·张行信传》："（金宣宗完颜珣）（贞祐）四年二月……行信奏曰：'……以大金为国号，未尝议及德运。近章宗朝始集百僚议之，而以继亡宋火行之绝，定为土德，以告宗庙而诏天下焉……'上是之。"

后世王朝才不得不采取各种手段以自证法统。

"禅让"本义即是天命转移，所以，与政权交接是和平实现还是暴烈冲突后取而代之并没有关系，其核心只在于"天命"。

如何证明天命在己不在彼呢？

姬周天命来自"凤鸣岐山"，殷商天命来自"镳宫金刃"，二者都是非人力可控而示现于天的五星聚天象。

作为一种古老的政治传统，夏禹代舜也是如此，甚至可能就是中国历史上首次将五星聚与天命相连的政治实践。

帝舜十四年，夏禹摄政，虞舜退居幕后。夏禹天命何在？

> （舜）在位十有四年……至于下昃（即傍晚），荣光休气至，黄龙负图，长三十二尺，广九尺，出于坛畔，赤文绿错，其文言"当禅禹"。

> 禹治水既毕，天锡（赐）玄珪，以告成功。夏道将兴，草木畅茂，青龙止于郊，祝融之神降于崇山。乃受舜禅，即天子之位。[1]

"黄龙负图""天赐玄珪"，这些故事怎么看都像是神话而不可能是真事。但是，只要结合天象与星占，就会有出乎意料的发现——看似不着边际的荒诞故事，其实就是对一次五星聚天象的描述和实录。

更让人意外的是，我们将由此发现大禹代舜之前所在的位置，即最初的禹都。

公元前1973年4月19日，三月初五丁亥，日落之后，五大行星同时出现在西方地平线上方。五大行星连线，成"丫"字形。

---

[1] 今本《竹书纪年》。

　　此后五大行星继续靠拢，到 5 月 2 日，三月十八庚子，五星间距到达本轮五星会聚的最小值，距离最远的金星和木星相距赤经差约 21°。此时的五星连线，形成尖头平底的长条形。

　　仅就五星间距而言，本轮五星聚并不算特别。但是，和商汤所见五星聚构成"镳宫金刃"一样，五星间距固然重要，但更为重要也更有意义的是，五星连线形状所预示的含义、五星聚所在

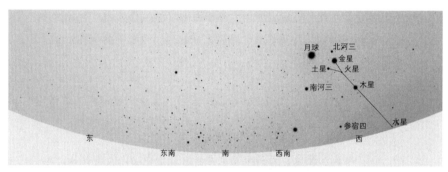

观测地区：河南新密（新砦遗址）/ 海拔：51 米
观测时间：公元前 1973 年 4 月 19 日（三月初五）19：30
日落时间：18：43：47 / 天黑时间：19：09：13

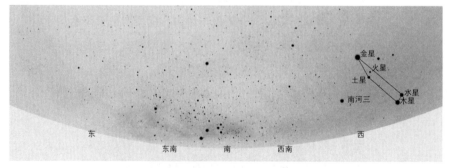

观测地区：河南新密（新砦遗址）/ 海拔：51 米
观测时间：公元前 1973 年 5 月 2 日（三月十八）20：00
日落时间：18：52：13 / 天黑时间：19：18：11

位置以及五星聚出现的时间等是否能与现实形成对应关系。

所谓天人相应，应，不是强词夺理的凭空编造，只有应得自然，应得合理，应得有理有据，才能让人信服，才能成为舆论共识，才能由此萌生出占星学说。虽然后来的占星学说充斥各种牵强附会，但初始时的样貌，决然不是如此。

尽管在今人看来，这种思想并没有任何科学价值。但是，本质上说，现代所谓国家、民族、自由、民主等概念，与天人相应的思想都可视为特定社会环境下的全民共识。说得简单点，凝聚共识，让个体组成的社会维持稳定，或许就是所有这些概念应运而生的最终目的。

做个不甚恰当的对比，占星学说背后是天意、天命、天人合一，现代货币背后是国家信用，信用与天命，本质上就是一种全民共识。当然，要想维护这种共识，需要实力，否则货币会崩盘，天命也会被取代。

从三月初到三月中旬，半个月内，五大行星先是排列成"丫"字形，继而形成尖头平底长条形，这就是大禹秉受天命"当禅禹"的天象预兆。

五星聚与大禹的相应关系，决定了人人可见的天象，只能属于大禹。

为什么呢？

大禹治水，是关于大禹最为知名的故事，略引数例如下：

> 禹之王天下也，身执耒臿以为民先，股无胈，胫不生毛，虽臣虏之劳不苦于此矣。
>
> ——《韩非子·五蠹》

禹亲自操稿耜而九杂天下之川，腓无胈，胫无毛，沐甚雨，栉疾风，置万国。

　　　　　　　　　　　　　　　　——《庄子·天下》

二世曰："吾闻之韩子曰：'尧舜采椽不刮，茅茨不翦，饭土塯，啜土形，虽监门之养，不觳于此。禹凿龙门，通大夏，决河亭水，放之海，身自持筑臿，胫毋毛，臣虏之劳不烈于此矣。'……"

　　　　　　　　　　　　　　　　——《史记·秦始皇本纪》

禹亲执畚耜，以陂明都之泽，决九河之阻，于是乎夹州、徐州始可处也。

　　　　　　　　　　　　　　——上博简《容成氏》

治水的大禹是何形象？

"身执耒臿（lěi chā）""禹亲自操稿耜（sì）""身自持筑臿""亲执畚（běn）耜"，大禹治水所使用的这些工具都是什么呢？

耜，臿也……今俗作耜。[1]

耜就是臿。耜原为梠，说明最初的耜为木质。

畚，鍫也。江淮南楚之闲谓之臿，沅湘之闲谓之畚。[2]

臿、畚都是鍫，鍫就是锹，形状类似现在的锹、铲、铧。
臿、畚、耜，都是类似锹、铲、铧的工具。

------

[1]　《说文解字》。
[2]　《康熙字典》。畚也是盛器，指用蒲草、竹篾等编织的盛物器具，如《列子·汤问》："叩石垦壤，箕畚运于渤海之尾。"

大禹用耜治水，就像我们现在用铁锹挖沟，可能看起来差不多。

更进一步，从字形可以发现，耜字从"耒"从"㠯"，"㠯"就是"以"[1]。显而易见，耜的本义其实就是使用耒。也就是说，作为一种工具，耜由耒发展而来，是升级版的耒。

　　耒，手耕曲木也。[2]

虽然没有说耒究竟长什么样，但可以肯定，是用于耕地翻土的工具。

甲骨文暂未发现"耒"，但金文可以直观地告诉我们"耒"的形状。

耒–金文

商耒爵（CHANT: 8805）
商耒方彝（CHANT: 9869）
西周早期耒作宝彝卣（CHANT: 5117）
西周早期耒作宝彝卣（CHANT: 5117）
耒父己尊（CHANT: 5647）
己耒爵（CHANT: 8039）

一目了然，耒的形状特征是上部有柄、下端分叉。

---

[1] 《说文解字》："㠯，用也。从反已。"有意思的是，耜从㠯，㠯为反已（即已字倒写），夏禹姒姓以及殷商子姓、周姬姓等，姓字源头都来自"已"，参见拙著《诸神的真相：用天文历法破解上古神话之谜》之《修蛇：三代同姓，百姓同源》。
[2] 《说文解字》。

三月初的五星连线不就是这样吗？那不就是横亘于天、硕大无朋的耒吗？

巧合又奇妙的是，大禹用耒耜治水，天上的五星大耒正好横跨银河，俨然就是大禹治水在九天之上的重演，抑或上天对大禹治水的肯定和表彰。

有趣的是，五星大耒末端分叉两侧的星宿恰好又被命名为南河、北河，说不定就与大禹治水以及这次五星聚有关。

十几天后五星聚拢，形成尖头平底长条形，这不就是后世所称的璋吗？

"剡上为圭，半圭为璋。"[1] 圭顶部尖角成等腰三角形，圭竖着对半分开就是璋。

战国玉圭　　　　　　　　　战国玉璋

约公元前 5—前 3 世纪　　　约公元前 5—前 3 世纪

今藏台北故宫博物院　　　　今藏台北故宫博物院

---

[1]　《说文解字》。

作为礼器，在古代政治生活中，圭和璋都是常用之物。

> 王执镇圭。[1]

> 镇圭尺有二寸，天子守之。[2]

镇圭，是帝王所用的礼器，是身份、地位与权力的象征。

> 大璋、中璋九寸，边璋七寸……天子以巡守。[3]

> 牙璋以起军旅，以治兵守。[4]

璋是天子巡狩祭祀山川之物，也是兵符。

> 以青圭礼东方，以赤璋礼南方。[5]

圭和璋还是分祭天地四方时分属东方和南方的礼器。

需要说明的是，以上圭璋礼制为周代之说，距离尧舜禹时代已是千年之后。

目前所知标准的尖头圭，始见于商代而盛行于春秋战国，除此以外，还有一种没有尖头的长条形，有如铲子或较宽尺子的玉器也被称为圭。

圭，一般认为来源于新石器时代的石铲、石斧。此说并不错，

---

[1]　《周礼·春官宗伯》："以玉作六瑞，以等邦国：王执镇圭，公执桓圭，侯执信圭，伯执躬圭，子执谷璧，男执蒲璧。"

[2]　《周礼·冬官考工记》："玉人之事：镇圭尺有二寸，天子守之。命圭九寸，谓之桓圭，公守之。命圭七寸，谓之信圭，侯守之。命圭七寸，谓之躬圭，伯守之。"

[3]　《周礼·冬官考工记》。

[4]　《周礼·春官宗伯》。

[5]　《周礼·春官宗伯》："以玉作六器，以礼天地四方：以苍璧礼天，以黄琮礼地，以青圭礼东方，以赤璋礼南方，以白琥礼西方，以玄璜礼北方。皆有牲币，各放其器之色。"

但不是全部，甚至根本不是主要原因。

圭的诞生，还有更为重要的来源，那就是天文观测与历法实践中所使用的圭表。

立杆测影，根据日影长度变化可以测定节气与年长、划分季节、制定历法。如正午日影最长时为冬至，最短时为夏至，冬至到冬至，就是一岁。

立杆测影所立之杆，为表；地面上的水平标尺，就是圭。圭与表合称圭表。

圭的作用在于像投影幕一样显示立杆之影，唯一的要求就是保持水平，至于有没有尖头，根本无关紧要。

玉圭的原型，其实就是圭表之圭，就是保持水平以投放日影的那一块长条形，就相当于一把尺子。当然，投影之圭本身并不一定需要有刻度。陶寺遗址告诉我们，四千多年前，有刻度的尺是一根长 173 厘米的漆杆 [1]。

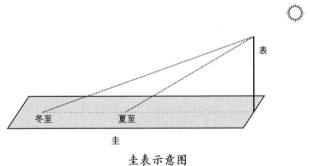

圭表示意图

最初的玉圭，就是没有尖头的长条形。

---

[1] 中国科学院自然科学史研究所黎耕、孙小淳，《陶寺 II M22 漆杆与圭表测影》，《中国科技史杂志》，第 31 卷第 4 期。

圭表测日影长短，可以推算历法，从而知晓并掌握天时，四时变化，了然于胸。

日月循环，岁时更替，这是天地秩序。

长幼尊卑，赏罚生杀，这是人间秩序。

秩序就是规则、规律，是天道、人道。

所谓天道，就是自然变化；所谓人道，就是伦理和律法。

用圭表而知天时，有天子而制定伦理律法，天地与人间由此秩序井然。玉圭成为权力的象征，情理之中，顺理成章。

测量日影时需要标记影子位置，于是用斧钺刻痕作记，由此观之，说玉圭源于斧钺也不能说错，但这只是流而不是源——甚至可以说，之所以斧钺会成为天子王权的象征，除了以兵器代表军权以外，还因为斧钺造型本身就与圭表之圭相似。

立杆为表必须垂直，地面之圭必须水平，唯其如此，才能让日影测量更为精确。

所谓水平，必须用水，所以，圭表四周必然有水环绕。

所谓天圆地方，天圆指日月星宿循行轨迹为圆，所以，圭表测天，环绕圭表之水当然也是圆形。

地面长条形的圭延伸到水边，就是弧刃向外的斧钺。

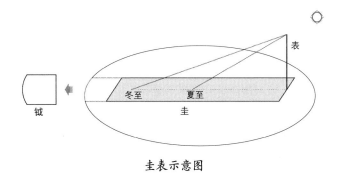

圭表示意图

　　斧钺是天道圭表的延续，代表天地之间的秩序与法则，唯其如此，斧钺才能从野蛮与暴力上升为文明与王权的象征。王权需要暴力，但单纯依靠暴力并不能成就王权。

　　王权天授，玉钺、玉圭，都是天命的载体和象征，中国古代的政治实践，从理念到礼制到器物，天命背书无处不在。

　　　圭，瑞玉也，上圆下方。[1]

　　上圆下方，其实就是钺。也就是说，钺本身也是圭。

　　更准确地说，圭是无柄之钺，钺是装上手柄的圭。当然，钺就是戊，金字旁的钺是进入青铜时代以后才有的。

戊－甲骨文

《甲骨文合集》（CHANT: 2448）
殷墟花园庄东地甲骨（206）
小屯南地甲骨（CHANT: T2629）

戊－金文

商戊鼎（CHANT: 1213）
商木戊且戊觚（CHANT: 7214）
商戊木爵（CHANT: 8209）

　　圭表测天，观星制历，是天子专属的权力。同理，以玉圭分等级、明身份，也是天子受命于天而治理天下的象征。

　　玉圭来自圭表，原本是没有尖头的长条形，再来看所谓"半圭为璋"就会发现，也许更准确的含义其实是将两头平直的长条圭一分为二，并不是把尖头的圭竖着一分为二。

---

[1]　《说文解字》。

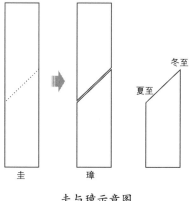

圭与璋示意图

　　之所以将圭斜切，最合理的解释应该就是因为冬至与夏至的日影长度是最大与最小的两个极值，所以，璋的尖头两侧，就是冬至与夏至日影所在的位置。

　　如果把直边斜切改成圆滑弧线，就是早在新石器时代晚期就出现的牙璋。

牙璋

长38厘米，宽5.9—9.3厘米，厚0.8厘米

龙山–齐家系，距今约4600—3600年，今藏台北故宫博物院

当然，直边璋还是弧边璋先出现并不确定，就目前所知，可能后者先于前者，但可以肯定，由圭表到圭再到璋的发展脉络没有问题。

有趣的是，弧边内凹的牙璋与弧边外凸的钺恰好也是将长条形圭一分为二，换句话说，钺和璋合起来就是圭表的圭，钺和璋都是圭的化身。

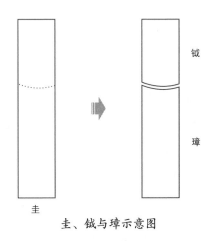

圭、钺与璋示意图

直线斜边璋的两侧是夏至与冬至日影所在，更进一步可以推知，标准的弧边牙璋，其弧边就是一年当中每天正午立杆测影所得日影位置的连线。同理可知，标准弧边牙璋的两个角一定是一高一低，因为一个是冬至，一个是夏至。

目前已知最早的牙璋，出自山东龙山文化司马台遗址[1]，河洛地区的二里头遗址、四川广汉的三星堆遗址等都有牙璋出土。

---

[1]　司马台遗址，今山东烟台海阳，濒临黄海，公元前 2300 年左右。

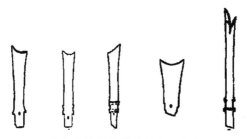

海阳司马台牙璋（龙山时代）
偃师二里头牙璋（夏）
郑州二里岗牙璋（早商）
黄陂盘龙城牙璋
广汉三星堆牙璋（晚商）[1]

　　璋出自圭，圭出自圭表，于是，顺便也就破解了"章"字。

　　璋，从"王"从"章"，其中"王"即是"玉"，但"章"的造字构形并不明确。

　　章，甲骨文暂未发现，金文从"辛"从"日"。

　　知道圭表测影、半圭成璋之后，其含义就不难理解了——辛，上部是日影位置的标记，下部是测量日影长度的圭尺；章，就是在日影位置刻画标记然后测量其长度。

　　从冬至到夏至再到冬至，一岁终始，就是一章。

　　有意思的是，甲骨文中的"岁"最初就是用"戊"表示，后来的"岁"是由"戊"添加修饰符分化而来。

　　戊和章，都有年岁之义。

　　由此可见，钺和璋，后来都成为王权的象征，其背后逻辑就是，戊和章，都来自圭表测影的圭。

---

[1]　彭众、黄国飞，《广西贺州"叉形器"与龙山文化牙璋的对比研究》，《地方文化研究》，2014 年第 3 期（总第 9 期）。

请注意，璋出自圭，圭出自圭表，所谓"半圭为璋"，不论是纵向一分为二还是横向一分为二，从初始意义及造型来源看，就像钺也是圭一样，璋本身也是圭。钺和璋，本就是圭的一部分。

在单独命名为璋之前，璋也是圭。即便有了"璋"以后，璋也仍然可以称为圭。

为叙述方便，我们将五星聚所成之形称为五星圭璋。

圭、璋等玉礼器并非天子专属，根据爵位、用途的不同，其形制、大小、工艺有多种变化，但毫无疑问，出现在浩瀚苍穹横跨银河的五星圭璋，当然是也只能是属于号称天之子的帝王天子。

公元前 1973 年三月，日落后见五星会聚，五星连线由耒耜之形变成圭璋之形，横跨银河两岸，时值大禹治水成功之际，五星聚的形状（治水工具耒耜到天子玉圭）、位置（银河）与出现时间（大禹治水成功），都无可辩驳地宣告天命在禹——治水成功的大禹问鼎天子之位，是天意。

> （舜）在位十有四年……至于下昃（即傍晚），荣光休气至，黄龙负图，长三十二尺，广九尺，出于坛畔，赤文绿错，其文言"当禅禹"。

"黄龙负图"，黄龙，是银河之龙，这是想象的；图，就是五星会聚所形成的耒耜和圭璋。

"长三十二尺，广九尺"，按其比例，五星圭璋恰好是其竖着分的一半。

如此说来，所谓"半圭为璋"确是尖头圭纵向半分——半分后的璋也称为圭——那么，尖头圭的出现就要远早于考古所知的商代，直线斜边璋也要早于弧边璋的出现。遗憾的是目前尚无出土器物可以佐证，存疑。

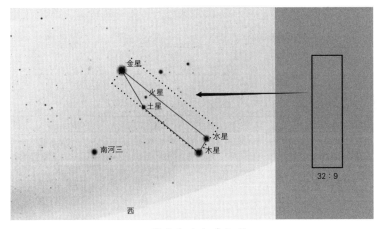

五星连线为圭璋之形

　　"禹治水既毕，天锡（赐）玄珪，以告成功。"玄珪，即玄圭，就是五星会聚所形成的圭璋之形。

　　"黑而有赤色者为玄。"[1] 玄圭，就是黑色之圭，黑色中还隐约透着红色。

　　五星聚位于银河，河为水，水色为黑，圭出于河，所以是玄圭。

　　五星聚位于井宿与鬼宿之间，井、鬼两宿属南方朱雀七宿，南方朱雀为火，其色为红，正应了玄圭黑中有红之说。

　　水色为黑，火色为红，这是五行理论中的对应关系。五行究竟产生于何时未可定论，但大禹代舜时五星聚天象的文献记载确实如此，可以为我们提供一个符合五行配对关系的早期样本。

　　当然，并不能就此推论并肯定尧舜禹时代就有五行学说，因为历史事实与历史叙述原本就不是一回事，文献记载往往来自后世追述，历史叙述中掺杂后世观念，确实不能排除其可能性。

---

[1]　《说文解字》。

不能回避的是，五星聚代表天命的占星解读成为大禹代舜的舆论背景，那么，理论上说，由五星导出五行，完全具备条件，并非不可能。

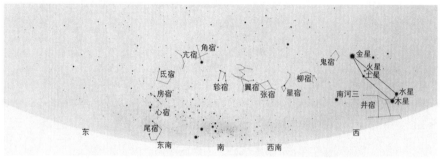

观测地区：河南新密（新砦遗址）/海拔：51米
观测时间：公元前1973年5月2日（三月十八）20∶00
日落时间：18∶52∶13 / 天黑时间：19∶18∶11

五星聚出现在南方朱雀之首的井、鬼两宿之间，此时井宿已开始西沉，东方苍龙七宿尾部的尾宿刚从东方升起。由东到西的浩瀚夜空，西半天区是南方朱雀向西山飞落，东半天区是东方苍龙越出银河飞腾于天。

> 夏道将兴，草木畅茂，青龙止于郊，祝融之神降于崇山。乃受舜禅，即天子之位。[1]

"青龙止于郊"，青龙，是东方苍龙七宿，苍龙在东，所以，"郊"在观测者大禹的东方。

"祝融之神降于崇山"，祝融，指朱雀七宿或其中的柳宿（又名鹑火），崇山即嵩山。朱雀在西，所以，嵩山在观测者大禹的

---

[1] 今本《竹书纪年》。

西边。

朱雀七宿从西方落下的位置，其中井、鬼两宿以及五星聚在西偏北 10°—20°，柳、星、张、翼、轸等五宿在正西与西偏北 10°之间，也就是说，大禹所见"祝融之神降于崇山"，西边的嵩山位于正西到西偏北最多 20°范围内。

嵩山脚下往东 60 公里范围内，已发现王城岗遗址（今河南登封告成镇，有大小两城东西并列，大城上限公元前 2110 年—前 2045 年，下限公元前 2070 年—前 2030 年）、新砦遗址（今河南新密，公元前 1800 年左右 [1]）、古城寨遗址（今河南新郑，始建于公元前 2200 年—前 1800 年 [2]），测年数据显示均在公元前 2000 年前后，正是大禹代舜与建立夏朝的时间段。

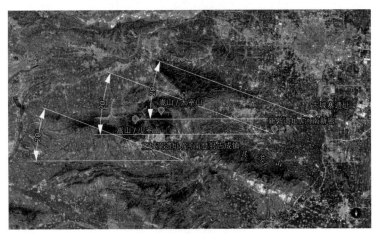

禹都位置

[1] 新砦遗址下层为龙山文化层，中层为新砦期文化层，上层为二里头早期文化层。参见中华文明探源工程 2018 年成果公布。

[2] 王城岗遗址与古城寨遗址测年数据参见王巍《中原地区文明化进程中的夏文化研究》。

新砦遗址正西到西偏北 20°范围内，恰好是包括少室山和太室山在内的嵩山，日落后五星聚就出现在嵩山方向，朱雀七宿也相继落入嵩山。

如果火神祝融单指南方朱雀七宿的柳宿，则嵩山在正西到西偏北 10°范围内，那么，新砦遗址东北方向的古城寨遗址也完全符合。

根据"祝融之神降于崇山"所提供的位置信息，新砦遗址是最理想的观测所在，古城寨遗址在其次，王城岗遗址基本可以排除。

如果取最大值西偏北 20°，其实王城岗遗址也算擦边，不过，王城岗遗址东边相距不过十余公里就是西北—东南走向的具茨山。倘若五星聚出现时，身为崇伯的夏禹在王城岗遗址，那么，"青龙止于郊"所说的东方青龙七宿就出现在具茨山方向。"邑外谓之郊"[1]，将王城岗遗址以东地区称为"郊"固然没错，但没理由放着具茨山如此显眼的地标而不用。换句话说，如果夏禹都城在王城岗遗址，那么，"祝融之神降于崇山"，与之相对，就应该是"青龙止于具茨"。

事实上，具茨山并非默默无名，"黄帝将见大隗乎具茨之山"[2]。不论夏禹时是否已有黄帝概念，也不论"青龙止于郊"的故事出于夏禹时代或是后人编造，显而易见的是，在王城岗遗址观测天象，横亘东边的具茨山绝无理由被无视。

具茨山北面的新砦遗址与古城寨遗址，西边是嵩山，东边是平原，"青龙止于郊，祝融之神降于崇山"，可谓五星聚出现时对

---

[1]　《尔雅·释地》。

[2]　《庄子·徐无鬼》。

天象的忠实记录。

新砦遗址与古城寨遗址，两地相距不过区区十公里。

公元前 1973 年五星聚之后，大禹就是从这里北上冀都取代虞舜开始执政。

> （帝舜）十四年，卿云见，命禹代虞事……十五年，帝命夏后有事于太室。[1]

太室，指太庙或特指太庙五室的居中之室[2]，是举行祭祀的地方。但是，考虑到大禹代舜的天命出现在"祝融之神降于崇山"，那么，这里的太室，其实应该是嵩山的太室山。

"太室，嵩高也"[3]，嵩山本来就被称为太室。

所谓天命，就是受命于天。大禹走进权力中心，天命出现在祖居之地的嵩山之上，所以，大禹继位后在这里告祭于天，本是题中应有之义。

有意思的是，还记得前文商汤灭夏的天象吗？

"天命融降火于夏之城间西北之隅"，商汤出征西邑夏的时候，正好也是日落后朱雀七宿落入西北方。

大禹之兴与夏桀之亡，都发生在火神祝融的注视之下，这真是非常有趣又令人悲伤的故事。天道无亲，此之谓也。

大禹代舜有天命显现，此前虞舜接替唐尧，也是有的。

> （尧）七十年春正月，帝使四岳锡虞舜命……二月辛丑昧

---

[1] 今本《竹书纪年》。

[2] 东汉蔡邕《蔡中郎集·明堂月令论》："明堂者，天子太庙，所以宗祀其祖，以配上帝者也。夏后氏曰世室，殷人曰重屋，周人曰明堂。东曰青阳，南曰明堂，西曰总章，北曰玄堂，中央曰太室。"

[3] 《史记·封禅书》。

明，礼备，至于日昃，荣光出河，休气四塞，白云起，回风摇，乃有龙马衔甲，赤文绿色，缘坛而上，吐《甲图》而去。甲似龟，背广九尺，其图以白玉为检，赤玉为柙，泥以黄金，约以青绳。检文曰："闿色授帝舜。"言"虞夏当受天命"。

（舜）在位十有四年……至于下昃，荣光休气至，黄龙负图，长三十二尺，广九尺，出于坛畔，赤文绿错，其文言"当禅禹"。[1]

舜	至于日昃	荣光出河，休气四塞	龙马衔甲	赤文绿色	背广九尺	言"虞夏当受天命"
禹	至于下昃	荣光休气至	黄龙负图	赤文绿错	长三十二尺，广九尺	其文言"当禅禹"

蹊跷的是，两相对照就会发现，舜和禹受命于天，时间、场景、内容几乎一模一样。这根本就是同一个故事的不同版本嘛。

非常有价值的是，舜的故事给出了具体日期——"二月辛丑"。

公元前 1973 年 5 月 2 日，日落后，五大行星并列在西方夜空的银河，有如巨大的五星圭璋浴河而出，这是本轮天象五星间距最小的时候，此后五大行星将逐渐相互远离。

5 月 2 日是农历三月十八庚子，第二天就是辛丑。

五大行星从不断接近转为相互远离，恰恰是从辛丑日开始的，换句话说，只有经过这一天的观测，才能发现本轮五星聚已经过了间距最小值。

---

[1]　今本《竹书纪年》。

记载是二月辛丑，现在反推历日为三月辛丑，二月与三月的问题，或是三月误为二月——毕竟二与三形近易讹，或是因为置闰关系导致月份错开一个月。

月份以及初一、十五等都可能因历法编排而有区别，如月份可能因为闰月而相差一个月，初一、十五可能因为大小月而相差一两天，但与此不同的是，晨昏交替，日复一日，六十甲子一循环，日干支并不会受到历法编排的影响，完全可以做到万年不乱。大禹代舜，辛丑日五星聚，就是一个这样的生动案例。

是巧合吗？也许吧。

不管怎样，恐怕都不得不承认，确实令人震惊，确实难以置信，但事实确实如此。

文献记载中虞舜代尧的天命故事实为大禹时天象的翻版，也许对后人来说，舜和禹都被尊为上古圣王，实在无法接受虞舜受禅的故事竟然没有神秘的天命做背书，于是移花接木，把大禹的天命故事给虞舜复制了一份。

与五行学说一样，现在还不能因此而推论干支纪日可以上溯到尧舜禹时代。

可以肯定的是，尽管只是传世文献中的孤证，但至少提供了可能性。断然否定，无视文献，这种态度要不得。至于更有力的证据，或许只能寄望于考古发掘了。

（帝舜）十四年，卿云见，命禹代虞事……三十三年春正月，夏后受命于神宗。

舜禹禅让之后过了十九年，夏禹再次受命，正式即位。

直到此时夏禹才正式即位，是因为此前虞舜仍然健在，"禹代虞事"，夏禹是有实无名的代理天子。

昔者舜荐禹于天，十有七年，舜崩。[1]

禹代舜十七年后虞舜驾崩，禹舜禅让后过十九年夏禹正式即位，也就是说，虞舜驾崩后隔了两年，第三年正月初一，夏禹才正式即位。

舜崩之后间隔两年，正是古代的居丧制度[2]。居丧期结束后，夏禹正式即天子位。

这也就意味着，舜三十三年正月初一夏禹正式即位，其实是在按照既定程序进行。

意外的是，就在夏禹按部就班将要正式即位的时候，五星会聚再次出现，而且是堪称异象、真正名副其实的五星聚，绝无仅有，空前绝后，时至今日数千年也无出其右。

公元前 1953 年 1 月 6 日，十一月初一冬至，日出之前，金星和火星已经升起在东边地平线上方。

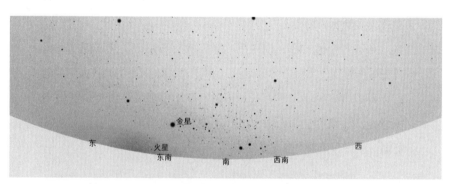

观测地区：山西襄汾（陶寺遗址）/ 海拔：451 米
观测时间：公元前 1953 年 1 月 6 日（冬月初一）7：00
日出时间：7：52：31 / 天亮时间：7：23：48

[1] 《孟子·万章上》。《史记·夏本纪》同说："帝舜荐禹于天，为嗣。十七年而帝舜崩。"

[2] 居丧三年，实为二十五个月，即跨三个年头。

此后金星迅速向火星靠拢，原本不可见的木星、水星和土星也在日出前从东方升起。

2月14日（腊月十一）左右，落在最后的土星也在熹微晨光中升起。五大行星聚集在东方地平线上方，彼此紧挨着，相互距离很近。

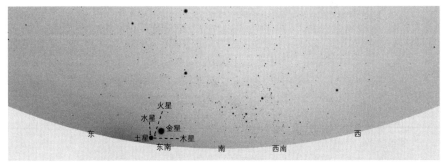

观测地区：山西襄汾（陶寺遗址）/海拔：451 米
观测时间：公元前 1953 年 2 月 14 日（腊月十一）7：00
日出时间：7：45：30 / 天亮时间：7：18：18

这还没完，此后五大行星仍将继续缩小彼此距离，每天拂晓时分，人们都会发现，五大行星比昨天又靠近了一点。

2月27日，腊月二十四，五星间距到达本轮天象最小值，赤经差还不到5°，除了升起最高的木星稍远一点，另外四星几乎完全重合，看起来明暗有别的五大行星已经变成了两颗同样明亮的夜明珠。

再过六天，是正月初一，也就是此前已经确定下来夏禹正式即位的日子。代表天命的五星会聚在此时以这种方式出现，对当时的人来说可谓震撼至极。

过了极点后，五大行星开始相互远离，到正月初一（3月5日）夏禹即位的时候，五大行星一字排开，像一串明亮的珍珠悬挂在东方天空，俨然就是上天赐予夏禹即位天子的贺礼。

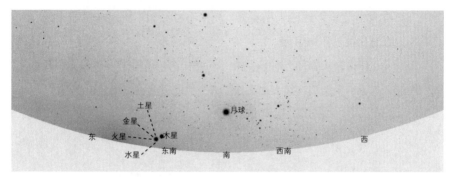

观测地区：山西襄汾（陶寺遗址）/海拔：451 米

观测时间：公元前 1953 年 2 月 27 日（腊月廿四）6：45

日落时间：7：32：51 / 天黑时间：7：06：22

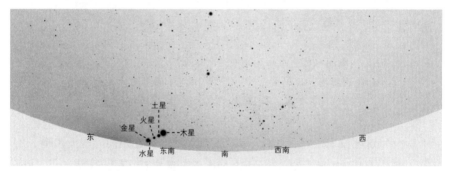

观测地区：山西襄汾（陶寺遗址）/海拔：451 米

观测时间：公元前 1953 年 3 月 5 日（正月初一）6：35

日出时间：7：24：28 / 天亮时间：6：58：20

（禹时）星累累若贯珠，炳炳如连璧。[1]

传世文献的记载，确实所言不虚——贯珠连璧，指的就是大禹正式即位时五大行星排成一条直线的天象。

显而易见，此时并非五星间距最小的时候。五星聚的占星解

---

[1] 汉代纬书《钩命决》，见宋代李昉等《太平御览·天部七》所引，另见明代孙毅《古微书》。

读中，五星间距根本不是首要因素，这就是明证。

所谓天人相应，关键在应。正月初一即位，是既定日程，此时若有天文异象，就能与人事相应，所以留在历史记忆中的是五星贯珠而不是五星变二珠。倘若追求五星聚靠得最近，势必就应当将即位日程改到腊月二十四，如此一来，也就失去了正月初一岁首即位所预示的革新意义。更重要的是，所谓五星间距最小，只能事后比较才知道，也就是说，有意选择在间距最小的时候举行仪式，根本不具备可行性。

简而言之，人事与天文相对应，归根结底，其实就是一种巧合。或者说，将天文异象作为军国大事的征兆，相当于人们借上天之手为人间政治的变化贴上标签。

天人相应与天人合一思想产生之初，就是基于朴素现实以及各种巧合，如大禹遇到的两次五星聚，如肉眼可见的行星就只有五大行星，如满天星宿绕着北天极为中心旋转，诸如此类。至于后世对天文异象的各种人为操弄，实在等而下之，不可同日而语。

公元前 1953 年正月初一，大禹正式即位，五星会聚如连珠。五星聚出现在什么位置呢？

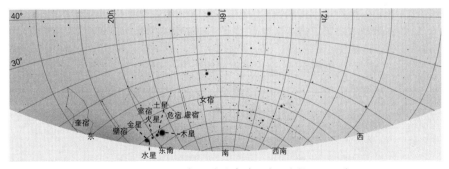

观测地区：山西襄汾（陶寺遗址）/海拔：451 米

观测时间：公元前 1953 年 3 月 5 日（正月初一）6:35

日出时间：7:24:28 / 天亮时间：6:58:20

如图所示，五星聚出现在北方玄武七宿的危宿、室宿和壁宿之间。

事实上，室宿和壁宿原本为一宿，合称营室。室，是房子，其中四颗大星正好构成四边形有如宫室——壁宿又称东壁，就是营室这座房子东面的墙壁，后来从营室分出来单列为壁宿；现在称为室宿的两颗亮星则是合称营室时西边的墙壁。

秋冬之交，日落以后，营室出现在头顶南中天。此时已过了秋收农忙，天气也凉快下来，正是开始筑基建屋的好时候。地上开工盖房，天上室宿当空，所以就称其为营室。营，是营建。营室，就是营建宫室。

营室又被称为定星，"定之方中，作于楚宫"[1]，定，即定星，也就是营室。诗的意思就是说，定星升上南中天的时候，开始在楚丘营建宫室。

湖北随州出土的战国曾侯乙墓漆箱盖上绘有星宿图，其中室宿和壁宿被称为西萦、东萦，还能看出室、壁二宿原是一宿的痕迹。

> 昔者三苗大乱，天命殛之，日妖宵出，雨血三朝，龙生于庙，犬哭乎市，夏冰，地坼及泉，五谷变化，民乃大振。高阳乃命玄宫，禹亲把天之瑞令，以征有苗。[2]

"高阳乃命玄宫"，命，是五星聚所传达的天命；玄宫，是五星聚所在的位置——五星聚于室宿，室宿又名玄宫、清庙。

五星聚于室宿，就是天命现于玄宫。

---

[1] 《诗经·鄘风·定之方中》。

[2] 《墨子·非攻下》。

　　高阳，指颛顼，传说为夏人先祖——鲧为瑞顼之子，大禹为鲧之子[1]。

　　五星聚是天命预兆，但天命的传达者却由天直接变成了夏人自己的先祖，天命自此专属于夏人，王权世袭由此开始，曾经的选优择强以禅让继承被基于家族血缘的直系传承所取代，由此拉开了中国王朝史的帷幕。

　　公元前1953年正月初一，大禹正式受命即位。从这时起，中国第一个世袭王朝夏正式宣告诞生。

　　有意思的是，北方玄武七宿对应冬季，其中冬至时的正午日影为一年中最长，也就是太阳离我们最远的时候。最远即是最高，太阳最高的时候，这不就是高阳吗？

　　作为神存在的颛顼高阳氏，其实就是北方之神、冬神、水神[2]。

　　颛顼为神，要么是以夏人先祖的血肉之躯封神，要么是夏人将天神尊为自己的祖先，又或者兼而有之，先祖升天，配祭于神，先祖与神，合而为一。

　　同样的逻辑，我们可以发现，禹为虫[3]，大禹指向的其实就是立春之后的惊蛰[4]；立春、立夏为启，立秋、立冬为闭，大禹之子夏启指向的就是进入夏季的立夏。

　　春暖花开时，青草离离，杨柳依依。大禹对应惊蛰，也就是对应春季，所以大禹天命又有了见于草木的祥瑞。

---

[1]　《大戴礼记·五帝德》："宰我曰：'请问禹。'孔子曰：'高阳之孙，鲧之子也，曰文命。'"

[2]　《淮南子·天文训》："北方，水也，其帝颛顼，其佐玄冥，执权而治冬；其神为辰星，其兽玄武，其音羽，其日壬癸。"

[3]　《说文解字》："禹，虫也。"

[4]　汉代以前，惊蛰在立春之后，雨水之前。

夏道将兴，草木畅茂，青龙止于郊，祝融之神降于崇山。乃受舜禅，即天子之位。[1]

（舜）四十七年冬，陨霜，不杀草木。[2]

及禹之时，天先见草木秋冬不杀。禹曰："木气胜。"木气胜，故其色尚青，其事则木。[3]

夏启之后，是太康、仲康。康，甲金文从"庚"。庚，原型是一种乐器。五谷丰收为康，器乐钟鸣为庚。金秋时节谷满仓，人间不胜喜悦，于是在器乐鸣响中献祭于天，这就是康和庚二字同形的由来。

康–甲骨文

《甲骨文合集》（36290）
《甲骨文合集》（35969）

康–金文

商代康丁器（CHANT：10537）
西周初作册□鼎（CHANT：2504）

庚–甲骨文

《甲骨文合集》（22968）
《甲骨文合集》（22230）

庚–金文

商代庚豕觯（CHANT：6183）
西周初庚嬴鼎（CHANT：2748）

所谓钟鸣鼎食，其实无关奢华，完全就是古人献祭的写照。

---

[1] 今本《竹书纪年》。

[2] 今本《竹书纪年》。此处应指禹七年事，见后文。

[3] 《吕氏春秋·有始览》。

事实上，钟倒过来，不就是鼎吗？鼎倒过来，不就是钟吗？也许最早的钟原本就是倒置的鼎。

钟鸣鼎食，祭祀天地，播种前发愿祈祷，丰收后献祭感谢，由鼎而钟，由庚而康，古人的日常生活就这样被压缩在文字之中。

仲康之后是相继位。相，从"木"从"目"，以眼观木，实为立杆测影。冬至日影最长，为测年之首。所以，相，指向的就是仲冬时节的冬至。

禹、启、太康、仲康、相，夏代初期五代先王，分别对应春夏秋冬四季，加上颛顼高阳氏为冬神，到夏后相的时候正好完成一轮循环。

传世文献中有太康失国之说。先是太康时代后羿乱夏，到相的时候，寒浞（zhuó）杀羿弑相，鸠占鹊巢，夏被寒浞占据，等到相的遗腹子少康成年，才灭了寒浞而复国，史称少康中兴。

相对应冬至，冬至过后就是小寒、大寒，正是数九寒冬，这就是寒浞之名的由来。

冬去春来，万物复苏，一年终了，迎来新的一年，对应的就是少康复国、大夏中兴。

既然如此，我们能说少康之前历代夏后都是天神降为人王，是被夏人或更晚的周人编造的先王吗？也许吧。

不无巧合但不可否认的是，五星聚所代表的天命政治贯穿中国历史数千年，传说中的大禹受禅于舜以及夏王朝正式建立，前后二十年，恰恰都出现了真实存在的五星聚天象，这种一脉相承的政治传统，无疑为我们提供了知其始终的文化基因和发展脉络。

事实上，所谓占星，本就是天人相应、天人合一思想的产物和具体应用。就像星占分野将星宿与地域相对应一样，夏王朝初期经历失国、复国的波折，于是后人将其与四季更替相对应。

　　先王升级为神并配享四季，王朝历史在天人相应的逻辑中得到解释，同时也是在天命政治的逻辑中论证和强化自身法统。只不过星占分野是空间上的天人相应，夏代初年先王故事与四季相联系是时间上的天人相应。

　　因此，我们可以肯定地说，禹、启、太康、仲康、相、寒浞、少康，这些名字和后来殷商诸王以天干为名一样，十之八九都不是他们生前所用的真名，但是，这些人本身并非子虚乌有。

第十五章　九州中国：
夏王朝时空之辨

一、尧舜禹纪年复原表

公元前	纪年			大事记	文献记载	说明
	尧	舜	禹			
2057	1				（尧）元年丙子，帝即位，居冀。命羲和历象。	
2002	56			禹出生		根据禹继位崇伯、禹受命治水反推禹出生年。《御批历代通鉴辑览》："（禹）王年十四而始用。"《帝王世纪》："年二十始用，三十二而洪水平。"
2001	57					
2000	58				（尧）五十八年，帝使后稷放帝子朱于丹水。	丹水，即丹河，发源于山西高平北四十五里的丹朱岭，由北向南流经晋城，出太行山，在河南沁阳汇入沁河，最后汇入黄河。

（续表）

公元前	纪年			大事记	文献记载	说明
	尧	舜	禹			
1999	59					
1998	60					
1997	61				（尧）六十一年，命崇伯鲧治河。	此前为共工治河，此后为禹治河。"（尧）十九年，命共工治河。七十五年，司空禹治河。" 大禹治水时为司空，空即工，司空即司工，与"共工"同义。
1996	62					
1995	63					
1994	64					
1993	65					
1992	66					
1991	67					
1990	68					
1989	69			禹继位崇伯	（尧）六十九年，黜崇伯鲧。	
					《御批历代通鉴辑览》:（禹）王年十四而始用，九十三而践位，百岁而崩，在位八年。	"王年十四而始用"，指禹虚岁十四时继位崇伯。禹享年57岁，虚岁58，"百岁而崩"不实。"在位八年"，指舜三十三年正式即位后在位八年。
1988	70				（尧）七十年春正月，帝使四岳锡虞舜命。	
1987	71				（尧）七十一年，帝命二女嫔于舜。	
1986	72					

（续表）

公元前	纪年			大事记	文献记载	说明
	尧	舜	禹			
1985	73	1		舜元年	（尧）七十三年春正月，舜受终于文祖。	
					（舜）元年己未，帝即位，居冀。作《大韶之乐》。	
					《尚书·舜典》：肇十有二州，封十有二山，浚川。……十有二牧。	舜分十二州，《尚书》记在舜继位代尧之后；今本《竹书纪年》记在禹治水成功之后，也就是在禹代舜之后。
1984	74	2			（尧）七十四年，虞舜初巡狩四岳。	
1983	75	3			（尧）七十五年，司空禹治河。	
					（舜）三年，命咎陶作刑。	
					《帝王世纪》：年二十始用，三十二而洪水平。年百岁，崩于会稽。（《太平御览》所引）	"年二十始用"，指禹虚岁二十受命治水，历时十二年治水成功。
1982	76	4			（尧）七十六年，司空伐曹魏之戎，克之。	
1981	77	5				
1980	78	6				
1979	79	7				
1978	80	8				
1977	81	9			（舜）九年，西王母来朝。	
1976	82	10				
1975	83	11				
1974	84	12				

（续表）

公元前	纪年			大事记	文献记载	说明
	尧	舜	禹			
1973	85	13		五星聚	（舜）在位十有四年……乃荐禹于天，使行天子事也……至于下昃，荣光休气至，黄龙负图，长三十二尺，广九尺，出于坛畔，赤文绿错，其文言"当禅禹"。	均指该年五星聚天象，详见前文。五大行星先后形成串珠形和圭璋形，五星间距最小在5月2日（三月十八日），赤经差约22°，日落后见于西方，位于南方朱雀七宿中的井宿、鬼宿。
					禹治水既毕，天锡玄珪，以告成功。夏道将兴，草木畅茂，青龙止于郊，祝融之神降于崇山。乃受舜禅，即天子之位。	五星聚出现在舜十三年，禹继位在舜十四年，因为五星聚出现已是三月，禹据以成天命之说再到采取行动或达成共识都必然需要时间，若当年继位已是年中或年末，按理说继位仪式应在正月举行。
					（尧七十年）二月辛丑昧明，礼备，至于日昃，荣光出河，休气四塞，白云起，回风摇，乃有龙马衔甲，赤文绿色，缘坛而上，吐《甲图》而去。甲似龟，背广九尺，其图以白玉为检，赤玉为柙，泥以黄金，约以青绳。检文曰"闿色授帝舜"，言"虞夏当受天命"。	实为禹治水成功后五星聚天象，并非虞舜故事，详见前文。
1972	86	14	1	禹代舜	（尧）八十六年，司空入觐，贽用玄圭。	禹继位后，今本《竹书纪年》仍然使用舜纪年，本行起始的禹纪年仅为阅读参考。
					（舜）十四年，卿云见，命禹代虞事。	禹继位在舜十四年正月。

（续表）

公元前	纪年			大事记	文献记载	说明
	尧	舜	禹			
1971	87	15	2		（尧）八十七年，初建十有二州。	禹代舜后，舜分九州为十二州，则原有组织架构中九州牧增加三人，或可视为禹代舜后，舜试图分权自保，恰可与"禹逼舜"之说相呼应。《尚书·舜典》"肇十二州"在舜继位代尧之后，今本《竹书纪年》在禹代舜之后。
					（舜）十五年，帝命夏后有事于太室。	太室，或即嵩山（详见前文）。"有事于太室"，指祭天。
1970	88	16	3			
1969	89	17	4		（尧）八十九年，作游宫于陶。	
					（舜）十七年春二月，入学初用万。	万，指万舞，分为武舞、文舞两种，武舞持兵器，文舞持鸟羽、乐器。武舞为军事训练，亦用于祭祀，文舞用于祭祀。入学之学指大学，古代八或九岁入小学，十五岁入大学[1]。
1968	90	18	5		（尧）九十年，帝游居于陶。	
1967	91	19	6			
1966	92	20	7			
1965	93	21	8			

---

[1] 《大戴礼记·夏小正》："二月丁亥，万用入学。丁亥者，吉日也。万也者，干戚舞也。入学也者，大学也。谓今时大舍采也。"《大戴礼记·保傅》："古者年八岁而出就外舍，学小艺焉，履小节焉。束发而就大学。学大艺焉，履大节焉。"汉贾谊《新书·容经》："古者年九岁入就小学，蹍小节焉，业小道焉；束发就大学，蹍大节焉，业大道焉。"束发指十五岁。

（续表）

公元前	纪年			大事记	文献记载	说明
	尧	舜	禹			
1964	94	22	9			
1963	95	23	10			
1962	96	24	11			
1961	97	25	12		（尧）九十七年，司空巡十有二州。	司空指禹。禹"巡十二州"，可知此时局势已稳定。
					（舜）二十五年，息慎氏来朝贡弓矢。	
1960	98	26	13			
1959	99	27	14			
1958	100	28	15	尧崩	（尧）一百年，帝陟于陶。	尧即位后百年而崩，按常理或有夸大。书缺有间，已经难以考校。文献中尧、禹等均百岁而终，怀疑所谓百岁实即去世之意，被后人曲解为百年而终。
					《尚书·舜典》：二十有八载，帝乃殂落。百姓如丧考妣，三载，四海遏密八音。	"二十有八载"，指舜代尧二十八年。
1957		29	16		（舜）二十九年，帝命子义钧封于商……义钧封于商，是谓商均。	子义钧之"子"或为姓氏而不是舜之子的意思，如见于同书的子亥、子杼均为连名带姓。此三人均为商人先祖，子义钧就是商祖契，又称阏伯。（泄）十二年，殷侯子亥宾于有易，有易杀而放之。（少康复国）伯子杼帅师灭戈。伯靡杀寒浞。少康自纶归于夏邑。
					（舜）四十九年，帝居于鸣条。	四十九年，应为二十九年。

（续表）

公元前	纪年			大事记	文献记载	说明
	尧	舜	禹			
1956		30	17	舜崩	（舜）三十年，葬后育于渭（后育，娥皇也）。	娥皇为虞舜之妻。
					（舜）五十年，帝陟。	五十年，应为三十年。舜崩与葬后育为同年之事。
					《孟子·万章上》：昔者舜荐禹于天，十有七年，舜崩。	"荐禹于天"，指舜十四年"禹代虞事"，十七年后舜崩，当是舜三十年，可知舜于该年驾崩，此后二十年纪事为增衍之说。尧舜先后驾崩，相隔仅两年。
					《史记·夏本纪》：帝舜荐禹于天，为嗣。十七年而帝舜崩。	
					《尚书·舜典》：舜生三十征庸，三十在位。五十载，陟方乃死。	"三十在位"，指舜代尧后在位三十年。"帝使四岳锡虞舜命"在尧七十年，"舜受终于文祖"正式继位在尧七十三年。舜三十起用，在位三十年，则舜享年60岁或63岁。舜与尧差一辈，两人驾崩相隔仅两年，猜测尧享年当在80岁左右。"五十载，陟方乃死"，不明所指，疑为衍文。
1955		31				
1954		32			（舜）三十二年，帝命夏后总师。遂陟方岳。	虞舜驾崩后两年为居丧期，禹将于次年正式即位，舜三十三年禹即位实为既定之事。

公元前	纪年			大事记	文献记载	说明
	尧	舜	禹			
1953		33	1	禹元年 五星聚	（舜）三十三年春正月，夏后受命于神宗。遂复九州。	正月即位是既定之事，五星聚出现实为巧合。结合"高阳乃命玄宫"的天命故事，神宗或即颛顼高阳氏。
					《尚书·大禹谟》：帝曰："格，汝禹！朕宅帝位三十有三载，耄期倦于勤。汝惟不怠，总朕师。"……正月朔旦，受命于神宗，率百官若帝之初。帝曰："咨，禹！惟时有苗弗率，汝徂征。"	此时舜已驾崩两年有余，"帝曰"之说不实，或"帝"指天帝。
					（禹）元年壬子，帝即位，居冀。颁夏时于邦国。	上年十二月出现五星聚，五星间距最小为十二月二十四日（本年2月27日，七天后为正月初一），日出前见于东方，位于北方玄武七宿中室宿、壁宿。 本年正月初一，五星会聚成连珠之象，但并非五星间距最小之时。
					《墨子·非攻下》：昔者三苗大乱，天命殛之，日妖宵出，雨血三朝，龙生于庙，犬哭乎市，夏冰，地坼及泉，五谷变化，民乃大振。高阳乃命玄宫，禹亲把天之瑞令，以征有苗。	"高阳乃命玄宫"，指五星聚位于北方玄武七宿中室宿，室宿又名玄宫。高阳，指颛顼，为冬神、水神、北方神。

（续表）

公元前	纪年			大事记	文献记载	说明
	尧	舜	禹			
1952		34	2		（舜）四十二年，玄都氏来朝，贡宝玉。	四十二年，应为禹二年，为禹正式继位后纪年。
					（禹）二年，咎陶薨。	咎陶，即皋陶，又作皋繇、咎繇。
1951		35	3		（舜）三十五年，帝命夏后征有苗，有苗氏来朝。	
1950		36	4			
1949		37	5		（禹）五年，巡狩，会诸侯于涂山。	
1948		38	6			
1947		39	7		（舜）四十七年冬，陨霜，不杀草木。	四十七年，应为禹七年。入冬"不杀草木"，若真实发生，则为暖冬。但异象祥瑞之说，更有可能是为王权继承改禅让为世袭作铺垫，也就是禹有意让自己的儿子启继承王位。以此观之，次年诸侯大会杀防风氏实即立威之举。
1946		40	8	禹崩	（禹）八年春，会诸侯于会稽，杀防风氏。夏六月，雨金于夏邑。秋八月，帝陟于会稽。禹立四十五年。	"（尧）六十九年，黜崇伯鲧。"从禹继位崇伯起算，禹在位四十四年，与"禹立四十五年"有一年之差。尧舜禹三代纪年相互牵连，不能复原"禹立四十五年"。怀疑四十四年本来已经包括继位起始年在内，但纪年整理者以为不包括继位当年，按计算虚岁的习惯多计入一年而成四十五年，即"禹立四十五年"应为"禹立四十四年"。
					古本《竹书纪年》：禹立四十五年。（《太平御览》所引）	

（续表）

公元前	纪年			大事记	文献记载	说明
	尧	舜	禹			
1946	40	8		禹崩	《孟子·万章上》: 禹荐益于天，七年，禹崩。	"荐益于天"，指定益为继承人，此前禹代舜就称为"荐禹于天"。以此反推，"荐禹于天"当在禹二年。禹刚正式即位就"荐益于天"，按此前逻辑，这意味着由益摄政，但从禹征有苗、举行诸侯大会、杀防风氏等纪事可知，禹并未将执政权交予益。由此可知，现任君主在世时指定并转移王权的所谓禅让制度是当时政治传统，禹从正式即位开始就有意将其改造成以血缘为基础的世袭，但仍然遵循传统"荐益于天"，此时禹的威望和影响力极盛，益的继承地位不过是有名无实。从此以后，古代中国由四方联盟格局进入世袭王朝时代。
					《史记·夏本纪》: 十年，帝禹东巡狩，至于会稽而崩。	十年，包括禹正式即位前二年居丧期，也就是从舜驾崩算起。
					《帝王世纪》: 年二十始用，三十二而洪水平。年百岁，崩于会稽。(《太平御览》所引)	"年二十始用"，指禹虚岁二十受命治水。禹崩于57岁，非百岁。

注：文献记载中未标明出处的均出自今本《竹书纪年》。

二、夏代积年

夏代积年见于文献主要有三说：431 年、432 年、471 年，前两说仅相差一年，或可合为一说，列引如下：

> 《汲冢纪年》曰："（夏）有王与无王，用岁四百七十一年矣。"
>
> —— 南朝宋裴骃《史记集解》所引

> 《汲冢纪年》曰："（夏）有王与无王，用岁四百七十一年。"
>
> —— 唐司马贞《史记索隐》所引

> 《纪年》曰："自禹至桀十七世，有王与无王，用岁四百七十一年。"
>
> ——《太平御览·皇王部七》所引

> 《汲冢纪年》曰："（夏）四百七十一年。"
>
> —— 北宋刘恕《通鉴外纪》所引

> （夏）继世十七王，四百三十二岁。
>
> —— 西汉刘歆《汉书·律历志·世经》

> 自禹至桀并数有穷，凡十九王，合四百三十二年。禹一，启二，太康三，仲康四，相五，羿六，寒浞七，少康八，杼九，槐十，芒十一，泄十二，降十三，扃十四，廑十五，孔甲十六，皇十七，发十八，桀十九。
>
> —— 西晋皇甫谧《帝王世纪》

　　禹四百三十一年。[1]

——汉代纬书《易纬·稽览图》

　　自禹至桀十七世，有王与无王，用岁四百七十一年（起壬子，终壬戌）。

——今本《竹书纪年》

　　最后一种今本《竹书纪年》看起来很清晰，其实自相矛盾——其总年数记为 471 年，但所列起讫干支（起壬子，终壬戌）应为431 年或 491 年（壬子到壬戌为 11 年，一轮甲子为 60 年[2]），而书中所载自禹至桀十七代王年纪事前后相续，依次排列后所得实际积年为 491 年。也就是说，今本《竹书纪年》实际记载 491 年夏代纪事，但其总结积年为 471 年，所列起讫干支则为 431 年或 491 年。

　　431 年、471 年、491 年，分别相差 40 年、20 年。

　　太康继位后，先后发生后羿代夏、寒浞灭夏，寒浞弑相到遗腹子少康成年后伐灭寒浞复国成功，前后有 40 年。夏代积年 431年原本已包括这 40 年，纪年整理者或以为并不包括，因此在 431年基础上累加 40 年，衍生出 471 年之说。

　　夏禹继位于舜（舜十四年）到舜驾崩后夏禹正式即位（舜三十三年），其间共 19 年。"天锡玄珪"[3]五星聚天象出现在前一年（舜十三年，公元前 1973 年），从夏禹受天命算起，则夏禹正式即位前还有 20 年。在 471 年之上再加 20 年，即为 491 年之说。

---

[1]　见《今本竹书纪年疏证》："案原本小注：'寒浞自丙寅至乙巳，凡四十年。'《通鉴外纪》羿八年，浞三十二年，亦四十年。而此书附注云：'夏有王与无王，用岁四百七十一年。'去寒浞四十年，得四百三十一年，与《易纬·稽览图》云'禹四百三十一年'合，盖即据《稽览图》以定寒浞之年也。"

[2]　60 年 × 7 + 11 = 431 年，60 年 × 8 + 11 = 491 年。

[3]　今本《竹书纪年》。

简而言之，夏代积年应为 431 年。

本书复原夏代纪年，起始年为虞舜驾崩后夏禹正式即位（公元前 1953 年，正月初一五星聚成连珠之象位于室宿，"高阳乃命玄宫"[1]），末年为夏桀去世（公元前 1523 年），夏代积年为 431 年。若末年以商汤灭夏为准（公元前 1526 年），夏代积年为 428 年。

夏代积年 431 年，今本《竹书纪年》所载夏代王年与纪事至少有 60 年为膨胀内容（其末年为商汤伐夏桀，若以夏桀去世为末年，则有 63 年为膨胀内容）。所谓膨胀内容，可能将同年纪事拆分到多年，也可能纯为衍文（帝廑之后间隔 38 年，孔甲之后间隔 26 年，共计 64 年，或即膨胀积年，参见附录三《夏商周三代在位王年表》）。

三、冀州

> （尧）元年丙子，帝即位，居冀。命羲和历象。
>
> （舜）元年己未，帝即位，居冀。作《大韶》之乐。
>
> （禹）元年壬子，帝即位，居冀。颁夏时于邦国。
>
> （启）元年癸亥，帝即位于夏邑。大飨诸侯于钧台。诸侯从帝归于冀都。大飨诸侯于璇台。[2]

"居冀"，"冀"就是"冀都"。冀都，自然在冀州。

尧舜禹三代，都城均位于冀州。

冀，现为河北省简称，但历史上的冀州，并不在河北省——

---

[1]　《墨子·非攻下》。

[2]　均见于今本《竹书纪年》。

更准确地说，包括河北省部分地区，但这并非冀州主体。

冀州在哪呢？

> 两河间曰冀州。[1]

> 河内曰冀州。[2]

河，古代特指黄河。

黄河虽然被称为孕育中华文明母亲河，但遗憾的是并非温柔慈母，"三年两决口，百年一改道"，真可谓喜怒无常，中国古代先民饱受其苦。

传说中的大禹治水，重中之重就是治理黄河，"（尧）七十五年，司空禹治河"[3]。

东周定王以来直到中华人民共和国成立前，有记载的黄河决口泛滥 1593 次，黄河改道 26 次，其中有 6 次影响巨大，称为"六大迁徙"。

黄河从吕梁山冲出后由北向南，之后拐个大弯，在潼关、风陵渡转头向东，从崤山与中条山之间的山谷流出进入河洛平原。此后黄河在地势平缓的东部平原地区信马由缰，历次改道画出一幅扇面，最北端在天津入渤海，最南端与长江汇合。

东周以前，也就是夏、商到西周，黄河入海口都在天津，这就是大禹治水时的黄河，所以又称为禹河。

禹河故道在河洛地区与洛河汇合后转而向北，西边是太行山，山那边是太岳山、吕梁山，吕梁山西边是由北向南流的黄河。

---

[1]　《尔雅·释地》。

[2]　《逸周书·职方解》。

[3]　今本《竹书纪年》。

吕梁山西边由北向南流，崤山与中条山之间由西向东流，太行山东边由南向北流，黄河画出一个 U 字形，这个 U 字形以内地区，就是古代冀州。

冀州，主要指现在山西省："两河之间为冀州，晋也。"[1]

禹河故道与济水

现在的黄河下游，是原来的济水，发源于中条山与太行山交接处的王屋山。上游的济源、下游的济南，都是由济水而得名。

济水又名兖水，禹河故道与济水之间，就是兖州。"济河惟兖州"[2]，济为济水，河为黄河。

事实上，自春秋战国以降，中国古代对冀州的认识从未离开太行山。

---

[1]　《吕氏春秋·有始览》。

[2]　《尚书·禹贡》。

如愚公移山的故事："太形、王屋二山，方七百里，高万仞。本在冀州之南，河阳之北……帝感其诚，命夸蛾氏二子负二山，一厝朔东，一厝雍南。"[1]

河之北为阳，河之南为阴，河阳之北就是 U 形黄河由西向东流那一段的北面。

故事里"本在冀州之南，河阳之北"的太形、王屋二山，就在中条山的位置。这里是"冀州之南"，冀州当然就在中条山以北。

当然，故事里被搬走的太形即冀州东部太行山，所谓王屋其实是指陕西南部秦岭，从冀州之南被搬到了雍南。

雍，即雍州。山河为界，雍州就是黄河"几"字形以南、秦岭以北的地区，包括陕西、甘肃、宁夏及内蒙古一部分。

冀州在山西并无疑义，问题是，冀州，为什么以"冀"为名？

冀，从"北"从"田"从"共"。早在西汉时，人们就认为冀州在北方："冀，北方州也。"[2]

很遗憾，甲骨文和金文告诉我们，冀与北方根本没有关系。所谓北田共，纯属以今释古，望文生义。

甲金文中，冀和異（异）如出一辙，区别在于有角为"冀"、无角为"異"。

異，表示不同、分别、特异等含义。值得注意的是，在甲骨文中，"異"字经常在有关田猎卜辞中出现。

---

[1] 《列子·汤问》。

[2] 《说文解字》。

冀－甲骨文

《甲骨文合集》（4611 正）

冀－金文

西周拼□冀作父癸簋（CHANT: 3686）
作册矢令簋（CHANT: 4301）
作册矢令簋（CHANT: 4300）

異（异）－甲骨文

《甲骨文合集》（CHANT: 0231）
《甲骨文合集》（CHANT: 30152）
《甲骨文合集》（CHANT: 28400）
《小屯南地甲骨》（256）

異（异）－金文

西周作册大方鼎（CHANT: 2759）
西周智鼎（CHANT: 2838）
西周异卣（CHANT: 5372）
西周虢吊旅钟（CHANT: 240）

贞異获羌。

——《甲骨文合集》（00203 正 .3）

贞異不其获羌。

——《甲骨文合集》（00203 正 .4）

辛丑卜，彭贞，翌日壬，王異其田，湄日无灾。

——《甲骨文合集》（29395.2）

丁丑卜，翌日戊，王異其田，弗悔，无灾，不雨。

——《小屯南地甲骨》（256.3）

根据语意，以上甲骨文中"異"表示将要、可能、预计、期待等含义。

有趣的是，"冀"恰好有希望之义，如"释其耒而守株，冀复得兔"[1]，再如现在仍用的冀望、希冀、冀求等。

"冀"表示希望，与甲骨文中"異"表示将要、可能，意思竟然重合了。

異，甲骨文中常与田猎有关，其字形中恰好也有"田"。田，本义为农田。

进入定居农业时代，田猎当然不会再是糊口果腹的主要生产手段，所以，田猎的目的，并不只是为了获取山珍野味，更重要的功能其实是为农田除害以及军事训练。

古代四季都要进行田猎活动，分别称为"搜田""苗田""狝田""狩田"[2]，这里的田就是指种植庄稼的农田。狩猎活动围绕农田进行，本义为田地的"田"也因此有了田猎之义。

由此可知，"異"字中的"田"，很可能就和"畢（毕）"字中的"田"一样，都是指捕猎所用的网。

毕（毕）－甲骨文

《英国所藏甲骨集》（2301）
《周原甲骨文综述》（先周．周甲 45）
《新甲骨文编》（西周 H11：45）
《新甲骨文编》（西周 H11：86）

---

[1]　《韩非子·五蠹》。

[2]　《周礼·夏官司马》："中春……遂以搜田，有司表貉，誓民；鼓，遂围禁；火弊，献禽以祭社。中夏……遂以苗田，如搜之法，车弊，献禽以享礿。中秋……遂以狝田，如搜之法，罗弊，致禽以祀祊。中冬……遂以狩田……遂鼓行，徒衔枚而进。大兽公之，小禽私之，获者取左耳。及所弊，鼓皆骇，车徒皆噪。徒乃弊，致禽馌兽于郊；入，献禽以享烝。"

"毕，田罔也。"[1]"网小而柄长谓之毕。"[2]毕，本义即田猎所用的长柄网。

甲金文"異"，上为田，下为举双手之人，田为田猎之网。"異"字本就来自田猎活动，由此可知，甲骨文中用为可能、将要之义才是其本义。

"異"的本义就是举行田猎之前祭祀祈祷，期望获得丰厚收获，所以"異"有希望、期待、将要等含义。

禽能飞，兽善跑，猎捕飞禽走兽充满随机性和不确定性，或满载而归，或空手而回，都有可能。于是，由"異"分化出"冀"——有收获为"冀"，无收获为"異"；与期望相符，猎获丰厚为"冀"；出乎意料，所得甚少为"異"。"異"是与期望不相同，于是有了差异、不同的含义，表示希望的本义则由"冀"替代。

甲骨卜辞告诉我们，田猎前要占卜祈祷，不难想见，田猎归来后少不了要献祭以示感谢。甲金文中"冀"头上的两个尖角或羽毛状，或许就表示田猎有所收获后以猎获之物进行献祭的供品——所谓希望和期待，当然不会是两手空空，有得为冀，由冀代異，很自然，也更合理。

请注意，甲骨卜辞中"異"仍然用为将要、可能之义，"冀"则是后起分化的字，这也就意味着，如果在此之前已有"冀州"之名，就应该被称为"異州"，也就是说，夏代的"冀（jì）州"实为"異（yì）州"。

有意思的是，"翼"和"異"长得也很像。

---

[1] 《说文解字》。

[2] 《礼记·月令》郑玄注。

翼–金文

春秋秦公镈（CHANT：268）
战国中山王□方壶（CHANT：9735）

翼与異，读音相同。从字形看，"翼"显然是由"異"分化而来。

金文"翼"下部为"異"，上部为"飞"或"非"。

飞，取象于鸟类振翅飞翔，本义为飞鸟展翅的动作。

非，取象于飞鸟展翅后两个翅膀相背之形，表示相背、不同。

不难发现，与其说"冀"上部的"北"来自甲金文中"冀"上部两个尖角，不如说是金文"翼"上部"非"的讹变。

也就是说，所谓"冀州"，其实应该是"翼州"。

问题来了，金文从"飞"或从"非"的"翼"，商代以前并不这么写。

翼–甲骨文
《甲骨文合集》（CHANT：1908）

翼–金文
商代四祀邲其卣（CHANT：5413）
商代六祀邲其卣（CHANT：5414）

商代以前，在甲骨文与金文中，"翼"的字形一脉相承，是鸟翅膀的象形，只不过是单翅。

有趣的巧合出现了。

冀州

西边以吕梁山和黄河为界，东边以太行山和禹河为界，南边以中条山和黄河为界，南北走向的太岳山居中，山河为界，以山西省为主体的冀州，与"翼"的甲骨文字形颇为神似。以甲骨文"翼"为参照，冀州俨然就是一只大翅膀。

只是巧合吗？也许吧。

牵强附会吗？还真不一定，冀州确实与鸟有关。

太岳山，又名霍山。

霍，从"雨"从"隹"。"隹"，本义就是鸟。

霍–甲骨文

《甲骨文合集》（13009）

《甲骨文合集》（36784）

霍–金文

西周霍鼎（2413）

西周叔男父匜（10270）

甲金文中，"霍"下部的"隹"写法灵活，一只、两只、三只，都可以。

霍的本义，就是形容鸟群在雨中疾速飞行的声音。

问题是，空山鸟语唤春回，哪座山会没有鸟呢？霍山东边太行山、西边吕梁山，毫无疑问都有鸟类栖息。

事实上，在全球鸟类迁徙线路中，有三条分别穿过中国东、中、西部，冀州本来就在从印度到中亚这条候鸟迁徙线路上，冀州境内任何一座山，都不会没有鸟。

既然如此，凭什么将太岳山又称为霍山呢？

还记得商汤伐夏桀之后，夏桀被"放之于南巢"[1]吗？南巢就是舜王坪所在的历山。

在襄汾陶寺遗址观象台观测太阳，历山在冬至时太阳升起方向的偏南方，犹如金乌太阳栖居的鸟巢，因为在南方，所以称其为南巢。同理，夏至时太阳升起方向偏北方的山就可以称之为北巢，这个北巢就在霍山——霍山是太岳山别称，也特指太岳山主峰。

历山是太岳山的南端，霍山在太岳山中部，对陶寺遗址来说，冬至到夏至，一年四季的太阳都在太岳山上升起，其南北两端就是历山和霍山。

霍山以"霍"为名，"霍"字里面的鸟，就是九天之上的金乌太阳鸟，并非秋去春来的人间凡鸟。

农业社会最大希望就是风调雨顺、五谷丰登，所谓春生夏长、秋收冬藏、冬至祭天、夏至祭地，霍山是太阳鸟在夏季栖居之山。不难想见，在极其重视祭祀的上古时代，霍山地区肯定会有大量

---

[1] 今本《竹书纪年》。

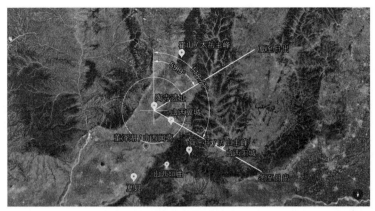

历山及周边地区

祭祀活动——祭地，求的是地产丰饶、禾谷满仓、人丁兴旺。由此观之，"霍"字从"雨"从"隹"，说不定最初就有祭日祈雨之意，并因此将祭祀之山称为霍山。

如此说来，霍山之名当可追溯到陶寺时代，即公元前 2000 年以前，时为传说中尧舜时代以及更早之前。

至于南岳衡山也别称霍山，已经是很久以后的事。

事实上，霍山有举足轻重的地位。

> 东南曰扬州，其山镇曰会稽。
>
> 河东曰兖州，其山镇曰岱山。
>
> 河内曰冀州，其山镇曰霍山。[1]

霍山是冀州标志之山，相当于泰山之于兖州、会稽之于扬州。

不仅如此。霍山又名太岳山，太、泰同义，太岳就是泰岳，霍山才是最初的泰山，后来的东岳泰山可能直到西周时仍称为岱

---

[1] 均见于《周礼·夏官司马》《逸周书·职方解》。

山、岱宗。

> 冀州：既载壶口，治梁及岐。既修太原，至于岳阳。

> 导岍及岐，至于荆山，逾于河；壶口、雷首至于太岳；砥柱、析城至于王屋；太行、恒山至于碣石，入于海。[1]

雷首，指冀州南部中条山西端，与中条山东端相接就是太岳山。

山南水北为阳，岳阳之岳，就是指冀州太岳山，更准确地说，指太岳山主峰霍山。所谓岳阳，就在霍山之南，也就是陶寺遗址所在的临汾盆地。

岳，本义即是高山，但不是所有高山都能称为岳。四岳也好，五岳也罢，不同年代可能各有所指，但最初的岳中之首，其实就是冀州太岳山——太岳和霍山一样，原本特指太岳山主峰霍山，后来又成为整个山脉的名称。

岳是群山之首，五方就有五岳。以中为尊，那么太岳山就是最初的中岳。

太岳山被身在冀州的古代先民想象为太阳升起和栖息的地方，冀州被山水围合又恰如羽翼之形，称其为"翼州"真可谓顺理成章又名副其实。

形如翅膀的"翼"字后来出现"異"上有"飞"或"非"的写法，这已经是春秋战国时代。此时政治与文化中心早已转移到河洛地区的所谓中原，冀州成了北方之地，于是从"異"从"非"的"翼州"讹变成从"北"的"冀州"也就不难理解了。

可资参照的是，冀州又被称为夹州。

---

[1]　均见于《尚书·禹贡》。

　　禹亲执耒耜，以陂明都之泽，决九河之阻，于是乎夹州、徐州始可处也。[1]

　　夹，从甲骨文到金文再到篆文，字形很稳定，都是从"大"从"人"，形如两人夹持一人。俩人相抬，引申出扶持、辅佐之义。

夹－甲骨文

《甲骨文合集》(CHANT: 0222)

　　夹为辅佐，翼恰好也有辅佐之义。

　　昔周公、太公股肱周室，夹辅成王。[2]

　　王者师师，必有股肱羽翼，以成威神。[3]

　　"夹辅成王"，是说周公和姜太公是周王朝的股肱之臣，辅佐成王。

　　"股肱羽翼"，是说王者成就大业有股肱羽翼之臣相辅佐。股肱羽翼，本义是大腿、胳膊和翅膀，引申为辅佐、扶助之义。

　　夹和翼都有辅佐之义，所以冀州又被称为夹州。由此可知，所谓冀州，原本确是翼州。

　　翼州变冀州，从青铜器上的金文和时代来看，或许就在平王东迁也就是春秋以后。

---

[1]　上博简《容成氏》。

[2]　《左传·僖公二十六年》。

[3]　《六韬·龙韬·王翼》。

四、九州与夏

东南西北四方加中间，天下五分。四正四隅加中间，天下九分。

五方也好，九州也罢，以中为尊，原本就是朴素的生活感知，实为自然之理。

所谓河图洛书，其空间结构就是五方九州。

九州之首为冀州，岳山之首为太岳（霍山）。以中为尊，九州之中就是冀州，五岳之中就是太岳——最初的中原，其实在冀州。

所谓冀州，非但不是北方之州，更是曾经的中州。

> 盖冀州者，天下之中州，自唐虞及夏殷皆都焉，则冀州是天子之常居。[1]

冀州为中州，尧、舜、夏、商四代国都在冀州。

尧、舜、禹定都冀都，当然在冀州。禹之后迁都到晋南的夏邑，仍在冀州，不过黄河以南还有一个都城（斟鄩）——这就是后世两京制，如周朝有宗周与成周，西汉有京师长安与东都洛阳。殷商数次迁都，盘庚迁殷后在河南安阳殷墟，殷墟西倚太行山，向东不远就是由南向北流的禹河故道古黄河，殷墟仍然在冀州境内。

南宋朱熹曾经盛赞尧、舜、禹所在的冀都"好个风水""风水极佳"——泰山在左为青龙，华山在右为白虎，嵩山在前为前案，向南还有淮南诸山、江南诸山及五岭，分别是第二、第三及第四重案[2]。

---

[1] 《春秋穀梁传注疏》，旧题战国穀梁赤传，西晋范宁集解，唐杨士勋疏。

[2] 南宋朱熹《朱子语类·理气下·天地下》："冀都是正天地中间，（接下页）

> 尧都中原，风水极佳。左河东，太行诸山相绕，海岛诸山亦皆相向。右河南绕，直至泰山凑海。第二重自蜀中出湖南，出庐山诸山。第三重自五岭至明越。又黑水之类，自北缠绕至南海。泉州常平司有一大图，甚佳。
>
> ············
>
> 河东地形极好，乃尧舜禹故都，今晋州河中府是也。左右多山，黄河绕之，嵩、华列其前。
>
> 河东河北皆绕太行山。尧舜禹所都，皆在太行下。[1]

尧舜禹三代故都在冀州，冀州是曾经的中原。上古时代的重要历史信息，其实从未湮灭。

> 何谓九州？东南神州曰农土，正南次州曰沃土，西南戎州曰滔土，正西弇州曰并土，正中冀州曰中土，西北台州曰肥土，正北泲州曰成土，东北薄州曰隐土，正东阳州曰申土。[2]

"正中冀州曰中土"，明确以冀州为中。但是，除了冀州一如其名，这里给出了完全不同的九州系统。

名称迥异的九州，或以为源于邹衍所谓"大九州"[3]。

（接上页）好个风水。山脉从云中发来，云中正高脊处。自脊以西之水，则西流入于龙门西河；自脊以东之水，则东流入于海。前面一条黄河环绕，右畔是华山耸立，为虎。自华来至中，为嵩山，是为前案。遂过去至泰山，耸于左，是为龙。淮南诸山是第二重案。江南诸山及五岭，又为第三四重案。"

[1]　南宋朱熹《朱子语类·理气下·天地下》。

[2]　《淮南子·墬形训》。

[3]　《史记·孟子荀卿列传》："（邹衍）以为儒者所谓中国者，于天下乃八十一分居其一分耳。中国名曰赤县神州。赤县神州内自有九州，禹之序九州是也，不得为州数。中国外如赤县神州者九，乃所谓九州也。于是有裨海环之，人民禽兽莫能相通者，如一区中者，乃为一州。如此者九，乃有大瀛海环其外，天地之际焉。"

　　所谓中心与外围，其实取决于观测者所在位置。知道冀都和冀州曾经是天下之中以后，再来看《淮南子》中名称很特别的九州就会豁然开朗。

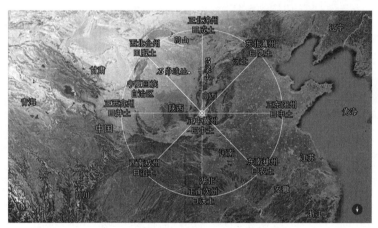

九州（中心位置为山西襄汾陶寺遗址）

　　农土、沃土、肥土，不难发现，其关注重点在于土地资源。

　　就方位看，东南神州相当于扬州、正南次州相当于荆州。

　　请注意，农土和沃土，顾名思义，显然都是适合耕种的土地。但是，传统九州系统中的扬州和荆州并非如此。

　　　　淮海惟扬州……厥土惟涂泥，厥田唯下下。

　　　　荆及衡阳惟荆州……厥土惟涂泥，厥田惟下中。[1]

　　扬州和荆州都是沼泽涂泥为主，其田地品级为下下、下中，这样的土地似乎很难与农土、沃土联系起来。

――――――――――――――

[1]　均见于《尚书·禹贡》。

不必怀疑，所谓农土、沃土确实名副其实。现代考古告诉我们，这里是人类历史上水稻种植起源地。

浙江余姚河姆渡遗址，出土七千年前的稻谷遗存。

湖南澧县彭头山遗址，出土九千年前的稻谷遗存。

江西万年仙人洞、吊桶环，湖南道县玉蟾岩，广东英德牛栏洞等遗址，都发现一万年前的稻谷遗存。

> 无论是浙江河姆渡、广东英德，还是湖南道县都是古越人的生存地，他们是目前世界上发现的最早进行人工栽培水稻的人。[1]

作为稻作农业起源地，毫无疑问，长江流域适合农耕。所谓农土、沃土，实至名归。

"西北台州曰肥土"，是陕北黄土高原。所谓肥土，当是指土层深厚[2]，而且因流水侵蚀等原因，通过遍布的塬、梁、峁、沟等地貌，土层之厚肉眼可见。

上古时期更为温暖湿润，黄土高原上曾经遍布植被森林。疏松细腻的黄土层几乎就是天然耕地，而且因"自肥性"而肥力无穷，所谓肥土，绝非虚名。

东北方向是太行山、燕山，连绵群山为主体，森林茂密，所以称为薄州。

薄，从"艸"从"溥"，艸是草木，溥是广大[3]。所谓薄州，就是草木繁盛的山区。

---

[1]　中国科学院自然科学史研究所陈久金。

[2]　黄土高原堆积厚度一般在 80—120 米，最大厚度超过 400 米（《中国国家地理·黄河黄土专辑》，2017 年第 10 期）。

[3]　《说文解字》："溥，大也。"

"隐，蔽也。"[1] 鸟飞兽走无痕迹，空山何处觅仙踪，草木覆盖的山地，称之为隐土，很形象。

西南方的巴蜀被连绵山脉完全围绕，所谓四川盆地，俨然就是一个天然蓄水盆。岷江、沱江、嘉陵江以及大大小小的河流从山中流出，最后汇入长江。东边巫峡，就是唯一的排水通道。

巴蜀地区水源充沛，时有泛滥。"滔，水漫漫大貌。"[2] 称之为滔土，名副其实。

北方名为沛州。沛（jǐ），后来写为"济"，沛水即济水。问题是后世所说济水发源于冀州南边王屋山，无论如何也不可能跑到冀州北边去。

从字形看，沛从"水"从"朿（zǐ）"。

> 朿，止也。

> 止，下基也。象草木出有址，故以止为足。[3]

止，本义为脚，甲金文中其字形就是一只脚，引申为根基之义。

草木之"止"为根，于江河而言，所谓"止"就是源头。所以，最初的"沛"其实就是指黄河源，更准确地说，是相对冀州地区的黄河上游，也就是东西走向的阴山与南北走向的吕梁山相交之处——黄河在这里由西向东转为由北向南，转弯之处恰好就在冀都正北方。

当然，这里并不是真正的黄河源头，但对于冀州而言，黄河

---

[1]　《说文解字》。

[2]　《说文解字》。

[3]　均见于《说文解字》。

确实由此而来，将这片地区称为"沛州"无疑是符合现实感知的经验之谈。

后世只知沛水为济水，冀州北方的沛州也就无从说起，变得无法理解。

由此可知，成书于西汉的《淮南子》所记载九州之说极其古老。具体年代难以确定，但很可能比豫州、兖州、青州等后世所熟知的传统九州要早得多。

"正北沛州曰成土"，为什么称为成土呢？

成－甲骨文

《甲骨文合集》（CHANT: 3564）

《甲骨文合集》（CHANT: 2440）

成－金文

西周成王方鼎（CHANT: 1734）

西周德方鼎（CHANT: 2661）

成，甲金文从"戌"从"口"[1]。"戌"为斧钺，"口"为城邑，"成"的意象就是持斧钺以守卫城邑，所以，"成"就是"城"，也有成就、成功、实现等含义。

北方为成土，意味着城防重点在北方。

不过，对冀州来说，防备对象是成土以北还是成土本身并不确定。如果是前者，是否说明游牧与农耕文明相互冲突与融合的进程早在上古时期就已经开始？如果是后者，显然在北方成土有一个与冀州旗鼓相当并形成威胁的强大势力。

巧的是，陕西神木境内的石峁遗址就位于北方成土区域内。

---

[1] 甲骨文"成"或从"戌"从"丁"，因为甲骨文"口"与"丁"同形。

石峁遗址年代为公元前 2300 年至公元前 1800 年，兴起年代已经早于尧舜，废弃时间大约在少康中兴前后，是中国目前已知同时代乃至整个史前时期规模最大的一座城，比山西襄汾陶寺遗址以及浙江余杭良渚遗址都要大，所谓成土或与此有关也未可知——成土，就是石峁古城的势力范围，也是冀州严加防备的对象。

特别值得注意的是，与流传至今的九州系统相比较，"正北沛州曰成土"所说的九州系统不仅州名大相径庭，其方位分布也有重大区别。

《周礼》《逸周书》

	并州	幽州 兖州
雍州	冀州 豫州	青州
	荆州	扬州

《尚书》

	冀州	兖州
雍州	豫州	青州 徐州
梁州	荆州	扬州

《吕氏春秋》

	幽州	兖州 徐州
雍州	冀州 豫州	青州
	荆州	扬州

《尔雅》

	幽州	兖州 徐州
雝州	冀州 豫州	营州
	荆州	扬州

上博简《容成氏》

	夹州	徐州 竞州
雍州	豫州	莒州 疏州
	荆州	扬州

《淮南子》

台州 肥土	泲州 成土	薄州 隐土
弇州 并土	冀州 中土	阳州 申土
戎州 滔土	次州 沃土	神州 农土

注：参见附录七《见于文献之九州》。

显而易见，只有《淮南子》的九州由中心与八方构成完整九宫，传世文献中的九州都缺少西北和西南（其中《尚书》只缺西北）。

西北与西南当然不是荒无人烟的地方，空缺这两个方位，怀疑与"天倾西北，地不满西南"的观念有关——原初版本其实是"地不满西南"，后来才衍变为流传至今的"地不满东南"[1]。

严格来说，四面八方以每个区域各占45°为准，石峁遗址虽然在"正北沇州曰成土"区域内，但其位置紧临西北台州，也就是介于北方与西北方两个区域之间。

如果考虑到"天倾西北"的观念，石峁遗址是否在冀州为中土的时代曾经有过以祭天为核心的功能定位呢[2]？

需要说明的是，历史是不断发展变化的现实，所谓族群、部落、方国，万不可贴标签、符号化。国与国之间，没有绝对的朋友或敌人，现在如此，古代同样适用。石峁遗址与陶寺遗址的关系，即便是同宗同族，也并不代表就是牢不可破的同盟。

西北台州是黄土高原，土层极其深厚，相应地，西南滔州的巴蜀地区完全是群山之中凹下去的盆地，西北隆起，西南下陷，在八卦方位中正好分别对应乾卦和坤卦，乾为天，坤为地，与"天倾西北，地不满西南"正相吻合。

传统九州系统以豫州为中心，但不难发现，豫州北边的冀州

---

[1]　参见拙著《诸神的真相：用天文历法破解上古神话之谜》。

[2]　与之相应，"地不满西南"在巴蜀，又被称为大穆之野、天穆之野。今本《竹书纪年》："（夏启）十年，帝巡狩，舞《九韶》于大穆之野。"《山海经·大荒西经》："西南海之外，赤水之南，流沙之西，有人珥两青蛇，乘两龙，名曰夏后开。开上三嫔于天，得《九辩》与《九歌》以下。此天穆之野，高二千仞，开焉得始歌《九招》。"夏后开即夏后启，汉初因避讳而改。夏启巡狩于此歌舞《九韶》，描述的就是一次隆重的祭地仪式。

所在方位其实很摇摆，时而在北，时而又与豫州同享中原，甚至独占中心位置，而且从西汉《淮南子》到南宋朱熹，冀州为中原的观念从未消失。

　　发展脉络已经展现在眼前，拨开惯性思维的帷幕，历史真相也就清晰浮现——冀州，确实才是最初的中原。

　　跳出传统认知，我们发现冀州才是中原，那么，作为中原的冀州，其边界是否也一成不变呢？

　　　少室、太室在冀州。[1]

　　少室、太室，即嵩山。嵩山在冀州，这不就是说嵩山所在的河洛地区原本也属于冀州吗？

　　　其在有虞，有崇伯鲧。[2]

　　崇，指嵩山。有虞，一般特指虞舜[3]。
　　虞，从"虍"从"吴"。吴，从"大"从"口"。
　　"虍"即是虎，"大"，本义为大人，即成年人。
　　请注意，所谓大人，不仅指成年人，更特指掌权者，与之相对，小人就是指平民。

　　　吴，大言也。[4]

　　大人之言，不就是号令天下的意思吗？
　　吴，其实就是后来的"王"。虎为兽王，从"虍"从"吴"的

---

[1]　《淮南子·墬形训》。
[2]　《国语·周语下》。
[3]　《孔子家语·五帝德》："宰我曰：'请问帝舜。'孔子曰：'乔牛之孙，瞽瞍之子也，曰有虞。'"
[4]　《说文解字》。

"虞"，自然也是"王"。

还记得冀州又被称为夹州吗？"夹"的甲骨文字形是两个小人夹持一个大人，"夹"有扶持、辅佐之义。反过来看，"夹"也是大人夹持小人之形，也就是大人护佑小人。作为通天的唯一通道，天子不就是以天的名义护佑天下万民吗？所谓夹州，就是大人之州、天子之州。

大 – 甲骨文

《甲骨文合集》（CHANT: 0197）

夹 – 甲骨文

《甲骨文合集》（CHANT: 0222）

天子之称历代各有不同，如夏代称"后"，商周称"王"，秦始皇以后称"皇帝"。

从文字角度看，夏代以前，很可能曾经以"吴""虞"作为天子之名[1]，天子所在之地自然也被称为"吴""虞"。

天子为虞，也就是说，所谓有虞，既是特指虞舜，也是尧舜禹乃至更早时代[2]在联盟政权中占据王者地位的族群首领及其所在地区的称呼。

夏禹继位于虞舜，所以，夏禹所建立的夏，原本就是有虞的延续。

---

[1]　"吴""虞"为天子之名，应早于尧舜时代，因为虞舜时曾任命益担任虞，此时的虞已经是职官名，负责掌管山泽禽兽，大约相当于现在的国土资源部。《尚书·舜典》："帝曰：'畴若予上下草木鸟兽？'佥曰：'益哉！'帝曰：'俞，咨！益，汝作朕虞。'益拜稽首，让于朱虎、熊罴。帝曰：'俞，往哉！汝谐。'"

[2]　《韩非子·显学》："殷、周七百余岁，虞、夏二千余岁。"

事实上，直到春秋战国时代，夏本来也还被称为虞夏。

> 昔者虞夏、商、周三代之圣王，其始建国营都日，必择国
> 之正坛，置以为宗庙。[1]

显然，虞夏、商、周为三代，虞夏就是夏。

夏就是虞夏，虞和禹同音，那么，夏禹不就是夏虞吗？

也许夏禹本为虞夏，就像虞舜一样，舜和夏都是有虞天子。进入世袭传承的夏朝以后，另外造字"禹"作为其特指，于是虞夏变成夏禹，有虞之夏变成有夏之禹。从虞到禹，虽然文字被替换，但读音仍然保持不变。

夏是有虞的延续与分化，冀州与豫州都是中原，夏何以为夏也就呼之欲出了。

夏禹继位后仍在冀都，夏启继位后从冀都南迁到夏邑。之所以称为夏邑，其实很简单，就因为其位置在冀都之南——夏，就是南方。南巢、夏邑，都是相对于在北边的冀都而言。

夏启之后将夏邑作为都城，所以就有了夏朝之名。夏朝之夏，来自夏邑。夏邑，是有虞时代冀都南边极其重要的都邑。

夏邑之所以重要，是因为中条山的铜矿和运城盐湖的盐是任何政权都必须控制的战略资源，前者事关"祀与戎"，后者关乎"食为天"。

夏代政治中心从冀都南迁到夏邑，经略重心向南向东转移，于是冀州南部的晋南以及黄河南岸河洛地区就从冀州分离出来，原本是中原的冀州也就成了北方之州。

夏禹以后，天子所在的中州、中原从冀州转移到晋南豫北地

---

[1] 《墨子·明鬼下》。

区，后来又完全被黄河以南、嵩山东西两侧地区取代。

中国以中为名，若要说最早的中国，或许就应当指冀州。

事实上，冀州确实也是整个中国的别称[1]。只不过最初的冀州，既包括中条山以北的晋，可能也包括黄河以南的河洛地区。

河洛地区从冀州分离出来进入豫州，是否始于传说中的禹别九州呢？可能，但也只能说可能。毕竟所谓九州，并非边界清晰寸土必争的行政区划和疆界；所谓中国，也并不是王朝和天子所能概括，很难找到一个从无到有的精确时刻。

可以肯定的是，冀州为中原，意味着中心与外围的空间观；名为禅让实即"天命转移"，代表王权天授的政治理念。所以，当冀州被视为中原的时候，当禅让所代表的"天命转移"思想出现的时候，中国就已经诞生。

五、九州之鸟

冀州原为翼州，翼是鸟类翅膀，冀州实即以鸟为名。

有意思的是，九州之中与鸟有关的不只是冀州。

雍／雝－甲骨文

《甲骨文合集》（CHANT: 1757）
《甲骨文合集》（CHANT: 1757A）
《甲骨文合集》（CHANT: 1757B）

雍／雝－金文

西周末期宗周钟（CHANT: 260）
春秋早期秦公钟（CHANT: 266）

---

[1] 《淮南鸿烈解》："冀为天下之号也。"明末清初顾炎武《日知录》："古之天子常居冀州，后人因之，遂以冀州为中国之号。"

邕—金文

春秋早期邕子良人甗（CHANT: 945）

雍，又写为"雝"，甲金文从"水"从"隹"以及一或两个方块，其中"水"与方块组合即是"邕"。

邕，指四周有水环绕的城邑："邕，四方有水，自邕城池者。"[1]"四方有水曰雍。"[2]

"隹"是鸟类统称，"雝"本身也是一种鸟的名字："雝，雝鶏也。"[3] 雝鶏，即鹡鸰鸟，是鸟类的一属[4]，古代又写为脊令、鹡令等。

甲骨文中有很多商王前往雍举行田猎的卜辞：

壬子卜贞王田雍往来无灾吉

——《甲骨文合集》（37406.2）

壬寅卜贞王田雍往来无灾

——《甲骨文合集》（37620.6）

戊申卜贞王田雍往来无灾

——《甲骨文合集》（37651.3）

---

[1]　《说文解字》。

[2]　《水经》，见《广韵》《康熙字典》所引。

[3]　《说文解字》。

[4]　生物分类包括界、门、纲、目、科、属、种等七级。

丁亥卜贞王田于雍往来无灾吉

——《甲骨文合集》（37652.3）

戊申卜贞王田雍往来无灾

——《甲骨文合集》（37653.2）

壬子卜王田雍往来无灾弘吉

——《甲骨文合集》（41818.3）

□田雍往来□获鹿二

——《英国所藏甲骨》（2541）

"田雍""田于雍"，雍显然是地名。雍在何处呢？

以雍为名，古代还有一个极其重要的地方——辟雍。

辟雍是古代大学，夏禹代舜摄政之后将万舞训练引入大学教育，"（舜）十七年春二月，入学初用万"，这里的"学"就是大学，也就是辟雍。

辟雍，与祭天的灵台、祭祖的太庙原本在一起[1]。还记得周文王赶建灵台的故事吗？"（帝辛）三十七年，周作辟雍……四十年，周作灵台。"[2] 灵台就是在辟雍基础上扩建的。

辟雍、灵台、太庙本为一体，不仅是祭天祭祖的地方，立杆测影、观星制历也在这里进行，也就是古代天文台、观象台。

辟雍四周流水环绕，其源头就是观象台需要用水确定圭表水平与垂直。至于"雍"字形中的"隹"鸟，应当是来自观象台上用于观测风向的相风鸟，当然，作为观天重点的太阳本身也有鸟的意象。

---

[1] 参见本书第九章《凤鸣岐山：商周之变中天命神话的源起》。

[2] 今本《竹书纪年》。

末代商王帝辛（纣王）的灵台称为鹿台，之所以以鹿为名，是因为园苑中有大量的鹿。鹿台所在地区的山野，自然就是天子专属的林场，也就是商王"田于雍"的"雍"。

也就是说，雍，本义就是指辟雍以及灵台、太庙所在的地方。

问题来了，九州之中的雍州指陕西关中及其北方地区，且不说夏代如何，殷商时期商人就绝不可能将自己的太庙建到关中。

太庙在关中，实乃姬周王朝。周人的太庙、辟雍、灵台，就在沣水两岸的丰京和镐京，也就是所谓宗周。

事实已然浮现，所谓雍州在关中地区，应当是西周以后才有的概念。在此之前如果也有雍州之说，十之八九不在渭水平原。

比如春秋时期被晋国吞并的雍国（今河南焦作地区 [1]），北依太行，南望黄河，毗邻殷商国都朝歌及殷墟。这里曾是商王田猎之地，自然与殷商太庙、辟雍相距不远。雍国之雍，很可能殷商时期就已经有了，当然，并不在关中平原。

将关中称为雍州，可能始于周人。如此说来，如果禹分九州确有其事，其中所谓雍州就未必称为雍州了。

冀州本为翼州，翼是鸟类翅膀；雍州即雝州，"雝"字本身就有鸟，所以，九州之中的冀州和雍州，可以说都是以鸟为名。

请注意，鸟通常被作为东夷的象征，被当成东夷族群的所谓图腾。冀州、雍州都以鸟为名，或许可以提示我们，鸟与东夷相关联，其实并非唯一 [2]，也未必年代最为古老。

> 禹然后始为之号旗，以辨其左右，思民毋惑。东方之旗以

---

[1] 《康熙字典》："雍国，在河内山阳县。"黄河以南为河南，指河洛地区；黄河以北为河内，指黄河以北与太行山以南地区。雍国东北方百余公里为殷商都城朝歌与殷墟。

[2] 事实上，在四象系统中，鸟被分配给了南方，即南方朱雀。

日，西方之旗以月，南方之旗以蛇，中正之旗以熊，北方之旗以鸟。[1]

东西南北中五方，夏禹所用号旗分别使用日、月、蛇、鸟、熊五种形象。"北方之旗以鸟"，北方，指的就是冀州。

冀州在北方，那么，"中正之旗以熊"的"中"，自然就是位于河洛地区的豫州。

需要说明的是，如果夏禹时已经有豫州之名，那么，除了河洛地区以外，那时的豫州还应当包括黄河北岸的冀南地区，因为那里有都城夏邑，还有盐和铜矿等极其重要的资源。

六、洛水与斟鄩

晋南与河洛地区目前已发掘多处古代遗迹，如山西襄汾陶寺遗址、山西夏县东下冯遗址、河南偃师二里头遗址、河南洛阳王湾遗址、河南登封王城岗遗址、河南禹州瓦店遗址、河南新密新砦遗址、河南新郑古城寨遗址。

晋南有太岳山，"太，大也"[2]。太岳为岳中之首。太岳山也是冀州标志之山[3]，冀州则是曾经的中原、中州。

河洛有嵩山，嵩山又名太室山。太室，本为太庙中央之室[4]，也是太庙别称。太庙，即供奉皇帝先祖的宗庙。河洛地区，则是冀州之后沿袭至今的中原。

---

[1]　上博简《容成氏》。

[2]　《广雅·释诂》。

[3]　《逸周书·职方解》："河内曰冀州，其山镇曰霍山。"霍山即太岳山。

[4]　东汉蔡邕《蔡中郎集·明堂月令论》："夏后氏曰世室，殷人曰重屋，周人曰明堂。东曰青阳，南曰明堂，西曰总章，北曰玄堂，中央曰太室。"《尚书正义》唐孔颖达疏："太室，室之大者，故为清庙。庙有五室，中央曰太室。"

显而易见，在祭祀与信仰范畴内，太岳山与嵩山，都有极其重要的特殊地位。

根据观测所见日出方位与太岳山的关系，有理由推测陶寺遗址就是尧舜禹三代都建都于此的冀都。同样的逻辑，在嵩山周边的各遗址中，只有二里头遗址具备王都条件——二里头遗址所见冬至日出就在嵩山[1]。

出人意料的是，距离二里头遗址直线距离约 250 公里的河南濮阳，恰好就在夏至日出的方向。

濮阳古称帝丘，传说是颛顼建都之地。颛顼则是鲧的父亲、夏禹的祖父。

冬至和夏至无疑是立杆测影观测太阳最为重要的两个节点，以二里头遗址为观测点，嵩山和濮阳就分别位于冬至日出和夏至日出的方位。

如果不是巧合，那么，二里头遗址当初之所以选址于此就格外耐人寻味。换言之，二里头遗址是夏禹登极天子并实现世袭传承之后在崇伯故地兴建国都最理想的选择，甚至可以说是唯一的选择。

二里头遗址很可能就是夏代国都之一的斟鄩，从第三代太康到末代夏桀，都建都于此。

夏朝历代国都表如下：

夏后	国都 / 行都	今本《竹书纪年》相关记载	备注
禹	冀	元年壬子，帝即位，居冀。颁夏时于邦国。	冀，或即冀都，可能在山西襄汾陶寺遗址。

---

[1]　参见本书第十三章《鸣条逐鹿：商汤伐夏桀的时空回溯》第五部分《商汤灭夏之地望》。

夏后	国都/行都	今本《竹书纪年》相关记载	备注
启	夏邑	元年癸亥，帝即位于夏邑，大飨诸侯于钧台。诸侯从帝归于冀都，大飨诸侯于璇台。	可能在山西夏县。
	冀都		
太康	斟鄩	元年癸未，帝即位，居斟鄩。畋于洛表。羿入居斟鄩。	可能在河南偃师二里头遗址。
仲康	斟鄩	元年己丑，帝即位，居斟鄩。	
相	商丘	（仲康）七年，世子相出居商丘，依邳侯。	
	商	元年戊戌，帝即位，居商。征淮夷。	商，或即商丘。
	斟灌	九年，相居于斟灌。	
少康	夏邑	少康自纶归于夏邑……夏众灭浞，奉少康归于夏邑。诸侯始闻之，立为天子，祀夏配天，不失旧物。	
	原	十八年，迁于原。	
杼	原	元年己巳，帝即位，居原。	
	老丘	五年，自原迁于老丘。	
芬			
芒			
泄			
不降			
扃			
帝廑	西河	元年己未，帝即位，居西河。	
孔甲	西河	元年乙巳，帝即位，居西河。废豕韦氏，使刘累豢龙。	
昊			
发			
癸	斟鄩	元年壬辰，帝即位，居斟鄩。	
	河南	十三年，迁于河南。初作辇。	
	夏邑	三十一年，商自陑征夏邑。克昆吾。大雷雨，战于鸣条。夏师败绩，桀出奔三朡，商师征三朡。战于郕。获桀于焦门。放之于南巢。	

夏代很可能已开始采用两京制，夏邑为北都，在中条山背后的晋南，因为要管控原来的冀都和冀州，更重要的是控制这里的铜矿和盐业资源；斟鄩为南都，在嵩山西侧的洛阳盆地，嵩山地区是夏人祖居故地，夏禹代舜之前的都城就在嵩山东侧（可能是新砦遗址或古城寨遗址）。

当然，除了夏邑和斟鄩以外，历代夏后还多次迁居别处，如相居商丘、少康迁原、杼迁老丘等。不过，末代夏桀重返斟鄩和夏邑，并最终在夏邑被商汤所灭，推测斟鄩和夏邑才是真正的夏都，历代迁居之地可能是因应形势等原因而天子往居的临时都城，相当于后世的行在。所谓行在，即天子出行所在之地，虽然并非正式都城，但因为天子驻居于此，相当于当时的都城。

第三代夏后太康即位于斟鄩，同年，羿也进驻斟鄩。

> （太康）元年癸未，帝即位，居斟鄩。畋于洛表。羿入居斟鄩。

羿，即后羿。

"后"与"司"，字形左右反写。请注意，甲骨文中字形左右反写并无区别，也就是说，"后"与"司"本为同一个字。即便分化为两个字以后，其本义仍然相通——"后"，本义为首领；"司"，本义为主管、主宰。

羿，从"羽"从"开（jiān）"。羽，本义为羽毛、翅膀。"开，平也。"[1] 从字形看，羿就是翅膀平举、鸟类展翅之义。

"羿"有翅膀之形，翅膀就是"翼"，羿与翼本就同音，后羿也就是后翼。巧的是，冀州本为翼州，"后羿"不就是"后

---

[1] 《说文解字》。

冀"吗？

后羿，冀州之后，冀州的首领，实即虞舜当政时十二州牧之中的冀州牧。夏禹正式即位后"遂复九州"[1]，冀州牧就是九州牧之一。后羿，其实就是冀州牧，大概率是冀州本地人。

所谓后羿善于射箭、来自东夷，恐怕是因字形误解造成的以讹传讹。

羿，又写作殪、羿、㸰等。羿善于射箭的传说或许就来自字形中的"弓"，或者先有羿善射的故事继而在字形中引入"弓"。

羿/殪－金文
西周殪作父辛器

羿－小篆

从字形看，金文"羿/殪"从"弓"从"开"，其左侧弧线造型，与其说是"弓"，或许不如说是翅膀的象形，也就是"羽"。

其次，唐尧时代羿射十日的故事，神话背后的真相，其实是十日太阳历向十二月阴阳合历的转变[2]。羿射十日是古代先民天文观测与历法实践的反映，原本与射箭并无关系。

简而言之，羿出自本名翼州的冀州，其真实身份很可能就是冀州牧，与东夷无关，与善射也无关。

金文"羿"左侧弧线并不是"弓"，可以提示我们，"夷"其实也与"弓"无关。

---

[1]　今本《竹书纪年》："（舜）三十三年春正月，夏后受命于神宗。遂复九州。"

[2]　参见拙著《诸神的真相：用天文历法破解上古神话之谜》。

夷－甲骨文

《甲骨文合集》（CHANT: 2580）

矢－甲骨文

《甲骨文合集》（CHANT: 2544）

《甲骨文合集》（CHANT: 2544A）

射－甲骨文

《甲骨文合集》（CHANT: 2623）

《甲骨文合集》（CHANT: 2623A）

夷，甲骨文字形由"矢"和"己"或反"己"组成。其中"己"或反"己"和金文"羿"左侧弧线一样，与其说是"弓"，不如说是翅膀。箭矢射穿翅膀，夷的本义或指用弓箭捕猎的人。弓箭来自字形中的"矢"，与"己"或反"己"无关。如果"己"或反"己"是"弓"，那么，夷就是从"矢"从"弓"，箭在弓上，实为"射"。

夷的字形是箭射穿翅膀，所以，夷有杀戮、消灭之义，如"今皆已夷灭诸吕"[1]，指西汉初年诸吕之乱得以平定；"赦夷族之罪"[2]，夷族之罪就是古代刑罚中的灭族，所谓夷三族、灭九族等株连之法。

后来东部地区被称为东夷，而中原冀州的太行山以东以及中原河洛地区的嵩山以东都是大片平原，所以"夷"又有了平坦之义。

---

[1]　《史记·吕太后本纪》。

[2]　《后汉书·宦者列传》。

请注意，太行山以东，禹河故道古黄河以西，仍然属于冀州。很可能最初的东夷，其实就是指冀州东部地区。如蛮夷猾夏，传统解释为蛮夷侵扰华夏，该成语典出《尚书》。

> 帝（舜）曰："皋陶，蛮夷猾夏，寇贼奸宄。汝作士，五刑有服，五服三就。五流有宅，五宅三居。惟明克允！"

虞舜任命皋陶担任"士"，负责刑罚，相当于现在的公检法系统，皋陶也因此被后世尊为司法鼻祖。

从上下文语意看，"蛮夷猾夏"与"寇贼奸宄"实为并列关系，"蛮夷"与"猾夏"也是并列关系。所谓蛮夷，原本就是指以冀都为中心的冀州东部，可能包括太岳山与太行山之间以及太行山以东、禹河故道古黄河以西；所谓猾夏，其实就是指冀州南部地区，可能也包括河洛地区，冀都为中，冀都以南，就是夏。

蛮，繁体为蠻，从"虫"从"䜌（luán）"，其中"虫"是后来用"蛮"特指"南蛮"时才添加的，西周金文中"蛮/蠻"就是"䜌"。

"䜌，乱也。"[1]"猾，乱也。"[2]蛮和猾，本义相同，是形容东部和南部这两个地区的人容易出乱子。反过来看，也说明这两个地区是冀都直辖的治理重点。

简而言之，所谓"蛮夷"与"猾夏"，本义所指都在冀州之内。

从初始意义上说，羿为东夷或许也没错，透露的信息就是羿来自冀州东部。

---

[1]　《说文解字》。
[2]　《广雅·释诂三》。

夏邑和斟鄩原本都属冀州，即便经过夏禹和夏启两代，夏邑所在的晋南与斟鄩所在的河洛已经从原来的冀州分离出来，但不难想见，作为冀州牧的羿仍是朝中重臣，不要说以武力进占斟鄩，就算羿跟随继位的太康"入居斟鄩"，恐怕也在情理之中。

羿原本就是冀州本地土著，作为冀州牧，羿对冀州的影响与控制，相较于新继位的太康想必有过之而无不及。

羿"入居斟鄩"，太康失国的故事就此上演。太康所失之国，首先是晋南的夏邑，其次是河洛地区的斟鄩。

夏启有五个儿子，继位的太康是长子。或是与羿有矛盾，或是羿起了异心发起政变，总之，太康继位后"畋于洛表"长达三个多月，羿趁机鸠占鹊巢，据守黄河天险，拒绝太康返回。

太康失国，有家不能回，兄弟五人带着母亲流连"洛之汭"，不胜恓惶。

> 太康尸（失）位，以逸豫灭厥德，黎民咸贰，乃盘游无度，畋于有洛之表，十旬弗反。有穷后羿因民弗忍，距于河，厥弟五人御其母以从，徯于洛之汭。[1]

洛表、洛汭，都在哪里呢？

"泾属渭汭。"[2] 泾，指泾河。渭，指渭河。泾与渭都在关中。渭河由西向东流，泾河在渭水以北，泾河在渭汭，由此可知，河水之北为汭。

汭就是内，水北为阳、为内、为汭，相应地，水南为阴、为

---

[1] 《尚书·五子之歌》。

[2] 《尚书·禹贡》。

外、为表。所以，洛汭即洛水之北，洛表即洛水之南。

问题又来了。洛水其实有两条，除了河南洛阳盆地的洛水（南洛河），陕西关中地区也有洛水（北洛河）。

关中洛水长达近 700 公里，发源于陕西定边白于山南麓，从黄土高原流入关中平原，最后注入渭河，是渭河支流。

河南境内的洛水又写作"雒水"。有说原名"雒水"，东汉末年才改称"洛水"[1]；也有说原名即是"洛水"，东汉初年才改称"雒水"[2]，莫衷一是。

从位置来看，"畋于有洛之表，十旬弗反"，太康在洛水以南田猎长达三个多月，按理不可能风餐露宿搞野外生存，这就意味着田猎之地其实另有城邑可供栖身。

斟鄩（二里头遗址）本就在洛水南岸，如果太康"畋于洛表"之洛是斟鄩所在的洛水，那么，水南为表，太康就在洛水南岸田猎，也就是与斟鄩都在洛水南岸。之后兄弟五人带着母亲"徯于洛之汭"，洛汭是洛水之北。太康在洛水南岸田猎，然后滞留在洛水北岸，羿又"距于河"，空间关系未免有点奇怪。

排除不合理选项，剩下的就是答案。太康"畋于洛表"，是在关中的洛水南岸。

北洛河上游几乎是由北向南，下游转为由西北向东南，大体上是由西向东。太康"畋于洛表"，可能就是北洛河下游南岸地区。

---

[1]　清段玉裁《小笺》："自魏黄初以前，雍州渭洛字作'洛'，豫州伊雒字作'雒'，绝无混淆，黄初以后乃乱矣。"黄初，是魏文帝曹丕的第一个年号（220—226 年）。

[2]　《汉书·地理志》注："（唐代）师古曰：'《鱼豢》云：汉火行，忌水，故去'洛'水而加隹。'"

（启）十一年，放王季子武观于西河。

（启）十五年，武观以西河叛。彭伯寿帅师征西河，武观
来归。

（启）十六年，陟。[1]

早在夏启十一年，太康五弟武观曾被流放西河。夏启十五年，
武观在西河反动叛乱，很快就被夏启派兵征服。第二年，夏启驾
崩，随后太康即位。

武观在西河经营五年并据以叛乱，不难想见，这里有一座规
模不小的城邑。

西河，就是北洛河东边黄河由北向南河段，准确说是指黄河
出吕梁山以后与在潼关转向东流之前[2]。所谓西，是指位于夏邑
之西。

太康"畋于洛表"长达三个多月，很可能就是住在当年武观
被流放的西河。从这里东渡黄河可前往晋南的夏邑，从这里沿着
转向东流的黄河穿过崤函古道可前往洛阳盆地的斟鄩。

事实上，关中渭河平原是非常理想的狩猎地，殷商末年武乙、
帝辛都曾经到这里巡狩[3]，数百年前的太康时代当然更是如此。

出游的太康最终发现无法东渡黄河，夏邑回不去了。悲催的
是，东归河洛后发现斟鄩也回不去了。兄弟五人只好带着母亲流落
在洛水北岸，这里的洛河，就是洛阳盆地的南洛河。

---

[1]　今本《竹书纪年》。

[2]　《尚书·禹贡》："黑水、西河惟雍州……浮于积石，至于龙门、西河，会于
渭汭。"西河在雍州，西河邻近渭水，可知西河就是黄河出吕梁龙门后由北向南
河段。

[3]　今本《竹书纪年》："（武乙）三十五年，周公季历伐西落鬼戎。王畋于河、
渭，暴雷震死……（帝辛）二十二年冬，大搜于渭。"

洛河入渭

　　夏邑和斟鄩被羿窃取，这就是太康失国。

　　太康失国，看起来他们更在意的其实是夏邑。"惟彼陶唐，有此冀方。今失厥道，乱其纪纲，乃底灭亡。"[1]冀方，即冀州。夏邑在晋南，就在原来的冀州南部。

　　不过，从事态发展来看，羿其实并没有颠覆夏王朝[2]——太康在位四年驾崩后，羿扶立仲康继位，仍然是在斟鄩[3]。仲康，是太康之弟。

----

[1]　《尚书·五子之歌》。

[2]　有说后羿代夏登极天子，如西晋皇甫谧《帝王世纪》："帝相，一名相安。自太康已来，夏政凌迟，为羿所逼，乃徙商丘，依同姓诸侯斟灌、斟鄩氏。羿遂袭帝号，是为羿帝。"（《太平御览·皇王部七》所引）

[3]　今本《竹书纪年》："（仲康）元年己丑，帝即位，居斟鄩。"

仲康在位七年驾崩，之后仲康之子相继位。相迁居到商丘，看起来与羿的关系多有不睦。但是，从继位后的举动来看，此时的相实力并不弱。

> （相元年）征淮夷。二年，征风及黄夷。七年，于夷来宾。[1]

淮夷，应当在淮河流域，在商丘南方或东南方。

风夷、黄夷、于夷，属于所谓九夷[2]。具体地望暂且不论，大致在太行山以东地区。

相继位后迁居到商丘，貌似与占据斟鄩的羿分道扬镳，但连续出击向东扩张，说明作为夏后的相并非势单力孤、任人摆布的傀儡。所以，或许可以推测，夏后相对羿并不信任可能不假，但另一方面，向东扩张未必不是相与羿达成一致、利益共享的合谋。

东进战略顺利实施，风夷、黄夷、于夷等相继臣服，感受到威胁的寒浞开始反击。

夏后相八年，寒浞杀羿。

夏后相九年，相迁居到斟灌[3]。

"斟灌之墟，是为帝丘。"[4]帝丘，相传为颛顼都城，在今河南濮阳，可能即高城遗址。

羿被杀以后，夏后相迁居斟灌，之所以如此，应当就是为了应对来自东夷的寒浞。

后世传说寒浞为羿之臣，寒浞杀羿是篡位夺权。令人生疑的

---

[1]　今本《竹书纪年》。

[2]　《后汉书·东夷列传》："夷有九种，曰畎夷、于夷、方夷、黄夷、白夷、赤夷、玄夷、风夷、阳夷。"

[3]　今本《竹书纪年》："（相）八年，寒浞杀羿，使其子浇居过。九年，相居于斟灌。"

[4]　今本《竹书纪年》。

是，斟鄩原本被羿控制，但寒浞杀羿以后并没有能够在斟鄩立足。

寒浞杀羿的实际效果，一是斟鄩回到夏后相的手里，二是与夏王朝决裂，导致夏后相为了防范寒浞而迁居到斟灌。如此事实，怎么看都像是羿与夏后相共图东进并屡获成功，不愿臣服更不能坐以待毙的寒浞于是起而对抗。

（相）二十六年，寒浞使其子帅师灭斟灌。

（相）二十七年，浇伐斟鄩，大战于潍，覆其舟，灭之。

（相）二十八年，浞使其子浇弑帝。

直到十八年后，寒浞才再次出兵，先后灭了斟灌和斟鄩并最终弑杀夏后相。显然，在此之前斟鄩和斟灌都在夏后相的控制之下。

从杀羿开始到最后杀相灭夏，寒浞前后用了将近二十年。

寒浞灭夏，才是真正的失国，夏王朝就此中断。等到夏后相的遗腹子少康成年后复仇成功，史称少康复国，已是四十年以后。

“浇伐斟鄩，大战于潍，覆其舟。”潍在何处？

斟灌在河南濮阳，斟鄩在洛阳盆地，斟鄩在斟灌西南方向，直线距离约250公里。寒浞由东向西进攻，先灭斟灌，然后向斟鄩进军。大战于潍，潍应当就在斟灌与斟鄩之间。

荆河惟豫州。伊、洛、瀍、涧既入于河，荥波既猪。[1]

伊、洛、瀍、涧，是洛阳盆地四条河流，其中伊、瀍、涧都并入洛河，最后再汇入黄河。

荥（yíng），指水很小，如“故丘阜不能生云雨，荥水不能生

---

[1]　《尚书·禹贡》。

鱼鳖者，小也"[1]。荥水即指小河。

猪，即潴，指水积聚的地方，比如水塘、湖泊。

"荥波既猪"，指荥泽，位于今河南荥（xíng）阳地区。小水汇成大泽，当年可能有多条小河汇流于此，后来干涸消失，到东汉时早已成为陆地，但当地百姓仍称其地为荥泽[2]。

潍，从"水"从"维"。维，本义指绑系东西所用的绳索。从字形看，以潍为名，应当指如绳索一般的小河，恰与荥水同义。

"维，车盖维也。"[3]就像支撑伞面的伞骨一样，"维"特指从一点向四周拉出的多根绳索。所以，潍，很可能就是指荥泽由多条细如绳索的小河汇流而成。

有意思的是，荥阳境内有氾河、枯河、索河、须水河、贾峪河等大小河流，其中索河之索，本义就是绳索。

荥阳，正是西进洛阳盆地的必经之地。曾经的荥泽，或许就是寒浞出征斟鄩与夏后相"大战于潍，覆其舟"的地方。

后世有传斟鄩、斟灌都在今山东潍坊境内[4]，其说当然不能算错，但实为姒姓夏人东迁的结果。推测其可能时机，一是少康灭寒浞复国成功之后，为了加强东部地区控制而东迁；二是商汤灭夏之后被迫东迁。

寒浞灭夏使得新生不久的夏王朝中断四十年，被其攻灭的斟

---

[1] 《淮南子·泰族训》。

[2] 《尚书正义》："沇水入河而溢为荥，荥是泽名。洪水之时，此泽水大，动成波浪。此泽其时波水已成遏猪，言壅遏而为猪，畜水而成泽，不滥溢也。郑云：'今塞为平地，荥阳民犹谓其处为荥泽，在其县东。'"沇水即兖水、济水。

[3] 《说文解字》。

[4] 唐司马贞《史记索隐·夏本纪》："（西汉）张敖《地理记》云：'济南平寿县，其地即古斟寻也。'"北魏郦道元《水经注》已辨其非："（斟）寻在河南，非平寿也。"

灌和斟鄩大概率被毁弃。遗腹子少康在不惑之年复国成功，重回国都夏邑和斟鄩，被毁的斟鄩又得以重建。

斟鄩或即二里头遗址，其测年数据所提供的绝对年代，上限早到公元前 1880 年，晚至公元前 1750 年。

夏禹正式即位在公元前 1953 年，其后经夏启、太康、仲康、相四代之后被寒浞中断四十年。按今本《竹书纪年》所提供的年代信息[1]，从夏禹正式即位到少康复国，共经过 114 年，即少康复国在公元前 1839 年。

少康复国后重建斟鄩，在公元前 1839 年之后。

一个有趣的巧合是，二里头遗址测年上限的公元前 1880 年，恰好是寒浞灭夏之年。

斟鄩曾毁于寒浞之乱，或许就是考古发现二里头遗址始于少康时代的原因。

基于考古年代、文献记载、特殊地理位置，尤其是压缩在古代星占学说中的历史信息，我们有理由认为二里头遗址就是斟鄩。

斟鄩即是夏都，可谓名副其实。

---

[1] 参见附录三《夏商周三代在位王年表》。

结语：五星出东方，利中国

新疆塔克拉玛干，沙漠中心，尼雅河畔绿洲。

这里是曾经的精绝国，汉晋时期西域三十六国之一，丝绸之路的必经之地。

1995 年 10 月，在尼雅遗址的一座东汉末至魏晋时期双人合葬墓中，中日联合考察队发现一件五彩蜀锦护膊及另一块残片。护膊保持完整，上面有上下两行各七个隶书字，清晰可辨：

五星出东方，利中国。

2017 年 1 月，中国丝绸博物馆最终还原全部织锦文字，其完整原文是：

五星出东方，利中国。诛南羌、四夷服、单于降，与天无极。

这是一段真实历史。

南羌，指河西走廊南部地区羌人部落，又称西羌，与北方匈奴同为汉代边患。汉武帝通西域，设河西四郡，正好将南羌与匈奴南北分隔。所谓南羌，就是以镇守边关的河西四郡为参照而得名[1]。

公元前 74 年，汉昭帝刘弗陵驾崩，昌邑王刘贺继位。悲催得很，霍光把持朝政，刘贺只当了二十七天皇帝就被废，这就是后来的海昏侯。两千多年后，在其墓葬中有令人震惊的发现[2]。

刘贺被废，刘病已登基，是为汉宣帝。

刘病已本是汉武帝曾孙，在"巫蛊之祸"中，曾祖母卫子夫及祖父母、父母等满门被杀。那时刘病已刚出生数月，得到时任廷尉监的丙吉照顾才死里逃生。入宫成为皇帝时，他只是一介平民，封阳武侯，登基成为皇帝，都发生在同一天。真可谓因祸得福，一步登天。

汉宣帝登基后，汉匈战争仍在继续，西羌诸部也蠢蠢欲动，其中先零部打头阵，北渡湟水[3]，侵扰汉地。

汉宣帝元康三年（公元前 63 年），先零部与诸羌各部和解并结成同盟，"解仇、交质、盟诅"[4]，更有联合北方匈奴之势。

汉宣帝神爵元年（公元前 61 年），诸羌反叛，"攻城邑，杀长吏"。

边衅再起，来势凶猛。义渠安国奉诏处置西羌事务，领有三千骑兵，结果伤亡惨重，不得不撤出西羌，退守令居（今甘肃

---

[1]　《汉书·地理志》："自武威以西，本匈奴昆邪王、休屠王地，武帝时攘之，初置四郡，以通西域，鬲绝南羌、匈奴。"《后汉书·西羌传》："西羌之本，出自三苗，姜姓之别也，其国近南岳，及舜流四凶，徙之三危。河关之西，南羌地是也。"南羌，实即西羌。所谓南，指河西四郡之南；所谓西，指西汉都城长安之西。羌地由河西四郡负责镇守，所以称其为南羌。

[2]　海昏侯墓位于江西南昌，2011 年起开展抢救性发掘，出土文物超过两万件，创造多项考古纪录。

[3]　湟水，又称西宁河，为黄河上游支流，西东流向。

[4]　《汉书·赵充国传》。

永登西北）。

76 岁的三朝老将赵充国老当益壮、当仁不让，主动请缨领兵出征。

赵充国久经战阵，平定武都氐人之乱，生擒匈奴西祁王，都是其辉煌战绩，还曾经驻屯边关，以军威盛名逼退匈奴十万大军。数十年军旅生涯，他对匈奴、氐、羌诸部并不陌生，"通知四夷事"。

汉武帝时代，赵充国跟随贰师将军李广利出击匈奴被围困数日时，正是靠他带领数百人突出重围才化险为夷。他自己身负重伤二十余处，受到汉武帝亲自接见并不胜嗟叹。

出生入死，百战沙场，但赵充国并不以杀伐为要。他明确提出："战而百胜，非善之善者也。"平定羌乱，要"以全取胜"，要"贵谋而贱战"。

他的办法是杀猴骇鸡，分化瓦解。除了带头造反的先零部罪不容诛，其余诸部要争取"悔过反善、赦其罪"。

汉宣帝与赵充国的策略正相反，想的是先灭较为弱小的西羌诸部，最后再收拾实力最强的先零部。

数万大军出征，粮草军需消耗不是小数。赵充国坚守不出，汉宣帝着急了，开始催促他出兵，一个重要理由就是"五星出东方"，得天时之利，不可怯战。

> 今五星出东方，中国大利，蛮夷大败。太白出高，用兵深入敢战者吉，弗敢战者凶。将军急装，因天时，诛不义，万下必全，勿复有疑。[1]

---

[1] 《汉书·赵充国传》。

赵充国直言上书，条陈利害。好在汉宣帝也不糊涂，最后同意按他所说依计行事。

事实证明，赵充国判断准确。面对大军压境，貌似强大的先零部一击即溃，丢下牛羊牲畜十余万头落荒而逃，南渡湟水时淹死的都有好几百人。

即便如此，赵充国也没有穷追到底，并不以剿杀尽净为目标。进入羌地其他诸部时甚至秋毫无犯，此后不再发动进攻，还让万余骑兵军转民，解甲屯田。

事实上，汉羌两方毕竟实力悬殊，乘胜追击，踏平西羌，恐怕并非难事。比如屯田期间，破羌将军宁武贤与强弩将军许延寿渴望军功，多次上书请求出击。汉宣帝同意后，真可谓势如破竹，各路大军所斩首及前来投降之人都以千计。在此期间赵充国并未出兵，但前来投降的却最多 [1]。

第二年（公元前 60 年）五月，赵充国请旨退兵。入秋后，分化瓦解的策略大功告成，羌民各部率众来降，带头造反的先零部首领也被其他诸部斩首成了投名状。历时一年多，西羌之乱得以平定。

河西走廊南部恢复安宁，北方匈奴的威胁也逐渐解除。汉宣帝在位期间，匈奴内乱分裂，各派相继向汉朝投降。宣帝驾崩后，汉元帝继位。公元前 36 年，郅支围城战获胜，最后一支反汉的匈奴势力被歼灭，长达百年的汉匈战争暂告结束。昭君出塞，西汉与呼韩邪单于和亲就发生在汉元帝时期。

"诛南羌、四夷服、单于降"，尼雅遗址织物上的文字，应当

---

[1] 《汉书·赵充国传》："强弩出，降四千余人，破羌斩首二千级，中郎将印斩首降者亦二千余级，而充国所降复得五千余人。"

就是指西汉时平定羌乱、降服匈奴的故事。

当然，汉匈战火还会复燃。后来匈奴分裂成南北两部，南匈奴依附汉朝，北匈奴最终西迁、彻底退出东亚，已是一百多年以后的东汉时代，所谓"单于降"也可能延及于此。

汉宣帝催促赵充国出兵时所说的"今五星出东方，中国大利，蛮夷大败"又作何解？

羌人起兵反叛，义渠安国溃败，发生在神爵元年（公元前61年）春，之后赵充国领兵出征。收到催促进兵的诏书后，赵充国上书陈述坚守不出与诛强服弱的策略是在六月二十八日，收到汉宣帝表示同意的诏书在七月初五[1]。前线与京城之间，军情往返只不过六天而已，可知汉宣帝下诏催促当在六月二十日左右。

自三月初以来，火、土、金、水四大行星相继早于太阳从东方升起，也就是日出前可在东方天空看到四星并见。木星在日出前也从东方升起则要到七月中旬以后，所谓"五星出东方"，在汉宣帝催促进兵时其实还只能看到"四星出东方"。当然，此时正处于"五星出东方"过程之中，这么说也没错。

自五月中旬开始，金星在日出前升起，而且日出前升起得越来越高。这就是汉宣帝诏书中所说"太白出高"。

在占星学说中，太白金星与战争相关。还记得王莽时期国师刘歆的未遂政变吗？他根据星象推算要等到"太白星出"时才能起事，就是指金星先于太阳从东方升起[2]。

---

[1] 《汉书·赵充国传》："六月戊申奏，七月甲寅玺书报从充国计焉。"六月戊申为六月廿八日（8月20日）。

[2] 参见本书第八章《秘野星踪：解读中国古代史的密钥》。

　　《荆州占》曰："太白始出东方，西方之国不可以举兵。"[1]

　　长安在东，羌人在西。金星从东方升起，西方羌人正处于不利地位。这就是汉宣帝催促进兵的原因。

　　远在千里之外，汉宣帝根据星象做出战争决策，占星学说对中国古代政治的影响可见一斑。

　　军国大事取决于天象，其实并不靠谱，赵充国的成功与刘歆的失败，都是明证。

　　一个有趣的对比，赵充国避虚就实策略取得成功，明代建文帝朱允炆削藩，采取相反的策略，避实就虚，先易后难，先从较弱藩王下手，结果惨遭失败。但是，这并不能说明前者普适正确。

　　所谓"兵无常势，水无常形"[2]，战场上从来没有任何可以直达胜利的公式。当然，更不可能因为所谓星象而注定成败。

　　不可否认的是，有利于己的星象占辞及相关舆论，毫无疑问会对战争中的军心士气产生不可忽视的正面作用，同时给敌对方施加莫可名状的心理压力。

　　千年华夏，在中国古代许多次改朝换代的历史进程中，五星聚等特殊星象更是曾经产生极其神秘又格外强大的影响，上起夏商周，下至汉唐宋，一条隐秘的线索贯穿千年，也因此为我们追溯三代历史提供了按图索骥、复原当年时空的路径和框架。

　　毫无疑问，战争成败、王朝盛衰绝不可能决定于所谓星象。

　　与其说星象预示吉凶，不如说特殊星象为人间纷争提供了营造舆论的素材；与其说有所谓天意，不如说始于三代的天命政治恰好脱胎于观星制历的现实。

---

[1]　唐瞿昙悉达《开元占经》。

[2]　《孙子兵法·虚实篇》。

基于星象的所谓天命，其实是心理学，是信仰，是意识形态，是中国古代先民走进文明时代所塑造的宝贵共识。

星象与历史进程之间固然没有因果关系，但是，不无巧合的相关性颇为令人惊讶。

间隔年数	公元纪年	日期	五星间距	时间	位置		朝代	大事记
—	前1953	2月27日	4.64°	日出见	室、壁	北方玄武七宿	夏	夏禹正式即位
894	前1059	5月28日	7°	日落见	鬼	南方朱雀七宿	周	十二年后武王伐纣，周灭殷商
874	前185	3月25日	7°	日出见	壁	北方玄武七宿	汉	时为吕雉汉高后三年，五年后诛吕安刘，后经文景之治，进入汉武盛世
895	710	6月26日	6°	日落见	鬼	南方朱雀七宿	唐	韦后之乱，睿宗复辟，后玄宗即位，进入开元盛世

自夏禹正式即位，建立夏朝，千年以降至于现在，可观测的五星聚天象出现过数十次，但五星间距小于7°的一共只有四次。

第一次，公元前1953年2月27日。七天后正月初一，夏禹正式即位，夏朝建立。

第二次，公元前1059年5月28日。十二年后武王伐纣，周灭殷商，西周建立。

第三次，公元前 185 年 3 月 25 日。时为西汉吕后当政，五年后陈平、周勃等发起政变诛吕安刘。此后经文景之治，进入汉武盛世。

第四次，公元 710 年 6 月 26 日。七天后唐中宗驾崩，韦后临朝称制，立少年天子李重茂，又十八天后李隆基联合太平公主发起唐隆政变剿灭韦氏。之后经睿宗、玄宗，进入大唐开元盛世。

有意思的是，四次五星聚之间，间隔年数分别是 894 年、874 年和 895 年，以将近九百年为周期，依次是夏、周、汉、唐四代。其中夏是中国王朝史开端，至今仍笼罩在神话传说中面目模糊，周、汉、唐无疑是古代中国一时鼎盛的重要时期。

请注意，这里讨论的是五星聚与中国古代几个辉煌时期之间巧合性的相关性，是基于历史事实的回溯，并不构成对星占学说中所谓祥瑞、预兆、符谶的支持。

宿命论当然纯属虚妄，但否极泰来、盛极而衰，可谓世间万物基本规律。在波峰与波谷之间震荡，千年历史被分割成大大小小的朝代。所谓分久必合，合久必分，实为经验之谈。

长时段考察，中国历史呈现盛衰往复的周期循环是朴素事实。真正困难的是，"否极"之极何时结束、"盛极"之极何时终结，身处历史进程中的我们其实很难预判。

比如战国时代，人们渴望走出列国争雄的混乱。基于此前夏商两代各延续近五百年的历史，孟子提出"五百年必有王者兴"，而那时的周王朝已经存续七百余年。孟子去世后，到秦始皇统一六国，又过了六十多年。但是，所谓"否极"并没有到头，紧接着秦帝国二世而亡，六国复兴，楚汉相争。西汉建立后与民生息，才算触底反弹进入恢复与上升的通道。

否极泰来，往往是病去如抽丝的漫长过程。盛极而衰，却往往是旦夕之间大厦倾覆。比如汉末天下大乱，之后又是两晋与南北朝的大分裂时期。隋朝再度统一后也二世而亡，之后经贞观之治、武周代唐、神龙革命，到唐玄宗时盛极一时。但是，所谓开元盛世，也不过就二三十年，紧接着就被安史之乱打得稀烂。

汉唐两代渐入佳境时都出现过罕见的五星聚，也都发生过太后摄政、政变夺权的冲突和动荡。时人将五星聚当作王朝易姓的征兆图谋不轨，结果都以惨败告终。

回望历史，尽管不无巧合，但五星聚的出现，确实有那么几次恰好适逢其时可以看作盛世与乱世相交替的标签。或许帝王们所谓的天命，也不过就是借势造势而已，至于成败之间，其实也就是萧何之于韩信。

王朝千年几易姓，盛衰有时岂问天？

事实已经证明，星占吉凶并不能为决策成败提供任何保证。相较于所谓"五星出东方，利中国"，还是赵充国将军因势利导、刚柔相济的平羌攻略更为靠谱。

附　录

一、五星聚与夏商周断代表

公元前	时间	五星聚特征	事件
1973	4—5 月，日落见	由耒耜形变为圭璋形，位于井宿与鬼宿之间	天命玄圭
1972	正月初一		夏禹代舜
1953	正月初一，日出见	五星连珠，位于室宿，五千年间距离最近 [1]	高阳乃命玄宫，夏禹正式即位
1542			商汤元年
1535	正月初一，日落见	长剑形，剑尖在毕宿与昴宿之间	天命镶宫，金刃生水
1526			商汤灭夏
1523			夏桀卒

---

[1]　本轮五星聚间距最小出现在腊月二十四日。

（续表）

公元前	时间	五星聚特征	事件
1059	四月初九甲子日，日落见	位于井宿与鬼宿之间（属南方朱雀七宿）	凤鸣岐山
1047	二月十八甲子日		牧野之战，武王伐纣
1035			周成王亲政元年
1025			定鼎洛邑
770			周幽王末年 [1]

二、夏商周积年表

朝代	起始		终止		积年
	公元前	事件	公元前	事件	
夏	1953	夏禹即位	1523	夏桀卒	431
	1973	夏禹代舜			451
商	1542	商汤元年	1047	武王伐纣	496
西周	1059	凤鸣岐山	770	幽王末年	290
	1047	武王伐纣			278
	1025	定鼎洛邑			256

三、夏商周三代在位王年表

序号	夏代	在位年数		
		今本《竹书纪年》	《帝王世纪》	《皇极经世》
1	帝禹夏后氏	8	27	
		3		

---

[1] 李学勤《夏商周年代学札记》。

（续表）

序号	夏代	在位年数		
		今本《竹书纪年》	《帝王世纪》	《皇极经世》
2	帝启	16 / 4	9/10	9
3	帝太康	4 / 2	29	29
4	帝仲康	7 / 2		13
5	帝相	28 / 40		28
6	帝少康	21 / 2		61
7	帝杼	17 / 2	17	17
8	帝芬	44 / 0	26	26
9	帝芒	58 / 1	13	19
10	帝泄	25 / 3	16	16
11	帝不降	59 / 0	59	59
12	帝扃	18 / 3	21/22	21
13	帝廑	8 / 38	20	21
14	帝孔甲	9 / 26		31
15	帝昊	3 / 2		11
16	帝发	7 / 0		19
17	帝癸	31		53
合计		491		460

注：今本《竹书纪年》一栏每代王年分两行，上行为在位年数，下行为驾崩之后与下代继位元年之间的间隔年数，即所谓居丧期（帝廑之后间隔38年，孔甲之后间隔26年，或为多计之年）。

序号	商代	在位年数	
		今本《竹书纪年》	《皇极经世》
1	汤	12	13
2	外丙	2	—
3	仲壬	4	—
4	太甲	12	33
5	沃丁	19	29
6	小庚 / 太庚	5	25
7	小甲	17	17
8	雍己	12	12
9	太戊	75	75
10	仲丁	9	13
11	外壬	10	15
12	河亶甲	9	9
13	祖乙	19	19
14	祖辛	14	16
15	开甲 / 沃甲	5	25
16	祖丁	9	32
17	南庚	6	26
18	阳甲	4	6
19	盘庚	28	28
		1	
20	小辛	3	21
21	小乙	10	28
22	武丁	59	59
23	祖庚	11	7
24	祖甲	33	33
25	冯辛 / 廪辛	4	6
26	庚丁	8	21
27	武乙	35	4
28	文丁 / 太丁	13	3
29	帝乙	9	37
30	帝辛	52	33
合计		509	645

注：仅盘庚驾崩后有一年间隔。

（续表）

序号	西周	在位年数	
		今本《竹书纪年》	《皇极经世》
1	武王	17	7
2	成王	37	37
3	康王	26	26
4	昭王	19	51
5	穆王	55	55
6	共王	12	12
7	懿王	25	25
8	孝王	9	15
9	夷王	8	16
10	厉王	26	37
11	共和	—	14
12	宣王	46	46
13	幽王	11	11
合计		291	352

注：西周王年前后相续，中间无间隔。

四、五千年间可观测五星聚汇总表

序号	公历	农历	间距	时间	位置	备注
1	前2827.4.23	二月十八	17°	日落见	井	
2	前2667.12.28	十月廿八	17°	日出见	斗	
3	前2210.4.28	三月初三	14°	日落见	井	
4	前2190.2.9	腊月廿五	18°	日出见	危、室	
5	前2170.8.29	七月初一	28°	日落见	氐、房、心	
6	前2152.2.14	正月初一	55°	日落见	娄、胃、昴、毕	
7	前2114.6.12	闰四月初一	60°	日落见	星、张	
8	前2049.1.17	腊月初一	50°	日出见	尾、牛	

（续表）

序号	公历	农历	间距	时间	位置	备注
9	前 2032.7.5	五月初一	45°	日出见	毕、井、鬼	
10	前 2031.4.26	三月初一	60°	日落见	井、鬼	
11	前 2029.6.18	四月十八	50°	日落见	张、轸	
12	前 2012.12.19	冬月初一	45°	日落见	虚、危、室、壁	
13	前 1973.5.2	三月十八	21°	日落见	井、鬼	次年夏禹代舜。
14	前 1953.2.27	腊月廿四	5°	日出见	室、壁	五千年间五星间距最小，夏禹正式即位，夏朝建立。
15	前 1813.12.19	冬月十三	17°	日出见	斗	
16	前 1734.7.12	闰五月初二	20°	日落见	翼	
17	前 1612.11.27	十月廿二	45°	日出见	氐、房、心、尾	
18	前 1598.12.30	十月廿九	40°	日落见	危、室、壁	
19	前 1535.3.4	正月初一	22°	日落见	昴	十年后，公元前1526 年鸣条之战，商汤灭夏。
20	前 1497.7.5	五月初七	27°	日落见	翼	
21	前 1437.9.12	七月二十	13°	日出见	翼、轸	
22	前 1375.11.21	九月廿五	29°	日出见	氐、房、心	
23	前 1257.11.6	九月廿六	85°	日出见	张、翼、轸、角、亢、氐、房	
24	前 1198.11.3	九月十四	11°	日出见	氐、房、心	
25	前 1178.7.13	六月初一	29°	日出见	井、鬼	
26	前 1059.5.28	四月初九	7°	日落见	鬼	十二年后，公元前1047 年牧野之战，武王伐纣。
27	前 1039.3.16	二月初七	19°	日出见	室、壁	
28	前 1019.9.13	七月廿二	26°	日落见	房	

（续表）

序号	公历	农历	间距	时间	位置	备注
29	前 961.11.13	十月初五	22°	日出见	氐、房、心	
30	前 898.1.20	腊月初九	28°	日出见	斗、牛	
31	前 822.6.3	四月廿五	27°	日落见	井、鬼	
32	前 661.1.11	二月初九	17°	日出见	斗、牛	公元前 770 年周平王东迁，公元前 679 年齐桓公称霸。
33	前 543.11.20	腊月十三	30°	日落见	牛	
34	前 442.5.24	六月十七	17°	日落见	井、鬼	
35	前 422.3.30	五月初三	28°	日出见	壁、奎	
36	前 402.9.29	十月十九	30°	日落见	房、心	
37	前 205.5.30	五月初三	21°	日落见	鬼	汉高祖二年，暗度陈仓，还定三秦。
38	前 185.3.25	二月初七	7°	日出见	壁	吕雉汉高后三年，次年五月改立后少帝刘弘，高后八年（前 180 年）吕雉病逝。
39	前 47.11.28	十月十四	10°	日出见	心	西汉元帝刘奭初元二年。
40	234.4.6	二月二十	27°	日落见	昴、毕	三国魏明帝曹叡青龙二年。
41	272.7.29	六月十七	16°	日落见	轸	西晋武帝司马炎泰始七年，大赦。
42	292.6.7	五月初六	24°	日出见	昴	西晋惠帝司马衷元康二年。
43	332.10.5	八月廿九	9°	日出见	角	东晋成帝司马衍咸和七年。
44	529.6.7	五月十五	26°	日出见	昴、毕	南朝梁武帝萧衍大通三年、北魏孝庄帝元子攸永安二年。

序号	公历	农历	间距	时间	位置	备注
45	591.8.9	七月十四	30°	日出见	鬼、柳	隋文帝杨坚开皇十一年。
46	710.6.26	五月廿五	6°	日落见	鬼	韦后之乱。唐中宗驾崩，唐隆政变，20天内四次大赦。684年，武则天临朝称制。690年，武则天称帝。705年，中宗复唐。
47	808.12.18	冬月廿七	24°	日出见	心	唐穆宗李恒元和三年。
48	947.6.15	五月廿四	21°	日落见	井、鬼	辽大同元年、南汉乾和五年、后蜀广政十年、后晋开运四年、南唐保大五年。
49	967.4.17	三月初五	18°	日出见	奎、娄	宋太祖赵匡胤乾德五年。
50	1088.4.14	三月二十	20°	日落见	毕、觜	北宋哲宗赵煦元祐三年。
51	1108.2.14	正月初一	17°	日出见	女、虚、危	北宋徽宗赵佶大观二年。
52	1146.6.17	五月初七	30°	日出见	毕	南宋高宗赵构绍兴十六年。
53	1423.8.20	七月十五	28°	日落见	角	明成祖朱棣永乐二十一年。
54	1564.6.20	五月十二	19°	日落见	鬼	明世宗朱厚熜嘉靖四十三年。
55	1584.5.1	三月廿一	17°	日出见	娄	明神宗朱翊钧万历十二年。
56	1921.11.12	十月十三	28°	日出见	翼、轸、角	民国十年。
57	2040.9.8	八月初三	9.5°	日落见	角	

（续表）

序号	公历	农历	间距	时间	位置	备注
58	2100.11.10	十月初九	15°	日出见	角、亢	
59	2297.7.15	五月廿六	16°	日出见	觜	
60	2438.4.28	四月初四	17°	日出见	壁、奎	靠近太阳，较难观测。
61	2478.8.7	七月初九	15°	日落见	张、翼	
62	2715.7.25	六月初三	17°	日落见	星、张	

五、六十甲子表

1	2	3	4	5	6	7	8	9	10
甲子	乙丑	丙寅	丁卯	戊辰	己巳	庚午	辛未	壬申	癸酉
11	12	13	14	15	16	17	18	19	20
甲戌	乙亥	丙子	丁丑	戊寅	己卯	庚辰	辛巳	壬午	癸未
21	22	23	24	25	26	27	28	29	30
甲申	乙酉	丙戌	丁亥	戊子	己丑	庚寅	辛卯	壬辰	癸巳
31	32	33	34	35	36	37	38	39	40
甲午	乙未	丙申	丁酉	戊戌	己亥	庚子	辛丑	壬寅	癸卯
41	42	43	44	45	46	47	48	49	50
甲辰	乙巳	丙午	丁未	戊申	己酉	庚戌	辛亥	壬子	癸丑
51	52	53	54	55	56	57	58	59	60
甲寅	乙卯	丙辰	丁巳	戊午	己未	庚申	辛酉	壬戌	癸亥

六、二十八宿、十二次、分野汇总表

禽星[1]	木	金	土	日	月	火	水
	蛟	龙	貉	兔	狐	虎	豹
四象	东方苍龙七宿						
岁名[2]	执徐		单阏		摄提格		
十二地支	辰		卯		寅		
十二次[3]	寿星		大火		析木		
二十八宿	角	亢	氐	房	心	尾	箕
分野	《星经》[4]	郑 / 兖州		宋 / 豫州		燕 / 幽州	
	《淮南子》[5]	郑		宋		燕	
	《史记》[6]	兖州		豫州		幽州	
	《汉书》[7]	韩		宋		燕	
		兖州		豫州		幽州	
	《晋书》[8]	郑 / 兖州		宋 / 豫州		燕 / 幽州	
	银雀山汉简[9]	郑		魏		—	

禽星	木	金	土	日	月	火	水
	獬	牛	蝠	鼠	燕	猪	貐
四象	北方玄武七宿						
岁名	赤奋若		困敦		大渊献		
十二地支	丑		子		亥		
十二次	星纪		玄枵		娵訾		
二十八宿	斗	牛	女	虚	危	室	壁
分野	《星经》	吴越 / 扬州		齐 / 青州		卫 / 并州	
	《淮南子》	越		吴	齐		卫
	《史记》	江湖	扬州	青州		并州	
	《汉书》	吴	粤	齐		卫	
		江湖	扬州	青州		并州	
	《晋书》	吴越 / 扬州		齐 / 青州		卫 / 并州	
	银雀山汉简	—	—	—		—	

（续表）

禽星	木	金	土	日	月	火	水
	狼	狗	雉	鸡	乌	猴	猿
四象	西方白虎七宿						
岁名	阉茂		作噩			涒滩	
十二地支	戌		酉			申	
十二次	降娄		大梁			实沈	
二十八宿	奎	娄	胃	昴	毕	觜	参
分野　《星经》	鲁/徐州		赵/冀州			魏/益州	
《淮南子》	鲁		魏			赵	
《史记》	徐州		冀州			益州	
《汉书》	鲁		—		赵	魏	
	徐州		冀州			益州	
《晋书》	鲁/徐州		赵/冀州			魏/益州	
银雀山汉简	鲁		—				

禽星	木	金	土	日	月	火	水
	犴	羊	獐	马	鹿	蛇	蚓
四象	南方朱雀七宿						
岁名	协洽		敦牂			大荒落	
十二地支	未		午			巳	
十二次	鹑首		鹑火			鹑尾	
二十八宿	井	鬼	柳	星	张	翼	轸
分野　《星经》	秦/雍州		周/三河			楚/荆州	
《淮南子》	秦		周			楚	
《史记》	雍州		三河			荆州	
《汉书》	秦		周			楚	
	雍州		三河			荆州	
《晋书》	秦/雍州		周/三河			楚/荆州	
银雀山汉简	秦		周			楚	

[1] 禽星，将二十八宿与七曜（五星与日月）及动物相配，以此推算吉凶，名为"演禽"。

[2] 《尔雅·释天》："大岁在寅曰摄提格，在卯曰单阏，在辰曰执徐，在巳曰大荒落，在午曰敦牂，在未曰协洽，在申曰涒滩，在酉曰作噩，在戌曰阉茂，在亥

曰大渊献，在子曰困敦。在丑曰赤奋若。"大岁即太岁。

[3] 十二次，指将日月循行天区分为十二部分。《康熙字典》："天有十二次，地有十二辰。次之与辰，上下相值。如星纪在丑，斗牛之次。玄枵在子，虚危之次。"十二辰，即十二地支。

[4] 唐张守节《史记正义》引："《星经》云：角、亢，郑之分野，兖州；氐、房、心，宋之分野，豫州；尾、箕，燕之分野，幽州；南斗、牵牛，吴越之分野，扬州；须女、虚，齐之分野，青州；危、室、壁，卫之分野，并州；奎、娄，鲁之分野，徐州；胃、昴，赵之分野，冀州；毕、觜、参，魏之分野，益州；东井、舆鬼，秦之分野，雍州；柳、星、张，周之分野，三河；翼、轸，楚之分野，荆州也。"《星经》又名《甘石星经》，齐国（一说楚或鲁）甘德著《天文星占》八卷，魏国石申著《天文》八卷，两书合称《甘石星经》，原书已佚。

[5]《淮南子·天文训》："星部地名：角、亢，郑；氐、房、心，宋；尾、箕，燕；斗、牵牛，越；须女，吴；虚、危，齐；营室、东壁，卫；奎、娄，鲁；胃、昴、毕，魏；觜嶲、参，赵；东井、舆鬼，秦；柳、七星、张，周；翼、轸，楚。"

[6]《史记·天官书》："角、亢、氐，兖州；房、心，豫州；尾、箕，幽州；斗，江、湖；牵牛、婺女，杨州；虚、危，青州；营室至东壁，并州；奎、娄、胃，徐州；昴、毕，冀州；觜嶲、参，益州；东井、舆鬼，雍州；柳、七星、张，三河；翼、轸，荆州。"

[7]《汉书·地理志》："秦地，于天官东井、舆鬼之分野也……自井十度至柳三度，谓之鹑首之次，秦之分也。魏地，觜嶲、参之分野也。周地，柳、七星、张之分野也……自柳三度至张十二度，谓之鹑火之次，周之分也。韩地，角、亢、氐之分野也……自东井六度至亢六度，谓之寿星之次，郑之分野，与韩同分。赵地，昴、毕之分野。燕地，尾、箕分野也……自危四度至斗六度，谓之析木之次，燕之分也。齐地，虚、危之分野也。鲁地，奎、娄之分野也。宋地，房、心之分野也。卫地，营室、东壁之分野也。楚地，翼、轸之分野也。吴地，斗分野也。粤地，牵牛、婺女之分野也。"

[8]《晋书·天文志》："十二次度数：十二次。班固取《三统历》十二次配十二野，其言最详。又有费直说《周易》、蔡邕《月令章句》，所言颇有先后。魏太史令陈卓更言郡国所入宿度，今附而次之。自轸十二度至氐四度为寿星，于辰在辰，郑之分野，属兖州。自氐五度至尾九度为大火，于辰在卯，宋之分野，属豫州。自尾十度至南斗十一度为析木，于辰在寅，燕之分野，属幽州。自南斗十二度至须女七度为星纪，于辰在丑，吴越之分野，属扬州。自须女八度至危十五度为玄枵，于辰在子，齐之分野，属青州。自危十六度至奎四度为诹訾，于辰在亥，卫之分野，属并州。自奎五度至胃六度为降娄，于辰在戌，鲁之分野，属徐州。自胃七度至毕十一度为大梁，于辰在酉，赵之分野，属冀州。自毕十二度至东井十五度为实沈，于辰在申，魏之分野，属益州。自东井十六度至柳八度为鹑首，于辰在未，秦之分野，属雍州。自柳九度至张十六度为鹑火，于辰在午，周

之分野，属三河。自张十七度至轸十一度为鹑尾，于辰在巳，楚之分野，属荆州。州郡躔次：陈卓、范蠡、鬼谷先生、张良、诸葛亮、谯周、京房、张衡并云：角、亢、氐，郑，兖州（后有具体地区及入宿度，略，下同）。房、心，宋，豫州。尾、箕，燕，幽州。斗、牵牛、须女，吴、越，扬州。虚、危，齐，青州。营室、东壁，卫，并州。奎、娄、胃，鲁，徐州。昂、毕，赵，冀州。觜、参，魏，益州。东井、舆鬼，秦，雍州。柳、七星、张，周，三辅。翼、轸，楚，荆州。"

[9] 银雀山汉墓竹简，1972 年 4 月发掘出土于山东省临沂市银雀山两座汉墓，抄写于公元前 140 年至公元前 118 年（汉武帝时期）："郑受角、亢、抵（氐），其日□，其辰□。（魏）受房、心、尾，其日辛，其辰□。□受箕、斗，其日□，其辰□。□受牵牛、娄女，其日丁，其辰□。□受虚、危，其日□，其辰□。□受营室、东壁，其日□，其辰□。鲁受奎、娄女、胃，其日□，其辰□。□受昂、毕、觜嶲、参，其日庚，其辰申。秦受东井、舆鬼，其日甲，其辰子。周受柳、七星、□，其日丙，其辰午。楚受翼、轸，其日癸，其辰巳。"

七、见于文献之九州

1.《周礼·夏官司马》

东南曰扬州，其山镇曰会稽，其泽薮曰具区，其川三江，其浸五湖，其利金锡竹箭，其民二男五女，其畜宜鸟兽，其谷宜稻。

正南曰荆州，其山镇曰衡山，其泽薮曰云瞢，其川江汉，其浸颍湛，其利丹银齿革，其民一男二女，其畜宜鸟兽，其谷宜稻。

河南曰豫州，其山镇曰华山，其泽薮曰圃田，其川荥雒，其浸波溠，其利林漆丝枲，其民二男三女，其畜宜六扰，其谷宜五种。

正东曰青州，其山镇曰沂山，其泽薮曰望诸，其川淮泗，其浸沂沭，其利蒲鱼，其民二男二女，其畜宜鸡狗，其谷宜稻麦。

河东曰兖州，其山镇曰岱山，其泽薮曰大野，其川河泲，其浸卢维，其利蒲鱼，其民二男三女，其畜宜六扰，其谷宜四种。

正西曰雍州，其山镇曰岳山，其泽薮曰弦蒲，其川泾汭，其浸渭洛，其利玉石，其民三男二女，其畜宜牛马，其谷宜黍稷。

东北曰幽州，其山镇曰医无闾，其泽薮曰貕养，其川河泲，其浸菑时，其利鱼盐，其民一男三女，其畜宜四扰，其谷宜三种。

河内曰冀州，其山镇曰霍山，其泽薮曰杨纡，其川漳，其浸汾潞，其利松柏，其民五男三女，其畜宜牛羊，其谷宜黍稷。

正北曰并州，其山镇曰恒山，其泽薮曰昭馀祁，其川虖池呕夷，其浸涞易，其利布帛，其民二男三女，其畜宜五扰，其谷宜五种。

2.《逸周书·职方解》

东南曰扬州，其山镇曰会稽，其泽薮曰具区，其川三江，其浸五湖，其利金锡竹箭，其民二男五女，其畜宜鸡狗鸟兽，其谷宜稻。

正南曰荆州，其山镇曰衡山，其泽薮曰云梦，其川江汉，其浸颍湛，其利丹银齿革，其民一男二女，其畜宜鸟兽，其谷宜稻。

河南曰豫州，其山镇曰华山，其泽薮曰圃田，其川荥洛，其浸陂溠，其利林漆丝枲，其民二男三女，其畜宜六扰，其谷宜五种。

正东曰青州，其山镇曰沂山，其泽薮曰望诸，其川淮泗，其浸沂沭，其利蒲鱼，其民二男三女，其畜宜鸡犬，其谷宜稻麦。

河东曰兖州，其山镇曰岱山，其泽薮曰大野，其川河泲，其浸卢维，其利蒲鱼，其民二男三女，其畜宜六扰，其谷宜四种。

正西曰雍州，其山镇曰岳山，其泽薮曰弦蒲，其川泾汭，其浸渭洛，其利玉石，其民三男二女，其畜宜牛马，其谷宜黍稷。

东北曰幽州，其山镇曰医无闾，其泽薮曰貕养，其川河泲，其浸菑时，其利鱼盐，其民一男三女，其畜宜四扰，其谷宜三种。

河内曰冀州，其山镇曰霍山，其泽薮曰扬纡，其川漳，其浸汾潞，其利松柏，其民五男三女，其畜宜牛羊，其谷宜黍稷。

正北曰并州，其山镇曰恒山，其泽薮曰昭馀祁，其川虖池呕夷，其浸涞易，其利布帛，其民二男三女，其畜宜五扰，其谷宜五种。

3.《尚书·禹贡》

冀州：既载壶口，治梁及岐。既修太原，至于岳阳；覃怀砥绩，至于衡漳。厥土惟白壤，厥赋惟上上错，厥田惟中中。恒、卫既从，大陆既作。岛夷皮服，夹右碣石入于河。

济河惟兖州。九河既道，雷夏既泽，灉、沮会同。桑土既蚕，是降丘宅土。厥土黑坟，厥草惟繇，厥木惟条。厥田惟中下，厥赋贞，作十有三载乃同。厥贡漆丝，厥篚织文。浮于济、漯，达于河。

海岱惟青州。嵎夷既略，潍、淄其道。厥土白坟，海滨广斥。厥田惟上下，厥赋中上。厥贡盐绨，海物惟错。岱畎丝、枲、铅、松、怪石。莱夷作牧。厥篚檿丝。浮于汶，达于济。

海岱及淮惟徐州。淮、沂其乂，蒙、羽其艺，大野既猪，东原砥平。厥土赤埴坟，草木渐包。厥田惟上中，厥赋中中。厥贡惟土五色，羽畎夏翟，峄阳孤桐，泗滨浮磬，淮夷蠙珠暨鱼。厥篚玄纤、缟。浮于淮、泗，达于河。

淮海惟扬州。彭蠡既猪，阳鸟攸居。三江既入，震泽砥定。筱、簜既敷，厥草惟夭，厥木惟乔。厥土惟涂泥。厥田唯下下，厥赋下上，上错。厥贡惟金三品，瑶、琨、筱、簜、齿、革、羽、毛、惟木。鸟夷卉服。厥篚织贝，厥包橘柚，锡贡。沿于江、海，达于淮、泗。

荆及衡阳惟荆州。江、汉朝宗于海，九江孔殷，沱、潜既道，云土、梦作义。厥土惟涂泥，厥田惟下中，厥赋上下。厥贡羽、毛、齿、革惟金三品，杶、干、栝、柏，砺、砥、砮、丹，惟菌、簵、楛；三邦砥贡厥名。包匦菁茅，厥篚玄纁玑组，九江纳锡大龟。浮于江、沱、潜、汉，逾于洛，至于南河。

荆河惟豫州。伊、洛、瀍、涧既入于河，荥波既猪。导菏泽，被孟猪。厥土惟壤，下土坟垆。厥田惟中上，厥赋错上中。厥贡漆、枲，絺、纻，厥篚纤、纩，锡贡磬错。浮于洛，达于河。

华阳、黑水惟梁州。岷、嶓既艺，沱、潜既道。蔡、蒙旅平，和夷砥绩。厥土青黎，厥田惟下上，厥赋下中，三错。厥贡璆、铁、银、镂、砮、磬、熊、罴、狐、狸、织皮，西倾因桓是来，浮于潜，逾于沔，入于渭，乱于河。

黑水、西河惟雍州。弱水既西，泾属渭汭，漆沮既从，沣水攸同。荆、岐既旅，终南、惇物，至于鸟鼠。原隰砥绩，至于猪野。三危既宅，三苗丕叙。厥土惟黄壤，厥田惟上上，厥赋中下。厥贡惟球、琳、琅玕。浮于积石，至于龙门、西河，会于渭汭。织皮崑崙、析支、渠搜，西戎即叙。

4.《吕氏春秋·有始览》

何谓九野？中央曰钧天，其星角、亢、氐。东方曰苍天，其星房、心、尾。东北曰变天，其星箕、斗、牵牛。北方曰玄天，其星婺女、虚、危、营室。西北曰幽天，其星东壁、奎、娄。西方曰颢天，其星胃、昴、毕。西南曰朱天，其星觜嶲、参、东井。南方曰炎天，其星舆鬼、柳、七星。东南曰阳天，其星张、翼、轸。

何谓九州？河、汉之间为豫州，周也。两河之间为冀州，晋也。河、济之间为兖州，卫也。东方为青州，齐也。泗上为徐州，鲁也。东南为扬州，越也。南方为荆州，楚也。西方为雍州，秦也。北方为幽州，燕也。

5.《尔雅·释地》

两河间曰冀州，河南曰豫州，河西曰雝州，汉南曰荆州，江南曰扬州，济河间曰兖州，济东曰徐州，燕曰幽州，齐曰营州。

6. 上博简《容成氏》

禹亲执畚耜，以陂明都之泽，决九河之阻，于是乎夹州、徐州始可处也。

禹通淮与沂，东注之海，于是乎竞州、莒州始可处也。

禹乃通蒌与易，东注之海，于是乎蓏州始可处也。

禹乃通三江五湖，东注之海，于是乎荆州、扬州始可处也。

禹乃通伊、洛，并瀍、涧，东注之河，于是乎豫州始可处也。

禹乃通泾与渭，北注之河，于是乎雍州始可处也。

7.《淮南子·墬形训》

何谓九州？东南神州曰农土，正南次州曰沃土，西南戎州曰滔土，正西弇州曰并土，正中冀州曰中土，西北台州曰肥土，正北泲州曰成土，东北薄州曰隐土，正东阳州曰申土。

八、本书星象索引

年代	日期	农历	间距	位置	纪年
前 1973 年	5 月 2 日	三月十八	21°	井、鬼	—
前 1953 年	1 月 6 日	冬月初一	5°	室、壁	—
前 1535 年	3 月 4 日	正月初一	22°	昴	—
前 1065 年	3 月 12 日	正月十五	—	—	—
前 1059 年	5 月 28 日	四月初九	7°	鬼	—
前 205 年	5 月 20 日	四月廿二	21°	井、鬼	汉高祖二年
前 185 年	3 月 25 日	二月初七	7°	壁	汉高后三年
前 178 年	1 月 2 日	冬月三十	—	—	汉文帝二年
23 年	9 月	九月	—	—	新莽地皇三年
272 年	7 月 29 日	六月十七	16°	轸	西晋武帝泰始七年
407 年	—	—	—	奎	义熙三年
413 年	—	—	—	井	义熙九年
710 年	6 月 26 日	五月廿五	6°	鬼	唐中宗景龙四年
750 年	9 月 20 日	八月十五	—	尾	唐玄宗天宝九载
—	—	—	—	—	唐懿宗咸通中
967 年	4 月 17 日	三月初五	18°	奎、娄	宋太祖乾德五年
1385 年	3 月 24 日	二月十三	60°	—	明太祖洪武十八年
1387 年	2 月 19 日	二月初一	150°	—	明太祖洪武二十年
1403 年	6 月 17 日	五月廿八	150°	—	明成祖永乐元年
1524 年	2 月 20 日	正月十七	10.5°	室、壁	明世宗嘉靖三年
1624 年	8 月 27 日	七月十四		张	明熹宗天启四年
1725 年	3 月 15 日	二月初二	45°	—	清世宗雍正三年

星象	本书章节	相关事件	备注
五星聚	第十四章 天命玄宫	舜禹禅让	
五星聚	第十四章 天命玄宫	夏朝建立	
五星聚	第十二章 殷命有夏	夏商之变	
月全食	第十一章 姬周代商	无	
五星聚	第九章 凤鸣岐山	商周之变	
五星聚	第三章 炎汉三德	楚汉相争	
五星聚	第四章 信任死局	诸吕之乱	
日食	第七章 祸福无常	论文帝过失	
太白星出	第八章 秘野星踪	刘歆政变失败	
五星聚	第二章 女主危机	大赦	
四星聚	第六章 乱世枭雄	刘裕灭南燕	
四星聚	第六章 乱世枭雄	刘裕灭后秦	
五星聚	第二章 女主危机	韦后之乱	
四星聚	第一章 命燕革唐	安史之乱	
四星聚	第六章 乱世枭雄	后唐灭梁	非真实星象
五星聚	第五章 走下神坛	三代祥瑞	
五星俱见	第七章 祸福无常	论太祖得失	
五星俱见	第七章 祸福无常	论政阅武	
五星俱见	第七章 祸福无常	再论靖难功	
五星聚	第七章 祸福无常	强军备战	观测不可见
五星聚	第七章 祸福无常	无	观测不可见
四星聚	第七章 祸福无常	九王夺嫡	
	第八章 秘野星踪	曾静案	

九、五星聚占辞集论

1. 先秦《文子·精诚》[1]：

精诚内形，气动于天，景星见，黄龙下，凤凰至，醴泉出，嘉谷生，河不满溢，海不波涌；逆天暴物，即日月薄蚀，五星失行，四时相乘，昼明宵光，山崩川涸，冬雷夏霜。天之与人，有以相通，故国之沮亡也，天文变，世或乱，虹霓见，万物有以相连，精气有以相薄，故神明之事，不可以智巧为也，不可以强力致也。故大人与天地合德，与日月合明，与鬼神合灵，与四时合信，怀天心，抱地气，执冲含和，不下堂而行四海，变易习俗，民化迁善，若生诸己，能以神化者也。

2. 西汉司马迁《史记·天官书》：

三星若合，其宿地国外内有兵与丧，改立公王。

四星合，兵丧并起，君子忧，小人流。

五星合，是为易行，有德受庆，改立大人，掩有四方，子孙蕃昌；无德，受殃若亡。

五星皆大，其事亦大；皆小，事亦小。

五星分天之中，积于东方，中国利；积于西方，外国用（兵）者利。

（岁星）其所在，五星皆从而聚于一舍，其下之国可以义致天下。

---

[1]　《隋书·经籍志》著录《文子》十二篇，唐玄宗改为《通玄真经》，与《老子》《庄子》《列子》并列为道教四部经典。前人以为汉唐之间伪书，1973 年河北定县八角廊村 40 号汉墓出土竹简《文子》，其内容与传世本有六篇相似，另有多篇佚文，可知为西汉已有之先秦古书。

（荧惑）五星皆从而聚于一舍，其下国可以礼致天下。

（填星）其所居，五星皆从而聚于一舍，其下之国，可（以）重致天下。

五星皆从太白而聚乎一舍，其下之国可以兵从天下。

五星皆从辰星而聚于一舍，其所舍之国可以法致天下。

3. 西汉刘向《说苑·辨物》:

所谓五星者，一曰岁星、二曰荧惑、三曰镇星、四曰太白、五曰辰星。

欃枪彗孛，旬始枉矢，蚩尤之旗，皆五星盈缩之所生也。

五星之所犯，各以金木水火土为占。

春秋冬夏伏见有时，失其常，离其时，则为变异；得其时，居其常，是谓吉祥。

古者有主四时者：主春者张，昏而中，可以种谷，上告于天子，下布之民；主夏者大火，昏而中，可以种黍菽，上告于天子，下布之民；主秋者虚，昏而中，可以种麦，上告于天子，下布之民；主冬者昴，昏而中，可以斩伐田猎盖藏，上告之天子，下布之民。故天子南面视四星之中，知民之缓急，急利不赋籍，不举力役。

4. 东汉班固《汉书·天文志》:

三星若合，是谓惊立绝行，其国外内有兵与丧，民人乏饥，改立王公。

四星若合，是谓大汤，其国兵丧并起，君子忧，小人流。

五星若合，是谓易行，有德受庆，改立王者，掩有四方，子孙蕃昌；亡德受罚，离其国家，灭其宗庙，百姓离去，被满四方。

五星皆大，其事亦大；皆小，其事亦小也。

凡五星所聚宿，其国王天下。从岁以义，从荧惑以礼，从填以重，从太白以兵，从辰以法。

同舍为合，相陵为斗。

五星分天之中，积于东方，中国大利；积于西方，夷狄用兵者利。

5. 东汉荀悦《前汉纪·高祖皇帝纪二》：

五星所聚，是谓易行。有德者昌，无德者殃。

6. 唐魏徵等《隋书·天文志》：

凡五星所聚，其国王，天下从。岁以义从，荧惑以礼从，填以重从，太白以兵从，辰以法，各以其事致天下也。

三星若合，是谓惊立绝行，其国外内有兵，天丧人民，改立侯王。

四星若合，是谓太阳，其国兵丧并起，君子忧，小人流。

五星若合，是谓易行，有德受庆，改立王者，奄有四方，子孙蕃昌；亡德受殃，离其国家，灭其宗庙，百姓离去，被满四方。

五星皆大，其事亦大；皆小，事亦小。

凡五星分天之中，积于东方，中国；积于西方，外国，用兵者利。

7. 唐瞿昙悉达《开元占经·五星占》：

《春秋纬》曰："天有五帝，五星为之使。"

《荆州占》曰："五星者，五行之精也；五帝之子，天使者，行于列舍，以司无道之国王者；施恩布德，正直清虚，则五星顺度，出入应时，天下安宁，祸乱不生；人君无德，信奸佞、退忠良、远君子、近小人，则五星逆行、变色、出入不时、扬芒角、怒变为妖星、彗、孛、莩、扫、天狗、枉矢、天枪、天掊、搀云、格泽，山崩地振，川竭雨血，众妖所出，天下大乱，主死国灭，不可救也，余殃不尽，为饥旱疾疫。"

甘氏曰："五星主兵，太白为主；五星主谷，岁星为主；五星主旱，荧惑为主；五星主土，填星为主；五星主水，辰星为主。五星木土以逆行为凶；火以钩巳为凶；金以出入不时为凶；水以不效为凶；五凶并见，其年必恶。"

《易坤灵图》曰："王者有至德之萌，则五星若连珠。"（郑玄曰："谓聚一舍，以德得天下之象也。"）

郗萌曰："五星俱见，兵布野，期不出三年。"

《春秋纬》曰："五星聚，天子穷。"

《荆州占》曰："五星并聚，篡弑成。"

《含神雾》曰："五纬合，王更纪。"

《考异邮》曰："五星聚于一宿，天下兵起。"

《荆州占》曰："五星合于一舍，其国主应缩，有德者昌，无德者亡，受其凶殃。五星毕聚于一舍，填星在其中，天下兴兵。"

《诗纬》曰："五纬聚房，为义者受福，行恶者亡。"

石氏曰："岁星所在，五星皆从而聚于一舍，其下之国，可以义致天下。""荧惑所在，五星皆从而聚于一舍，其下之国，可以礼致天下。""填星所在，五星皆从而聚于一舍，其下之国，可以重德致天下；太白所在，五星皆从而聚于一舍，其下之国，可以兵致天下。""辰星所在，五星皆从而聚于一舍，其下之国，可以法致天下。"

《荆州占》曰："四星若合于一舍，其国当王，有德者繁昌，保有宗庙，无德者丧。"

石氏曰："五星分天之中，积于东方，中国大利；积于西方，负海之国，用兵者利。"

8. 元代李治《敬斋古今黈》：

五星聚，非吉祥，乃兵象。故高祖入关，五星聚于东井，则为秦亡之应。

9. 清代赵尔巽等《清史稿·天文志》：

天官书言同舍为合，于两星、三星、四星、五星之合各有占，而以五星合为最吉，谓经度之同如合朔也。

十、资源引证说明

1. 本书公历、农历、年月干支等使用寿星天文历（V5.05Plus），其中阿拉伯数字表示公历（如2040年9月8日），大写数字表示农历（如八月初三）。

2. 本书模拟星象使用软件 Stellarium（0.18.3.16630）制作，各地区日出日落与天亮天黑时间来自寿星万年历（V5.05Plus）。

3. 本书甲骨文、金文相关字形、字义参考香港中文大学人文电算研究中心"汉语多功能字库"、台湾"中央研究院"历史语言研究所金文工作室"先秦甲骨金文简牍词汇资料库"等。

4. 本书相关地图使用谷歌地球（Google Earth）制作。

后　记

　　关于古代神话和史前史，接长不短会有一些零星想法蹦出来，真正形诸笔端，始于 2012 年。到今天《五星聚》这本拙作得以付梓，倏忽已过十年。

　　在我的计划中，"诸神的真相"是一个系列，而"用天文历法破解上古神话之谜"只是第一部，以古代天文为主线，以神话人物为主体，包括伏羲、女娲、炎帝、黄帝等。之后还会分别以文字——甲金文为主，各种徽标符号——如河图洛书、太极图、万字符、良渚神徽、昆仑等为主线，展开对古代神话、史前史及夏商周三代的讨论，"五星聚"原本就是徽标符号系列的其中之一。后来发现，在古代中，"五星聚"这个超级符号贯穿中国历史，从秦汉一统到元明清，历朝历代都有"五星聚"的影子，向上追溯则可至夏商周三代，是解决夏商周断代的一把金钥匙。这样的体量，无论如何没法将之作为其中一章交代清楚，于是就有了这本书。

　　老实说，古代神话和夏商周断代这样的命题，对我这种未有正经学术训练的人来说，恐怕过于宏大，不揣冒昧置喙一二，难免夏虫语冰、班门弄斧。不过，野生有野生的活力，江湖有江湖的视角，作为独立研究者，自以为未尝不是一种优势——权当自我安慰罢。

无拘束地天马行空，难免开脑洞。但总体而言，我的出发点和落脚点在于常识、常理、常情，更准确地说，是古代先民们的日常生活。我相信，不论什么故事，背后一定有活生生的日常生活。

科幻小说中的三体人是虚构想象，但天体力学中的三体问题是真实不虚的科学命题。《封神演义》《西游记》是奇诡怪诞的神话故事，但武王伐纣、玄奘西行都是真实历史。在神话世界里，唐僧去到异国他乡，所见的风土人情却恍惚是中原本土，穿的衣、吃的饭、说的话、住的房，全是我们熟悉的浓浓国风。所谓艺术源于生活，生活就是艺术的底色，神话背后也同样是烟火气十足的日常。再是天纵英才、奇思妙想，观念底层的时代性也没人能完全隔绝和超越。中国古代神话也是如此，其中可能有雷震子、孙悟空这样的想象，也可能有武王伐纣、玄奘西行的真实。神话里再稀奇古怪的妖精，构成其形象的基本部件也不会出离凡间的所见所闻。

章太炎说："伏羲、炎黄，事多隐怪，而偏为后世称颂者，无过田渔衣裳诸业。"田渔衣裳，就是古代先民的日常生活。隐怪的故事背后，就是吃饭穿衣这些日常生活。当然，于古代神话而言，这种日常，可能更多地来自精英阶层以及具有高度专业性的事务——观星、制历、卜筮、祭祀等无疑是那个时代知识密度极高的活动，现代人难以理解的巫医也绝对算得上那个时代最有价值的探索与发现。伏羲、炎黄等半神半人的形象就可以理解为他们的化身和代表。

神话有真实的底色。接受这个设定以后，需要做的就是让自己回到那时那地。既不要傲慢地俯视，比如将封豨、修蛇、猰貐等所谓怪兽简单地视作荒诞不经的想象；也不要故作神秘地仰视，比如认为太极八卦如何高深莫测如何超越人智。只要试着用那个时代的认知去理解并追究神话背后的观念原型和脉络，走进去，合理地做推测，然后跳出来，检视推测是否符合常理，于是就会得到一些出乎意料又在情理之中的发现。从常识常理的角度进行省视，有些既定观念或习惯性说法或许就有商榷和修正的必要。

不可否认，所谓神话背后的真实，仍然只是一种推测或猜测。可以说多数时候，下笔的起点都是一个假设，然后一步一步地验证，有的走通了，豁然开朗，喜不自胜；有的走不通，只能放弃后回到原点。印象最深的是夏商周三代的相关年代以及武王伐纣的时间线，一年一行或一天一行列成表，前者有一千多行，后者也有一二百行。文献记载、星象、出土器物各有年代，不同文献的记载有时还互相冲突，要理出一个比较合理能说得通的框架，就得一点点地尝试排除。有时眼看要大功告成，结果出来一个顾此失彼、不可调和的问题，只好放弃后重新考虑。这个过程很艰难，甚至感觉脑力超载、算力不足乃至系统要崩溃。呈现在文字中的可能只是一个结论，得出这个结论其实经过多种可能路径的尝试、排除。不过，这些逐步尝试辨析的过程并没有写下来，实在太烦琐，线头太多。要是再从头来一遍，我的内心一定是拒绝的。

大胆假设，小心求证，尽管自认为逻辑自洽，但脑后不长眼，毕竟识见有限、精力有限、笔力有限，有疏漏错讹而不自知恐也难免。得以忝列书林，若有一石一砖之用，也是幸甚。

坦率说，我的写作和研究纯粹是孤旅独行和闭门造车，既没有与他人交流，也没有走出书斋去看现场，有时候确实会做出错误判断。比如八角星纹，我曾经以为两河流域的亚述、巴比伦也有，直至看到王瑞智先生在欧洲博物馆考察所拍摄的有关文物照片，才一目了然并非如此——虽然都是八角，但西亚地区的八角星实为两个四角星交错重叠，与中国古代的八角星纹完全是两回事。

一介布衣，籍籍无名，承蒙王瑞智先生肯定并费心费力地策划和运作，这本小书才得以面世。与先生素昧平生，至今未曾谋面，真是感念至深，难以言表。与阿城先生更是素昧平生，于我而言，他就是云端长者一样的存在，不承想有朝一日居然得到老人家来自千里之外的点赞和推荐，当真是颇为奇妙的际遇。从个人表达到公共出版有着遥远距离，出版方相关同仁在编辑、设计等环节的付出，读者可能感觉不到，对于写作者以及有过平面设计经验的我来说，其中琐细庞杂、工程浩大可谓历历在目、感同身受，唯有深表谢忱。同时也要感谢多年来家人的理解和支持。人无分身术，顾此就得失彼。把主要精力放到故纸往事，现实事务也就多有疏忽。得失之间，各有取舍。世间难有两全策，人生就是如此吧。

海麟

2023 年 7 月 10 日